汉语研究方法论初探

徐通锵 著

商务印书馆

2013年·北京

图书在版编目(CIP)数据

汉语研究方法论初探/徐通锵著.—北京:商务印书馆,2004 (2013.4重印)

ISBN 978-7-100-03788-4

Ⅰ.汉... Ⅱ.徐... Ⅲ.汉语—文集 Ⅳ.H1-53

中国版本图书馆CIP数据核字(2003)第031907号

HÀNYǓ YÁNJIŪ FĀNGFǍLÙN CHŪTÀN

汉语研究方法论初探

徐 通 锵 著

商 务 印 书 馆 出 版

(北京王府井大街36号 邮政编码100710)

商 务 印 书 馆 发 行

北京民族印务有限责任公司印刷

ISBN 978-7-100-03788-4

2004年11月第1版　　开本 850×1168 1/32

2013年4月北京第2次印刷　　印张 14 1/2

定价: 32.00元

序　言

这里收录的十七篇文章是我近二十年来所写论著的一部分，大体上可以反映我将西方的语言理论、方法和汉语研究相结合而进行语言理论建设的探索历程。十七篇文章分五组，首、尾两组虽然各只有一篇文章，但由于它们都代表一个独立的方面，因而在目录中独立成组。第一组的《说"结合"》一文主要是以汉语的方言和音韵研究为例讨论中西语言学结合的途径。这是我进行语言理论研究的指导思想，后面几组文章的得失成败或许可以透视这种指导思想的成效与局限。"结合"，这是中国语言学发展的必由之路。这一点学界没有争论，问题是如何"结合"？以什么为基础去实现"结合"？我自 1956 年毕业而成为语言理论研究的一个小兵以来，学界对语言理论研究最尖锐的批评就是"重洋轻中""脱离实际"，只介绍国外语言学的某些说法，而不进行汉语的研究，而且介绍也没有介绍清楚。我国没有语言理论研究的传统，在一个学科的初创时期出现这样一些弊端虽然有其客观的原因，但这不能成为语言理论研究者"理论脱离实际"的弊病的借口。我既已成为语言理论研究的一个小兵，自然不甘心脑袋上顶着"重洋轻中""理论脱离实际"的帽子，因而总想在自己的业务活动中力避这些弊端，摘掉这两顶帽子。自"改革开放"以来，在不断地探索"理论联系实际"的途径的过程中，我思想上逐步明确"结合"应有自己的立足点，即应立足于汉语的研究去吸收西方语言学的立论精神，弄清楚人家是根据什么样的语言材料才提炼出我们所看到的语言理论来的，从中学习研究的思路、途径和方法，并根据汉语的研究去总结、提炼相应的理论和方法，以实现中西语言学的有效结合。《说“结合”》一文就是对这种摸索的一个小结，后面的几组文章则是这一“结合”的思想的具体实践。

第二组的四篇文章主要讨论语言变异和语言理论研究、语言史研究的关系。20世纪80年代初我开始接触以拉波夫为代表的社会语言学的变异理论，觉得很有意思，但对他的一些论断的价值吃不透、拿不准，于是自己进行汉语方言的调查和研究，根据汉语方言的变异去检验、评述社会语言学变异理论的利弊得失，吸收其有价值的立论精神，补正其不足，并以此为基础进行一些语言理论的建设。这一探索过程的最重要的发现就是结构、变异和音变的相互制约关系，即结构的不平衡性产生变异，而变异的范围和方向则受音系结构格局的控制，并根据这种制约关系的研究提出语音的易变性和音系结构格局的稳固性的对立统一的理论和方法。这对语言史的研究我想是很有价值的，因为人们可以借此去研究语言的演变，用现实的音变机理去解释历史上已经完成的音变规律。第三组的四篇文章就是用这一原理研究汉语的音节结构，从音系的角度探索每一位置上音位的结构规律、运转规律和演变规律，对一些有争议的音变规律作出了新的、有现实语言材料可加以验证的解释。这是我在“结合”道路上迈出的有点价值的一步。迈出这一步很艰苦，经历了二十余年的探索，碰了不少钉子，才从《马氏文通》以来中西语言学的结合的经验教训的总结中逐渐悟出“结合”的真谛。吕叔湘先生说：“‘结合’二字谈何容易”（为龚千炎《中国语言学史稿》写的序言），有了自己的一些真情实感，对这八个字的千钧分量才有了一点认识。

第四组的七篇文章集中研究汉语语义句法，第五组的一篇研究语汇，这八篇文章都是以“字”为汉语的基本结构单位而展开的语言理论研究，现在一般称之为“字本位理论”。这是对“结合”途径的一次新的探索。在语言变异的研究中，我逐步感觉到“结合”必须有一个可靠的立足点，不然就难以把握研究的方向。《马氏文通》以来，我们中西语言学结合的立足点是“西”，基本上是以印欧语的理论、方法为基础，把汉语“结合”到这种理论中去研究，结果是抛弃了自己的研究传统，用印欧语的理论模式来改造汉语的研究。固然，科学无国界，我们需要吸收西方语言学的理论和方法，但不管自己的研究传统、紧跟西方的语言理论，“外国的理论在那儿翻新，咱们也就跟着转”（吕叔湘，同上），终究不是中国语言学应该遵循的发展道路。毋视或忽视自己有悠久传统的语言研究，我想最终是不会有什么出路的。这种反常发展的原因在哪儿？是“结合”的立足点弄错了，我们实现中西语言学的“结合”不应以印欧语的理论、方法为立足点，而应立足于汉语的研究，吸收印欧语理论的立论精神，即它如何从材料的梳理中提炼出相应理论的思维方法和论证方法，对汉语的特点作出理论的解释，进行我们自己的语言理论建设，摆脱“跟着转”的研究思路。汉语的特点集中表现在哪儿？一言以蔽之，就是“字”。字是汉语的基本结构单位，是汉语特点的凝聚点，正像词和句是印欧语的基本结构单位、集中凝聚印欧语的特点一样。要立足汉语的研究，就应该紧紧抓住字，使其成为“结合”的立足点，以实现中西语言学的有效结合和现代语言学与汉语传统研究的有效结合。四、五两组的八篇文章都是在这一思想的指导下写成的。这是“结合”的新思路，“离经叛道”，直接与现在流行的理论相冲突，自然不可避免地会受到一些固守现行研究阵地的人们的反对。学术的生命力在于竞争，在于争鸣，有人反对不是坏事，但遗憾的是，一些反对的文章缺乏研究，提出的理由有点想当然，或者扣一顶“违背常识”之类的帽子，真正能提出实质性问题的文章不多。这难以促进不同理论的竞争或争鸣。固然，“字本位理论”的研究现在还仅仅是开始，研究的成果也还比较粗糙，有待于改进的地方颇多，但已经提出了一些带方向性的重要问题，这是不容置疑的。就我自己的研究进程来说，应该说已经实现了“结合”立足点转移的初衷。这是一次带方向性的转移，现在已得到不少同人的理解与支持，相关的研究成果已陆续问世或即将问世，相信今后会得到更多人的理解与支持。

从事语言理论研究已近半个世纪，我探索的始终是中西语言学的结合的途径，从最初以汉语的例子注释国外语言学家的论断的“拼合”，经以汉语的研究为基础去鉴别、吸收、补正现在流行的理论，到“结合”立足点的转移，总算在“结合”的道路上摸索出一点成效。尽管“结合”的道路没有尽头，需要不断地随着语言研究的发展而加以改进和完善，但我深信自己探索和追求的“结合”的方向是不会有任何问题的，随着研究的深化，“结合”立足点应以汉语的研究为基础、实现中西语言学的结合和现代语言学与汉语传统研究的结合，这一方向将会越来越显示出它的生命力。

十七篇文章，因写作时间的先后曾使用过不同的符号，这次结集出版作了统一；文字上只对个别字句作了一点改动，只在必要的时候加几句话或加一个注；引文中一些原注“待刊”“未刊”的文章，已根据后来发表的时间予以注明。第二组文章是在1991年以前写成的，行文中仍旧使用“词”“语素”的概念，为保留原文的面貌，这次没有改动。感谢曾为这些论文的写作提供过很多帮助的王福堂先生、王洪君女士和过早离开人世的学长叶蜚声先生，感谢商务印书馆为这本集子提供一个出版的机会。论著的不足之处，敬请读者批评、指正。

徐　通　锵

2001 年 11 月于北大寓所

目　录

说“结合”*

——就汉语音韵的研究浅议中西语言学结合的途径

【提要】立足汉语的研究，实现中西语言学的有效结合，是中国语言学的发展的必由之路。本文联系高本汉以来的汉语音韵和方言研究的一些经验和教训，对中西语言学的结合途径进行了一些具体的探索，认为汉语特点的研究是实现有效“结合”的基础，而汉语事实与印欧语理论的矛盾则是启示“结合”新思路的突破口。

世界的语文研究有三大传统，即希腊—罗马传统、印度传统和中国的小学传统。18、19世纪实现了希腊—罗马和印度两大传统的结合，形成了一个统一的印欧语研究传统。这一结合对语言研究产生了巨大的影响，其重要的标志就是历史比较语言学的诞生和发展，使语言学从此走上了独立发展的道路。19世纪末，以《马氏文通》的出版为标志，汉语的研究传统也开始走上了与印欧语研究传统相结合的道路。由于汉语的结构与印欧语有原则的差异，这一结合道路的探索艰难而曲折，喜悦与苦闷并存。就总体发展趋向来

---

* 据1996年在中国少数民族语言研究所的讲演稿修改，发表于《语言学问题集刊》第一辑，戴昭铭、陆镜光主编，吉林人民出版社，2001。

看，汉语音韵和方言的研究结合的成效比较显著，而语法、语言理论等的研究问题比较多，可以说至今也还没有找到一条有效的结合途径。为了推进中国语言学的发展，对百年来结合道路上的经验与教训进行一些探索和梳理，不是没有意义的。语法与语言理论方面的问题我们已另文讨论（徐通锵，2000），这里仅想联系汉语音韵与方言的研究讨论中西语言学的结合途径，就我之所见，对成功的经验与失误的教训进行一些梳理。如果言之成理，它的结合的基本精神对语法和语言理论研究也许也有一些借鉴作用。

一 历史比较法和传统的汉语音韵研究的结合

汉语史的研究有悠久的传统，大体上以字为基础研究文字、音韵、训诂，从书面文献材料的分析和排比中寻找语言演变的线索。这种方法的优点是言之有据，结论较为可靠，缺点是语音史的研究只能区分声、韵、调之类的音类，无法对语言的演变进行具体的语音学的描写，而且还无法研究史前时期的语言结构。概括地说，汉语史只偏重于“死”材料的研究，而不考察（至少是很少考察）方言、亲属语言等对语音史研究有重要作用的“活”材料。西方的历史语言学和此相反，它注重方言、亲属语言等“活”材料的分析和研究，从语言的空间差异中寻找语言在时间上的发展序列，创造了历史比较法和历史比较语言学。这两种传统各有特点，长短互补，如能以汉语的研究为基础把它们结合起来，自然会对历史语言学的发展发生积极的影响。但是，“‘结合’二字谈何容易”，吕叔湘 1986 年在为龚千炎《中国语法学史稿》写的序言中说的这八个字，字字千钧，因为“结合”不是西方的语言理论加汉语的例子，而是要以汉语的研究为基础，参照西方语言理论的立论精神，从中吸取于我有用的理论和方法，借以有效地揭示汉语的结构规律和演变规律；如果无法用西方的语言学理论和方法来解释，那就得根据汉语结构的特点，提炼新的理论假设，以补正和丰富历史语言学的理论和方法。汉语音韵和方言的研究大体上是顺着这一结合的道路前进的。

历史语言学的理论，就其大的思路而言，主要就是青年语法学派的“语音规律无例外”和方言地理学的“每一个词都有它自己的历史”，其他如内部拟测法、词汇扩散理论、变异理论等都可以归入这一种理论范畴或那一种理论范畴。为什么？音变理论是对语音演变的解释。经常谈到的音变方式主要有两种，一种叫连续式音变，另一种叫做离散式音变，这是自然界中连续与离散两种现象在语言演变中的反映。连续性音变以共时语音条件为基础，即凡是在相同的语音条件下，一个音位在同一地区、同一时间将会依照“语音规律无例外”的方式进行演变。青年语法学派的音变理论和结构语言学的内部拟测法所研究的大体上就是这一类的音变方式。方言地理学所研究的音变是离散式音变，强调“每一个词都有它自己的历史”，否定方言土语的存在和音变的规律性。词汇扩散理论研究的也是这一种音变方式；社会语言学的变异理论虽然兼顾两种音变方式的研究，但就总体看来，仍以离散式音变的研究为主。这两种音变理论原来在汉语研究中都没有基础，是“鸦片战争”以后因西学东渐而引入汉语研究的，由此开始了西方历史语言学理论和汉语研究的结合，使汉语历史语言学的研究上了一个新台阶。

连续式音变是语音演变的一种最基本的方式，因而以“语音规律无例外”为标志的青年语法学派的音变理论对后世的语言研究有深刻的影响。历史比较法是研究这种音变方式的一种最基本的方法。20世纪初叶，这种理论开始与汉语音韵研究相结合，其最重要的代表人物就是瑞典汉学家高本汉，代表作是《中国音韵学研究》。汉语传统的音韵研究到清末已走入尽头，因为用语文学的方法已经很难使汉语史的研究产生新的面貌，因而中国语言学家发出了要求改革语言研究理论和方法的呼声：过去的成就“只能使我们约略地知道古今变迁的大齐，不能使我们明白声韵发展的程序。这实由于他们所根据的材料，读音不能古于《广韵》，参证不外乎谐声、音训、韵文、异文等类的缘故。讲到这里，我们可感着比较语言学的需要了”（潘尊行，1923）。正当汉语音韵的研究处于“旧路不通，新路不明”的时候，高本汉运用历史比较法来研究汉语的音韵发展，开创了一条全新的途径。尽管此前也有人用历史比较法来研究汉语，但不是很系统，影响也比较小，暂时可以不予考虑。“结合”的特点是先根据《广韵》的反切整理出“古音字类表”，作为切韵音系的音类框架，而后利用汉语方言的材料对切韵音系进行语音学的描写，也就是根据汉语的特点把历史语言学的一条基本的方法论原则“从语言的空间差异中探索语言在时间上的发展序列”中国化，把方言的活材料和切韵之类的“历史上的旧材料”结合起来，描写汉语音韵演变的历史规律。而后，再以切韵音系的研究为基础上推先秦古音，利用清儒上古音的研究成果和汉字的谐声系列，运用内部拟测法等对上古音系进行语音学的描写。这样，高本汉就为汉语史整理出一条从先秦经切韵音系而到现代方言的发展线索，开创了语言史研究的一个新的格局。从方法论的原则来说，这一“结合”的特点就是以汉语的研究为基础运用历史比较法、内部拟测法的基本原则，把空间和时间结合起来，把“回顾”与“前瞻”两种研究途径结合起来，以探索汉语的历史演变。这是我们以往不曾有过的研究原则，把它应用于汉语音韵的研究成效非常显著，既有效地吸收和使用诞生于西方的历史比较法，也没有忽视汉语本身的结构特点；说得更正确一点，这种结合是以汉语的研究为基础去吸收西方的历史比较法来解决汉语史的问题，因而理论和方法都比较稳妥，研究的成果自然也比较成熟，为此后的汉语音韵的研究奠定了坚实的基础。一个外国人，为什么会取得如此巨大的成就？主要的原因是汉语本身的研究有扎实的基础，已为历史比较法的运用准备好了必要的条件。用高本汉(1940)自己的话来说，就是他在汉语音韵研究中碰到过两次好运气：研究切韵音系的时候有切韵系统的各种韵书、韵图和日、朝、越等各种借音材料；研究上古音的时候有诗韵和汉字的谐声，使他有可能拟测周初王都的发音的主要特征。在这里强调这一点不是多余的，因为某些领域的“结合”(例如语法)，由于传统的汉语研究缺乏这方面的基础，自然就难以摆脱印欧语理论的束缚，取得预期的成果。高本汉以来的汉语音韵研究，尽管具体问题有争论，但其方法论的基本原则始终没有动摇过。继高本汉之后，王力、董同龢、李方桂、罗常培、陆志韦、张琨、李荣等的汉语音韵的研究都以高本汉的研究为基础而向深化的方向发展，并纠正高本汉的疏漏。两相比较，这一点是很值得我们深思的。

历史比较语言学的理论、方法用来研究汉语语音史所以能取得卓著的成就，最主要的经验就是：立足于汉语结构特点的研究去吸取西方语言学中于我有用的理论和方法，而不是用这种理论、方法来剪辑汉语的事实；遵守这一原则，汉语史的研究就会取得明显的进展，反之，离开这一原则，就难以取得成效。高本汉的汉语史研究最成功的是切韵音系的研究，上古音系次之，因为这两方面都有扎实的汉语音韵的研究作基础。他的远古汉语的研究，即汉语词族（word families）的研究，情况就不同了，由于缺乏汉语研究的基础，一切模仿印欧语的 ablaut（元音变换），离开了汉语的结构特点，因而他的研究成果也就难以经受实践的检验。相比较而言，杨树达和沈兼士的研究就要可靠得多。这方面的批评和论述可参看徐通锵 1997 和何九盈 1998。

二　新思潮的冲击和“结合”原则的改进

20 世纪 60、70 年代，语言学思潮的主流是乔姆斯基的生成理论，主张普遍唯理语法。和汉语史研究有关的理论和方法，当时活跃在美国的一些年轻学者，如罗杰瑞（Jerry Norman）、桥本万太郎等提出了一种假设，人们称之为“普林斯顿假设”（Princeton hypothesis），认为汉语的方言关系比高本汉所理解的要复杂得多，很多现象无法从书面材料中得到解释，因而主张汉语史的研究应该严格采用 19 世纪在印欧语研究中行之有效的历史比较法，从复杂的汉语方言的差异出发，不管历史上的文字、文献材料，先为每一个基础方言拟测出它们的原始方言（proto-dialect），如原始北方话、原始闽语、原始粤语、原始吴语等，而后再在此基础上拟测出原始汉语。这两种理论的基本精神都是以语言的普遍特征（universals）为基础，主张理论的绝对普遍适用性，忽视（至少是不强调）不同语言的不同的特点。这对以汉语特点的研究为基础实现中西语言学结合的原则无疑是一个严重的冲击。科学没有国界，反映客观规律的理论自然适用于不同语言的研究，有它普遍适用性的一面，但这绝不是说可以忽视不同语言的特点和不同语言的研究传统。理论是根据部分材料的研究而提炼出来的一种假设，需要不断地在研究实践中根据新发现的材料进行补充、调整和修正。不管是乔姆斯基的生成理论，还是19世纪的历史比较法，都得根据不同语言的研究加以补充和修正。我们所以肯定高本汉以来汉语音韵史研究的一些基本原则，就是由于它不是生搬硬套地使用19世纪的历史比较法，而是以传统的汉语音韵研究为基础，紧紧地把握汉语的特点，对历史比较法的程序和原则作了一些必要的调整和修正，从而对汉语音韵的发展规律进行了有效的语音学描写。生成理论的基本精神和“普林斯顿假设”基本上否定了这种运用理论的原则。这样，是坚持高本汉以来汉语史研究的一些富有成效的原则，还是根据理论的绝对普遍适用性原则，不管汉语研究的传统，重起炉灶？这是摆在中国语言学家面前的一个尖锐问题。我们当时正处于十年动乱时期，根本没有条件去思考这种挑战；生活在国外的华裔语言学家面对这种冲击开展了一系列有成效的研究，提出了一些新的理论研究思路，其最重要的代表就是张琨和王士元。他们从不同的角度对中国语言学的发展作出了重要的贡献。

张琨原是研究汉藏系语言的专家，60年代开始转向汉语史的研究。面对在语言学中占支配地位的生成理论和汉语学研究中的“普林斯顿假设”，他仍旧坚持汉语方言与书面文献材料相结合的原则来研究汉语的历史发展，但比高本汉的研究前进了一步，充分考虑到语言发展的复杂性。这主要表现在：方言的差异不仅是现实的，而且也是历史的，应该充分考虑历史文献中所隐含的方言差异。《切韵》不是某一方言的共时音系的代表，而是隐含有很多南方方言特点的韵书，代表一种“南北是非，古今通塞”的综合音系，体现中国音韵的历史演变，可以据此上推到早于《诗经》的上古音系；《切韵》也不能看成为现代各方言的母语，而应该根据每个方言的特点简化切韵音系，将“综合”音系中不反映该方言特点的音类简化掉，合并到相关的音类中去，为某一方言的原始方言建立音系的音类框架，而后再比较方言内部的差异，对这种简化的切韵音系进行语音学的描写，进而勾画出语音演变的线索和规律。这一理论主要见之于他的代表作《上古汉语的韵母系统与切韵》(*The Proto-Chinese Final System and the Ch'ieh-yün*)，其所依据的方法论原则仍是立足于汉语，以《切韵》之类的书面材料和汉语方言的研究为基础，充分考虑历史方言在语言史研究中的地位和作用，并据此灵活运用历史比较法的原则。它既坚持了高本汉以来中西语言学结合的基本原则，并对其中的不足之处作了明显的改进，又吸取了“普林斯顿假设”的一些合理内涵，把简化的切韵音系作为原始方言的音类框架，尽可能使汉语史的研究能更好地反映汉语演变的实际。张琨认为，完全否定《切韵》之类的书面材料在汉语史研究中的地位，只凭方言差异的比较拟测原始方言，就有可能使语言史的研究“跑野马”，失去控制，结果是拟测出来的原始语可能与汉语的实际状况风马牛不相及。汉语是有悠久历史的语言，面对否定文献资料在汉语史研究中的价值的新思潮的冲击，张琨既强调现实方言与书面文献资料的结合，又重视隐含在书面文献中的方言差异在语言史研究中的价值，这样的原则是无可非议的。它是对高本汉以来的“结合”原则的改进。

王士元从另一个侧面对“结合”作出了自己的贡献。他不是专门研究汉语的，但仍充分考虑汉语的特点进行历史语言学的研究。他原是乔姆斯基生成理论的忠实追随者，但跟了一段之后发现这一理论有严重的弱点，于是转而研究汉语的方言，把北京大学中文系的《汉语方音字汇》以及中古音、日译吴音、日译汉音等近三十种的方言材料送进计算机，进行以“词”为单位的音变方式的研究，提出了著名的词汇扩散理论。从理论渊源关系来说，它是方言地理学的“每一个词都有它自己的历史”理论的复活，认为语音演变的方式不是像青年语法学派所说的那样，在相同的语音条件下一个音以“语音规律无例外”的方式演变，而是通过“词”的读音一个一个地发生变化而产生的渐进性扩散，因而没有规律。在历史语言学的研究中，离散式音变的方式人们不是太重视，王士元把它加以强调，提炼出一种新的音变理论，这是有重要的意义的。它是将西方的历史语言学理论和汉语研究相结合而取得的一项重要成果，是对历史语言学的一个贡献。王士元(1984,254)自己在谈到这一点的时候说：“有一点我们是可以自豪的。过去，中国语言学只是影响到中国国内的语言研究，好像是自立门户，跟普通语言学没有太大的关系；或者说，有时候受到西洋语言学的一些影响，但很少影响到普通语言学。词汇扩散理论，据我所知，是中国语言学第一次影响到整个历史语言学，使历史语言学增添了一支新的生力军。”确实，这是对历史语言学的一个重大贡献，产生了很大影响。它告诉我们，立足于汉语的研究，找出其中的内在规律，是可以对普通语言学作出自己的贡献的。

不管是张琨，还是王士元，他们所以能面对语言学新思潮的冲击而在历史语言学的研究中取得重要的进展，都是由于坚持以汉语研究为基础吸收西方历史语言学的理论、方法的“结合”的原则。

自高本汉以来，这一原则的成效已经得到语言研究实践的检验，应该继续坚持和发扬。但随着语言研究的深入，“结合”中也提出了一些新的问题，这就是语言结构的特点如果与语言理论相冲突，语言学家应该采取什么样的态度？这是从王士元的研究中发现的一个重要问题。

三 语言事实与理论的矛盾是启示“结合”新思路的突破口

高本汉以来汉语音韵史的研究虽然涉及到历史语言学理论、方法的调整与改进，但还没有发现理论与汉语事实的根本性矛盾。王士元的词汇扩散理论碰到了这方面的问题，这主要是如何处理汉语的文白异读与音变的关系？王士元把文白异读列入离散式音变的范畴，但如果加以仔细的分析，我们就会发现这两种现象是有原则区别的。语言事实与语言理论的矛盾使“结合”碰到了一个新问题。

离散式音变是一种重要的音变方式，特点是“每一个词都有它自已的历史”。说这种音变没有规律，恐怕没有根据。我们检查了宁波方言、天津方言和山西的闻喜方言、祁县方言有关离散式音变的情况，发现所有的离散式音变都是有条件的，不过不是共时的语音组合条件，而是历史音韵的条件。例如天津话的 tʂ 组声母现在正以离散式音变的方式向 ts 组声母转化，从共时语音条件来看，确实找不到规律，因为“遮者蔗奢车……”旧派读 tʂ，但“社”读 ts，而新派的“遮者蔗奢”读 tʂ，但同样语音条件的“车扯射舍赊蛇……”却读 ts，不读 tʂ。这不仅新、旧派有异，而且每一派内部的读音也不一致(据张旭,1987,94—97)。但是,从历史音韵条件来看,这一音变的条件性是很清楚的,即知、照$_{三}$组的字可依此方式演变,因为只有这两组字的声母才有可能念 tʂ。从离散式音变的过程来看,它们好像没有规律,但从演变的全过程来看,它们是有规律的,像天津话的 tʂ 组声母,如果没有其他音变的干扰,它就会顺着向 ts 组声母合流的方向演变,待音变完成,所有的 tʂ 都变成了 ts,那时语言中就会呈现出整齐的规律。后人去观察这种音变是很难弄清楚它是通过什么音变方式实现的。这种以历史音韵地位为条件的离散式音变在共时音系的变化中就表现为聚合系统的调整,像上述天津话的 tʂ 逐一变为 ts,最后在系统中就消失了卷舌声母。在历史语言学中,"语音规律无例外"和"每一个词都有它自己的历史"是两个对立的口号,争论不休,谁都说服不了谁,实际上它们各有自己的道理,只是各有自己特定的适用范围:"语音规律无例外"的连续式音变产生于共时的语音组合条件;"每一个词都有它自己的历史"的离散式音变则产生于历时的音韵条件,通过共时聚合方式的调整表现出来。王士元(1984,255)当时在批评青年语法学派的音变理论时没有考虑这些复杂的情况,过分强调离散式音变的作用,不过他后来对此做了自我批评,认为原来的论断有些片面。

汉语的文白异读不同于离散式音变,无法把它纳入离散式音变的框架中去分析。语言的演变分时间和空间两个方面。连续式音变和离散式音变是语言在时间上演变的两种不同的方式,体现语言的"纵"的变化,其特点是"变",即 A 变为 B,或 B 从 A 变来,变化前后的两种语音形式有继承关系。比方说,北京话的 tɕ 是由-i、-y 前的 k 和 ts 变来的,天津话的 ts 有一部分是由知、照$_{三}$的

tʂ 变来的，等等。但文白异读的“文”与“白”之间的相互关系不是“变”，即“文”不是由“白”变来的，反之亦然，即“白”也不是从“文”变来的。文白异读是方言之间相互影响的结果，一般说来，白读代表本方言的土语，而文读则是在本方言音系所许可的范围内接受某一权威方言音系的影响而产生的新形式，它们体现雅俗两种不同的风格色彩。这是一种特殊的演变方式，体现语言的“横”向扩散，其基本特点是：“文”与“白”代表两种不同的方言，它们共存于一个系统之中，相互竞争，而竞争的总趋势，一般都是文读形式扩大它的运用范围，把白读形式排挤掉，直至使它销声匿迹；白读形式在节节败退中有时只能凭借它在某些特定土词中的读音而坚守它的阵地。文白异读，这是汉语中常见的一种语言现象和语音演变方式，它很难用现在流行的语言理论和音变理论来解释。比方说，索绪尔的语言共时系统理论强调的是语言系统的同质性(homogeneous)，排斥异质(heterogeneous)的因素；系统只存在于共时态中，排斥任何历时的因素，而文白异读却是两个不同的方言系统共存于同一个方言系统之中；文读是后来产生的，比白读晚，文白并存，说明系统中含有历时的因素，等等。这说明，索绪尔的语言系统理论不适合于汉语文白异读的研究。这是一。其二，“文”与“白”两种不同的方言共存于同一个方言系统中，相互竞争，一个“吃”掉另一个，完成语音的演变，我们在西方语言中还不曾见到这种演变方式，因为西方语言的基本结构单位是多音节的词，而汉语是单音节的字；字在字组中可以保留它的特定的字义。这种“竞争”性的演变方式是语言在空间上的演变的一种表现形式，其中所隐含的时间因素也是通过空间扩散的先后表现出来的，因而不应该把它们纳入离散式音变的范畴中去考察。这里强调这一点，是由于我们碰到了“结合”中的最大难题。连续式音变和离散式音变的研究已有现成的理论和方法，我们只要根据汉语的特点，用这些理论和方法来分析汉语，并根据汉语的情况作一点必要的修正和补充，大体上就能对语言的演变进行具体的描写，实现西方的语言理论和汉语研究的结合。文白异读这一类现象，无论是一般的语言理论还是各种具体的音变理论，我们都无法从中找到解释这种音变现象的现成答案和有价值的启示，因而需要我们根据文白异读的特点提炼出新的理论和方法。这也是一种结合，不过是一种创造性的结合，吕叔湘说的“‘结合’二字谈何容易”这八个字，在这里就更显出它的“谈何容易”的难度了。这种无法用西方的语言理论来解释的汉语或其他民族语言的语言现象，是诞生新理论的基础，我们绝不能马马虎虎地把它们归入西方语言理论的“例外”而不予置理，也不能强行归入现行的某一种理论而草率处理。这需要我们进行深入的研究，从中总结新的理论和方法。

竞争，这个概念不是我们首先提出来的。王士元最有影响的一篇文章的题目就叫做《相竞的变化产生剩余》(Competing Change as a Cause of Residue, 1969)，其中谈到了竞争。我们分析了王士元所用的例子，除了汉语的文白异读以外，其他的材料无法用竞争来解释。这涉及到文白异读和离散式音变的差异。王士元把这两种现象混在一起也不是没有原因的，因为文白异读和离散式音变有些地方确实有些“像”：文白异读也是以历史音韵为条件，变化的方式也是一个字一个字的读音发生变化，但这只是表面上的相似，而实际上它们有着原则的区别，这主要表现在以下几个方面：第一，离散式音变在没有完成音变过程以前，处于变化中的两种语音形式好像也可以共存，一个字的读音可以这样念，也可以那样念，有点像“竞争”的样子，例如宁波方言的“军”字（臻摄合口三等的见系字），中年人大多 tɕyŋ～tɕyoŋ 两念，但这种不同的读音与语汇条件无关，同一个字在不同字组中的不同读法，例如“军队、参军、军师、军情”等字组中的“军”读 tɕyŋ 或读 tɕyoŋ，没有风格色彩的差异，没有雅与俗之别。读 tɕyŋ 还是读 tɕyoŋ，宁波人不大在乎；两种形式的运用场合也没有什么区别，在日常的交际场合中或者在比较庄严的场合，用 tɕyŋ 或 tɕyoŋ 都可以。tɕyŋ～tɕyoŋ 的语音区别宁波人可以说是漠然的。但是，文白异读的情况就不同了，什么情况下读“文”，什么情况下读“白”，一般情况下都有严格的语汇条件的限制，像宁波方言的“喂鬼诡归龟柜鳜贵围……”的白读音-y 只存在于某些特殊的字组（如“喂奶”“喂饭”的“喂”读-y）中，离开这一类特殊的字组，只能是文读形式-ue。这种情况在地名和人名中尤为明显，例如山西闻喜方言的“王”，白读的-yɛ 只存在于地名“王村”中。这里的“文”与“白”有明显的“雅”与“俗”的风格色彩的差异，口语中多用“白”，而在比较正式的、庄严的场合则多用“文”，与离散式音变有明显的区别。其次，王士元《相竞的变化产生剩余》一文中最精彩的部分是关于中断的变化（thwarted changes）的分析，就是一个变化还没有完成演变的全过程，只“变”了一半就不变了，这样在系统中就留下了不规则的例外。但王士元所用的汉语材料基本上都属于文白异读的范畴，因而后来引起了不少的争论（特别是其中的潮州话的声调）。我们经过汉语方言的分析，发现离散式音变确有中断的变化，即变了的就变了，而来不及变化的就不再顺着原来的变化规律发生变化。这是造成语言中不规则现象的一个重要原因。例如宁波话的咸摄一等覃（赅上去，其他各韵与此同）韵字原来的读音是-en，在演变过程中它通过离散式音变的方式与谈韵字-ɛn合流，但在还没有完成合流全过程的时候，由于韵尾-n的消失，已变的覃韵字和未变的覃韵字此后在演变中就分道扬镳：已变的就跟着谈韵字变化，读-ɛ，例如“耽潭谭参惨”等，未变的-e(<-en)就与音系中原来的-e韵字（主要是蟹摄合口一等的灰、泰韵的非见系字）合流，在元音高化运动中复元音化为-ɛɪ，例如“贪南男蚕”等，使音变的规律出现了例外。有些语言学家对这种不规则的变化不太理解，例如张琨先生在《汉语方言中鼻音韵尾的消失》一文的一个脚注中说：“黄岩、温岭方言中《切韵》覃韵舌头声母读*an。宁波方言中读-ɛɪ，究竟代表什么，不大明白。”在音变的研究中，对例外的解释是比较困难的，其中的一个原因就是我们习惯于“语音规律无例外”的那种连续式音变的解释。不用离散式音变的中断，确实无法解释宁波方言覃韵字的不规则的变化。“中断的变化”的核心是“中断”，即变了的不能再变回来，未变的一般也不会再变。王士元提出“中断的变化”这个概念是有重要意义的，不过它只能用于离散式音变，不能用于文白异读，因为通过文白异读而发生的演变不仅可以中断，而且可以倒退，在语言中出现一种逆向的变化。在百年前，宁波方言的蟹摄二等字-a已通过文白异读向-ɛ转化，如“败拜埋排派牌买卖”等文读-ɛ，白读-a，但现在文读形式基本上已经消失，恢复了白读的“一统天下”，也就是说，白读在竞争中取得了胜利。这种倒退的逆向变化只能出现在文白竞争的过程中，离散式音变不可能有这种逆向的变化。第三，两种变化在共时音系中的表现也有区别，即：离散式音变会影响聚合系统的调整（例如天津话的tʂ系声母将会消失），而文白异读不会影响音系的结构。有鉴于此，文白异读应该与离散式音变区别开来，进行独立的研究。既然印欧系语言的音变理论无法说明这

种文白异读的演变，那么就需要我们根据汉语的特点提炼新的音变理论，以便对语言现象作出合乎实际的分析。徐通锵、王洪君的叠置式音变理论就是根据文白异读的特点提炼出来的。这是对“结合”的一种新探索。

四 叠置式音变和“结合”的新探索

文白异读体现两种方言系统的叠置，白读代表本方言的土语，而文读则是接受某一权威方言的影响而产生的新形式，因而文与白的差异实质上相当于方言之间的语音对应关系。如果说，方言之间的语音对应关系是语言分化的结果，那么音系内部由文白两种形式的区别所体现的对应关系则是语言汇合或统一的产物。由语言分化所造成的不同音系之间的语音对应关系是历史比较法的基础，在语言史的研究中具有重要的价值，同理，文与白两种语音形式的对应关系在语言史的研究中同样也具有重要的价值，只是由于它们共处于一个音系之中，人们不易发现它们的价值而已。文白异读的产生以及文读在竞争中排挤、取代白读的趋势，说明这种竞争体现方言间的接近，与语言分化的过程正好相反，因而需要对文白异读进行特殊的分析，使“结合”的研究前进一步。为此，这里需要对叠置的情况作一点必要的说明。下面是山西闻喜话宕摄字的文白异读以及它与果摄字读音的关系：

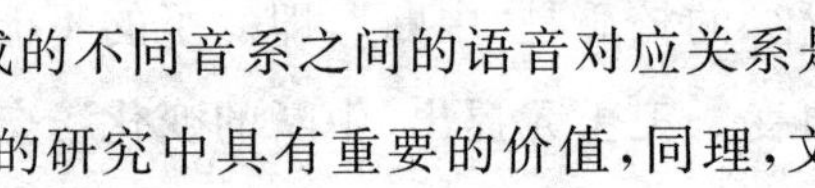

不同系统的同源音类的叠置反映语言发展中两个姊妹方言之间的关系,同一系统中异源音类的叠置是原来不同的音类在演变中已经合流,取相同的语音形式,这反映同一系统内的不同音类之间相互关系。两种不同的性质的叠置决定了白读形式在演变中的不同命运,例如这里"糠"的白读形式如何演变决定于它与之叠置的果摄字的演变,而它在系统中能否存在则决定于它和文读形式的竞争,一般的情况都是文胜白败,白读形式最后只能残存于一些地名和人名的姓氏中,甚至可以在系统中消失得无影无踪,不留痕迹。我们了解了文白异读的这种叠置的结构,就可以清楚地了解同一系统可以兼容不同系统的结构因素,说明语言的共时系统可以不是索绪尔所说的同质系统。这一理论的价值在于:

第一,系统中存在着叠置,说明系统中隐含着方言差异。语言的这种结构原理古今一样,我们可以从残存的白读中窥知原始语的结构状态,而不必老是在 A 变 B 之类的"变"字上做文章。古浊塞音、浊塞擦音的性质在汉语史的研究中曾有过尖锐的争论,高本汉、罗常培等认为它们是送气的浊音,而陆志韦、李荣等认为是不送气的浊音。这种争论一直延续到现在。由于我们过去只是用"变"的眼光去观察语言的演变,承认古汉语中的浊塞音、浊塞擦音只有一种音值,因而面对现代方言送气和不送气的差别,就只能在"变"字上兜圈子,很难解释现代方言的差异。现在我们提出叠置式音变的理论,就可以从文白异读的角度去考察。根据山西方言提供的线索,在晋南,古浊塞音、浊塞擦音的白读音读送气,晋中读不送气,而太原以及晋北等地则与北京话一样,无文白异读的差异,依声调的平仄而分为送气和不送气两类;晋南、晋中的文读形式与此相同,根据声调的平仄而分为送气和不送气。我们可以运用叠置式音变的原理去解释古汉语中浊塞音、浊塞擦音的方言差异，就是说，在原始汉语中就存在着方言差异，现代方言的差异，例如客赣方言读送气音，湘、吴、闽读不送气音，而粤和北方话则依声调的平仄而分为送气和不送气两类，都只是古汉语的方言差异的延续和继承。高本汉在汉语音韵史的研究中由于恪守着上一世纪居于统治地位的历史比较法的理论和原则，把《切韵》看成为现代方言的原始母语，因而就只能在A变B的"变"字上做文章，解释现代方言之间的歧异和汉语的发展。他根据古浊塞音、浊塞擦音在客家方言中读送气音的特点以及其他某些理由把並、定、群等纽拟测为送气音，这就给语言史的研究留下了一些难以解决的问题：吴、闽、湘三大方言的不送气的特点是怎么"变"出来的？北方方言和粤方言的仄声字何以会丢掉送气成分？这些都无法得到音理上的解释。A变B，这只是语言演变的一种方式，它不能包括相互竞争的方式。用时间上的纵向"变化"去解释空间上的横向扩散，这在理论上是说不通的。我们根据现代方言的文白异读推断古汉语的方言差异完全符合语音结构的原理。汉语的清塞音和清塞擦音分送气和不送气两个系列，而浊塞音和浊塞擦音却只有一个系列，一浊对二清，结构上不平衡，因而在系统中容易产生变异，使不同的方言出现不同的情况：或送气，或不送气，或依照声调的平仄而分化为平送仄不送。这一研究在学术界引起良好的反响。钱曾怡(1990,18)在谈到这一研究的价值时认为它"对历史比较法的前提谱系树理论有所突破"。谱系树理论设想原始语的内部是统一的，没有方言分歧，学者们对这一假设虽然早有怀疑，但也只能根据后代语言的某些残迹用波浪说解释那些不合规律的例外，提不出成系统的语言事实的根据。汉语的文白异读和据此提炼出来的叠置式音变理论或许可以对原始语的方言差异提供一些有价值的线索，把语言在时间上的演变和空间上的扩散联系起来，对语言演变进行“纵”与“横”相结合的总体考察。

连续式音变和离散式音变这些时间上的变化可以使方言或亲属语言之间的差异日益增大，向着不同的方向发展，而文白异读的一胜一败的竞争则有可能改变一个方言的发展方向，使其向着某一权威方言接近和靠拢。这样，方言的演变就不会超出一种语言的结构格局所能允许的范围。变化与竞争，分化与汇合，两种演变方式相辅相成，交互作用，我们在西方语言中还没有发现这种演变模式。不妨先看一下具体的语言演变现象。比方说，在汉语声母系统的演变中 i 介音具有重要的作用，由此造成方言间声母系统的一些重大差异，甚至可以变得相互对不上号，而文白之间的竞争则可以改变这种由连续式音变和离散式音变所造成的差异，使方言的发展顺着语言结构格局所能控制的方向发展。请看山西方言的两个例子：

一、闻喜方言 i 介音前帮组声母的文白异读：

	闭	票	鞭	笔	描	面	坪	饼
文	pi	pʻiao	piæ	pi	miao	miæ	pʻiʌŋ	piʌŋ
白	ti	tʻiao	tiæ	ti	liao	liæ	tʻiʌŋ	tiʌŋ

二、洪洞方言 i 介音前见组声母的文白异读：

	家	觉	轻	秸	肩	牵	紧	交
文	tɕia	tɕio	tɕʻieŋ		tɕian	tɕʻian	tɕien	tɕiao
白	tia	tio	tʻie	tiai	tian	tʻian	tien	tiao

i 介音前的声母要发生变化在晋南地区是一个不可阻挡的趋势，但如何变化，由于偶然性因素的作用（徐通锵，1990），不同的地区有不同的表现。闻喜方言是使帮组声母舌尖化，与端组声母合

流;而洪洞方言则是使舌面塞擦音舌尖化和塞音化,也与端组声母合流。这种变化使这两个方言脱离原来音系的结构的束缚而向不同的方向发展,原来不同的现在相同了,而原来相同的现在则不同了。发生这种变化的时间离今不会太远,因为洪洞的白读音中包括原来没有i介音的二等字"家觉交"等;闻喜的白读好像也相当"年轻",连"批评"之类的新字组在河底乡一带也可以读成[t'i t'iʌŋ]。音类分合的这种变化与其他方言的差别太大了,这必然会影响方言区之间的交际,难以保持一个语言的统一的结构格局。要靠方言自身通过连续式音变和离散式音变的方式重新调整音类分合的结构,以恢复它与其他方言的相对一致性,已经没有任何可能。语言的发展与社会的发展有紧密的联系,只要社会还保持着一个统一的或相对统一的局面,语言中就会自发地产生一种力量去调节方言的发展方向。汉语中的文白异读的文读就是这样一种力量。面对在演变中"自行其是"的方言,一种在经济、政治或文化上处于优势地位的方言就会通过扩散的方式对该方言施加影响,而该方言也只有接受这种影响才能恢复那些已经消失了的音类的独立地位,因而同一个字就出现了两个读音,一个来自外系统,带有文雅的风格色彩,和对它施加影响的那个权威方言的读音比较接近,即所谓"文读";一个具有乡土气息的俗语色彩,即一般所谓的"白读"。这样,在语言中就出现了"文"与"白"两种系统的竞争,随着时间的推移,一般的趋势是文读系统战胜白读系统,使已经发生了变化的方言系统接受权威方言的调节,改变原来的演变方向。以上述的闻喜、洪洞两处方言为例,就是文读形式使i介音前的帮组声母(闻喜)或见组声母(洪洞)与端组声母区别开来,以与权威方言的发展方向保持一致。

通过文白异读表现出来的竞争可以调整方言的演变方向，这是一个值得深入研究的重要问题，它涉及到纵、横两种演变方式的性质和相互关系。时间上的演变方式是连续式音变和离散式音变，演变的方向和目标是系统的自我调整，而空间的演变方式是竞争，它的方向和目标是调整系统之间的关系。这两种演变方式相辅相成，推进语言的演变。就其发展的一般趋势来说，连续式音变和离散式音变会增加方言之间的歧异，而竞争则反其道而行之，使方言之间的差异日渐消磨而日益接近，具体地说，就是使方言向某一权威方言的方向靠拢和接近，以保持语言的相对统一。汉语方言的发展，如果没有以文白异读为特点的竞争的调节，就不会是现在这个样子，肯定还要复杂得多。闽方言或许可以说明这个问题。闽方言的文白异读的情况很复杂，其中的文读形式与北方方言比较接近，而白读形式往往有好几种，它们体现不同的时间层次，这可能是由于新的文读形式产生以后而把旧的文读形式不断地推入白读层的结果。文读形式是调节方言的演变方向、使其向权威方言接近和靠拢的一种力量。谱系树理论无法解释这样的演变方式，波浪说也不行，语言事实和语言理论的矛盾引导我们提出新的叠置式音变理论，使“结合”的研究呈现出一些新的面貌。

五 汉语特点的研究是实现有效“结合”的基础

根据前面的讨论，与音韵、方言的研究相联系的汉语历史语言学的理论和方法一个世纪来已取得明显的进展，比较有效地实现了中西语言学的结合。总结这方面的经验和教训，最重要的一点就是:立足汉语的研究,紧紧抓住汉语结构的特点,把复杂的方言和丰富的书面文献资料结合起来,并以此为基础吸取历史比较法、内部拟测法等西方历史语言学理论的基本精神,对汉语的结构规律和演变规律进行语音学的描写,总结和提炼相应的理论和方法。不管是"结合"的哪一个时期,遵循这一原则就能取得明显的成效,使汉语的研究前进一步,反之,就很难取得实质性的进展。作为一种比较,这里不妨简单地考察一下"普林斯顿假设"的成效和局限。把这一假设真正付诸实践并产生广泛影响的是罗杰瑞(Jerry Norman)的原始闽方言的研究。他完全根据历史比较法的原则,不管《切韵》等历史文献资料在汉语史研究中的地位和价值,也没有很好地考虑文白异读与语言历史演变的关系,只是利用闽方言的内部差异拟测原始闽方言,结果在声调系统中拟测出第9调,并为解释这一声调产生的原因而拟测出除不送气音、送气音之外的第三套弱化的塞音和塞擦音(如 p,p',-p;b,b',-b;……"-"表明这个位置的辅音已经消失)。根据历史比较法的基本原则,这样的拟测是说得过去的,至少可以自圆其说,但这第三套声母和第9调在汉语方言和历史文献资料中找不到任何痕迹。因此,这种拟测虽然在国外颇有影响,但无法得到绝大多数的汉语学者的支持,受到很多批评是不难理解的。这方面的详细情况可参看徐通锵(1991,144—149,390—391)。我们这里所以要强调"普林斯顿假设"的某些弱点,一是为了和前面的讨论对比,二是由于它反映了中西语言学结合中的一种严重弊病。这种弊病的实质就是:西方语言学理论是正确的,我们用它来分析汉语的时候只能使语言事实迁就理论原则;如果发现语言事实与理论有矛盾,那就需要对语言事实做一些必要的处理,或添枝加叶,或剪辑修饰,以便把语言事实纳入理论框架中去分析。这样说可能有点绝对化,但基本精神没有错。《马氏文通》以后,汉语的语法研究、语言理论研究为什么难以取得有效的进展?语法研究为什么难以解决词类划分和它们与句子成分的关系问题?根本的原因就在于我们自觉不自觉地把西方的语言理论放在绝对正确的地位,不敢根据它和汉语事实的矛盾进行修正和创新。这是实现中西语言学的有效结合的严重思想障碍。如果说,在中西语言学结合道路上以音韵、方言的研究为代表的历史语言学与语法研究、语言理论研究有什么差异,那就是它根据汉语结构的特点吸取西方历史语言学中于我有用的理论和方法;如果碰到矛盾,就根据语言事实的指引修正旧有的理论,或者提炼新的理论原则。正由于此,它的"结合"的成效比较显著。同是中国语言学,不同领域的结合的成效为什么会呈现出如此的差异?其深层次的一个原因就是音韵和方言的研究始终是以"字"为基本结构单位进行的,"词"在这一领域的研究中没有地位;相反,语法研究等由于受到"词"的束缚,就难以摆脱印欧语理论的羁绊,以至于至今也说不清楚什么是词、什么是词类、什么是句子之类的问题,使"结合"的成效受到严重的影响。上面的对比,一句话,就是要有效地实现中西语言学的结合,必须以汉语特点的研究为基础,不然就难以取得成效。

引用书目

高本汉 1940 Grammata Serica, Stockholm. 修订本 Grammata Serica Recensa, *BMFEA*, No. 29, Stockholm, 1957.

何九盈 1998 《二十世纪的汉语训诂学》,《二十世纪的中国语言学》,北京大学出版社,1998。
潘尊行 1923 《原始中国语初探》,《国学季刊》第1卷第3期。
钱曾怡 1990 《简评〈语文研究〉创刊十年来的方言论文》,《语文研究》第4期。
王士元 1969 Competing Change as a Cause of Residue, *Language*, 45.
—— 1984 《王士元教授谈语言的变异和语言的发展》(徐通锵访问和整理),《语言学论丛》第13辑,商务印书馆。
徐通锵 1990 《结构的不平衡性和语言演变的原因》,《中国语文》第1期。
—— 1991 《历史语言学》,商务印书馆。
—— 1997 《语言论》,东北师范大学出版社。
—— 2000 《〈马氏文通〉和中西语言学结合的道路》,《面对新世纪挑战的现代汉语语法研究》(陆俭明主编),'98现代汉语语法国际学术会议论文集,山东教育出版社。
张 旭 1987 《天津话新旧两派声类分析》,《语言研究论丛》第4辑,南开大学出版社。

宁波方言的“鸭”[ɛ]类词和“儿化”的残迹*

——从残存现象看语言的发展

【提要】语言中一些不合音变规律的例外现象在语言史研究中有重要意义。本文试图从宁波方言的“鸭”类词的异于语音规律的发音入手探索语言发展的规律。全文分三部分：第一部分根据语音发展规律重建“鸭”[ɛ]类词的词尾的原始形式-n、-ŋ。第二部分着重与邻近方言的比较，论述这种-n、-ŋ尾的性质，指明它是一种儿化形式。第三部分分析这种儿化形式的形成、发展和消失的过程，其中特别强调构词的语法现象怎样跟着语音规律一起演变，从而形成音变规律的例外；这是汉语语音演变中的一种重要特点。

一

宁波方言的“鸭”字有两个读音：aʔ 和 ɛ。[①]当地人认为 ɛ 是“鸭”

---

* 原载于《中国语文》1985 年第 3 期。本文写成后，承蒙叶蜚声、王福堂、王洪君三位同志指正多处，谨此致谢。

① 宁波方言的声调比较复杂，多的有七个：阴平 42，阳平（包括浊去和大部分浊上）24，阴上 435，阳上 313，去声 44，阴入 5，阳入 23；少的只有四个：原清平、清上、清去合为一类，单念时音值多为 42，原浊平、浊上、浊去合为一类，调值多为 24，再加上阴入 5 和阳入 23。“鸭”读 ɛ 的声调，据《鄞县通志》（解放前编成，解放后出版）第 3892 页说作“唵”平声，

的口语形式，即 aʔ 和 ε 是“鸭”的文白异读。赵元任(1928,55)在《现代吴语的研究》中也说：“鸭白：ε上”。总之，在很长的一段时期里，从专家到普通的老百姓都认为 ε 音是“鸭”的口语形式。如果说，aʔ 与 ε 是“鸭”的文白异读，那么，这种“文白异读”与一般的文白异读现象有原则的区别。首先，文白异读是一种语言的不同时期的语言状态在语言共时系统中的共存形式，大体上体现为标准语与土语的关系，文读形式以其语音系统所许可的范围接近某一标准语，而白读形式则代表本方言的土语；在语言发展的时间层次上，白读早于文读形式还是晚于文读形式，需要根据不同方言的情况进行具体分析。就宁波方言来说，文读形式大多是受北方方言的影响而产生的新形式，而白读形式还维持本方言的旧读，它自然早于文读形式。例如“蚊”字，口语读 mɤŋ，书面语读 vɤŋ；“蚊”是文韵微母字，mɤŋ 的读法还保留着微母字音值的痕迹。有时候，两个音类在方言中已经合并为一类，但在另一方言的影响下仍有可能使这种已经合为一个音类的的语音重新分化为两个音类，因而出现文白异读的共存形式。例如宁波方言以 kɔ 为语音形式(暂不计声调)的字有：

高膏羔糕稿告；胶～水绞～～毛线铰～链教～书叫～花子酵发～(早时还有)交～易较计～

分号前的 kɔ 是原效摄一等豪韵字，分号后是二等肴韵字。在宁波方言中这两个音类早就合并为一类，后来可能是由于北方官话的影响，分号后的二等字出现文白异读的形式：口语为 kɔ，文读为

据赵元任的《现代吴语的研究》读上声，根据我们在调查中所听到的调值则为 44，似又应属去声。这种不一致的情形可能与宁波话的声调正处于简化的过程有关。今天即使能读出七个声调的人，其中去声多与阴平混，一小部分阴上字也归阴平。“鸭”念 ε^{44} 的调值又可能与连读音变有关，因为宁波话的舒调清声母字在作连读变调的后字时常念 44 的平调，而“鸭”[ε^{44}]类词不用作复合词的前字。鉴于这些复杂的情形，本文在行文中不标声调。

tɕiɔ;[①]文读形式是其他方言影响的产物。一般说来,文白异读的并存是语言发展的过渡时期。随着时间的推移,白读的语音形式会让位于文读形式而退出历史舞台,上述“胶”等读 kɔ 的口语形式现在只能在极其有限的语词中出现,一般都读 tɕiɔ。从文白异读的这种性质来看,“鸭”的 aʔ 和 ε 两种形式似乎与这种性质无关。“鸭”原来是咸摄二等狎韵字,收-p 尾,今天的 aʔ 是狎韵字 * ap 的发展,不是在其他方言影响下的产物;从文白异读的时间层次看,如果说 ε 是早于 aʔ 的语音形式,我们从文献资料、从现实的汉语方言的比较来看,都找不到根据,也无法从音理上加以解释。

其次,语言中一个音类的文白异读一般不会和另一个音类的文白异读形式相同,这就是说,不同的音类不可能有相同的白读语音形式,例如“胶”和“家”,前者在宁波话中的白读形式为 kɔ,后者为 ko、tɕyo 或 tɕio,相互间泾渭分明,绝不相混。但是“鸭”类词的所谓“文白异读”现象,情况正好相反,不同的音类有相同的“白读”形式。请比较下列现象(我们把上述的所谓“文读”形式称为“本音”,“白读”形式称为“变音”):

例字	韵类	本音	变音	读变音的语词举例
鸭	狎	aʔ	ε	水～,野～
猫	肴	mɔ	mε	小～,香狸～
帕	祃,陌[②]	(p‘aʔ)	p‘ε	绢～

① 根据 1876 年出版的《宁波方言字语汇解》(*An Anglo-Chinse Vocabulary of the Ningpo Dialect*, W. T. Morrison, 1876, 上海)的材料,文白两种形式当时已经相当普遍,但在日常交际中似以白读的形式为主。这一类文白异读现象,更早始于何时,现在无从查考。

② “帕”有两个反切,一为普驾切,祃韵,根据音变规律,宁波话应念[p‘o];一为莫白切,陌韵,根据音变规律,宁波话念[p‘aʔ]。现代宁波方言“帕”字单念时只有后一种读音。“帕”的 p‘ε 音,从意义上看,应该来自祃韵的“帕”。

牌　　佳　　ba　　bɛ　　纸糊～，扑克～

不同的韵类有相同的白读形式（韵母都为-ɛ），我们在方言中没有发现先例，而且，这与前述的文白异读的性质大相径庭。所以，我们完全有理由否定 aʔ 和 ɛ 是“鸭”的文白异读形式。

不同的音类有相同的语音表现形式，从语言发展的观点来看，这是一种很重要的异常现象，说明在语音的发展中隐含有一种高于语音结构层面的结构规则；对于这种规则来说，音类只是一种个别的事实，犹如词相对于语法规则来说是一种个别的事实那样。不同的音类受到这种一般规则的支配，才能使不同韵类的音值发生相同的变化。不过这类规则现在似已消失，至少在说话人的意识中已不再存在，只是在日常的口语中还留存着一点残存的痕迹。现在我们需要顺着这种残存痕迹去恢复或重建已经消失了的一般规则，然后进一步弄清楚有关现象的发展线索。

宁波方言的-ɛ 是原来的咸、山摄字的发展。请比较下列现象：

pɛ　扮班斑颁板扳般（山）　　p‘ɛ　盼攀襻纽～（山）

bɛ　办瓣爿（山）　　mɛ　迈慢漫幔（山）

tɛ　耽担胆（咸）丹单旦（山）　　t‘ɛ　坍毯（咸）滩坦炭叹摊（山）

……

咸摄字原来以-m 收尾，山摄字以-n 收尾，在语言发展中，-m 合并于-n，这就是说，现代宁波方言的-ɛ 韵字原来都有一个-n 韵尾。根据这种音变规律，上述的“鸭”类词的-ɛ 韵原来也应该有一个-n 韵尾，否则就无法解释它今天何以会与咸、山摄字同韵。“鸭”类词就其所属的韵类来说，本身不可能有-n 韵尾，它之所以能随同咸、山摄字演变，说明在“鸭”类词的后面曾经外加了一个-n，而且加上这个-n 之后，使不同韵类的区别趋于消失，即：使不同的韵类具有相同的语音形式。这个-n 应该是高于语音层面的语言单位。

和“鸭”类词相同的还有一种“伯”类词。“伯”在宁波方言中有两个读音 paʔ 和 pã。据《鄞县通志》记载:“甬呼父之兄曰‘伯伯’,下‘伯’字读若‘浜’,俗音去声……”“甬呼父之弟曰‘叔叔’,亦呼‘阿叔’,下‘叔’字皆读若‘宋’。至对人称其父弟,虽曰‘阿叔’,然‘叔’字读若‘宋’平声,有时亦读本音,略有区别。”“浜”在现代宁波话读 pã,“宋”读 soŋ。读音与“伯”“叔”类似的还有“脚”和“雀”,“脚”的本音为 tɕiaʔ,但在“拐脚”(瘸子)一词中“脚”读变音 tɕiã;“雀”的本音为 tɕʻiaʔ,变音为 tɕiã,如“麻雀”:mo tɕiã。“雀”的本音与变音除韵母有区别外,声母也不同,本音的声母送气变音不送气。“雀”原来是精母字,应该不送气,变音的声母还保留精母字的特点。

现代宁波方言的鼻化音 ã、ɔ̃ 来自江、唐、阳和庚、耕韵字(赅上、去),oŋ 来自通摄的舒声字,古代都收-ŋ 尾。这就是说,上述的“伯”类入声字的-ŋ 韵尾与“鸭”类词的-n 韵尾一样,不是原有的,也是外加上去的,因而同样也是一个高于语音层面的语言单位。

以上都是根据音变规律作出的推断。这个推断如果能找到历史材料的印证,那它就更有说服力了。很幸运,我们找到了一本 1876 年出版的《宁波方言字语汇解》(*An Anglo-Chinese Vocabulary of the Ningpo Dialect*, W. T. Morrison, 1876,上海,以下简称《汇解》),其中收录的宁波方言材料相当丰富,记音也大体可靠,为研究宁波方言的历史演变提供了一些宝贵的资料。在这本著作里,我们不仅看到了上面所推断的-n、-ŋ 韵尾,而且还可以在其他韵类后看到这两个鼻韵尾,这就使我们的分析有了更可靠的根据。现在先把含有鼻音尾的有关“鸭”“伯”类词摘录如下(原文没有标声调;标音的符号与国际音标类似,这里照录原文,只在有碍理解的情况下加注国际音标)：

例字	《汇解》注音	语词举例
鸭	ah	～蛋，～肉
	æn	野～，水～
猫	mao	～拌饭
	mæn	小～，香狸～
帕①	p‘æn	绢～
娃②	wæn	小～
牌	ba	
	bæn	纸糊～，神主～，一副纸～
筷	k‘uæn	
茄	gyia[dʑia]	
	gyiæn[dʑiæn]	小辣～，番～
头	deo[dœʏ]	奶～
	den	门口～，奶～，娘子～，山顶～，老～，脚指拇～
眉	me	
	min	～眼
味	mi	～道
	min	气～
孩	’en[ɦen]	木头～，菖蒲～，玉～
挖	ŵah	爬山～岭(此例仅取字音)
	ŵæn	镂耳朵～(挖耳勺)
虾	hô[hɔ]	～仁，～米
	hon	一只～
锯	ken	～齿
雀	tsiang	麻～

① 在《汇解》中没有发现“帕”的本音。本表中只有一种带鼻音尾的例字，情况同此。

② 《汇解》没有找到合适的汉字，只在英文 child 后注“siao ŵæn——小儿”。“娃”字是我改加的，因为宁波话称女孩儿为“小娘”，“siao ŵæn”是“小娘”的对称说法。

叔	soh	
	song	阿～
伯[①]	pah	～～,阿～(指父亲)
	pang	阿～(指伯父)

这些带鼻韵尾的语音形式,就其本音的发展来说,都是违背语音发展规律的。但是另一方面,不同的韵类可以具有相同的语音形式,特别是不该有鼻韵尾的韵类出现鼻韵尾的情况,为语言史的研究提供了很多宝贵的信息,说明语音层面的变化隐含着非语音层面的(语素的、语法的)因素。现在需要进一步弄清楚的是这种残存因素的性质及其与音变的关系。

二

要弄清楚“鸭”“伯”词的-n、-ŋ的性质,可以比较“鸭”“伯”类词的本音和变音在意义和使用范围上的异同。本音和变音在使用范围上有一个很重要的区别,就是本音在使用上没有什么限制,单用或在复合词中做前字、后字都可以,而变音一般只能单用或做复合词的后字。例如:

例字	本音		变音	
猫	mɔ	～头鹰,～眼	mɛ<mæn	小～,一只～

① 《汇解》的“伯”类字还有“骨”(kwang),如“脚骨”的标音是 kyiah kwang(第 270 页,原文标音送气,恐系排印错误),arm(手臂)条下标 siu-kwang,汉字也写“手骨”。实际上 kwang 是“梗”,即“手梗”“脚梗”。李荣《〈切韵〉与方言》(《方言》1983 年第 3 期)一文曾对此字有很好的比较研究,可参考。另外,《汇解》中还有一些字的注音似有变音的可能,例如“烂泥 kwang 着”(现在也有“面包上 kwang 点奶油”的说法)、“水 kwang 清”中的 kwang,我们弄不清这些音所代表的本字,为分析的可靠起见,本文暂时不予讨论。

雀　　tɕʻiaʔ　～斑，燕～　　tɕiã＜tɕiaŋ　麻～，麻～牌

也有几个例外，《汇解》收录了这样几个例子：

眉毛	min-mao	雁鹅	ngang　ngo
眉眼	min-ngæn	锯齿	kentsʻ［tsʻɿ］

这些例外大概是后起的，“眉”“锯”原来都是单音词，后来在复化过程中这些词的带-n 的单词形式仍保留在复合词中，犹如“牌”加在“麻雀”mo tɕiã 后面构成“麻雀［tɕiã］牌”一样。现在很多人已不知“麻雀［tɕiã］牌”中的［tɕiã］的本字，误认为是“麻将牌”。

本音和变音在意义上的区别，宁波话已不甚明显，但在有些复合词中还可看到一些感情色彩的痕迹。请比较下列现象：

例字	本音意义	变音意义
鸭	泛指一般鸭子，现在一般不单说，单说要加“子”。	同前。
猫	泛指一般的猫。	同前，但在“小猫”一词中“猫”的口语总念 mɛ。
牌	大小牌子都可用。	多指小的牌子（“神主牌”）和玩具（“纸牌”）。
麻雀	一种小鸟。	同前。
老头	泛指老年男子，“头”读 dœʏ。	“头”现在读 dɛɪ①，与“队”同音。原指使人讨厌的老年男子，《汇解》时还特别注明 not respectful。“老头”一词的感情色彩现在似有变化，有亲昵色彩。
伯	指父亲的哥哥。	同前。

① 宁波方言的-ɛɪ来自-e，而-e 韵中有一部分字来自-en。“老头”的“头”，《汇解》时读 den。

这些情况说明，本音和变音之间意义已无多大区别。语言的交际讲求经济性、明晰性和区别性，本音和变音所要表达的意义闪烁与同与不同之间，这一点很可疑，但宁波话的例子实在太少，前一节列举的，差不多就是我们所发现的全部例词，我们很难从中窥知本音和变音之间原来有没有区别。在这种情况下，我们只能求助于同其他临近的方言的比较。赵元任(1928,55)《现代吴语的研究》中注明“鸭”在余姚的口语中读“小者：Ê上”，可以从中知道一点变音所表达的意义。但《研究》只举了一个例子，难以有效地说明问题。宁波旁边的定海县(舟山群岛)的方言与宁波话大同小异，据“五四”前夕出版的《定海县志·方言志》记载：“宁属七邑，鄞慈镇自成一音系，奉象南又自成一音系，定海则得鄞系十之八九，而得奉系十之一二。”定海方言的“鸭”“伯”类词虽然也是一种残存现象，但比宁波话多一些。现把“鸭”“伯”类词列举如下(原文用改造的注音符号注音，这里参照《汇解》的注音和方言情况，改写成国际音标)：

“鸭”类词	本音	变音	“鸭”类词	本音	变音
哥	kɷ	kuøn	鸡	tɕi	tɕin
弟	di	din	婆	bo	buøn
姊	tsi	tsin	眉	me	min(～毛)
妹	me	men		mi(皱～头)	
		m̥en	鹅	ŋo	ŋuøn
头	dɵʏ	den	鸭	aʔ	æn
背	pe	pen	狗	kɵʏ，kiɵʏ	kin
奶	na	n̥æn	猫	mao	mæn
泪	le	lin	梅	me	men
瞎	haʔ	hæn	茄	dʑia	dʑiæn

“伯”类词	本音	变音	“伯”类词	本音	变音
伯	paʔ	paŋ	雀	ts‘iaʔ	tsiaŋ
叔	soʔ, syʔ	soŋ	虾	hɔ, ɕia	hɔŋ(城)
脚	tɕiaʔ, tɕiʔ	tɕiaŋ			hiɛ(乡)
鹊	tɕ‘iaʔ	tɕ‘iaŋ	镬	ɦɔʔ	ɦoŋ
鸦	ia, yɔ, ɔ	ɔŋ	六	lɔʔ	loŋ

这些词的本音和变音，不少在意义上还有明显的区别，这有助于我们了解宁波方言“鸭”“伯”类词的变音的性质。现抄录几例，以资参照(文中“读音”指文读，“土音”“城乡土音”指白读或变音，“语音”系泛指，兼指文白两种语音形式)：

例字	注释
猫	读音为 mao，语音有二，在名词之首者为 mao，如“猫头”“猫饭”；在名词之末或独用者为 mæn，如“小猫”“一只猫”。
婆	读音、土音皆为 bo，惟称老年妇人曰“老太婆”(习惯以为不尊称之称呼)，“太”呼 t‘ao 音，“婆”呼 buøn 音。
背	读音为 pe，语音有二，通常皆呼 pe，惟名词之人格化者则呼 pen，如“驼背”。
奶	读音为 na，语音有二，如“乳母”称“奶娘”及有身份之妇人称“奶奶”，皆呼 na 音；而“乳房”“乳汁”及“乳母”亦皆称为“奶奶”，惟音变为 n̥æn。
瞎	读音为 haʔ，语音通常皆为 haʔ，惟名词之人格化者，乡间呼为 hæn，如推星命之瞽者曰“算命瞎”(hæn)。
脚	读音为 tɕiaʔ，语音有三，通常皆呼 tɕiaʔ，乡间或呼 tɕiʔ，惟名词之人格化者则呼 tɕiaŋ，如“拐脚”“烂脚”等。
鹊	读音及城乡语音皆为 tɕ‘iaʔ，乡间语音则为 tɕ‘iaŋ，如“鸦鹊”呼为 ɔ tɕ‘iaŋ。
六	读音、语音皆为 lɔʔ，惟俗语望日前后曰“十五六”，则“五”呼为 ŋ，“六”呼为 loŋ。

这些例词对我们了解“鸭”“伯”类词的-n、-ŋ 尾的性质很有帮助。它们明显地显示出“鸭”“伯”类词加上-n、-ŋ 之后，在意义色彩

上有了明显的变化，这就是说，这个-n、-ŋ本身是有意义的，与“班”“晏”和“浜”类词的纯语音性的韵尾-n和-ŋ，在性质上是完全不同的。定海方言虽然与宁波城区的方言有些小区别，但无关紧要，比较同源成分在两地的差异，有助于分析语言的演变，一般说来，中心城市比边缘地区变得快一些，城市比农村快一些，边缘地区和乡间的语言的一些特点往往代表城区语言的早期状态。拿定海话与宁波话比较，定海话的“名词之人格化者”的“鸭”“伯”类词，在宁波话中已极为罕见，这说明有明显构词作用的“鸭”“伯”类词首先消失，而残存的只是一些构词作用在发展中已被磨损，即不大明显的语词，因而才显出本音和变音没有多大差别的状况。所以，定海方言的“鸭”“伯”类词为宁波话所没有的特点完全可以用来说明宁波话“鸭”“伯”类词的变音的性质。

“鸭”“伯”类词变音的上述（使用范围和意义）两个方面的特点，说明这两类词中的-n、-ŋ不是语音单位，而是一种语素，至于这是一种什么样的语素，我们从两个特点中自然会联想到北京话的“儿化”，或者说，这个语素就是“儿”，所谓“变音”就是“儿化”。李荣(1978,1983)在谈到温岭方言、广州方言与连读变调不同的特殊变调时把这些特殊变调称为“变音”，认为“变音跟北京的儿化一样，如‘花儿’‘鸟儿’，这个‘儿’是有意义的，这个意义虽然很含混，很概括，但是能说出来”。宁波方言的“鸭”“伯”类词的变音与温岭方言的特殊变调（升变音和降变音）的作用一样，也是一种儿化形式。我们如把宁波话、定海话的变音与北京话的儿化作一比较，就可以进一步了解宁波话的变音的儿化性质：

例字	宁波		定海	北京
牌儿	bε	←——	bæn	pʻɐr

鸭儿	ɛ ←	æn	iɐr
(麻)雀儿	tɕiã ←	tɕiaŋ	tɕʻiɑor

北京的“儿”已与前面的韵母“化”为一体，语音上已经难以自成一个音素，但北京周围的一些地区，如房山县，“儿”在构词中还是一个自成音节的儿尾，说明北京话“儿化”的“化”的时间还是不太久远的事情。如果北京话的儿化像书面语所写的那样(“牌儿”“猫儿”)，宁波、定海方言的-n、-ŋ与北京话的“儿”的对应关系就显得很清楚。现在，北京话的“儿”在儿化中“化”掉了，但还有明显的痕迹；宁波话的“儿”在“儿化”中也“化”掉了，但是比北京话“化”得早，“化”得彻底，甚至连痕迹都难以找寻。所以，两地方言的这些共同的特点(意义上、使用范围上和语音的“化”的特点上)都说明宁波话的“鸭”“伯”类词的变音相当于北京话的儿化，就是说，宁波话在历史上也曾经有过一个儿化的时期。

“儿”在今天的宁波方言里有两个读法，文读“l̩”，白读“ŋ̍”；“l̩”是在北京话影响下产生的后起的语音形式，这里可以不予置理，因为这与本文所要讨论的问题无关。从与宁波周围的一些方言(如宁海、奉化等)的比较来看，宁波话的“儿”在念“ŋ̍”之前还有一个念“n̩”的时期；“ŋ̍”是“n̩”舌位后移的结果。“鸭”“伯”类词的-n、-ŋ既然是语素“儿”的语音形式，那么，为什么同一语素有两种不同的语音形式？这些不同的形式是代表时代的先后？还是同一语素的两个语素音位变体？仔细分析这两个鼻音尾的出现条件，大体看来，应该说它们是同一语素的两个变体，“鸭”类词的变音大体来自原来的阴声韵和以-p、-t结尾的入声韵，“伯”类词来自以-k结尾的入声韵；宁波、定海两地没有发现原来阳声韵的儿化形式，这可能是由于儿化与阳声韵的语音形式完全相同，两者早就混在一起，分不出来了。这就是说，入声韵在儿化时随着有关的舒声韵演变，因而同一语素呈现出不同的语音形式。宁波、定海两地的“鸭”“伯”类词的变音大体符合这一规律，但有几个例外。宁波话的“雁”读ŋã←ŋaŋ、定海话的“鸦”读 ɔŋ、“虾”读 hɔŋ，按规律应属于“鸭”类词，而现在却属于“伯”类词，这可能与语音的同化作用有关。“雁”只在“雁鹅”一词中可读 ŋã←ŋaŋ，这可能是由于受后字“鹅”[ŋo]的声母的同化；定海话“鸦”“虾”的主要元音都是后元音，后元音的变音根据《定海方言志》的材料无-n 尾。

三

儿化是一种指小爱称形式。指小爱称可能是人类共同具有的心理状态，所以不同的语言都有自己的指小爱称形式，例如俄语的книжка、книжечка 是 книга（书）的指小爱称形式，俄语中这一类词很丰富；德语名词后如加-chen、-lien 就表明这是一种指小爱称形式；英语的 mammy（妈妈）、dad（爸爸）虽不指小，但也是mother、father 的一种爱称形式。汉语的各地方言的情况大体与此类似，都可能有自己的指小爱称形式。随着方言研究的深入，汉语中各种指小爱称的儿化现象也逐渐为人们所关注。过去一般认为只有北京话有儿化，实在是一种极大的误会。

“儿”是支韵日母字，它的中古音，高本汉拟测为 ȵʑie̯，李荣拟测为 ȵie，其声母是一个鼻音。随着语言的发展，这个词的语音在不同的方言中发生了不同的变化，在吴方言的口语中还保持着鼻音的读法，只是原来的韵母全部丢失，变成一个声化韵，读 n̩ 或 ŋ̍，宁波方言现在都读 ŋ̍，而在北方方言中它大多演变为一个卷舌元音ɚ。“儿”的读音的音质差异必然会给不同方言的儿化带来差异。从语言的发展的阶段来看，鼻音早于卷舌元音，宁波方言的儿化现象也早于北京话的儿化现象。残存现象也好，新兴现象也好，都是观察语言发展的一个窗口。

儿化是一种构词现象，是语素平面的问题，就其本质来说，不是语音问题。青年语法学派、布龙菲尔德(1933,452—453)等人认为“语言包含两个习惯层次，一个层次是音位的……组成了语言的音系。另一个层次包含形式—意义习惯……这些习惯组成了语言的语法和语汇”，而音变是纯粹的语音过程。如果情形确实是那样，那么为什么在宁波方言中的构词现象会成为语音的变化，表现为本文第一节所述的语音规律(从本音来说，则是语音规律的例外)？也就是说，语音变化中为什么会包含非语音的事实，从而表现为非纯语音的过程？这可能与汉语的语音结构特点有关。

根据《切韵》以来的韵书、韵图的记载和汉语各地方言的语音表现，汉语的音节结构只有-p、-t、-k(或-ʔ)和-m、-n、-ŋ 等少数辅音可以做韵尾。① 汉语语素的语音结构基本上是单音节的，只有少数语素(如“玻璃”之类)不止一个音节。“儿”是一个语素，儿化就是在一个语素之上再加一个“儿”，然后达到“化”，使原来属于两个不同音节的语素挤进一个音节的框架，实现单音节化。在实现这种“化”的过程中，由于“儿”在不同的方言中有不同的语音表现，因而在儿化时与前面的音节就发生不同特点的关系，表现出不同的儿化形式。北京话的儿化是使前一音节的韵母发生语音变化，山西的平定方言、山东济宁的金乡方言的儿化是使“儿”(l̩或 r)插入

① 赣方言的-l(如“笔”[pil])是-t 的转化。

声母和韵母之间而成为一种中缀(请参看徐通锵,1981;马凤如,1984);这些特点与"儿"的读音有关,因为北京话的"儿"(ɚ)和平定的"儿"(l̩)、金乡的"儿"(r)在实现单音节化的时候不允许处于音节末尾的位置上,因为汉语的音节没有这种类型的结构。吴方言的"儿"在口语中读"n̩"或"ŋ̍",儿化时把 n、ŋ 加在音节的后面,与传统带-n、-ŋ 韵尾的音节结构的特点没有矛盾,因而在实现单音节化时可以"岿然不动",充当韵尾,使儿化的形式与传统带-n、-ŋ 的阳声韵在语音结构上出现相同的面貌。当然,儿化的"化"的过程的实现也不是一朝一夕的事情,有一个发展的过程。先请比较下列几点的浙江方言现象:①

方言点 \ 例字	刀儿	被儿	茄儿	李儿	狗儿	碗儿②	鸡儿	鸭儿
平阳	tœ^{44} ŋ^{13}	bi^{45} ŋ^{13}						
	tœ:ŋ^{34}		dʑi:ŋ^{13}	li:ŋ̍^{21}				
义乌					kɤ:nᵓ	ua:nᵓ	꜀tɕi:n	
金华	꜀tɯn			linᵓ	kɯnᵓ	uanᵓ	꜀tɕin	uanᵓ
定海			dʑiæn		kin			æn
宁波 1876			dʑiæn		kɨ③			œn
宁波 现代			dʑiɛ,dze					ɛ

这些方言差异大体上可以说明从儿尾到儿化再进而到消失的过程。平阳方言的儿尾看来是一种残存形式,可看成为发展的第

① 平阳、义乌的材料引自李荣的《汉语方言调查手册》140—141 页。金华的材料是北京大学中文系 1980 级学生朱加荣提供的。定海的材料据"五四"前出版的方言志,宁波 1876 年的材料据《汇解》。

② "碗"原是阳声韵,但它在义乌、金华方言的口语中早就丢掉了鼻韵尾,两地都读ᶜua,所以这里的-n 不是原来鼻韵尾的遗留,而是儿化的标志;上声字读成去声的变调也证明了这一点。"鸭""狗"在儿化后也念去声。

③ 《汇解》没有"狗"的儿化材料,这里据赵元任的《现代吴语的研究》。

一阶段，犹如北方有些地区的儿尾那样。由于音节后加一个-n或-ŋ的鼻音韵尾符合汉语的音节结构特点，因而“儿”（-n或-ŋ）逐渐黏附在前一音节的后面，但开始时还有黏附的痕迹，因为它使前面的元音变成长元音。这时候两个语素已开始“化”成一个音节，平阳方言的多数儿化形式和义乌的儿化还处于这一阶段。金华方言的儿化在发展的时间层次上又比平阳、义乌前进了一步，连元音的音长色彩也消失了，说明两个语素已融为一体，与传统的阳声韵的语音结构完全一样。“碗儿”[uanᵓ]中的-n是一个假韵尾、真语素。在金华方言中，由于前低元音后的阳声韵的韵尾早已丢失，而且原为上声字的“碗”现在却读去声，与规律不一致，因而还容易使人们意识到uanᵓ是“碗”的儿化形式。但是，定海、宁波两地的情况就不同了，在儿化的时候原来阳声韵的韵尾还没有消失，因而在“化”为一个音节的时候语音上就与相应的阳声韵合并，因而在宁波方言中找不到原来阳声韵的儿化形式。宁波方言的儿化发展到这一步就进入走向消失的关键时期，因为语言中的儿化形式为数不多，而阳声韵的字是大量的，这样，少数的儿化形式就淹没在多数的阳声韵中，随着儿化的构词等语法作用的消退，人们对儿化的心理意识也就逐渐淡薄。《汇解》的作者在该书的前言中说到的na-hwun（指“婴儿”infant）一词是这方面的一个很好的例子。na是“奶”，人们没有分歧；hwun的汉字该怎么写，众说纷纭，有的人说是“欢”，有的人说是“唤”，还有人说是“花”（hwô[huɔ]），都弄不清该写什么字。据《定海方言志》记载，hwun是“花”的“音转”：“俗呼食乳之婴儿曰‘奶欢’，或作‘奶花’，谓乳汁培养若花也。‘花’音转为‘欢’。”所谓“音转”也就是儿化，只不过当时人们已经只是“知其然而不知其所以然”罢了。这样，儿化混迹于阳声韵中，而它在人们的意识中又逐渐消失，因而在语言的发展中就随着同形的阳声韵以“语音规律无例外”的整齐、划一的条件式音变演变，即处于音节末尾的鼻音尾或消失(-n)，使“鸭儿”与“晏”同音，现代同为 ε；或弱化(低元音后的-ŋ)为鼻化音，使“雀儿”与“酱”同音，同为 tɕiã。这样，语素平面的事实在变化的时候完全等同于语音的过程。从宁波方言的发展来看，青年语法学派和布龙菲尔德认为音变是纯语音过程的看法需要作一点修正，至少需要作一点限制，因为在实际的音变现象中确实可以包含一些非语音的事实。萨丕尔(1921,116)在《语言论》中曾说过这样一段话：“如今的趋势，把语音和语法孤立起来当作互不相关的语言学领域，是一件不幸的事。它们之间和它们各自的历史之间可能有基本关系，只是我们现在还没有充分掌握而已。”这个论断是对的，萨丕尔当时的假设现在已得到语言事实的支持，因而我们在研究音变的时候不能完全局限于纯语音的过程，而需要根据不同的情况，联系它与其他结构层面的关系才能弄清某些音变的性质。

儿化韵虽然随着阳声韵演变，但它毕竟是一种异类分子。阳声韵中的每一个字只有一种语音形式，而儿化韵字现在都已变成单字音，本地人又意识不到“儿”的任何痕迹，因而出现一个字两种读法的情形，如“鸭”，一为 aʔ，一为 ε，aʔ 是 ε 的本音。这样，混迹于阳声韵中的儿化韵字又面临着一次拉锯战：是继续同阳声韵混为一类呢，还是回到本音中去？本音字的使用频率高，范围广，而且随着文化的普及和提高，与读书音不一样的口语形式在使用中逐步消退，这些情况都会使儿化韵字的使用频率越来越低，逐步与原阳声韵字摆脱关系而向本音靠拢。不过这次演变的方式与原来跟着阳声韵一起演变的条件式音变不一样，因为儿化韵字各有自己的本音,每一个本音的各方面条件(如使用频率、使用范围等)都不同,不像音位及其变体那样有机械的分布条件,因而只能采用散兵式、扩散式地一个一个地回到各自的本音中去,变得快一点的,就失去了任何儿化的痕迹,变得慢一点的,就在语言中留下了残存现象,正是这种残存现象为我们根据音变规律去探索语言的发展线索提供了可能的条件。拿定海方言与宁波方言相比,由于宁波是中心城市,语言变得快一些,因而儿化的残留现象也就少一些,到“五四”前,当定海话还留存着“哥”“姊”“弟”“妹”之类的儿化残存形式的时候,《汇解》时代的宁波话,这些词的儿化形式已无踪影;不是与临近方言的比较,我们就无由得知宁波话也曾可能有过这方面的儿化现象。即使就每一个儿化韵的残存形式的消失来说,它也是逐步退出“历史舞台”的,一般是在一些不常用的语词组合中先消失,而在一些常用的语词组合中消失得晚一些。我们现在还可以从“狗”的儿化形式的消失中得到一点启示。据《定海方言志》载:“狗”的“读音为 kɵʏ,语音有三,城厢为 kɵʏ,乡间为 kiɵʏ,惟‘黄狗’连言则呼 kin”,即只有在常用的“黄狗”一个词中还留存着儿化的痕迹。宁波方言在 20 世纪 20 年代“狗”还有 ki 说法,现在已经没有了。儿化的残存形式就是这样一个一个地、一步一步地走向消失,越是中心城市,消失得越快,宁波比定海消失得快,而上海又比宁波消失得快。根据 1911 年出版的材料(Silsby,1911),“筷”的上海话读 khwan,与安徽休宁的“筷”[kʻuan]、宁波、定海的“筷”[kʻuɛ<kʻuæn]一样,说明上海话也曾有过儿化的现象;“虾”在现代上海话的口语中念 hø,与“安”同韵,似应看成儿化的残存形式之一,不过上海话已难得见到这类现象了。

根据现代学者对吴方言的研究,看来吴方言在其发展过程中曾有过自己的儿化韵。由于语言发展的不平衡性，吴方言的儿化现象在现在江、浙、皖地区呈现出不同的分布状态，就总的情况看，南部（如温州）比北部（如皖南的休宁）丰富，西部（如金华、义乌等地）比东部（如宁波、上海等地）明显（请参看李荣，1978；郑张尚芳，1980—1981；平田昌司，1982）；或者换一个角度说，北方的休宁比南部的温州变得快，东边的宁波、上海比西部的金华、义乌变得快，已接近于消失。总之，吴方言的儿化有自己的发生、发展和消失的规律，与北方方言很不一样；宁波方言的儿化的残存形式以及我们从中所能得到的启发，正是这种发展规律的一个缩影。

引用书目

布龙菲尔德 1933 《语言论》（袁家骅等译），商务印书馆，1980。

李 荣 1978 《温岭方言的变音》，《中国语文》第2期。

—— 1983 《关于方言研究的几点意见》，《方言》第1期。

马凤如 1984 《山东金乡话儿化对声母的影响》，《中国语文》第4期。

平田昌司 1982 《休宁音系简介》，《方言》第4期。

萨丕尔 1921 《语言论》（陆卓元译），商务印书馆，1964。

徐通锵 1981 《山西平定方言的“儿化”和晋中的所谓“嵌l词”》，《中国语文》第6期。

赵元任 1928 《现代吴语的研究》，科学出版社1956年重印。

郑张尚芳 1980—1981 《温州方言儿化词的语音变化》，《方言》1980年第4期和1981年第1期。

Silsby 1911 *Introduction to the Study of the Shanghai Vocabulary*，上海广协书局。

变异中的时间和语言研究*

【提要】时间观是语言研究方法论的基础。计量时间的方法不止年、月、日一种，我们可以利用变异成分的几种变异形式长期共存的状况对语言运转中的时间进行横向的空间计量，以便使变异所隐含的几十年至几百年的时间流程展现在观察者的面前。弄清楚变异形式之间的关系，也就弄清了语言在几十年至几百年时间中运转的一些机理。本文以这一认识为基础，重点讨论语言运转中有序和无序的相互转化以及由此而可能给语言史研究带来的影响。

我们主张用“结构—有序状态的变异—结构”这个公式对语言系统进行动态的分析（徐通锵，1987—1988），其中的一个理由就是在系统中找到了“时间”，或者说，我们可以用一种新的方法去认识语言中的“时间”。“时间”是科学方法论的基础，不同的认识会产生不同的理论和方法。把变异引入语言研究之后，“时间”以及与此相联系的有关问题也就成了需要进行探索的新问题。

一　时间观与语言的研究

“时间”一般理解为“过去—现在—未来”的一个纵向时轴，用

* 原载于《中国语文》1989 年第 2 期。

年、月、日、时、分、秒去计量。这种时间在时轴上自然地流逝,一去不复返,因而给以年、月、日为计时单位的历史研究带来严重困难。为克服这种困难,语言学中与这种时间观相联系的历史比较语言学只能根据方言或亲属语言的语音对应关系去研究语言在时间上的发展。这种假设的前提是:语言的发展是有规律的,而这种规律的运转又以时间、地点、条件(语音条件)为转移。青年语法学派把这种原则加以提炼,概括为"语音规律无例外"(A. Leiskien)[①]和"没有一个例外是没有规律的"(K. Verner)。方言地理学派虽然反对这种理论,并提出"每一个词都有它自己的历史"(J. Gillieron)的口号与之抗衡,但就"时间"这一方法论基础来说,它们之间并无多少差异,只是从不同的侧面去观察"从过去到现在"这一段已经流逝的时间。这种研究所涉及的时间相当长,短的有几十年、几百年,长的可达几千年、几万年,而且都是"现在"以前的"过去",已经消逝,无法直接观察,因而只能推测某些成分在千百年时间中的变化,无法了解语言整体的运转机制。因此,以这种时间观为基础的语言研究方法论原则被索绪尔和而后出现的结构语言学、转换—生成语言学所否定,而代之以"共时"和"历时"的划分为基础的时间观。

"共时"的"时"是"过去—现在—未来"这个时轴上的一个"点",它的分离服务于语言系统的分析,以便可以集中精力来研究这个"点"上的语言现象,因为"我们绝对没有办法同时研究它们在时间上的关系和系统中的关系"(索绪尔,1916,119)。这种时间观

---

① 这个论断的英译文为 Sound change takes place according to laws that admit no exception,直译为"语音规律不允许有例外"。(W. P. Lehmann,1973,p. 87)下引维尔纳和齐列龙的论断也请参看此书。

虽然为研究语言内部的结构奠定了基础,并且取得了一些引人注目的成就,但是它毕竟只涉及时轴上的一个"点",过于狭窄,因而不可避免地会给语言研究带来一些难以克服的矛盾。一些忠实于语言事实分析的语言学家在"共时"问题上早就感到迷惘。结构语言学的创始人布龙菲尔德(1923,1933)在这方面就是一个很好的典型。1923年,他在评论《普通语言学教程》第二版的时候曾就"共时"和"历时"的关系问题谈过如下的看法:"言语不仅在系统未确定的地方上有变异,而且系统本身也可以有变异;不同的说话人有时会违反系统的几乎所有特征。这就给我们带来了'历史语言学'或历时语言学;当言语中这样个人的、暂时的特征在社会中变得一贯或习惯化时,它们就变成语言系统的一个变化。"过了十年,他在《语言论》中又重新强调了这一看法:"任何言语社群的语言在观察者看来总是一个繁复的信号系统……一种语言在任何时刻呈现在我们面前的都是词汇和语法习惯的稳定结构。然而这是一种错觉。每一种语言时时刻刻都在经历着缓慢而不断的语言演变过程。"(中译本355页,着重号是原有的)这说明布龙菲尔德早就感到"共时"的"时"是一种错觉,但是他没有能找出摆脱这种错觉的途径,以至后来的结构语言学家在这种"错觉"的道路上越走越远。

时间和空间是联系在一起的。"共时"的"时"既然只是从"过去—现在—未来"这个时轴上割裂出来的一个"点",那么"空间"的含义也只能是一个"点",即只能从实际语言中选择某一种风格状态的个人方言(idiolect)。这种"点"的实质是既没有时间,也没有空间。C. F. Hockett(霍凯特,1942)在《描写音位学体系》一文就说过:"描写程序设定了一种虚构(jiction),即处理的各种话语均无时间、空间或社会的次序(order)。这一虚构只在材料涉及的时间、空间或社会的幅度(span)相当小的情况下才有效,如果我们把古英语的记载当作单个的无秩序的集时它就垮了。如将言语习惯在时间上的实际演变过程描绘成一条曲线,那么描写技术对实际情况的近似值可用在曲线的一定点上的切线来表示。"当时,霍凯特以及其他的结构语言学家并没有感到这种"虚构"有什么不对,因而循着这条道路继续前进。直到60年代末,由于转换—生成学派的兴起和冲击,结构语言学家经过痛苦的反思,才不得不承认以"共时"的"时"为基础的语言研究的严重局限性。C. F. Hockett(霍凯特,1970,10—18)在回顾结构语言学的发展之后指出:描写语言学家们不但求助于比喻(如上述的"曲线""切线"之类),而且充满"错觉""方便"[①]"虚构"之类的词语,使人迷惑不解的是,这些词语的出现不是抱歉地承认方法论上的缺点,反倒成了语言研究的正当理由。霍凯特认为结构语言学在这条"虚构"的道路上走得最远的是哈里斯的研究,并把他的某些文章称之为游戏语言学(game-playing linguistics)。

前面的简单回顾说明,对"时间"的认识是语言研究方法论的一个重要基础。历史语言学强调时间的"线",而索绪尔和结构语言学强调时间的"点",但"线"与"点"是分离的,因而在语言研究中都碰到了一些难以克服的困难。可见,这些时间观作为语言研究的方法论基础有它的局限性。我们需要在这个问题上进行一些新

---

① 赵元任(1968)对"共时"作了这样的解释:"语言纯共时状态的观念在方法论上可以比诸在一定时点上的速度或加速度的观念。瞬时值定为包括该时点在内的一个时段的时间的平均值。因此在某种意义上说,这是为了方法论的方便而立出的科学的虚构。"

的探索。

二　变异和横向的空间计时

对于时间，我们除了用年、月、日去计量以外，还可以对它作出综合性、全局性的判断。当我们猜测一个小孩儿的年龄时，这个年龄并不存在于小孩儿的任何一个特殊部位上，而是根据他的各方面的特征而作出的综合性、全局性的判断。过去，科学把时间空间化，现在发现还有另一种可能，就是“空间得到了一个时间维，按照地理学家贝里(B. Berry)的说法，我们已被引导去研究‘空间的计时’了”(普里高津等，1984，51—52)。这种“空间的计时”有没有可能用于语言的研究呢？回答是肯定的，这就是通过语言变异的分析对时间进行综合性、全局性的考察。

语言变异成分通过连续性变异和离散性变异的方式向着某一方向变异是逐步推进的，在语言结构和社会人群中的分布很不平衡，有先后快慢之别。具体分析变异形式之间的关系，即使不用年、月、日之类的计时单位，也可从中看到时间，定出一个概数。下面的分析也引用一些书面材料，目的是想以此印证变异中的时间。

北京话零声母合口呼有 w/v 变异(沈炯，1987)。联系山西、河北等地的方言来看，这种变异大体上反映零声母合口呼由 w 到 v 的演变过程。这种变异的分布特点是：wu 组(wu、wo)念 w 的比例数大，wen 组(wen、wan、wa、wai、wei、wang)则多念 v。这种分布格局早在六十年前就形成了。钱玄同(1927)对此曾有明确的叙述：“至于万(v)，北京音倒不是没有，合口诸韵母在单用时，其起首之 w 多有变为 v 的(不过这个 v 比英法的 v 用力较轻些,吐气较少些)。例如'蛙、为、稳、望',读 va、vei、ven、vanq,而不读 wa、wei、wen、wanq。但'乌''我'则不变,仍读 wu、woo,而不读 vu、voo。"这就是说,六十多年来,合口呼零声母 w/v 变异的基本格局并没有发生大的变化,说明现在北京话的 w/v 变异的社会空间差异至少包含六十年的时间。在钱玄同观察到这些语音差异以前已经经历了多长的时间?今后还需要多长时间才能完成由 w 向 v 的变异过程?现在都难以预计。根据六十年来变异的基本格局没有发生多大变化的情况,说 w/v 变异蕴含着一二百年的时间,是一点也不会过头的。

我们还可以举一个宁波方言的例子。

宁波方言的声调在言语社团中的表现很杂乱,有的人有七个声调,而有的人只有四个,正处于离散式变异的过程中。大体情况是:

七个:阴平、阳平、阴上、阳上、(阴)去、阴入、阳入
六个:阴平、阳平、阴上、阳上、阴入、阳入
五个:阴平、阳平、阴上、阴入、阳入
四个:阴舒(包括清平、清上、清去)、阳舒(包括浊平、浊上、浊去)、阴入、阳入

在这种杂乱的变异中我们可以理出从七个声调到简化为四个声调的大致顺序:去声先变入平声,而后上声再与平声合流;在去声和上声内部,阳调字先于阴调字合流。现实语言中这种声调差异的社会分布至少隐含有一百三十余年的时间。《宁波方言字语汇解》(W. T. Morrison)出版于 1876 年,反映 1860 年前后的宁波方言状况。该书的前言说,宁波方言有声调,有些字的声调区别比较明显,如水(shü)和书(shü)、冰(ping)和饼(ping),但很多字的

声调已经很难区分，而且还因人而异。这说明阴平和阴上的区别是清楚的，但其他声调的分合已呈纷乱状态，早已开始了变异的过程，弄得《汇解》的作者无法处理，所有的例字只能不标声调。1901年出版的《宁波方言音节》(P. G. Von Möllendorff)说宁波方言有平、上、去、入四个声调，而每个声调又可以分为高低两类，说明当时的宁波话还能分出八个声调；至于单字调是不是呈杂乱的变异状态，《音节》没有说。赵元任的《现代吴语的研究》出版于1928年，据它的记载，宁波方言的声调有阴平、阳平、阴上、阴去、阳去、阴入、阳入；阳上调存疑，作者只是记上"阳上＝阳去?"看来两调当时已经难以区分。当时宁波方言的调类数目已经弄不清楚是七个还是八个。除阳上调外，其他各调相互间也有参差和变异，因为"阴平阴去不易分。阳平阳去起音低，所以有一种特别'浊重'的'宁波腔'"(84)。《鄞县通志》中的方言志编成于抗战前的30年代，其中关于声调的记载与《研究》相似，说"凡浊音之字，上声和去声殊鲜区别"(2666页)，但在"读音转韵表"中两类字仍旧分列，看来还没有完全合流。这些记载都清楚地表明，宁波方言的声调早在一百多年前就开始了它的变异进程，现实方言中的声调变异只是这一百多年"竖"着的时间"横"放下来摆在我们面前。这里，"横"与"竖"之间并没有实质性的差异，最多只是阳上先并入阳去，还是阳上字晚于阳去字并入阳平。在这一点上，我们与《研究》《通志》的记载有区别。[①] 不过这无关大体，实质的问题是"竖"的时间可以证明"横"的变异蕴含着漫长的时间长度。

---

① 《浙江吴语分区》(傅国通等)的考察与我们一致，现代宁波话有阳上而无阳去。(《杭州大学学报》增刊，1985，9—10)

宁波方言的声调变异最早始于何时，已无从查考；将于何时完成，也难以预料。完成变异所需要的时间前后各加五十年，恐怕还是一种保守的估计，因为“语音、形态和句法的变异可以共存令人惊异的时间长度”(Y. Malkiel, 1968, 25)。这种共存的变异就是我们从变异中探索时间蕴含量的客观基础。

宁波方言的声调变异、北京话零声母合口呼的 w/v 变异，都清楚地说明了在共存的变异形式中浓缩着漫长的时间量，着眼于变异的分析可以对时间作出综合性、全局性的判断。如果说，“过去—现在—未来”这种时轴代表纵向的时间，那么浓缩在变异中的时间则是时间的一种横向表现形式。用纵向的时间观去观察语言的演变，由于它的时间跨度大，而且都是“现在”以前的“过去”，人们既没有可能倒转历史去恢复一种变化的具体过程，也没有办法去跟踪“现在”已经开始变化的“未来”历程直至它的终点，因而不能不给语言研究带来一些实际的困难。布龙菲尔德(1933,432,458)在谈到这方面的问题时认为：“语言演变的过程是从来不能直接观察的；我们将会看出，纵使我们现在有了许多便利条件，这种观察还是难以想像的”“纵使我们掌握了完善而无缺陷的记录，我们也还是不可能确切地指出某些变体的流行的起点，认为是名副其实的历史演变的开始”。从纵向的时间观来看，布龙菲尔德的上述论断应该说是比较符合事实的，是语言史研究中无法克服的困难。但是，现在我们似乎已经找到了摆脱这种困难的办法，这就是采用新的空间计时方法，通过变异把历史上“竖”着的时间“横”放，使几十年至几百年时间的漫长过程通过共存变异形式的分析展现在观察者的面前。不过“竖”着的时间“横”放是有条件的，这就是：找出变异成分的变异形式与控制因素之间的相关关系，弄清楚变异形式的先后顺序、变异的方向和目标。目标，可能由于其他力量的干扰而达不到，但向着某一目标变异的方向是难以改变的。找出了方向和目标，也就把握住了变异所体现的“始”与“终”，因此也就有可能从中悟察语言将在几十年至几百年的时间中演变的机制、原因和过程。我们在《转折》(徐通锵，1987—1988)一文中特别强调变异的方向和目标，其中的一个重要原因就在于此。

通过变异的分析对时间进行横向的空间计量，其实质或许可以说是：吸收历史比较法的基本精神以改进语言结构的共时研究。历史比较法的基本原则是：利用方言或亲属语言间的语音对应关系，从语言的空间差异中去探索语言在时间上的发展。利用言语社团中的共存变异形式进行横向的空间计时，这也是从空间的差异中找时间，因而与历史比较法的基本精神是一脉相通的。但是，这并不是说它只是历史比较法的翻版。它们之间有原则的区别，除了“空间”的含义不同以外，主要的有：第一，历史比较法只研究“现在”以前的“过去”，需要拟测(reconstruction)，而通过变异进行横向空间计时的分析方法，则是观察者立足于现实语言的变异就能够“横”观语言在几十年至几百年时间流程中“过去”“现在”和“未来”，可以对语言的运转进行实际的考察，甚至还可以通过仪器来进行实验。第二，历史比较法在方法论上是“原子主义”的，缺乏全面的、系统的观念，而通过变异进行横向计时分析的目的是要把“原子”的变异纳入语言结构的分析，从中具体考察变异与结构的关系，使语言系统的动态特点呈现在人们的面前。这样，我们通过变异的分析就有可能把共时和历时结合起来，从而对语言结构进行动态的研究。

三 有序、无序的相互转化和语言结构的动态性

通过变异对时间进行横向的空间计量也就把连续性带进语言的结构。这就与以往对语言结构特点的看法发生了尖锐的冲突。冯志韦(1985,60)在总结以往语言研究的方法论之后指出:"语言这个符号系统在本质上是由一些离散的单元组成的,它不允许与连续性有半点儿妥协,因此,语言可以看成是一个在严格意义上的量子机制,凡是与连续性有关的一切,都得排除在语言的范围之外。这样,研究语言的方法,自然也就应该采用离散的、代数的方法。"通过变异把时间引入语言的结构,就不能把连续性排除在语言之外,不然我们就无法弄清楚一种语言怎么会从这一种状态变成那一种状态。从言语社团对语言现象的态度来看,区分连续性和离散性两种不同类型的单位,也是完全必要的。对于离散性单位,言语社团不允许它离开自己的活动中心而向别的单位靠拢或向别方向偏离,不然社会就会发挥它的校正功能,迫使你改正;而对于处于变异过程的连续性单位,言语社团的态度就相当宽容,在整个变异过程中,不管你采取其中哪一种变异形式,都是允许的,因而在系统中才能呈现出不同变异形式的共存局面。离散性单位构成语言稳定性的基础,而连续性单位则体现系统的连续变化,以便保证系统能够顺利地从这一种状态过渡到另一种状态。对语言结构进行动态的分析,就需要很好地处理连续和离散的关系,考察变异转化为结构的机理。

变异的指令基本上来自结构的不平衡性。变异产生之初,它

在言语社团中的分布是随机的、无序的，与社会因素没有一种带倾向性、稳定性的联系。只有当变异形式比较广泛地被某一社会人群接受、并成为这一社会人群的语言使用标志时，它才从无序转化为有序(Weinreich 等，1968)。这里，重要的是要弄清楚有序和无序的相互转化关系。

根据我们的理解，有序的“序”就是变异成分的变异和周围社会环境的相关关系，以及它和系统中其他结构成分之间的相关关系。前者是对系统的外部描写，后者是对系统的内部描写，通过变异把“内”与“外”这两种“序”联系在一起。在变异过程中，变异形式与社会因素之间的相关关系就是对系统的一种外部描写，说明语言是在时间和空间中运转的。在与变异有相关关系的各种社会因素中，“年龄”这一因素有关键的意义，因为从总体和全局来看，它与时间的关系最密切。比方说，北京话合口呼零声母 wen 组的 w/v 变异，如消除文化程度、性别参数之后，其在年龄层中的具体分布是：①

年龄	15	25	35	45	55	65	75	85
v 出现的比例	0.76	0.82	0.61	0.69	0.59	0.49	0.42	0.19

总的倾向是：年纪越轻，读 v 型变异的越多，呈上升的趋势，但不是一条直线，中间有起落。这是正常的，因为年龄只是相关关系中的一个因素，不同年龄层的人在文化程度、性别方面的比例在抽样调查时可能不一样，因而会影响线的起落升降。不过，我们从总的趋向中可以看到变异与年龄的相关关系。

---

① 这是根据城区 166 人的语音状况而作出的统计。它由我当时的研究生陈保亚同志提供。

无序转化为有序，这是变异转化为结构的必由之路，人们容易理解。但是，奇怪的是，有序的变异在转化为结构之前，它又转化为无序，失去与社会因素之间的相关关系。北京话的 w/v 变异，在 30 岁以下的抽样调查中，与社会因素的联系似又呈无序的、随机的分布。不过这个例子不大典型，因为：第一，统计中没有包括 wu、wo 这两个音组的变异；第二，它只是原合口呼零声母改变自己的音值，没有和音系中的其他音类发生分、混的问题，因而还不能充分显示有序转化为无序时所呈现出来的复杂情况以及它可能给结构带来的影响。在这方面，宁波方言与-iʏ 有关的变异可能更为典型。

-iʏ 是尤、幽韵字在宁波方言中的读音；桓韵和合口的删、仙两韵的精、知、照系字，大多数宁波人也都是读-iʏ 音。这是音系中的一个变异成分，在言语社团中大致有如下的变异形式：

-iɵʏ　　-i^{e}ʏ　　-iʏ　　-iy　　-y

从-iɵʏ 到-y 的五种变异形式成前后相接的、渐进的连续变异流，是一种连续性变异。-i^{e}ʏ 和-iy 两种变异形式的音值比较含混，特别是-iy，既像-iʏ，又像 y，被问及“九”与“举”是否同音时，持这种音值的人颇费斟酌，回答往往是“差不多”。这五种变异形式都只能在 tɕ、tɕʻ、dʑ、ɕ、ʑ 和零声母之后出现，就我们所调查的 35 个发音人的总体来说，看不出这两个发音部位对变异形式有什么影响，只有少数几个年轻人在零声母后为-y，在舌面音后为-iʏ。如以年龄这一社会因素为衡量标准，那么它们在 35 个发音人中的分布情况如下：

	-iɵʏ	-i^{e}ʏ	-iʏ	-iy	-y
人数	4	3	16	5	7
年龄	50—70	40—65	20—25	20—30	20—32

从这里可以看出，"年龄"反映-iɣ/-y变异的大致趋向。当尤、幽韵字的音值为-iɣ、-y时，它就与音系中的-y韵字（鱼、虞韵的见系字和合口的仙、元、先的精、见系字）合流。我们从尤、幽韵和鱼、虞韵中各选出声母、声调都相同的16个字，两两对比，在言语社团中进行读音异同的调查。这16对字是：

鸠∶居　求∶渠　休∶虚　油∶榆　救∶据　舅∶拒　优∶于　有∶雨

九∶举　仇∶瞿　朽∶许　诱∶愈　丘∶区　旧∶具　邮∶盂　又∶芋

调查是在上述35个发音人以外的范围中进行的，共选择48人，大都是几代居住在宁波的老宁波。结果是，老年人感到奇怪，因为两个字音的差别非常明显；而在15—17岁的中学生中却引起了读音异同的热烈争论，甚至因自己无把握、或争论无结果而回家去"请示"父母亲。现在，先把这16对字的读音异同的调查结果列表于下（48×16＝768，扣除失去的样品，共得761对例字。括号中的数字为百分比）。先看在年龄层中的分布：

	20岁以下(18人)	20—29(5)	30—39(7)	40—49(9)	50以上(9)
不同音	169(0.5868)	58 (0.7532)	83(0.7685)	108 (0.75)	141(0.9791)
同　音	65(0.2256)	8(0.1038)	11(0.1018)	8(0.0555)	——
差不多	54(0.1875)	11(0.1428)	14(0.1296)	28(0.1944)	3(0.0208)

在性别和职业中的分布如下：

	男(27人)	女(21人)
不同音	284(0.6620)	275 (0.8283)
同　音	61(0.1421)	31(0.0933)
差不多	84(0.1958)	26(0.0783)

	教师(11人)	干部(11)	工人(8)	中学生(18)
不同音	160(0.9090)	127(0.7514)	103 (0.8046)	169 (0.5868)
同　音	3(0.0170)	19(0.1124)	5(0.0390)	65(0.2256)
差不多	13(0.0730)	23(0.1796)	20 (0.1562)	54(0.1875)

最小对比调查与日常的言谈是有距离的，因为它是经过仔细辨认之后而作出的反映；特别是中学生因为经过热烈争论或“请示”父母，自然会加大不同音的比例。即使在这样的情况下，就变异的总的趋向来看，随着年龄的降低，“不同音”的比例逐渐减少，而“同音”或“差不多”的比例则逐渐增加，与35个发音人中的读音分布状况大体相当。在50岁以上的宁波人当中，没有一个人认为这两两相对的字是同音的。此外，变异在性别和职业中的分布似乎说明男性比女性快，中学生比其他各阶层的人们都快，其中变得最慢的是教员，“不同音”的竟占91%，而“同音”和“差不多”两项加起来也还不到10%。这里，学生的地位比较突出，他们既和教师形成鲜明的对比，也与他们的父辈有所差异，说明语言的变异主要是一种自组织的过程，代代相传并不是决定一切的主要途径，“至今所收集到的全部经验证据表明，儿童并不保存他们父母亲的方言特点，而是保存少年期支配他们的同样地位的人群的方言特点”(Weinreich 等，1968，184—185)。

宁波方言尤、幽韵字从-iɵʏ 经-iᵊʏ、-iʏ、-iy 到-y，是一种连续性变异，但变到-y 时，由于与音系中原来的-y 韵字发生纠缠，它就改变了自己的变异方式而采用离散式变异与鱼、虞韵(-y)字合流，即一个一个地并入-y 韵，从而形成上表中的参差情况。就合流的总体情况来看，宁波方言还没有摆脱它的有序变异状态，因为我们还可以找出它与社会因素之间的相关关系。宁波郊县的有些方言，这一变异的进展速度似比宁波快，可以用来补充说明宁波方言现在还没有出现的情况。笔者的家乡在宁波南约七十余公里处宁海县的一个小山村，音系的结构与宁波方言接近而与宁海县城相差较大。那里的环境单纯，交通不便(到1983年才通汽车)，居民都是农民。我在50年代初离开那里时，尤、幽韵字都念-iɵʏ，连-iʏ的读音都没有，而现在以-iʏ的读音为主流，同时也已出现-y之类的读音。它的变异开始时间比宁波晚，但变异的速度却比宁波快，因为自组织的变异过程，山村不容易受外来影响的干扰。① 它现在已经与鱼、虞韵字“难解难分”。我们用上述的对比材料于1988年春对15人次（除一人为53岁的老农民外，其他都是20岁上下的青年农民）进行了调查，结果如下：

不同音	83(0.3502)
同　音	71(0.2995)
差不多	83(0.3502)

而这15人次中，我们又特意选择一个家庭父子四人在不同时间中作了一次重复调查。结果，两次的答案不一样（A组是一家四人的统计，B组是53岁老农民的前后辨认差异）：

	不同音	同音	差不多
A：第一次	21	18	25
第二次	28	17	19
B：第一次	5	11	——
第二次	4	7	5

上面的统计数字说明，这两个音类的合流与社会因素之间已经没有什么相关关系，已由有序转入无序。这是变异过程中的一种重要现象。如果说，从无序转化为有序是变异寻找自己的相关因素，那么从有序转化为无序则是相关因素将要退出变异过程而表现出来的一种随机状态，就像各种社会人群（相关因素）在蜂拥挤入“结构”之门时所呈现出来的一时混乱、拥挤的状态一样。不

① 我们在其他方言中也发现过类似的现象，例如山西的祁县方言，只要不是向普通话靠拢的变化，四乡的变异速度比城关快。

经过这一阶段,变异无法挤进结构之门而转化为结构中的稳定层。在这一时期,富有特征性的现象是言语行为与心理认同已表现出明显的矛盾。重复调查的四个农民虽然前后的回答是有差异的,但他们的实际发音却是一致的,都是-iʏ。这就是说,尤、幽韵与鱼、虞韵的实际发音是有差异的,前者是-iʏ,后者是-y,但在两个音类趋于合流的时候,社会心理比言语行为跑得快,它先不理会两者之间的实际差异而参差地把其中的某些字看成为同音字,然后完全实现合流。

心理认同先于言语行为而合流,这可能是语言变异中的一种特有的现象。宁波方言的声调合并也明显地表现出这种特点。只有四个声调的宁波人,原清上(435)、清去(44)的某些常用字的调值仍保留在他们的言语行为中,但并没有意识到它们与清平(42)有什么差别。《方言调查字表》中的声调基础字,其中清上的"纸、走、短、碗、口、草、好、手、死"等在五个基本发音人中都经常念出435的调值(个别字相互间有出入)。但当问他"手"[ɕiʏ]和"休"[ɕiʏ]是否同音时,他们往往都会回答"同音",而且会用"休"的42调值去读"手"的音。只有在反复比较时,有的人才会感到他们之间有点儿差异。

心理认同先于言语行为而合流,其实质恐怕是要用"心理认同"的"同"的标准去改造有差异的言语行为,使之划一、有规则。宁波人或者笔者家乡的农民,不管男女老幼或"三教九流",现在在日常言谈中谁都不会理会上述尤、幽韵字和鱼、虞韵字的读音异同,他们平时也根本觉察不到这两类字音之间有什么差别。相反,他们对语言学家专门找出这些字来进行调查却感到奇怪,纷纷询问"你怎么会想出要调查这些字音的异同"。由于言语社团对这些变异中的差异已听之任之，认同为一，因而也就失去了对实际有差异的言语行为的规范和校正的功能。前面同音对比调查的“异”或“同”的反应，应该说，多数人是经过仔细辨认之后“逼”出来的，不是自然的反应。随着时间的推移，实际言语行为的差异会随着心理认同的“同”而消失。这样，这一变异的有序、无序的相互转化运动到此结束，连续性的变异转化为离散性的结构。

有序和无序的相互转化是语言结构动态性的一种具体表现。这种转化不是孤立的，如果一个子系统有若干个变异成分，那么它们大体上都会围绕着一个中心而展开变异，因而在表面杂乱的变异中呈现出规则性和系统性。宁波方言-iʏ的变异不是孤例，它是以i、y为介音的韵母重新调整“前:后”或“圆:展”相关关系的一个环节。-iʏ由于在系统中既无“前:后”的相关关系，也无“圆:展”的相关关系（即既无-uʏ、也无-yʏ与之相配），因而处于被调整的地位，或者说，是发出变异指令的中心。-iʏ和其他无“前:后”或“圆:展”相关关系的介呼韵一起接受变异的指令，通过变异改进宁波音系的结构（这个问题的详细研究需另文讨论）。

四 语言史研究的新领域

考察有序和无序的相互转化使语言在几十年至几百年的时间历程中的运转、变化呈现在观察者的面前，这样，我们就有可能进入语言史研究的一个新领域。

语言史的研究方法除了按年代顺序排比书面材料之外，主要是历史比较法、内部拟测法和词汇扩散等。它们的共同特点都是研究“现在”以前的“过去”，而不注意现实语言的变化。这是历史语言学的一块空白。梅耶(1925,95)早就对此感到遗憾,认为“我们本来可以直接观察,然而很可惜,大家对正在发生的事几乎睬也不睬”。什么是“正在发生的事”?如何去研究?梅耶主要指小孩儿如何学习语言,共同语如何替代地方土语之类,不是指语言变异之类的现象;社会语言学的变异理论研究的是语言的变异,但仅仅把它看成正在进行中的微观变化(Weinreich 等,1968),没有看到变异中所隐含、浓缩的漫长的时间长度,失于偏颇。现在,我们通过变异对时间进行横向的计量分析,考察变异中有序和无序之间的相互转化,就可以从“正在发生的事”中探索语言的演变。系统中不规则现象的解释是语言史研究的一个难点,变异的分析或许可以为解释这种难点提供一些重要的线索。

宁波方言谆韵(平赅上、去,下同)的精、知、章组字在言语社团中读音异常分歧。先请比较下列例字的语音差异:①

	城(忻)	城(张)	城(朱)	城(王)	江东(周)	南门(李)	西门(张)
俊	tsʏŋ	tɕyʏŋ	tsʏŋ	tɕyoŋ	tsoŋ	tsoŋ	tsʏŋ
询	sʏŋ	ɕyʏŋ	ɕiŋ	ɕyoŋ	ɕyʏŋ	ɕyoŋ	sʏŋ
迅	ɕiŋ	ɕiŋ	ɕiʏŋ	ɕyoŋ	ɕiŋ	ɕɪŋ	ɕiŋ
巡	zʏŋ	ʑyʏŋ	ʑiʏŋ	zoŋ	zoŋ	zʏŋ	zʏŋ
准	tsʏŋ	tsoŋ	tsʏŋ	tsoŋ	tsoŋ	tsʏŋ	tsʏŋ
春	tsʻʏŋ	tsʻoŋ	tsʻoŋ	tsʻoŋ	tsʻoŋ	tsʻʏŋ	tsʻʏŋ
润	zʏŋ	yoŋ	ȵiŋ	zoŋ	yoŋ	yoŋ	yʏŋ
震	tsʏŋ	tsoŋ	tsoŋ	tsoŋ	tsoŋ	tsoŋ	tsʏŋ

① 表中的发音人是从 37 个发音人中挑选出来的,以便展示宁波方言的内部歧异。“城”指城市中心区。这几个发音人的基本情况是:(城)忻美英,女,51(都是指调查时的年龄,下同),教师;张亚海,男,21,学生;朱晓强,男,38,干部;王威,男,18,学生;(江东)周晨初,男,39,医生;(南门)李建,女,29,教师;(西门)张明余,男,65,干部。宁波话的单字调往往因人因字而异,这里从略。

身	ɕiŋ	ɕiŋ	ɕiŋ	sɤŋ	ɕiŋ	ɕiŋ	ɕiŋ
人$_{\text{文}}$	zʏŋ	zoŋ	zoŋ	zɤŋ	zoŋ	zʏŋ	zʏŋ
人$_{\text{白}}$	ȵiŋ	ȵiŋ	ȵiŋ	ȵiŋ	ȵiŋ	ȵiŋ	ȵiŋ

这里的变异形式呈现出异常复杂的状态：声母有 tɕ～ts 的区别，韵母有-iʏŋ、-yʏŋ、-ʏŋ、-oŋ、-yoŋ、-iŋ、-ɤŋ 七种形式的不同，在声韵配合上甚至还保留一些尖音的痕迹①。横行的差异是宁波方言的内部分歧，竖行的不同是同一变异成分在同一发音人中的语音差异。这些变异形式在 27 个发音人中的分布频次是(扣除失去的样品)：

	-iʏŋ	-yʏŋ	-ʏŋ	-oŋ	-yoŋ	-iŋ	-ɤŋ
俊		5	11	8	2		1
询		4	9	5	4	2	
迅	2	3		2	2	17	
巡	1	4	11	9	2		
准			11	15			1
春			9	17			1
润		2	5	5	11	2	
震			7	17			3
身				2		24	1
人$_{\text{文}}$			15	9			2
人$_{\text{白}}$						27	

前七字是谆韵字，后三字属真韵。这种杂乱、参差的变异形式是对语言演变理论的挑战，也是对有序变异理论的严峻考验。光用“例外”两字把它撇在一边，那是不能解决问题的。我们还需要从变异的有序和无序的相互转化中去探索这些杂乱变异形式的成因。

---

① 汪一心(男，68，教师)老先生的“真”读 tɕiŋ，“诊”读 tsiŋ，两字不同音。

根据现在能看到的有关宁波方言的历史材料，最早的是《汇解》(1876)，而后是《音节》(1901)。这两种材料的音系和单字的归类基本上是一致的，可以看成一种类型的材料。此后比较系统的记载是《现代吴语的研究》和《鄞县通志》(20 世纪 30 年代)。这些都为我们的研究提供了宝贵的材料。为了讨论的方便，我们先从《音节》的分类注音谈起。

谆、真韵的知、章组字(也包括谆韵的精组字)在《音节》中的注音，韵母为-ing，而声母分 ts-、c-两系。我们先把两系所辖的例字列举于下：

ts-系：诊蕻甄侦桢袗畛疹轸缜真祯贞珍(ts-)趁(ts'-)臣陈蔯尘阵(dz-)迅讯申伸绅汛呻抻胂(s-)

c-系：震骏谆赈瞋馂镇缜盹准畯準屯振隼峻迍俊隽逡肫焌锥娠(c-)春皴疢椿蠢踳瑃暙(c')(dj-有音无字)舜瞬旬循洵郇恂笋榫殉濬询驯簨浚荀蚼駒坸(sh-)人韧蕁润闰慎顺认牣仞肾纯纫鹑蜃忍淳循湑唇晨宸辰神巡仁儿(j-)

ts-系除"迅"字有息晋、私闰两切外都是真韵字；c-系中带黑点儿的也是真韵字，不过它已与不带黑点儿的谆韵字同音，说明真韵字早在百年前就已开始了它的变异进程，其中"缜"字两见。现在需要弄清楚的是 cing 中声母和韵母的性质，不然就难以讨论与谆、真韵字变异有关的一些问题。《汇解》《音节》有三套舌音塞擦音：ts-、c-、ky-[tɕ]。"c"的音值根据《音节》的描写是：c＝t＋sh，dj＝d＋J，sh 是"舌横向下凹所形成的舌尖清擦音，而 J 是 sh 的浊音"，如用国际音标来描写，应该是舌叶音 tʃ、tʃ'、dʒ、ʃ、ʒ。韵母的性质，从表面现象看，是齐齿韵-ing，不圆唇。但是，这个"不圆唇"的记音可能事出有因，它的实质仍与"圆唇"有关。我们检查 c-组声母在音节中的组合规则，后面都有一个圆唇元音(ɔ、o、ɥ)，只有谆、真韵的 cing 以及和它相配的入声 cih(如“出拙”等)与此规则不合。[①] 这可能有其特殊的原因。与 cing 中的-ing 对立的圆唇韵母是-iüng,它只出现在 ky-[tɕ]组声母之后,例如 kyiüng 下辖“均君钧军焄皲”等字。所以,cing 中的-ing 和-iüng 出现的条件互补,历史来源相同,都是谆、文韵字(真韵字下面再说),可以看成为同一音位(类)的两个变体,在音位处理上可以把 cing 中的-ing 看成为圆唇性质的韵母。我们这样的看法还得到来自声母方面的支持。真韵字在《汇解》《音节》中分属 cing 和 tsing 两个音组,把 cing 中的-ing 看成为圆唇性质的韵母,c-和 ts-也可以在音位(类)上看成为同一音位的两个变体:c-出现在前高圆唇元音前,ts-出现在前高不圆唇元音(自然还有其他开口韵)前。这样处理,既符合音系的结构原理,也与历史来源相符(都是知、章组和圆唇元音前的精组字),而且也与往后 tʃ>ts 的发展一致。

根据这样的分析,我们有理由说《汇解》《音节》的 cing 音节中的-ing 是一种圆唇性质的韵母。既然这样,它们为什么会记成-ing而不是-iüng 呢? 这可能与 cing 中-ing 的圆唇的特点有关。这个特点可能是:它在听感上既像齐齿韵,又像撮口韵,但是它既不是齐齿韵,又不是撮口韵-iüng,当时找不到合适的音标,就做了上述似有矛盾的处理。赵元任(1928,50—52)的《现代吴语的研究》虽然只是列表,例字少,但在“谆、文、(真)”和“真人”下注-ʏŋ。《汇解》《音节》中 cing 的-ing 大概就是这个-ʏŋ。这样的解释也可以得到现代宁波方言的有力印证。这个-ʏŋ 就是谆、真韵知、章组

---

① 麻$_{三}$章组字的韵母为-æ、-ô(ɔ),读-æ 字有“奢赊捨舍赦蛤涻”(sh-)“惹蛇社”(J-);读-ô 的字有“吒奼”(c-)“扯撦”(c‘-)。看来-æ 正通过离散式变异向-ô 转移,因为现代宁波方言这些字的韵母都是-o,无一例外。

字变异的始发点。

从《汇解》《音节》到《研究》《通志》，c-发生了离散性变异，c-系字一个一个地变入 ts-系。这个过程在《汇解》《音节》的时代就开始了，因为《音节》说得很清楚，说 dj 在 o 前的读音像 dz。《汇解》在 o、ɔ 等圆唇元音前已有不少 tʃ～ts 两读的例子(注音已用国际音标改写)：

终	tʃoŋ/tsoŋ	中	tʃoŋ/tsoŋ	充	tʃʻoŋ/tsʻoŋ
章	tʃɔŋ/tsɔŋ	掌	tʃɔŋ/tsɔŋ	娼	tʃʻɔŋ/tsʻɔŋ
常	dʒɔŋ/dzɔŋ	脏	dʒɔŋ/dzɔŋ	钻	tʃyn/tsøn
粥	tʃoʔ/tsoʔ	辱	ʒoʔ/zoʔ	嘱	tʃoʔ/tsoʔ

《通志》的记载也证实了这种演变过程："声韵之变迁，如五六十年前鄞之城厢读音(按：指读书音)，舌上音知彻澄三母之字与齿头音精清从三母之字尚画然区分，今则知与资、痴与雌、池与慈多不别"(3984 页)。今天的宁波话知、章组字与精组字已完全合流，都为 ts-。声母的这种由 tʃ-到 ts-的离散性变异是导致-ʏŋ 韵变异的一个重要条件：它或者继续保持开口韵的特点而说成-ʏŋ(即表中的 tsʏŋ)，或者变成齐齿韵-iʏŋ 或撮口韵-yʏŋ，因为 tʃ-这种舌叶音在与高元音韵母组合时容易寄生一个-i-介音(受声母的影响)或-y-介音(受后面圆唇元音 ʏ 的影响)。-ʏŋ、-iʏŋ、-yʏŋ 是《汇解》《音节》时的 cing 在现代宁波方言中的三种基本变异形式。同一音类的字，齐、撮并存，这在宁波方言中不是孤例。"家"在口语中可以 tɕyo～tɕio 两读(以 tɕyo 为常)，宵、萧韵字也可以-io～-yo 两念(以-io 为常)①。所以，-ʏŋ、-iʏŋ、-yʏŋ 在言语社团的心理反应中实际上只是一种形式，是心理认同先于言语行为而合流的又一个

① 据我们的调查为-io，据傅国通等的《浙江吴语分区》的材料为-yo。

例证。至于“俊、准”等字的-oŋ、-yoŋ 这两种变异形式，那是-ʏŋ、-yʏŋ第二层次的再变异，是后来发生的事情。新旧变异形式并存，增加了变异的复杂性和不规则性。

还有-iŋ 和-ɤŋ 两个变异形式。-ɤŋ 是臻摄一等字的读音，-iŋ 是三等真、殷韵字的读音。和-ʏŋ 变异有纠缠的主要是真韵的知、章组字。我们如对谆、真韵字的读音进行一番比较，就会发现谆韵字没有文白异读[①]，而真韵的知、章组字现在还有文白对立的痕迹：

	文		白
人仁认	꜀zʏŋ	꜀zoŋ	꜀ȵiŋ
日	zøʔ꜄	zoʔ꜄	ȵieʔ꜄

《音节》的作者莫棱道夫已经注意到这种现象，认为白读形式所代表的时间比较早，接近古代的读音，“人”最早读꜀ȵin，后来读꜀ȵiŋ，而文读形式是晚近产生的，大多由外省的教员首先带入学校，而后逐步扩散，其读音接近现代的北方官话，因而形成文与白的对立。根据这一线索，我们可以发现真韵知、章组字的读音在《汇解》和《音节》中已归入文白两系：

文读-ʏŋ：镇震……（见前面 c-系带黑点儿的例字）

白读-iŋ：珍趁陈尘阵真诊疹身伸臣人仁认

白读的-iŋ 与真韵的帮、精、见、喉各组字的语音一致。根据白读音提供的线索，我们可以推知，知、章组字的读音原来都是-iŋ，与其他各系字的韵母一样。《通志》的写作年代虽然比《音节》和《汇解》晚 30—50 年，但它毕竟是本地人写的，比洋人更能了解宁波方言的底层，因此在真韵知、章组字的文白归类上似更接近宁波

---

① 只有一个“闰”字有两人次读 ȵiŋ，与“认”的白读同音。不过这是“日”母的白读，与谆韵无关，因声母是 ȵ-，后面的韵母只能是-iŋ。

土话。《音节》中属文读系统-ʏŋ 韵的"辰仁神瞋肾震刃慎忍镇"等字在《通志》中都读-in(2709 页)。这或许可以从一个侧面支持我们的推测。

文读形式的产生是外方言影响的结果,但是它的具体读音必须经过本方言语音系统的改造,用音系中已有的或近似的音去代替。比方说,宁波方言没有北方话的 ʐ-,《汇解》《音节》以前的时代就用 ʒ-去代替。韵母也以同样的方式加以改造。真韵知、章组字的读音在当时的宁波音系中最接近北方官话的恐怕就是谆韵精、知、章组的读音 cing。这样,它的读音因受北方方言的影响而分成两类:"真珍……"读-iŋ,"震慎……"读-ʏŋ。至于个别字某些人说-ɤŋ,那是追随一等字的读法,也可能是郊县(如慈溪)方言影响的结果。

经过这样的清理之后,"俊准"和"震"之类谆、真韵字的杂乱变异就显示出了头绪,它最初的基本变异形式是-ʏŋ、-iʏŋ 和-yʏŋ 三种;-oŋ、-yoŋ 是-ʏŋ、-yʏŋ 的再变异,使其与通摄字合流;真韵的知、章组字混入谆韵字的读音是文、白异读的产物。由于不同时间层次、不同性质(如文与白)的变异形式混杂在一起,因而就使谆、真韵知、章组字的变异显得特别复杂而不规则。但是,这种不规则的现象却是研究语言史的很好的材料,我们至少可以从中窥知谆、真韵字百余年的演变情况。

谆、真韵字的变异只涉及一个变异成分(-ʏŋ)的几个变异形式。如果语言中同时有几个相互有联系的变异成分,那么变异形式之间的相互关系就会更复杂,因为它们在从有序、无序的相互转化过程中可能会因发展的不平衡而使几个变异成分的"序"相互绞在一起,"破坏"了语言的结构规律和演变规律。宁波方言覃、谈、寒三韵和咍、泰（各赅上、去）两韵赵元任称之为“h 系字”（晓匣影喻）的相互关系就是这方面的一个很好的例证。覃、谈、寒三韵“h 系字”的音值有-i、-e、-ε、-εɪ（请参看徐通锵，1987—1988 第五节的分析），咍、泰韵的“h 系字”的情况与此类似，也有-e、-ε、-εɪ 等形式。他们相互叠合交叉，人们看了有“乱套”的感觉，分不清某一个字究竟属于哪一类韵。这些叠合交叉的变异形式在 35 个发音人中的分布频次（扣除失去的样品）是：

	-i	-e	-ε	-εɪ
汉		25	2	6
罕	1	19	3	6
含		7	1	18
安		13	1	14
海		25	1	
哀		17	1	10
爱		22	3	3

后三行为咍、泰韵字。为什么会形成这种“破坏”规律的状况？这是由于在元音高化的变异过程中，这两个变异成分的变异速度在社会人群中有快慢的区别。覃、谈、寒三韵“h 系字”从-en 变为-e就与咍、泰韵的-e（<-ε）合流，社会人群中这些超前的变异正好赶上灰、泰合韵非见系字的-e 复元音化为-εɪ，因而它们就一起复元音化。两个变异成分的-ε 都是滞后的变异，其中覃、谈、寒三韵“h 系字”的-ε 来自-εn，咍、泰韵的-ε 是覃、谈、寒三韵还没有消失鼻化成分时的读音，尚未高化。“罕”的 hi 音是追随见母字（如“甘”读 ki）变化的结果。因此，两个变异成分的超前变异为-εɪ，滞后的变异保留旧读-ε，一般的情况下都为-e。这样，两个变异成分的变异的“序”因发展速度的交叉而相互绞在一起，使本来有别的两类韵出现交错混杂，与非“h 系字”的变化发生分歧。这样，语言中就留

下了不规则的例外。

在变异中呈现出来的不规则现象的发展前途不外是两个：一个是同一变异成分的不同变异形式在演变中渐渐趋于一致，表现为语言演变的规律性，其特点犹如青年语法学派所说的"语音规律无例外"；另一个是，某个字的读音不管同一音类中其他字音的演变方向而读入另一音类的音，而且在言语社团中趋于一致，比方说，真韵的"镇"都说 tsoŋ，"身"都说 ɕiŋ，谆（稕）韵的"迅"也都说 ɕiŋ，没有差异，那么这些字音就摆脱了变异过程的连续性，实现了离散化，这样，后人就只能接受这种不规则的遗产而不能恢复变异前的状态。宁波方言谆、真韵知、章组字的语音变异、覃、哈两类"h 系字"的语音变异恐怕都只此一途。现在语言中的一些不规则现象和形态中的不规则变化，大都是由这种原因造成的。

如上所述，时间观是语言研究方法论的基础，通过变异的分析对时间进行横向的计量，可以克服以往语言研究中时间的"点"与"线"相分离的欠缺。时间是客观存在的。"纵"与"横"只是计量方法的差异，不会改变时间的实质。"纵""横"两种计时的方法在运用的时候可以相互印证，说明"横"的时间与"纵"的时间存在着一致性，只是从不同的侧面去认识而已。我们前面的研究引用了一些"纵向"的历史材料以辅助变异的分析，这是由于有条件这样做，而且可以用确切的"纵向"时间说明"横向"变异所浓缩的时间量。如果我们在语言研究中找不到代表纵向时间的书面材料，那么着眼于变异的分析同样可以探索有关的问题。这里虽然难以定出具体的时间长度，但可以作出全局性的判断，定出一个概数，犹如猜测小孩儿的年龄那样。关键是要弄清楚变异成分的几种共存变异形式的先后序列、有序和无序的相互转化以及变异的方向、目标等问题，不然就无法实现预期的目的。

引用书目

布龙菲尔德　1923　Review of Saussure，Hockett 编集的 *A L. Bloomfield Anthology*，Indiana Univ. Press，1970.

——　1933　《语言论》，商务印书馆，1980。

冯志韦　1985　《数理语言学》，上海知识出版社。

梅　耶　1925　《历史语言学中的比较方法》，科学出版社，1957。

普里高津等　1984　《从混沌到有序》，上海译文出版社，1987。

钱玄同　1927　《关于国语罗马字字母的选用及其他》，《新生》周刊第 1 卷第 8 期。

沈　炯　1987　《北京话合口呼零声母的语音分歧》，《中国语文》第 4 期。

索绪尔　1916　《普通语言学教程》，商务印书馆，1980。

徐通锵　1987—1988　《语言变异的研究和语言研究方法论的转折》，《语文研究》1987 年第 4 期和 1988 年第 1 期。

赵元任　1928　《现代吴语的研究》，科学出版社，1956。

——　1968　*A Grammar of Spoken Chinese*，Berkeley and Los Angeles.

Hockett，C. F.（霍凯特）　1942　A System of Discriptive Phonology，载于 M. Joos 编集的 *Readings in Linguistics*，New York，1958.

——　1970　*The State of the Art*，Mouton.

Lehmann，W. P.　1973　*An Introduction：Historical Linguistics*，New York.

Malkiel，Y.　1968　The Inflectional Paradigm as an Occational Determinant of Sound Change，载于 W. P. Lehmann & Y. Malkiel 编集的 *Directions for Historical Linguistics*，Univ. of Texas Press.

Weinreich 等　1968　Empirical Foundations for a Theory of Language Change，同上。

音系中的变异和内部拟测法*

【提要】语言中的差异是语言史研究的客观基础。内部拟测法着眼于由条件音变造成的不规则的结构差异，把结构分析法用之于语言史的研究，解决了一些历史比较法难以解决的问题。音系中还有其他类型的差异，如以文白异读为代表的叠置式变异、体现为字的读音的逐一变化的音类离散式变异等。以结构理论为基础的内部拟测法由于把语言看作为一种同质的系统（homogeneous system），因而它在方法论上没有办法通过对这些差异的考察去解决语言发展中音系间的相互影响、语音的合流、语言发展的时间层次等重要问题。要改进内部拟测法，一要摆脱语言系统同质说的束缚，二要扩大它的语言基础，根据音系中差异的特点分别进行内部拟测的研究。文白异读反映语言的统一和接近，隐含着两种性质的叠置：不同系统的同源音类的叠置和同一系统的异源音类的叠置，前者反映两音系之间的关系，可使共时音系历时化，后者可用以分析音位的合流及其他发展中的重要问题。离散式变异为分析语言发展的时间层次提供了一些重要的线索，历史上的一些不合规律的现象也可以从中得到合理的解释。这些都是只注意条件式、连续式音变所造成的结构差异的内部拟测法无法解决的难题。

---

* 原载于《中国语言学报》第三期，商务印书馆，1989。本文初稿承蒙叶蜚声、王洪君两位同志细为推敲，指正多处，谨此致谢。

一

内部拟测法(internal reconstruction)是语言史研究的一种重要方法，它可以弥补历史比较法的不足，使难以运用历史比较法的领域也可以进行语言的历史研究。

内部拟测法一般认为是结构分析法在语言史研究中的运用，是西方语言学家比萨尼(V. Pisani)、侯尼希斯瓦尔特(H. M. Hoenigswald)、蓬芳特(G. Bonfonte)等学者在20世纪30—40年代作为工作原则提出来的，目的是从语言材料的共时分析中得出历时的结论。著名的结构语言学家库里洛维奇(J. Kuryłowicz, 1962)在《论内部拟测法》一文中曾对这个问题进行过全面的讨论，认为内部拟测法就是要从语言系统的事实本身、即语言要素的相互关系去探索语言的发展规律，而排除一切非语言的要素，例如社会变动、移民、战争、发音……去解释语言的发展，“被研究的因素之间的内部关系的变化才是惟一有关的事实。变化的外部动因与音位系统的变化是没有任何关系的”“语言研究的范围看来应该限制在所研究因素的语言的方面，也就是变化前后的实际状况。变化应该作为系统的变化而加以分析和说明……”根据这种方法论原则，音系结构中的空格(例如北京话的舌根音声母k、k‘、x在音位组合中没有齐、撮二呼)、对立的中和(例如中古见、精两组声母在i、y前的合流)、不规则的形态交替(morphological alternation)等就成为内部拟测法首先注目的对象[①]；特别是不规则的形态交

① 例如，德·索绪尔关于原始印欧语喉音的拟测，高本汉关于汉语上古音系的研

替，很多语言学家认为它是进行语言内部拟测的主要突破口，因为这种交替是由有规则的条件音变造成的，可以从此入手找出音变的规律，使不规则的现象规则化。例如，拉丁语 genus（种类）的主格 genu*s* 和属格 gene*r*is 的 s～r 的不规则交替被认为是由元音间的 s 变成 r 这一条件音变造成的。“根据共时形态交替的少量例证进行历时音系规则（phonological rules）的拟测称为内部拟测法”（T. Bynon，1979，90）。

内部拟测法着眼于规则系统中的不规则现象，实际上就是从语言系统中的结构差异入手来研究语言的发展。差异，这是语言史研究的基础。历史比较法比较同源成分在各方言或亲属语言中的成对应的语音差异去探索语音的发展，即从语言在空间的差异中去寻找时间的发展序列；方言地理学注意音变在地域上扩散的差异；词汇扩散理论研究音变在词语读音上的扩散的差异。它们各自都以某种差异为基础在语言史的研究中作出了自己的贡献。内部拟测法研究音系中的结构差异，从中理出语言发展的线索和规律，在历史语言学中创造了一种新的理论模型。这是它的贡献。但是，另一方面，我们也感到一些不足，因为内部拟测法只能从以语音为条件的共时结构差异中去探索语言的演变，而无法处理系统中其他差异与历史发展的关系。例如，现代宁波方言的“酒”在人们的读音中有 tɕiɵʏ、tɕiᶿʏ、tɕiʏ、tɕy（这时“酒”与“举”同音，现在还只限于少数年轻人）的差异，这些差异与语音的分布条件无关，因而内部拟测法无法从这种差异中去分析音变的过程和趋向。其

究，都借助于这种空格之类的结构变异而进行原始音系的重建，取得了一些重要的成果。请参看徐通锵、叶蜚声的《内部拟测法和汉语上古音系的研究》（《语文研究》1981年第1期）。

次，内部拟测法只能从结构差异中重建有规则的原始结构，即只注意音变的两头，而无法清理出音变的具体过程和发展的时间层次。第三，内部拟测法可以处理以语音分布条件为转移的音位的分化，而无法处理音变中音位的合流；中和，虽然它与音位的合流有关，但如果没有其他材料的依据，也很难从共时音系的音位对立的中和中推知历史上音位对立的中和。内部拟测法的这些局限看来与它的语言理论基础不无关系。

内部拟测法的理论基础是德·索绪尔（1916，36）的语言系统同质说，认为语言是一种同质的系统（homogeneous system）。所谓“同质”，简单地说，首先就是要分清语言的“内”与“外”，认为语言的研究只能着眼于语言系统的事实本身，而不能参照非语言的因素。第二，认为语言是由单位之间的相互关系构成的一种纯粹的价值系统，因而在语言研究中可以追求齐整性、对称性、规律性，不承认语言系统中存在着变异（variation）。第三，认为语言系统是一种共时的结构，在研究中要绝对排除历时的干扰。把这三点归纳起来，就是：语言系统是由语言单位之间的关系构成的完全静态的结构。把语言看成为一种结构，从而为语言分析的形式化、精密化奠定语言理论的基础，这是语言系统同质说的重要贡献，但问题是它把语言系统的静态性绝对化了，认为语言结构没有变异和变化。这是以个人方言（ideolect）为基础建立起来的一种语言理论，假定言语社团中的每个人的语言都一样，没有变异。实际上，这是为了语言研究的方便而建立起来的一种理想的语言状态，在实际生活中是不存在的。例如，上述宁波方言“酒”的四种读音就告诉我们，在共时音系中存在着社会的变异，而变异体现着历时演变的趋向，说明语言系统“静”中有“动”，在“不变”的结构中隐含着变化的因素。这是语言系统本身所具有的性质和特点。语言系统的同质说只着眼于系统中不变的、共时的方面，自然就会舍弃语言结构中的一些重要的特点。随着语言研究的深入发展，同质说在理论上的一些局限性也就日益显露出来了。内部拟测法以这种语言理论为基础，自然也就只能着眼于规则结构中的不规则的差异，限制了研究的范围。

科学研究的方法是客观规律的反映，集中体现人们对研究对象本身的性质和特点的认识。我们现在既然认识到内部拟测法的语言理论基础的局限性，那就应该在前人研究的基础上补正前人的缺漏，以改进语言内部拟测的研究。这就需要我们摆脱个人方言的束缚而着眼于言语社团中实际运用着的语言状态，设法在无穷无尽的变异中找出语言的结构规律和发展规律。实现这种设想的办法是在言语社团中选择并研究若干个有代表性的个人方言，仔细比较它们的异同，找出其间的差异；根据差异的特点理出音系中的变异层，使杂乱的变异形式分部别居，各得其所；而后分别探索各层变异形式所体现的音变趋向、过程和规律，对共时音系的结构进行动态的分析。根据我们对浙江宁波方言、山西闻喜方言、祁县方言的调查和分析、以及我们所接触到的其他方言的情况，言语社团中个人方言之间除了彼此相同的部分以外，相互间还有一些差异；这些差异不是“遍地开花”，而是集中表现在某些因素上。彼此相同的部分是共时音系中的稳定层，相异的部分是音系中的变异层；变异层又可以因变异的不同特点分出三个层次：以语音的分布条件为转移的音位变异层、体现字的读音的逐一变化的音类扩散层和以文白异读为代表的异读叠置层（徐通锵、王洪君，1986）。以语音分布条件为转移的音位变异在语言发展中固定下来就体现为连续式音变，其特点就是青年语法学派所说的“语音规律无例外”；如果有例外，那也是“没有一个例外是没有规律的”（维尔纳语）。以语言系统同质说为基础的内部拟测法分析的基本上就是由这种性质的音变而在音系中留下来的结构差异，所谓“根据共时形态交替的少量例证进行历时音系规则的拟测”和利用空格等进行语言史的研究，实质上也是为“没有一个例外是没有规律的”的信条进行结构理论的解释。所以这种理论和方法研究的只是音系中的一种变异形式及其所体现的演变规律，而还没有考察其他两个变异层的变异形式及其有关问题。语言史的研究既然以语言中的差异为基础，内部拟测法的研究范围就不能排除音类的扩散、异读叠置之类的差异。这也是以同质说为基础的内部拟测法的一个重要缺点。另一方面，内部拟测法基本上是从印欧系语言的研究中提炼出来的，而没有很好地考虑如汉语等东方语言的特点，其语言基础也不够广泛。所以，要改进内部拟测的研究，一需要改进它的语言理论基础，跳出语言系统同质说的框框，而把语言看成为一种有序异质的结构（orderly heterogeneous system），充分注意各种类型的变异形式及其所提供的音变信息，从中理出语音演变的线索和层次；二需要扩大内部拟测法的语言基础，根据不同语言的特点进行内部拟测的研究，使内部拟测法的内容得到不断的充实。总之，在我们看来，只要着眼于音系中的变异，从变异中进行结构的动态分析，用语言事实本身来说明发展的原因、过程、趋向和规律的，都是语言内部拟测的研究。

汉语是有历史的语言，有大量的书面文献，但跨地域、跨时间的方块汉字掩盖了语音发展的实际状态，因而在汉语史的研究中内部拟测法仍不失为一种重要的方法。这种方法由于可以得到汉语方言的印证和书面材料的帮助，其有效性和可靠性可以得到比较充分的保障，从中总结出来的分析原则也可以成为研究史前时期语言的一种重要的借鉴。

二

汉语与内部拟测法的改进关系最密切的首推以文白异读为代表的语音差异。文白异读在汉语方言中是一种常见的现象，是语词中能体现雅/俗这种不同风格色彩的音类差异。语言系统的同质说由于只注意条件音变所造成的语音结构差异，自然就不会去注意类似文白异读之类的现象在语言史研究中的价值。

“文”与“白”代表两种不同的语音系统，大体说来，白读代表本方言的土语，文读则是以本方言的音系所许可的范围吸收某一标准语（现代的或古代的）的成分，从而在语音上向这一标准语靠拢。比方说，山西闻喜方言的“床”（代表知照系的合口字），它的文读形式原来是꜀pfʻʌŋ，白读为꜀pfʻə，解放后由于推广普通话和在学校中进行普通话教学的结果，“床”字产生新的文读形式꜀tsʻuʌŋ。声母为什么是tsʻ-而不是tʂʻ-？因为在闻喜方言音系中多数人已没有tʂ-类声母，说明它在吸收标准语的音类时其音值还得适应本音系的特点。宁波方言也可以为这种考察提供一个重要的根据。鸦片战争后，宁波辟为商埠，与外地的交往比较多，方言的分歧造成相互间交际的困难，而这种困难却为北方官话的影响敞开了大门。20世纪初，宁波海关的一个德籍官员已经清楚地意识到这一点，指出宁波方言有很多字具有文白异读的形式，白读的口语形式代表较古的读音，文读的现代形式由来自各省的教员带到学校，字的读音一般都是现代官话(P. G. Von Möllendoff, 1901)。据 1876 年出版的《宁波方言字语汇解》(*An Anglo-Chinese Vocabulary of the Ningbo Dialect*, W. T. Morrison,1876,上海)的材料,看韵见系字(交胶教绞酵……)的白读为-ao,文读为-iao,文读形式大体上与北方官话相似。这些情况说明,文读形式的产生是外方言、主要是权威方言影响的结果,是某一个语言系统的结构要素渗透到另一个系统中去的表现,因而音系中文白异读之间的语音差别实质上相当于方言之间的语音对应关系。如果说,方言间的语音对应关系是语言分化的结果,那么音系内部由文、白两种形式的差别所体现的对应关系则是语言汇合或统一的产物。由语言的分化所造成的不同音系之间的语音对应关系是历史比较法的基础,在语言史的研究中具有重要的价值,那么同理,文与白两种形式的对应关系同样也具有极为重要的价值,只是由于它们共处于一个音系之中,人们因受索绪尔语言系统说的影响而不易发现他们的价值而已。文白异读的产生体现方言间的接近,与语言分化的过程正好相反,因而对文白异读的分析不能机械地套用历史比较法,而需要对文读形式产生之后音与音之间的关系进行内部结构的分析。

一个方言向另一个方言吸收一个语音结构要素,产生文读形式,这就在系统中出现了叠置。这里以山西闻喜方言宕摄字的文白异读以及它与果摄字的关系为例来看这种叠置的情况:

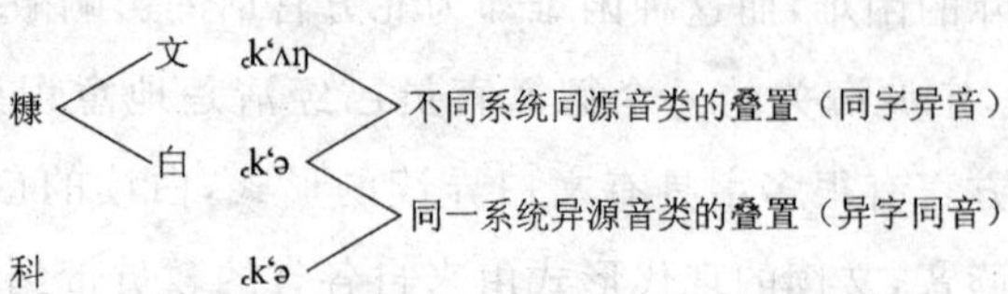

同源音类的叠置是同一个字具有不同的音类交替形式，这种交替与前面所说的不规则的形态交替是两回事情：由不同音系同源音类的叠置而形成的交替反映语言发展中两个姊妹方言之间的关系，而形态交替则是音系中由条件音变而给音系带来的结构差异。同一系统中异源音类的叠置是原来不同的音类取相同的语音形式，这反映同一语言系统的不同音类在发展中的相互关系。这里的关键是文读形式的产生；没有文读形式，“糠”与“科”合流，不会像现在那样既合又分，成叠置的状态。两种不同性质的叠置决定了白读的语音在演变中的命运：它在语言系统中能否取得生存的权利，决定于它与文读形式的竞争；白读形式的语音本身如何变化，决定于它与之叠置的那个异源音类的语音变化。这两种不同性质的叠置为内部拟测法的运用开辟了一个新的领域。

叠置，它隐含着不同的时间层次，本身就是历史发展的见证。在一个语言系统中，一个字具有几个不同的文白交替形式，粗略地说，它就至少隐含着几个不同的时间发展层次。山西闻喜方言的文白异读比较复杂，而且青少年与中老年还有不同。请比较：

例字 / 语音层 / 年龄	꜀床		꜂水		꜀社		꜀车		꜀苏		꜀陪	
	文	白	文	白	文	白	文	白	文	白	文	白
中老年	pf‘ʌŋ	pf‘ə	fi	fu	siɛ/sə	sa	ts‘iɛ①	ts‘a	səu		p‘i	
青少年	ts‘uʌŋ	pf‘ə	suei	fi/fu	sə		ts‘ə	ts‘iɛ	su	səu	p‘ei	p‘i

比较两代人之间的文白异读的差异，就不难发现中老年的有些文

① 舌尖塞擦音、擦音 ts-类声母的齐齿韵这里都记成尖音，但它与一般的尖音不完全一样，如按严式音标记音，“车”应为꜀tsɿ:iɛ，“社”应为꜀sɿ:iɛ。

读在青少年中已成为白读，而与汉语普通话接近的新的文读形式已活跃在青少年的话语中。这种参差的叠置状态是运用内部拟测法探索语言发展的非常有价值的材料。根据这种参差的叠置状态，可以粗略地分为三个时间层次：

一、新文读层；

二、旧文读层；

三、土语层。

新文读的时间层次比较明确，是解放后普通话影响的结果。中老年人认为这种新的文读形式有明显的外来色彩，因而在交际中取排斥的态度。不过“社会主义”的“社”字，即使最“顽固”的老年人也已念成新的文读形式꜀sə(韵改调未改)，它虽然只在“社会主义”这个词中读꜀sə(其他如“人民公社”“社会”中的“社”还都念꜀siɛ)，但也说明排斥的防线已被冲破。

旧文读层的有些语音形式对于青少年来说已成为白读，但相对于土语层来说它仍旧是文读。它反映哪一个时期的语音，难以确指。旧文读的主要内容是：知照系合口字读 pf-、pf‘-、f-；麻$_{开三}$读-iɛ；蟹摄一等咍、泰韵读-æe、-uæe(白读为-i、-uei)；蟹$_{合三}$和止$_{合三}$各韵读-uei(白读音在唇齿音后为-u，其他声母后为-y)；宕(江)、曾、梗、通五摄均读-ʌŋ、-iʌŋ、-uʌŋ，与臻摄的-eĩ、-ieĩ、-ueĩ不同，等等。从 1918 年出版的闻喜县志来看，麻$_{开三}$似还没有读-iɛ 的痕迹，因为它用-ia、-a 的麻$_{二}$字注音：

麻马祃骂		斜	邪	些	爷	野	爹	赊	拾	借	惹
方音	读如韵	霞		虾	衙	讶	貂牙切	纱	纱$_{上声}$	假	

今天老年人的白读仍维持这种状态，看来当时的麻$_{三}$还没有今天那样歧异的读音。宕(江)、曾、梗、通的文读是否同音，在方志中反

映不清楚，它只是分列宕(江)、梗、曾各摄的韵类在当时的闻喜方言中叶什么音，如“庚青梗迥敬径韵”“叶佳蟹泰韵”，指明“惊”读“街”；至于“惊”的文读与“江”等是否同韵，没有说明。五摄的文读同韵而与臻摄异，我们在闻喜周围的权威方言(晋中、关中、河洛)中还找不到任何痕迹。这大概是它们在文读形式产生以后又在往后的发展中合流了。知照系读 pf-、pf‘-、f-，方志中已有清楚的反映。它在“中、壮、追、吹……”字下注明“以下无字可注，唇音改唇齿音读即合”；在“音变第二表”的说明中也说到“……凡不注者皆无字可注，以雅音缺此类音也，但以唇音改唇齿音读之即得”。这种读音似与关中方言的关系比较密切，但它们何时出现这种音变或关中方言的音变何时渗入闻喜方言，现在无从查考。从 pf-、pf‘-在关中地区的实际发音特点来看，估计时间不会太长。白涤洲对这些音的音值曾作了如下的描写：“知照系字读时以舌尖抵齿龈，若不嫌累赘应写作 pfᵗ”(1933 年 4 月 15 日给罗常培的信)，又说，“周至知照系读 pfᵗ、pfᵗ‘时上齿紧抵下唇。舌尖位于上齿龈，发破裂音，盖 tʂ、tʂ‘变 pf、pf‘之过渡音也”(据白涤洲，1933，6)。在 20 世纪的 30 年代由 tʂ、tʂ‘变来的 pf、pf‘还没有丧失演变过程中的过渡痕迹，说明此类音变的时间距今不会太遥远。从这些迹象来看，我们或许可以说闻喜方言的旧文读反映近古时期的语言状态。

闻喜方言的土语层，除了帮组声母开口三、四等读舌尖音(例如“饼”的文读为ᶜpiʌŋ，白读为ᶜtiʌŋ，“米”的文读为ᶜmi，白读为ᶜni(≠ᶜȵi“你”——乡村或ᶜli——城关)之外其主要特点是：中古全浊声母的塞音和塞擦音，不论声调的平仄，一律送气；宕(江)与果摄合流；曾(-eĩ、-ieĩ，与臻摄的开口韵同)与梗(-iɛ、-uiɛ、-yɛ)分立；通摄字读-ueĩ等等。在其他方言中很难找到这种音变的特点，但它却与西夏文的注音所反映的宋西北方音一致（王洪君，1987），说明这一土语层反映千年以前的汉语西北方言的一些情况。

这样，我们根据闻喜方言音系内部的叠置状态分出三个时间层次，前后相距约千年。至于这三个层次之间，我们还可以通过别的办法再进一步把时间层次细密化。比方说，字音中声、韵、调之间的文白错杂的配合关系就是考察这种细密的层次划分的一种办法。请比较“名”字在闻喜方言中的三种读音：

1. ꜀liɛ（四乡为꜀niɛ） 声、韵均为白读形式；
2. ꜀miɛ 声母为文读形式而韵母为白读形式；
3. ꜀miʌŋ 声、韵均为文读形式。

这说明在“白·白”的声、韵组合和“文·文”的声、韵组合之间还有一种过渡的状态。大致说来，这种错杂的配合方式花样越多，其所提供的语言发展的时间层次的信息就越细密。

以上都是从共时音系中挖掘出来的语言发展的时间层次。语言系统的同质说由于把语言看成为由单位之间的相互关系构成的完全静态的结构，把一切因素都纳入语言的共时系统之中，因而在分析共时形式的时候不管其来源，绝对排斥系统之外的因素的干扰，而在共时结构中寻找历时痕迹的时候又只局限于系统中由条件音变所带来的结果。这样，音系中文白异读之类的差异就成为谁也管不着的领域。这清楚地暴露出语言系统同质说在语言研究中有其难以克服的局限。我们根据音系中叠置式的变异，把压成扁平状的共时音系拉开成由不同音系叠置着的历时音系。这犹如一个折叠式的旅行杯，语言系统的同质说只把它看成为一个压成扁平状的平面结构（如图一），看不到由虚线表示的历史沉积；而我们把折叠成的平面结构拉开来,如果暂时不管各平面结构之间的细密的层次划分,那么音系的结构就成为如图二所示的状态。

图一

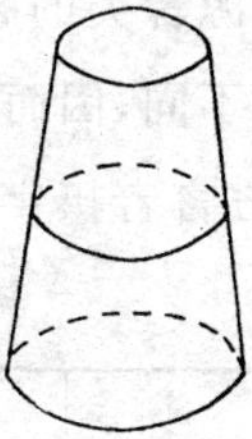

图二

图二上面两个不同的平面犹如不同层次的白读音所代表的音系。语言中的文白异读现象越丰富,字的异读形式越歧异,我们能从共时结构中抽取出来的历史层面就越多。各个叠置着的音系虽然代表不同的时间层次,代表不同的方音系统,但是由那些没有文白对立的音类联系着,使它们分中有合,异中有同,共居于一个音系之中。这就是说,异读的语音是方言音系之间由于语言的发展而形成的相异的部分,而没有异读的音类则属于方言音系从原始方言中继承下来的部分。相异的部分是由于方言间的相互影响而形成的文白异读,使其中的一个音系向另一音系靠拢和接近。接近的途径就是文读形式与白读形式之间的竞争,各自争取字音的发音权。竞争的总趋势是文读形式节节胜利,在字的读音中逐步扩大文读形式的范围,而白读形式则节节"败退",最后只能凭借一些特殊词语(如地名等)的读音与文读形式相抗争。没有特殊的原因,一般不会违背这种竞争的趋势。竞争的一方一旦在竞争中彻底失败,退出交际的领域,音系中就失去了叠置的痕迹,完成了叠置式音变的交替过程。这样,内部拟测法在这里也就失去了其用武的客观基础。所以,语言中残存着的文白异读现象在语言史的

研究中具有重要的价值，可以从中窥知语言发展中不同音系之间的相互关系，使内部拟测法进入一个新的研究领域。

"同一音系异源音类的叠置"的性质与上述分析的"不同音系同源音类的叠置"不同，因而其在内部拟测中的价值也不一样。先请比较山西祁县方言宕摄字的白读及它与之叠置的假、效摄有关韵类之间的关系：

例字	桑白	沙	缰白	家	光白	高白
条件	唐开；阳开知章组	麻开二非见系字	阳开非知照系	麻开二见系字	唐合，阳合；阳开庄；唐开帮	豪，见系；肴，知照系
语音	꜀sa		꜀tɕia		kɒᵘ	

宕摄字的文读形式祁县方言为-ã、-iã、-uã，效摄的文读形式为-ɑo、-iɑo，表中略。这里为了简化分析的手续，引入了一些书面材料。比较白读形式与有关韵类的叠置关系，我们可以用语言内部的事实来分析语音单位的合流，并从中揭示语音发展的线索和层次。这是以语言系统同质说为基础的内部拟测法无法解决的一个难题。表中的例子呈三种叠置的方式，我们可以从中窥知三种类型的合流的状态。

首先，以"桑白"为代表的宕摄开口一等唐韵（包括开口三等阳韵的知、章组，各赅上、去声，下同）的白读音与假摄开口二等的麻韵叠置，同读-a，说明宕摄字（*-ɑŋ、*-iaŋ、*-uɑŋ、*-iuaŋ——据李荣1952）在丢掉鼻韵尾念阴声韵的时候，果摄字的元音*ɑ已经高化，因而没有像闻喜方言那样形成宕、果合流，而是与麻二的*-a叠置。

其次，以"缰白"为代表的阳韵字在丢掉鼻韵尾后读-ia，这在表面上看来，似与麻二的见系字合流（缰白＝家），既符合音系结构的系统性原则，也于音理无碍。但实际的情况却不是这样。麻$_{二}$见系字的-ia 是文读音，与白读的-a 对立。请比较：

例字	文	白
下	ɕiaᵓ	xaᵓ
夏	ɕiaᵓ	xaᵓ
哑	꜀ia	ᶜŋa
[身叚]$_{～腰}$		꜀xa

这个文读形式显系后起的形式，晚于阳韵字的白读形式-ia。麻$_{二}$见系字的白读形式-a 应与非见系字的“沙”类字-a 同时间层次。麻$_{三}$原来的语音形式为*-ia，后高化为-iɪ（如“姐”现在读ᶜtɕiɪ，“写”读ᶜɕiɪ），阳韵字的白读音-ia 为什么没有与它叠置并一起高化？前面说过，白读音的语音形式的变化决定于它与之叠置的那个异源音类的语音变化（例如闻喜方言宕摄字的白读音与果摄字叠置，它就跟着果摄字元音的高化而一起高化，现读-ə），现在的阳韵白读形式为-ia，而不是-iɪ，说明阳韵字在读-ia 之前麻$_{三}$的元音*-ia已经高化；这就是说，麻$_{三}$的*-ia 与阳韵字的-ia 不是同一时间层次里的现象。

第三，以“光$_{白}$”类字为代表的宕摄合口字的白读形式为-ɷᵘ，而不是像唐$_{开一}$白读-a、阳$_{开三}$白读-ia 对称地、平行地读-ua，与麻$_{二}$合口字（如“瓜”之类）合流。这种与系统不一致的差异可以提示一些新的音变线索。首先，合口字丢掉鼻韵尾的时间和方式与开口的唐、阳韵字不一样。如果是读*-ɑŋ、*-iaŋ、*-uɑŋ 时代同时以条件式音变的弱化方式丢掉鼻韵尾，那“光$_{白}$”类字的韵母应该是-ua，与开、齐的-a、-ia 配套，但是实际的情况不是这样。这只能推断“光$_{白}$”类字鼻韵尾的消失在时间和方式上不同于唐、阳韵字。其次，“光$_{白}$”类字丢失鼻韵尾的时间看来比开口的唐、阳韵字早，因为如果是相反的情况，即*-ɑŋ、*-iaŋ先丢失鼻韵尾，其结果必然会波及“光$_{白}$”类字的韵尾。从这种迹象看，合口字的鼻韵尾似先消失，这样开、合口的音变才能分道扬镳。再次，“光$_{白}$”类合口字的鼻韵尾为什么会先于开口的唐、阳韵字而发生变化？这可以结合祁县音系的特点，从结果追原因，从它和它与之叠置的“高$_{白}$”类效摄字的关系中去探索、重建它的演变轨迹。读-ɷ^{u}的“光$_{白}$”类字包括宕摄合口字、开口阳韵的庄组字（如“闯$_{白}$霜$_{白}$……”）和唐韵的帮组字（如“帮$_{白}$忙$_{白}$”等）。阳韵的庄组在北方方言中一般都有-u-介音，在音系中早已由开口转向合口；帮组唇音字本来就“可开可合，不分开合”（李荣，1952，130），在祁县音系中它随合口字演变。这就是说，“光$_{白}$”所代表的这三组音都是合口字，有一个-u-介音。在现代的祁县方言中，-ŋ前的合口介音-u-的双唇作用有移到韵尾位置上去的趋向，使以-ŋ为韵尾的通、臻等摄的合口字产生新的韵尾-m（-u-的双唇作用移至韵尾并与韵母中的鼻音成分相结合）；由于-u-的转移，合口转为开口，如“东”读꜀tɷm或꜀tom，撮口转为齐齿，如“军”读꜀tɕiɷm（徐通锵、王洪君，1986）。这给我们一个启示，可以借此推知宕摄合口字也经历过一次类似的变化：*-uɑŋ中的-u-的双唇作用移至韵尾，它本身在音系中的地位由合口转为开口。祁县东邻榆社（南河底）的宕摄-ŋ韵尾今天都转化为-ɷ，可以作为一个旁证。这样，*-uɑŋ转化为-ɑu，与效摄的豪韵字（包括宵韵的知照系字）叠置合流。它们在以后元音高化的演变中一起变为今天的-ɷ^{u}。至于豪韵字今天的文读形式-ɑo，那是后来从别的方言输入的，与中古时期的*-ɑu不是一个时间层次里的东西。

所以，我们可以从异源音类的叠置中看到语言发展的一些轨迹。语言系统的同质说由于把语言看成为一种纯粹静态的结构，因而无法利用叠置性的变异从-a、-ia、-ua的共时结构中探索它的历史沉积，理出不同的时间层次。

上述两种不同性质的叠置各自为内部拟测法开拓了新的领域：一是把多层叠置着的扁平状的共时音系历时化，理出发展的时间层次。二是可以从叠置看语音单位的合流以及它给音系带来的影响。这些都是以语音系统同质说为基础的内部拟测法难以做到的。

三

某一音类在字音中的逐一变化和更替，我们称之为离散式变异。这种变异及其所体现的音变的特点是变化的速度在字音中的反映参差不一，显得凌乱而没有规律，与"语音规律无例外"的连续式音变正好形成鲜明的对照（徐通锵、王洪君，1986）。词汇扩散理论曾对这种现象有过很好的研究（王士元，1969，1983）。但是，如何运用这种类型的变异去解释历史上的音变，似还没有引起人们的充分注意。这是一个值得化大力气去研究的领域。这里可以用宁波方言的声调来说明。

现代宁波方言的声调相当复杂，单字的声调多的有七个，少的只有四个；除了说四个声调的宁波人单字有定调（原清平、清上、清去合为一调，原浊平、浊上、浊去合为一调，外加阴入和阳入，共四个）以外，操五个（或六个、七个）声调的宁波人单字调的归类相当杂乱。请比较下表中的调类差异现象：

调值/发音点/调类	城中心①	西门②	江东③	南门④	城郊⑤	例字
阴平	42(44)	42(44)	42(44)	42	42	诗高专
阳平	24	24(313)	24(313)	24	24	时题陈
阴上		435	435	435	435	纸走短
阳上				313	313	在赵美厚
阴去				(44)	44	盖正醉
阴入	5	5	5	5	5	识滴急
阳入	23	23	23	23	23	石笛月
调类总数	4	5	6	6(7?)	7	

① 发音人郑芳怀，男，48岁，教师；何汉英，女，47岁，工程师。有一小部分舒调阴声字他们偶尔也念44的去声调值；有极少数原阴上字也间或念435的上声调值，但没有规律。发音人已不计较这种调值的差别，如认为可念435调值的“纸”和念42的“支”是同音字。

② 发音人王纲平，男，27岁，学生，住西门。原阴上字有八十多个可念435的调值。原浊平、浊上、浊去已合为一类，但内部有两种调值，约有六十多个字的调值为313，分布上没有什么条件。具体的例字读者可以参看拙作《百年来宁波音系的演变》(《语言学论丛》第16辑，商务印书馆，1991；又《徐通锵自选集》，大象出版社(原河南教育出版社)，1993，下面其他发音人的情况同此。

③ 发音人袁逸，男，28岁，学生，住江东。约有一百一十多个原阴上字可念435调值；原阳调舒声字已合为一类，但有些字有两种调值，如“胃、伟、魏”念24或313均可。

④ 发音人沈亚萍，女，23岁，学生，住南门。阴去字多与阴平字混，但有一部分仍保留44调值。相当完整地保留阴上的调类，在方言调查字表中约有83%的清上字仍念上声；只有六十多个原清上字归入阴平，约占17%。阳上调是一种残留，在念313调值的34个字中有32个是原阳上字，占字表阳上字总数的11%左右。这些字虽然是一种残存现象，但发音稳定，与24的调值对立，自然需要单立为一个调类。

⑤ 发音人靳逸民，男，23岁，学生，鄞东五乡碶，离市区约十公里。阴平、阴上、阴去字的调值经常互混，但还可以分出三个调类。原浊去字基本上已与阳平字混；念313调值的字包括大部分的原阳上字和部分去声字。

从这里可以看出宁波方言声调系统的内部差异。像方言或亲属语言间的差异被历史比较法用来考察语言发展的过程那样，这种系统内部的差异也可以用来说明音变的过程，充实内部拟测法的内容。首先，比较不同发音人之间的声调差异，我们可以作出推断：宁波方言的声调正处于从七个到四个的简化过程中。赵元任(1928,76—77)写《现代吴语的研究》的时期宁波话也是七个声调，可以作为这一推断的旁证。其次，简化的途径不是取诸如-i、-y 前的 k、k'、x 变为 tɕ、tɕ'、ɕ 之类整齐划一的连续式、条件式音变方式，而是取扩散的方式，除清浊、舒促的界线不混外，都是采用逐个归并的方式，即原清去、清上字一个一个地归入阴平类，原浊上字也是一个一个地并入阳平类。而且，总的趋势是：非常用字先变，常用字后变，每个人所保留的原调的残存字大都为常用字，即使是只有四个声调的宁波人，有些经常使用的字，如"走""纸"等，也可以间或念 435 的阴上调值。由于扩散的速度在不同的发音人中不一样，因而在音系中呈现出差异；即使是同一个发音人，他在不同时候的发音状态也有差别。以江东点的材料为例，"死"字的第一次发音是阴平(42)，第二次读阴上(435)；"蒋奖"两字开始读阴平，只有"桨"读上声，但后来又肯定这三个字同音，调值都为 435。所以，声调表附注中的统计数字只据其中的某一次发音，代表一个大致的趋向。这些看来杂乱而没有规律的现象正是离散式音变的一些典型特点。第三，简化的步骤，去声似先并入平声(阴去归阴平，阳去归阳平)，而后是上声字再逐一归入平声(阴上归阴平，阳上归阳平)。第四，根据声调表所提供的线索，宁波方言调类简化的始发点似没有阳去，与其他各调各分阴阳的结构格局不对称，说明它是结构上的一个空格，我们可以参照其他的材料填补这个空格，重建阳去调。这样，即可从系统内部的差异中找出宁波方言的声调从八个简化到四个的具体过程和先后的时间层次。这是一种重要的变异形式和音变类型。语言系统同质说由于以个人方言为基础考察语言的结构，自然就看不到这种杂乱的变异，以此为基础的内部拟测法自然也就不可能去从中探索语言的发展。

每一种音变类型都有自己的特点。连续式或条件式音变的特点，如前所述，是所谓"语音规律无例外"和"没有一个例外是没有规律的"。离散式音变的特点与此不同：第一是两头整齐中间乱，即变化前的阶段和变化完成后的阶段，其语言状态是整齐的，有规律的，例如宁波话的声调在变化前是八个，平上去入各分阴阳，在变化完成以后是四个，但是在音变进行过程中却是杂乱的，好像没有规律，有点像扩散派所说的"每一个词都有它自己的历史"的样子。第二是这种音变所经历的时间很长，像宁波话的声调，差不多经历了一个世纪的时间还没有完成它的音变过程；今后还要多长时间，现在还无法预计。所以，根据音系内部的离散式差异而进行内部拟测、探索音变的过程、趋向和规律的时候要充分考虑音变的这种特点。

音系中的离散式变异及其所体现的离散式音变是系统本身所具有的一种性质，不仅今天的语言系统有这类现象，历史上也应该有。因此，我们在解释历史上已经完成的音变的时候不要只局限于连续式音变一种类型，而需要根据音变的不同特点进行一些具体的探索；特别是对那些先杂乱后整齐的音变，就不能套用"语音规律无例外"或任何规律都有例外的框框去解释。比方说，先秦时期汉语有没有声调？有几个声调？从什么时候开始有平、上、去、入四个声调？从陈第、顾炎武以降，有各种不同的说法。大别之，有人根据《诗》韵的一些异调相押的现象说上古汉语没有声调；①有人根据同调相押的情况说那时的汉语有声调，只是有不少例外而已。② 这两种意见本身是对立的，但他们观察问题的方法论原则却是一致的，都是根据连续式音变的规律去观察那个时期的声调，因而难以驾驭那些杂乱的现象。用“例外”来解释《诗》韵异调相押的现象，有很多问题难以说清楚。第一，“例外”的现象为什么那么多？根据丁邦新(1981,99)转引张日昇的统计，《诗》韵异调相押的情况是：

	上	去	入
平	361	293	10
上		166	39
去			161

此外还有平上去三调相押和平上去入四调相押的情况。那么多异调相押，都笼统地归之于“例外”，不免牵强。周祖谟(1984,82)根据新近出土的汉代竹书、帛书的通假字指出“在《周易》帛书里甚至平上去之分也不严格”“在金文里也有很多这样的例子”。这就更难用例外来解释了。第二，如果是“例外”，那必有产生例外的条件和原因，即例外也有它的规律，但我们现在还没有看到人们对这种“例外”的原因作出理论上的解释，看来今后也难以作出这种解释。

① 例如陈第：“四声之辨，古人未有……旧说必以平叶平，仄叶仄也，无亦以今泥古乎”(《毛诗古音考》)。江有诰：“古无四声，确不可易”(《古音凡例》，他后来在《唐韵四声正》里改变了这种看法)。

② 例如董同龢：“按理说，韵语对声调的要求是不必如对韵母那样严的”(《汉语音韵学》第313页，台湾文史哲出版社，1981)。又如谢纪锋：“同调相押是《诗》韵的基本规律之一，但并不绝对排除例外。少数例外也不影响规律的存在。”(《罗常培纪念论文集》第342页，商务印书馆，1984)

第三，如果是“例外”，那么这些例外的字调后来又为什么会分门别类地归入有关的声调，形成整齐、划一的平上去入的声调系统？看来先秦时期的不很整齐的声调很难用连续式、条件式音变的规律来解释。它好像是一种正在进行中的离散式音变，提示汉语声调从无到有、从逐步形成到最后定型是通过扩散的方式进行的；《周易》《诗》韵的时期由于还处于演变的过程中，因而显得杂乱而不那么有规律。可能在沈约等发现平上去入的声调系统以前不久的时期，汉语的声调系统才最后定型，完成了从杂乱到整齐的离散式音变的过程。周祖谟对这个问题的解释可能比较接近先秦时期汉语声调发展的实际状况。他认为“这应当跟文字发展的不同阶段和使用文字在记录语词时声音有没有变易转移有关系”“可以分别不同的历史阶段来认识”，周、秦时期的三个或四个声调“是经过长时期逐渐发展而形成的”“周秦时代不同韵部的调类多寡不同，也有一个发展的过程”“去声成为一个调类，发展比较晚。去声所以由平上声或入声发展出来的原因应当是多方面的。有一部分可能是由于字义有引申而音有改变，有一部分可能是由于声母有变易或韵尾有变化甚至失落而产生另一个声调”。这种考察比较客观，摆脱了“语音规律无例外”、例外有例外规律的信条的束缚。它与我们从共时音系的离散式变异中所得到的启示是一致的。音系中的离散式变异及其所体现的音变规律的精神也应该像连续式音变规律的精神那样，好好地用之于语言史的研究。

离散式音变的过程由于其经历的时间长，中间可能发生变故。如果在语音演变的过程中有一种新的音变力量拦腰斩断离散式音变的过程，那么就会发生中断的变化，即已经起了变化的音和还没有来得及发生变化的音从此分家，各不相涉，因而在音系中留下了参差的差异，而不像前述的声调那样最后有一个整齐的结构格局。这种现象给语言内部拟测的研究带来了很大困难；但仍有可能从中探索语言发展的痕迹。先请比较中古覃、谈、寒（各赅上、去）三韵端系字在现代宁波方言中的语音差异：

韵类 / 例字 / 音值	覃	谈	寒
-ɛ	耽 潭谭 婪(多数人) 参惨	担胆 坍毯 谈痰淡	丹单旦 滩摊坦炭叹 檀坛弹诞但蛋 难 兰拦栏懒烂 餐灿 ……
-ɛɪ	贪探 南男 婪(少数人) 簪 蚕		

谈、寒合流，没有问题，而覃韵字却显出参差的情况，有的与谈、寒合流，有的自成一类，内部不一致。如果把语言看成为一种静态的、同质的结构，这些有差异的音各自归入有关的韵类（-ɛ 都为谈、寒韵字，-ɛɪ 归入“杯梅……”等灰韵字），掩盖了系统内部应有的参差。由于汉语有韵书等书面材料，有其他方言可资比较，就呈现出同源字的音类差异。这类现象的出现使语言学家感到惶惑。张琨（1983，8）在《汉语方言中鼻音韵尾的消失》一文中在分析覃韵字的内部差异时有一个脚注：“黄岩、温岭方言中切韵覃韵舌

头声母的字读*an。宁波方言中读-ɛɪ，究竟代表什么，不大明白。”根据“语音规律无例外”的连续式音变规律，这类现象确实很难解释。看来覃韵在宁波方言中的读音差异不是连续式音变造成的，而是离散式音变中断的结果。覃、谈、寒三韵高本汉、张琨、李荣分别拟测为：

拟音＼韵类 作者	覃	谈	寒
高本汉	ậm	âm	ân
张　琨	əm	âm	ân
李　荣	ɐ̂m	âm	ân

从这三韵在吴方言中的反映来看，张、李的拟音比较接近于语音的实际。由于-m韵尾在语言的发展中并入-n，因而谈与寒合流，而覃韵由于其元音与谈、寒韵有较大的差异，在古宁波方言中仍保持它的独立性。根据1876年出版的《宁波方言字语汇解》提供的线索，谈、寒韵字读-æn，覃韵字有些读-æn（如“耽谭”等），有些读-en（如“探南”等），看来-en是-m并入-n之后覃韵字的读音。音系中谈、寒韵是字多势众，而-en韵却相反，字数甚微，在音变中经不起别的音类的“推”与“拉”，因而以扩散的方式一个一个地并入音值比较接近、历史上有联系（反映在其他方言中即为同韵字）的-æn韵。何时开始这种变化，无从查考，但在《汇解》的时代（1860—1876）这种变化似正处于进行过程中，一部分字已经读-æn（“耽谭”等），一部分字仍读-en（“探南”等）。正当覃韵字以扩散的方式进行离散式音变的时候，可能是由于鼻韵尾-n的消失迫使这种音变中断。根据《汇解》和《宁波方言的音节》两书的说明，那时的鼻韵尾-n已经很微弱，“几乎听不到”（hardly audible），而其前面的

元音则已发生鼻化(《音节·前言》第7页)。随着语言的发展,-n和元音的鼻化成分都消失。这样,-æn变成-æ;而-en变成-e,和“杯胚培梅堆推……悲丕眉”类字的-e韵合流。这就改变了音系内部的结构格局。读-æ(<-æn)的覃韵字由于已与谈、寒韵字合流,因而它们一起发生变化;从-en韵变来的-e在共时音系中则与覃韵字的读音脱离关系,而跟随它的“新朋友”-e韵一起演变,不再受原来的离散式音变规律的支配,因而在音系中留下了参差。-æn>-æ的演变引起了宁波方言元音系统的高化:-æn>-æ,-æ>e,e>i(声母k-之后和k‘-之后的“看”),-e>-ɛɪ(非k-、k‘-声母之后)(请参看徐通锵,1991)。这就是某些覃韵字读-ɛɪ的由来。这种离散式音变的中断为解释音变中的例外、寻找语言发展的轨迹提供了新的线索。

考察离散式变异及其所体现的音变,可以使时间层次细密化,并使语言内部拟测的研究深入到以语言系统同质说为基础的内部拟测法难以探索的领域。

四

前面的分析说明,音系中充斥着各种类型的变异,每种变异在语言史的研究中各有自己的价值,都可以为内部拟测的研究开辟新的领域。第83页图二所示的平面叠置是一种理想化了的叠置图,实际上,每一个平面都被那些叠置式变异、离散式变异、连续式变异弄得犬牙交错,坎坷不平。这些由变异造成的坎坷是语言史研究的向导,因为语言发展中的时间是无形的,一发即逝,难以捕捉,只有语言中的差异是有形的,是听得见、看得清(把实际的音值记下来)的,是时间留在语言中的痕迹,可以成为观察已经消失的时间的窗口。所以,从差异中探索语言的发展是语言史研究的一条重要的方法论原则。我们前面的讨论就是以此为基础有层次地考察音变的痕迹和先后的时间层次,重建发展的序列,对以语言系统同质说为基础的内部拟测法进行了一些力所能及的补正。但是,这并不是说,我们已经克服了以语言系统同质说为基础的内部拟测法的缺点,如果语音的发展在共时音系中没有留下任何差异的痕迹,就是说,既没有文白对立的残存形式,没有离散式音变留下的层次,也没有空格、不规则的形态交替之类的结构差异,我们仍旧没有办法探索语音的演变。

其次,汉语是有历史记载的语言,有丰富的书面文献,我们前面的讨论不少地方都得力于韵、摄之类的书面材料的帮助。设使没有方言的比较,没有书面材料的帮助,完全根据音系中的共时差异,那进行内部拟测的研究就要困难得多。比方说,假定我们现在不知道山西闻喜方言哪些字属中古的果摄,哪些属宕摄,只从共时差异着眼,那在我们面前就会出现三类字:

科	꜀k‘ə	糠	꜀k‘ə～꜀k‘ʌŋ	康	꜀k‘ʌŋ
锕	꜀və	忘	꜀və～vʌŋ	望	꜀vʌŋ

如不管声调和声母,光从韵母看,它们是一类?两类?还是三类?一时弄不清。不过这只能造成和增加语言内部拟测研究的困难,而不能宣告内部拟测法的无效,因为我们还可以通过别的办法(例如民歌的押韵之类)把它们分成两个不同的类别,并在此基础上讨论语音的演变。

差异,这是语言史研究的客观基础;比较,这是语言史研究的主要方法。不管是文献资料的考订、历史比较法、扩散理论,还是内部拟测法，都离不开“比较”两个字。“比较”可以沟通各种方法之间的联系。因此，除了那些没有书面文献资料、没有亲属语言可资比较的语言的历史研究以外，我们还需要结合历史比较法、书面材料等进行语言内部拟测的研究。方言之间的比较可以发现共时音系内部的差异（例如前面关于覃韵字的分析），书面材料可以提供确切的年代和语源的线索，在此基础上对音系中的差异进行内部拟测的研究，可以找出音变现象之间的内在联系，发现音变的原因，看清音变的过程和时间层次，丰富音变规律的内容。这还是一块有待于我们去开发的处女地。

引用书目

白涤洲　1933　《关中方音调查报告》（喻世长整理），中国科学院，1954。

丁邦新　1981　《汉语声调源于韵尾说之检讨》，原载台湾《国际汉学会议论文集》，此文现已收入《丁邦新语言学论文集》，商务印书馆，1998。

李　荣　1952　《切韵音系》，中国科学院印行。

索绪尔　1916　《普通语言学教程》（高名凯译，岑麒祥、叶蜚声校），商务印书馆，1980。

王洪君　1987　《山西闻喜方言的白读层和宋西北方音》，《中国语文》第1期。

王士元（Wang，W. S-Y）　1969　Competing Change as a Cause of Residue，*Language*，45.

——　1983　《语言的演变》，《语言学论丛》第11辑，商务印书馆。

徐通锵　1984　《山西祁县方言的新韵尾-m和-ß》，《语文研究》第3期。

——　1991　《百年来宁波音系的演变》，《语言学论丛》第16辑，商务印书馆。

徐通锵、王洪君　1986　《说“变异”》，《语言研究》第1期。

张　琨　1983　《汉语方言中鼻音韵尾的消失》，台湾中央研究院史语集刊第

54 本第 1 分。

赵元任 1928 《现代吴语的研究》,科学出版社 1956 年重印。

周祖谟 1984 《汉代竹书和帛书中的通假字与古音的考订》,《音韵学研究》第 1 辑,中华书局。

Bynon, T. 1979 *Historical Linguistics*, Cambridge University Press, Cambridge.

Kuryłowicz, J.(库里洛维奇) 1962 On the Methods of Internal Reconstruction. CM. *Preprints of Papers for the Ninth International Congress of Linguists*, Cambridge, Mass.

Möllendoff, P. G. Von. 1901 *The Ningpo Syllabary*, Shanghai.

结构的不平衡性和语言演变的原因*

【提要】语言演变原因的研究百年来进展比较缓慢。变异的研究或许可以为探索这个重要而困难的问题提供一个新的前景。考察变异的结构基础只能是语言非线性系统的各结构系列之间的相关关系。结构系列相互制衡的关系构成结构关联。关联中处于不平衡、不对称位置上的单位和关联本身因种种原因而受到的干扰和破坏是产生变异、使语言系统自发地进行自我调整的内在杠杆和机制。结构的不平衡性决定了语言演变的必然性,至于语言在何时何地以何种方式发生变化,则与偶然性因素的作用有关。不同的偶然性因素的作用可以使相同的原因产生不同的结果,出现方言的分歧。语言通过变异可以使不平衡的结构转化为平衡的结构,但发音的生理能力的不平衡和语言各结构层之间的矛盾运动又可以产生新的不平衡,因而语言永远无法终止它的自我调整过程。

用“结构—有序状态的变异—结构”这个公式对语言系统进行动态的分析(徐通锵,1987—1988),核心的问题是要弄清楚结构中为什么会产生变异,即语言演变的原因。这是语言研究中最复杂、最困难、但也是最重要的一个问题,因为不知道语言为什么会变化,我们就很难了解语言的运转和演变的因果关系。随着语言研

* 原载于《中国语文》1990年第1期。

究的发展，很多语言学家的注意力现在似已开始向这方面转移，原因问题的研究可能会成为今后一段时期语言研究的一个主攻方向。马尔基耶尔（1984，212）认为："在今后几年，我想历史语言学将越来越多地开展关于因果性、原因方面的研究。有意思的将不是原始事实的发现，而是什么东西引起了变化。这样，青年语法学派作出音变是盲目的假设就没有什么意义了。"从语言事实的描写到因果关系的探索，这将是语言研究征途上的一次重大飞跃。

一 语言演变原因的研究的缓慢进展

继青年语法学派的音变盲目说之后，在语言演变原因问题的研究中有重大影响的是布龙菲尔德（1923）的不可知论："语言的变化最终是由于个人偏离僵硬（rigid）的系统。但即使在这里，个人的变异也是无效的。要形成一个变化，必须是整群说话者由于我们不知道的某种原因而都作同样的偏离。语言的变化并不反映个人的变异，似乎是群众的、一致的和逐渐的演变，在任何时候系统都像别的时候那样那么僵硬"，没有弹性。这种论断由于以语言是没有弹性的僵硬系统为前提，因而认为语言的变化总是绝对的：要么整群说话人恪守着僵硬的系统，没有变化；要么整群说话人同时偏离这种僵硬的系统，产生语言的变化，没有介于两者之间的可能。显然，这与语言的实际状况大相径庭。至于整群说话人为什么会同时偏离僵硬的语言系统，布龙菲尔德认为是"由于我们不知道的某种原因"。这个结论在他的《语言论》（1933，477）中说得更明确，认为"音变的原因是不知道的"。这个论断对此后的语言研究产生了严重的消极影响。马尔丁内（Martinet，1952，121）在总结这一影响时认为:"事隔 20 年之后,今天多数语言学家似乎很愿意无保留地同意布龙菲尔德提出的'音变原因不可知'的理论。所有探求音变原因的研究都无一例外地失败了,因此不少人从这种事实中推断出同样的结论。把语言学看作描写科学(无论是共时平面还是演变事件)的学者们,很自然地会喜爱这些观点,因为他们对语言的说明很少超出可以直接观察的事实。"布龙菲尔德的一个论断,看来整整影响了一代语言学家的语言研究。

盲目说也好,不可知论也好,都说明语言学家在事关语言生命的重要问题面前有点力不从心,缺乏办法。比较有特点的研究,恐怕要首推萨丕尔(1921,154,163)。他认为语言"是一个慢慢变化着的结构,由看不见、不以人意为转移的沿流(drift)模铸着。这正是语言的生命。无可争辩,这沿流有一定的方向"。他以此为基础具体地考察了英语和德语之间的平行的变化,认为"它们都根源于一个共同的、早于方言的沿流"。这里有两点值得注意:一是沿流,二是方向。什么是沿流?萨丕尔没有给它下一个明确的定义,但在字里行间透露出来的意思显然是指一种运动着的语言结构,因而所谓"沿流模铸"的说法,实际上就是指结构制约着变化的过程和方向。这说明,萨丕尔已经清楚地意识到语言演变的原因一不是不可知,二不是盲目。只是由于当时条件的限制,他没有对此进行充分的论述,因而难以对实际的语言研究产生积极的影响。三十年之后,语言演变原因的研究出现了一次重大的突破,标志就是马尔丁内(1952)的《功能、结构和音变》一文的发表。他从功能(交际的需要)与音变的关系批评音变的盲目说;从音变与结构的关系批评音变的不可知论,具体分析音变的原因。这比萨丕尔的"沿流模铸"说和雅科布逊(1927)针对盲目说提出来的音变目的论(teleological criterion)深入而具体,其中最有特点的是关于结构与音变关系的分析。马尔丁内根据语音的区别特征分析音系的结构,认为(辅音)发音方法相同的几个音位构成"列"(series),发音部位相同的几个音位构成"行"(order);同样,(元音)舌位相同的几个音位构成"列",而开口度相同的几个音位构成"行"。"行"与"列"纵横交错相配,构成音位间的相关关系(correlation);不处于这种位置上的音位就不是相关关系的成员。马尔丁内以此为结构框架分析语音的演变。例如:

f	s	š	x
v	z	ž	

x 在理论上不是相关矩阵的成员,因为没有和它配对的浊音 ɣ。如果语言中有一个小舌颤音 ʀ,它就可能会失去"颤"的特征而变成"擦";由于 ʀ 在发音时声带是颤动的,因而容易变成舌根浊擦音 ɣ,与 x 配对,从而使不完善的相关矩阵完善化。马尔丁内在功能、结构和音变的相互关系的分析基础上提出了著名的语言演变的经济原则:交际的需要和人类的记忆与发声的惰性永远处于矛盾的状态,语言的经济原则就是在这种矛盾的需求中寻求平衡,力图使语言固定化,排斥一切过于明显的创新。这样,马尔丁内在语言演变因果关系的研究上迈出了艰难而意义重大的一步。它冲破了音变原因盲目说和不可知论的禁区,为后人的研究开辟了一条前进的道路。此后的研究虽然从不同的侧面提出了一些设想,但就总体水平来说似乎都没有超过马尔丁内的研究。生成—转换学派关于语言在代代相传中有创新的理论虽然被认为是对语言演变理论的最重要的贡献(Jeffers 等,1982,96),但由于它只在一个封闭的、理想的说话—听话人的范围内研究,难以反映语言演变的实

际状况，因而受到人们的有说服力的批评（Weinreich 等，1968，144—146）。社会语言学的变异理论强调社会因素对语言变化的影响，把变异的过程分为四个阶段：限制（constraints）、过渡（transition）、包孕（embedding）、评价（evaluation），分析具体，论据充分，纠正了过去在这个问题上的一些泛泛空论的倾向，弥补了语言因果关系研究中的一个空缺。Weinreich（魏茵莱什）、Labov（拉波夫）等人（1968，186）认为，这四个阶段的研究可以逼近语言的起变（actuation）：语言何以在此时此地发生变化，而在彼时彼地不发生变化？但还不能解决这个问题。起变，实际上就是我们所说的语言演变的原因。这是语言变异理论需要解决的一个中心问题，只是暂时还没有解决的可能，因而认为“在最近的将来能够作出的全部解释都可能只是追究语言演变的事实”。这一论断虽有其合理性，但似乎消极了一点，其原因可能与它离开结构而孤立地研究变异成分的变异这种方法论原则有关（徐通锵，1987—1988）。

百年来，语言演变原因的研究，从盲目说、不可知论到沿流模铸说、目的论、经济原则、变异说，取得了一些进展，但总的说，步履艰难，进展缓慢，与它在语言研究中的地位不相适应。这个问题如果不能不断地取得实质性的进展，势必影响语言研究的广度和深度。现在，科学思潮的发展和语言变异的深入研究似乎已为这一问题的探索提供了一些新的前景。我们希望在前辈研究的基础上能为实现这一前景作一块铺路石。

二 改进因果关系研究的一条重要途径

语言演变原因的研究难以取得进展，可能是由两方面的原因造成的：一、对语言系统性质的认识有欠缺；二、取材不当。

对语言系统性质的认识过去一般都以索绪尔的语言系统同质说为基础，只强调它的封闭性、无时无空的静态性和其内部结构的平衡对称性，而忽视它与周围环境的联系和其内部结构方式的复杂性。这反映当时的科学发展水平，自然与现代科学对系统的认识有距离。如何吸取现代科学发展思潮的精神改进对语言系统的性质和特点的认识，这恐怕是改进语言演变因果关系研究的一个关键。

语言最重要的功能是交际，它需要适应因社会的发展而不断增长的交际需要，因此它对社会生活的各个方面都是全方位开放的，而且有特殊的机制和渠道接受交际中反馈回来的社会对交际的要求，并据此改进自己的结构。语言系统如果没有这种开放性的特点，它就无法实现交际功能，因而也就会失去自身的存在价值。其次，语言因适应交际的需要而不断地改进自己结构的时候，不依靠任何外力，全靠系统内部的自我调整。任何人（不管他是天王老子，还是平头百姓）都只能乖乖地适应这种调整的要求，而不能制定什么计划对它进行“大修”或“改造”；语言要发生变化，从来不向使用它的主人“请示汇报”，而完全“自行其是”，顺着它自己的运行轨道向前发展。所以，语言系统不是语言学家或别的什么人组织起来的，而是语言自身在运行过程中形成的。这或许可以借用一个自然科学的概念，命之为自组织性，这是语言系统的另一个重要特点。再次，语言系统的自组织性必然会伴随着另一个特点：自我调整的自发性，即调整是在人们不知不觉的自发状态下进行的，人们只知其然而不知其所以然。语言学家花了九牛二虎之力还弄不清楚的问题，语言的发展却有条不紊地遵循着一定的轨道而自发地运转。这些都说明，语言系统的性质不是僵硬的、静态的、靠外力组织起来的，而是有弹性的、动态的、自组织的开放系统。我们如果能够在系统中找出这种自发地进行自我调整的杠杆和机制，语言发展的原因即起变问题的解决也就会有一些眉目了。

从什么地方入手去寻找这种杠杆和机制？比较理想的语言材料是现实语言的变异。以往人们认为变异只涉及细微的变化，在语言研究中意义不大，可以略去不计，因而只根据已经完成的变化去考察语言的发展。这样，我们就只能看到语言变化的结果，而无法考察起变的状态和演化的过程。其实，这是语言研究的战略性失策。我们现在已经弄清楚，变异中隐含着几十年到几百年的时间量（徐通锵，1989），同样可以归属于中观语言史（meso-history）的范畴，是研究语言运转机制的比较理想的材料，因为人可以像在实验室里做实验那样进行调查、分析、研究，从容地“横”观语言在漫长时间中的发展动程。只要我们能够把变异和结构联系起来，从结构中考察变异的产生和演化，就有可能发现系统何以会进行自我调整的原因。

语言自组织系统是无形的，需要通过无穷无尽的表面现象的分析才能清理出它的组织框架和网络。索绪尔的组合关系和聚合关系理论，是他对语言结构的认识，揭示了语言系统的一些重要特点。我们可以以此为起点，从封闭系统中走出来，考察语言的演变。

组合关系是线性的结构，聚合关系是语言成分在某一线性结构位置上的替换关系。这是一种以线性结构为基础的语言理论，影响很大，但不能成为我们考察语言变异的结构基础，因为我们在这里很难找到语言系统向社会“开放”的大门；而且，我们也无法用组合关系来解释各个结构层面之间的关系。美国结构语言学的语言系统说是以线性的组合结构为基础的,结果把语义排除出语言研究的领域;音位的线性组合构成语素的理论也矛盾百出,最后不得不宣告放弃(Hockett, 1961;Palmer, 1971)。即使就某一个结构层面来说,线性的组合结构也难以系统地解释语言的演变。比方说,语音层面,线性的组合会引起变化,人们早就注意到了,并且对同化、异化和换位之类的变化作过详尽而具体的描写。但是这种变化大多是零散的,在演变中难以引起系统的效应。历史上一些有名的语音规律,例如格里姆定律、早期现代英语长元音系统的大转移等都不是以音位的组合条件为基础整理出来的。因此,研究语言演变的结构基础看来不能是线性的组合结构,而只能从非线性结构中去探索语言演变的因果关系。马尔丁内的研究也可以为此提供有益的经验教训。根据我们前面提到的目标,这里需要特别强调的是如下两个方面的考虑。第一,非线性结构的单位已经失去了它的孤立性,一切决定于它在系统中的位置,例如汉语中的音位 p 和 p‘ 的关系就犹如数学中的“正”和“负”,它们只是在其相互关系中才有意义,而每一个孤立出来都是没有意义的。因此,这种单位如果要发生变化,那就是一种结构关系的变化,带有系统的性质。第二,在非线性结构中容易发现单位在结构地位上的特点,是否处于平衡、对称的位置上,一眼就可以看清楚。比方说,北京话的塞擦音、擦音的辅音音位矩阵是:

ts	ts‘	s	
tʂ	tʂ‘	ʂ	ʐ
tɕ	tɕ‘	ɕ	

很明显,ʐ 在结构上处于不平衡、不对称的位置上。弄清楚这种结

构的不平衡性和不对称性对语言变异、语言演变的研究来说是很重要的，因为它可能是语言系统从“封闭”走向“开放”的大门。如果把上述两方面的考虑结合起来，那么我们就可以发现不同系列之间相互冲突的因素，例如送气和不送气、清与浊等等，犹如“正”和“负”，相互制约，形成规则，使它们平衡地“和平相处”。我们把结构系列之间的这种相互制衡的关系叫做结构关联。关联中参与制衡的两个系列的单位，如果都类似“正”和“负”那样两两相对，那么它在结构上就有平衡性、对称性的特点，不易发生变化。相反，关联中参与制衡的系列，如果彼此的结构单位多寡不一，无法一一形成两两相对的制衡关系，那么它在结构上就是不平衡的、不对称的。例如上述辅音矩阵中的 ʐ，在“浊”的系列中只有它一个单位，“清:浊”相互制衡的力量很小，因而就容易闹一点“独立性”，发生变化。语言中不与任何结构系列发生结构关联的单位，一般说是没有的。在汉语的声母系统中或许可以把“0”看成这种无关联的单位，但由于系统中只有一个这样的单位，它就容易钻结构的空子，像麻雀[tɕiaŋ]牌中的“百搭”那样，就近寻找结构上的依靠，使开、齐、合、撮四呼的“0”依附于不同的部位而成为“ʔ j w y”；只要系统的自我调整有需要，它就会脱缰而出，摆脱其依附的地位而担负起改进结构的重要角色。总之，结构上不平衡、不对称的单位最容易发生变异。这使我们可以作出如下的假设：非线性结构中的结构不平衡性是变异之源，是语言系统自发地进行自我调整的内在杠杆和机制，从这里发出变异的指令而敞开结构的开放大门。

结构关联，这是动态的语言系统理论的一个核心概念；而就语音层面来说，它与马尔丁内所说的“行”“列”相关关系有联系，因为处于相关关系中的单位总是处于结构关联之中的，或许可以说，

“行”“列”相关关系是结构关联中的一种理想状态。但是，这里需要强调的是这两个概念的差异。一个单位虽然可以同时与几个系列构成结构关联（例如 tʂ 既与不同发音部位的 ts 和 tɕ 构成“舌尖前：舌尖后：舌面中”的结构关联，也可以与同部位的 tʂ‘构成“不送气：送气”的结构关联），但参与演变的，一次只能涉及其中的一个关联，因此我们不必强调纵横交错的“行”“列”相关关系，而只要着眼于几个相互平行的系列之间的相互制衡关系就可以了。这样，它受到的限制会小一些，但说明问题的能力却要大得多。“行”“列”相关关系的概念无法解释处于“行”“列”相关关系中的音位的变化，也无法把它推而广之去研究语音与语义、语音与语法等不同层面之间的结构关系。“结构关联”这个概念可以摆脱这些方面的局限，能够解释“行”“列”相关关系无法解释的一些语言变化（具体问题后面再讨论）。在一个结构层面内部，或者各个结构层面之间，我们如果能够通过结构关联的分析而找到结构的不平衡性，那也就找到了探索语言演变因果关系的一条重要的线索。这样说来，语言的演变好像都决定于非线性的结构关联，那线性的组合结构在语言演变的研究中是不是没有作用和价值了呢？不是的，只是需要作一点小小的限制：必须以非线性的结构关联的分析为基础，以便使其进入系统的网络。格里姆定律三组例外的解释可以为此提供很好的例证。要是格里姆没有整理出第一次日耳曼语辅音转移的规律，产生这三组例外的组合条件就永远只能淹没在一堆没有条理的语言材料中，既谈不上规律和例外，更谈不上为例外寻找原因和规律。因此，以非线性结构为基础去考察结构与变异的关系，可能是探索语言演变原因的一条重要途径。

三 结构的不平衡性、变异和系统的自我调整

结构的不平衡性是变异之源，我们可以通过这一视角去考察语言系统自我调整的发生和发展，从中探索语言演变的原因。

各种语言中差不多都有 r 和 l 这两个音位。雅科布逊(1941)认为这是儿童最后掌握的两个音位，也是失语症者最先丧失的两个音位。和这两个音位相当的汉语语音表现就是传统的日母和来母，在现在的普通话中就是 ʐ 和 l。它们在音系的非线性结构中都处于不平衡的结构位置上，因而都具有相对的独立性，容易发生变化。在上古，根据谐声字提供的线索，l 在结构上简直“无法无天”，在同族字中差不多能够和任何辅音交替(雅洪托夫，1960，43—47)。而在现代，它在不同的方言中也是变化方式最多的一个音位：或与 n 自由变异，或相当自由地扩大它的变异范围，“侵”入传统浊声母的发音领域(陈蒲清，1981)，或因“气流换道”而与 s 交替(张光宇，1989)。这些都是因结构的不平衡性而使它易于变异的一些具体表现。不过 l 的组合能力还比较强，这或许能牵制它的一些变异范围。ʐ 音位的情况就不一样了，它既在非线性结构中处于不平衡的地位上，而组合的能力又比较弱，能与之组合的韵母不多，因而它的结构地位就不大稳固，现在在不少方言中它都处于积极的变异状态中。变异的方式大体上可以分为两类：一、通过变异而使它消失；二、促使别的音位系列也产生一个或几个可与它一起构成“浊音”系列的新音位。武汉话采用第一种办法(或消失，或与其他音位交替)，北京话采取第二种办法，使合口呼零声母产

生 w/v 变异(沈炯,1987)。在山西、河北等地的方言中,合口呼零声母产生新声母 v 的,音系中一定有一个浊音音位 ʐ 或 z,这也可以从一个侧面证明我们的假设。

宁波方言韵母系统的变异很复杂,而且情况也与北京话不同,它不是产生新的音位,而是使那些处于结构不平衡关系中的音位或音类消失。请比较:

	变异成分	变异方向	例　字
一	e(h 系)	ɛɪ	含暗……
二	iʏ	y	流抽周丘休优(尤,赅上去,下同)丢幽幼(幽)钻酸算(桓精)闩篡(删$_{\text{合}}$)全宣传川(仙$_{\text{合}}$)
	ie～iɛ	e	皆偕谐械(皆$_{\text{开}}$)懈(佳$_{\text{开}}$)者也冶(麻$_{\text{三}}$)茄(戈$_{\text{开三}}$)念(添)验(盐)廿(深)唸(先)
三	yo	io	家$_{\text{白}}$假$_{\text{白,假使}}$嘉$_{\text{白}}$(麻$_{\text{二}}$见)佳(佳)
	ʏŋ	oŋ	镇振神晨人忍$_{\text{文}}$(真知章)俊椿荀春(谆精知章)
	yŋ	yoŋ	均匀允(谆见)君军群勲云韵(文见)
	yɔ̃	ɔ̃	降$_{\text{降落伞}}$(江见)
	ø^{ʔ}	o^{ʔ}	实失室日$_{\text{文}}$(质章)戍出恤術述(術知章)

这里的变异成分分成三组。第一组-e 的变异仅限于"h 系字",已见于徐通锵 1989 的分析。第二组变异成分的共同特点是以 i 为介音的齐齿韵,它们在结构上地位比较孤单,缺乏与之制衡的结构单位。-iʏ 主要是尤幽韵字,原可与侯韵字构成开与齐的结构系列,但由于侯韵字的元音在宁波音系的结构调整中已经低化和复化,现读圆唇的-œʏ,与不圆唇的-ɛɪ 构成"圆:展"的结构关联,而它们又与-ɐʊ(主要是歌韵字)构成"前:后"的结构关联,因而使-iʏ 在音系结构中陷入孤立的不平衡地位,只能以连续式变异向-y 漂移。ie～iɛ 组的例字比较杂,在言语社团中的读音也相当参差,但

以-ie为主。发音时因介音i的有无声母也有相应的变化:有i介音的念舌面音,无i介音的念舌尖音。和-iʏ一样,-ie在结构上也是比较孤立的,没有-ye与之配对、制衡,而开口韵的-e又经历了一次动荡:原来的-e复元音化为-ɛɪ,而咍、泰韵的-ɛ则高化为-e,这些都使它增加了结构的不稳定性。

第三组变异成分-ʏŋ是开口韵,其他的舒声韵都是撮口韵,但变异的方向一致:尽可能消除前高元音的圆唇特点,或者简单地说,消除y介音。-ʏŋ、-yŋ(严式应记为-yʏŋ)是臻摄的谆(文)真韵字。它们在结构上没有与之配对、制衡的齐齿韵和合口韵,既没有"圆:展"的结构关联,也没有"前:后"的结构制衡,音系结构的这种不平衡性使它们通过离散式变异的方式并入通摄的-oŋ、-yoŋ(-øʔ随舒声韵并入-oʔ)。-yɔ̃仅江韵的"降"一个字,只用于"降落伞"之类的少数特殊的词语,势孤力单,功能负荷很低,结构上也没有"圆:展"的结构关联,因而现在已趋向于消失,多数人已变读为tsɔ̃。y介音在音系中趋向于消失,这恐怕是结构调整中的一种沿流,-yo变读为-io,大概也是由这种沿流的影响造成的。现在舒声韵中的撮口韵比较稳定的只有一个-yoŋ,从发展趋势看,它也不一定能持久,可能会向-ioŋ转移。

所以,如果着眼于结构系列之间的相互制衡关系,宁波方言韵母系统的繁杂变异也就呈现出比较简单的线索,特点就是使那些在结构上处于不平衡地位的韵母通过变异而消失,以改进音系的结构。

汉语的中古音有浊音音位。现代吴、湘两大方言也还有浊音音位。它们在音系的结构中处于马尔丁内所说的"行""列"相关关系中,为什么会发生变化?"行""列"相关关系的解释在这里碰到了困难。但是从平行的结构系列的结构关联来看，"浊"这一系列显然处于结构不平衡的地位上：清塞音和清塞擦音有不送气和送气两个系列，而浊塞音和浊塞擦音却只有一个系列，没有送气不送气之分。一浊对二清，这种结构的不平衡性就成为浊音系列的音位发生变异的温床。改变的办法和途径，从理论上说，有两种可能：一是通过变异使浊音清化，去掉浊音音位，使音系中只留下"不送气：送气"的结构关联；二是使某一清音系列发生变异，去掉其中的一个系列（或送气，或不送气），构成"清：浊"的结构关联。汉语的多数方言采取第一种办法，而湖北通城一带的方言采取第二种办法，塞音、塞擦音的松气系列的声母与原浊音系列的声母合流，都归浊音（张归璧，1985）。两种途径，一个目标，都是使不平衡的结构转化为平衡的结构。

浊音清化的历史过程我们现在已经无从查考，但现实语言的变异或许有助于了解这种过程的一二。根据现代实验语音学的研究，现代的吴方言正处于浊音清化的过程中，其基本的特点是："在单念或作为连读上字时，其声母跟相对应的清母字一样，是真正的清辅音；在作为连读下字时，其声母才是真正的浊辅音。"（曹剑芬，1982，275）历史上的浊声母可能也是通过这种过程或其他类似的过程而清化，使音系的结构产生了一次重大的调整。

山西祁县方言音系中的卷舌音 tʂ、tʂʻ、ʂ 在非线性结构中与 tɕ、tɕʻ、ɕ 和 ts、tsʻ、s 两个系列处于平衡、对称的结构关系中，可是它们现在却正通过离散式变异而渐次归入 ts、tsʻ、s（徐通锵、王洪君，1986）。为什么会产生变异？能否从非线性结构中找到合理的解释？这给"变异源于结构的不平衡性"的理论提出了严峻的挑战。马尔丁内（1952）也谈到了这类现象，由于无法把它们纳入

“行”“列”相关关系的结构框架去研究，他就把这一类现象分离出来，用功能去解释：“功能论者对这些问题的基本假设是：音变的进行不是不顾交际的需要的，决定音变的方向、甚至音变的面貌的因素之一是通过保护有效的音位对立来保证相互理解的基本需要。”这样说当然可以，但是回避了需要解释的问题。功能指“一个语言成分在话语中和在它和别的成分的结构关系中所起的作用”（哈特曼等，1973，138），而结构则是指语言的内部组织网络，这是两个不同的问题，虽然都需要研究，但是不能相互替代。功能是结构运转的舞台和背景，只能给结构的演变提供外部条件，无法对结构本身的演变进行具体的解释。变化是在结构中发生的，我们还得在结构中去寻找它的原因。附带说一句，马尔丁内的功能论和雅科布逊的目的论都从语言功能的角度批评青年语法学派的音变盲目说，这好像也与青年语法学派的本意“语音定律以盲目的自然力量起作用”有距离，因为它离开了结构（语音定律）去解释语音变化的原因和目标。如果着眼于变异与结构关系的分析，这些问题似都不难解决：结构的不平衡性产生变异，而变异有它的方向和目标，这就是使不平衡的结构转化为平衡的结构。所以，类似山西祁县方言 tʂ、tʂ‘、ʂ 向 ts、ts‘、s 的转移还得从结构中去寻找它的演变原因。

祁县方言的 tʂ、tʂ‘、ʂ 来自中古照$_二$的开口字。精（*ts-）、照$_二$（*tʂ-）、照$_三$（*tɕ-）这三组音在祁县方言近千年的发展中呈现出一种循环式的变化状态：

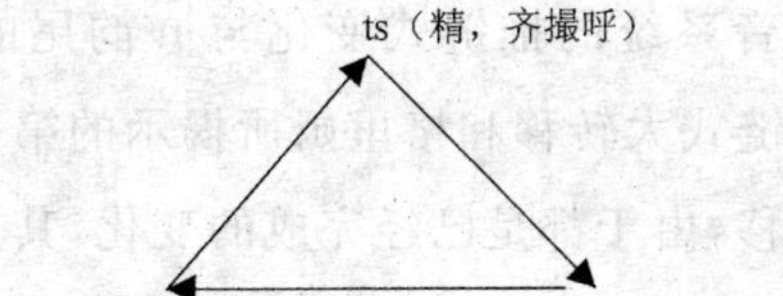

照$_{二}$的*tʂ首先变为ts，留出空格吸引照$_{三}$的*tɕ变为tʂ；照$_{三}$的变化又留出空格吸引齐、撮呼前的*ts变为tɕ。结构的制约使精、照$_{二}$、照$_{三}$之间的相互关系呈现出拉链(drag chain)式的循环变化。从语音系统的非线性结构来说，它们没有“变”，因为每一个音位在音系结构中的地位都没有发生变化，仍然维持着原来的平衡、对称的结构关系；但是从音义的结合关系来说，它们发生了重要的变化，因为语词读音的分合界线发生了变动。这类变化的成因可能很复杂，不仅有语音内部的原因，而且还涉及它与语义的关系、语言与交际需要(功能)之间的关系。语音层面与语义层面的结构关系是区别性：汉语音节结构中每一位置的音位替换必然与语义的区别相对应；反之亦然，语义的区别必然与音位的替换相对应。音位的推链(push chain)或拉链式的变化必然会干扰音义之间相互制衡的区别性关系：原来的不同音词变为同音词，给交际带来了不利的影响。为求取新的平衡，就需要对语词的音义结合关系作出适当的调整。音位的链移式的循环变化可能是实现这种目标的一种经济而有效的手段，因为它在保持音系结构稳定性、不变性的情况下对语词的音义结合关系作出符合交际需要的调整，在总体上保持了音义关联的区别性。至于是什么力量引起了链移式变化中第一个系列的成员的变化，各个语言、各个方言的情况可能不同。祁县方言拉链式的循环变化恐怕与“等”(组合)有关，因为从“等”的结构来看，照$_{二}$(庄)只有二等，照$_{三}$(章)只有三等，缺乏制衡的力量。宁波方言元音系统的推链式变化与-n韵尾的消失有关。英语长元音系统拉链式大转移和格里姆所揭示的第一次日尔曼语辅音的拉链式大转移，由于都是已经完成的变化，其具体情况我们难以推断。魏茵莱什等人(1968，175—176)在谈到变异成分的相互关系时认为第一个变异成分的变异与某种社会因素存在着一种共变关系(co-variation),而其他与此有关的变异成分的变异则可能受此变异的链移式影响。这是用社会因素去解释拉链或推链式变化的第一个推动力。拉波夫(1972)就用外来移民的影响去解释英语史中 ā、ē 和 ea 之间的分合纠缠。这可能有道理,因为语言是一种开放系统,它通过交际而与周围环境发生密切的联系。但第一个推动力是不是都是社会因素?好像不能一概而论。祁县方言 ts、tʂ、tɕ 之间的链移式变化就难以离开结构而用社会因素去解释。

以上的考察还没有涉及到语法。语音和语法是语言系统中两个重要的结构层面。语音结构的单位是音节,语法的基本结构单位是词。在汉语中,音节和词的关系大体上是一对一的对应,即一个音节实现一个词,一个词的语音形式是一个音节。过去人们很忌讳说汉语的单音节性,以为承认这一点就等于承认汉语的"落后",因而总想在汉语如何复音化上做文章。我们在这里要唱一点反调,认为:语言的结构特点与"先进""落后"无关;音节和词的一对一的对应是汉语结构的重要特点,体现语音和语法这两个结构层面的结构关联;它是汉语自发地进行自我调整的一个重要的结构模型。对音节和词的一对一对应的干扰和破坏就会使结构出现不平衡,从而导致语言的演变。在汉语的发展中,语音层面由于浊音清化、韵尾简化等原因,使语言中出现了大量同音词,给交际带来了很大的麻烦和困难(也就是语言与交际需要之间出现了不平衡),因而产生了大量复音词。这就破坏了音节和词之间一对一的平衡和对应关系。在这种情况下,结构关联就会自发地调整相互之间的矛盾,其表现形式就是语音和语法之间出现了竞争:是用音节结构规则去改造、融化语法复音词的语音面貌、直至融化语法的构词规则呢，还是维护和保持复音词中每一个“字”的独立的语音面貌、从而破坏音节和词之间的一对一的结构关联？汉语的音节结构分声、韵、调三个方面，由于语音和语法这两个结构层面的结构关联的要求，它在竞争中处于主导地位，用单音节的结构规则去改造、融化复音词的语音面貌，使之单音节化，其具体的办法和途径就是变声、变韵和变调。变声在汉语中比较少见，但有些方言的儿化的“化”是用变化声母的办法来解决的（徐通锵，1981；马凤如，1984；董绍克，1985）。变韵比较普遍，现在的研究已有相当的进展（贺巍，1983；侯精一，1985）。儿化是一种现实的变韵，在汉语方言中有多种多样的表现形式。变声和变韵的共同目标都是要使两个字的两个独立的音节融化为一，挤入一个音节的框架，实现单音节化。这个过程的一个不可避免的结果就是迫使语法的构词规则也融化于音节结构之中，从而使语音的发展规律出现例外。语言演变的这种事实使我们有充分的理由修正青年语法学派、布龙菲尔德（1933，452）关于音变是纯语音过程的假设（徐通锵，1985）。如果无法用变声、变韵这两种办法去实现复音词的单音节化，那就在声调上想办法，于是出现了变调。变调的实质就是使复合词的几个字的单字调融化为一，实现单字调化，以此与词组相区别。五臺（1986，4）曾对这个问题进行过很好的考察，提出“语音词”概念，认为“一个语音词的所有音节的声调融合在一起，联合构成一个跟某单音节调相同的声调”。这个看法很有见地，抓住了变调的实质。文中分析苏州话连读变调的调型基本上与舒声的单字调相同的情况（这在吴方言中可能不是个别的，宁波方言的变调也与此类似）恐怕就是这种实质的具体表现。轻声是一种介于儿化和连读变调之间的语言现象。它在结构上与儿化相似,第二个字已经变为后附成分,但不能像“儿”那样“化”入前一个音节,因而只能在声调上找出路;但后附成分的意义已经虚化,失去它词根的资格,因而又不同于一般的连读变调,于是出现了轻声。这是一种特殊类型的变调。后附成分由于其发音上的“轻”,在语言的发展中就有可能由“轻”而走向消失,只在前一个字的声调上留下它的痕迹,从而使语言的声调系统出现异于规律的例外。山西晋城方言(沈慧云,1983)在这方面提供了很好的例子,相当于北京话“子”尾的词在那里都是通过不同于单字调的特殊声调表现出来的。浙江的温岭方言(李荣,1978)、广东的信宜方言(叶国泉、唐志东,1982)异于单字调的特殊调型的调值也可以归属于这种类型。

变声、变韵、变调可以统称为变音,其实质就是用“变”的办法实现汉语结构的自我调整,保持音节与词之间的一对一的平衡、对应的结构关联。这种结构关联好像是汉语演变中的一条“纲”,历史上的同族词、联绵词和现实语言的变音等可能都只是这个“纲”上的几个“目”。变音的过程现在还正在进行过程中,这是我们考察语言系统如何围绕这种结构关联而进行自我调整的一个很好的实验室,可以从中了解语言系统动态性的“动”的特点;并且,由于变音“变”出来的单位很难用现在流行的“对立”“分布”“音位”“语素音位”之类的概念去分析,因而还可以以此为基础发展我们的语言理论研究。

前面从不同的侧面考察结构与变异的关系,基本的精神是:结构的不平衡性产生变异,语言系统以此为起点进入自我调整的过程,使不平衡的结构转化为平衡的结构。结构的不平衡性决定了语言演变的必然性,至于语言在何时何地发生变化,以什么方式变

异在言语社团的交际中运行。这里的结构、变异、运用三个方面的关系大体如下图：

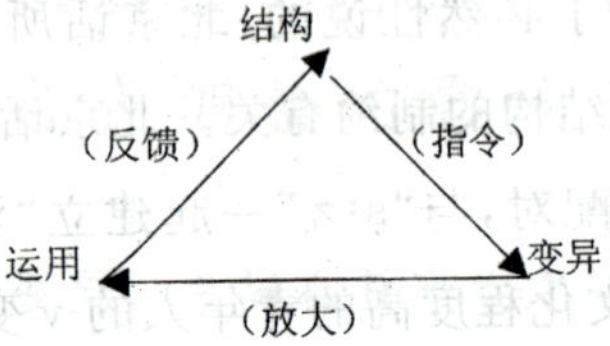

结构发出“指令”，使处于结构不平衡地位上的单位产生变异；在众多的变异形式中有一个形式被某一社会人群选择、放大（即从无序转化为有序）；而这种被放大的变异形式通过运用再反馈给结构。如果结构不接受这种反馈，变异的过程就被抑制，不可能再继续进行；如果结构接受了这种反馈，那么它就会“指令”变异的过程继续进行，因而也就会使所选择的变异形式再继续放大，如此循环往复，就使某一种变异形式取得支配的地位，并逐步扩大运用的范围，最后转化为结构。这一过程会产生两个重要的结果。第一，哪一个变异形式被放大？在什么时候被放大？结构开始接受哪一个反馈来的变异形式？偶然性因素有重大的作用，不同的地区由于接受不同的偶然性因素的作用而选择、放大不同的变异形式，这就使相同的原因产生了不同的结果，出现了方言的差异。第二，由这一原因产生的语言系统的演化方式一定呈连续的渐进性过渡，不大可能是离散的突发性跳跃。陕西的关中方言可以为这一论断提供有说服力的例证。

“关中”指“东函谷，南武关，西散关，北萧关”的地区，辖 44 个县。1933 年白涤洲曾对该地区 42 个县的 50 个方言点进行过详细的调查，记录了极为宝贵的资料。1954 年喻世长把它整理出版，名为《关中方音调查报告》。关中方言的辅音的变化很多与高元音的高化和紧化有关。前高元音 i 的高化和紧化迫使与它组合的声母(除唇音外)发生诸如腭化之类的变化,后高元音 u 的高化和紧化也迫使与之组合的卷舌音声母前化和双唇音声母的唇齿化。i、u 前的声母需要变化,这是结构提出的要求,至于采取什么样的变化方式,各地大概是由于不同偶然性因素的作用而呈现出一分二、二分四这种分杈式的演化。舌位前于 i 的辅音声母(除唇音外)有 t、t‘ 和 ts、ts‘(为简化分析,这里不列擦音 s)两组。它们的发音部位相同而发音方法有别,都有可能接受因 i 的高化和紧化的影响而发生变化。除了栒邑、邠县、淳化、富平、美原、义龙、白水、郃阳八个方言点保持原来的声韵配合关系外,其他各点分两个类型变化:

一、腭化区,即 t、t‘ 和 ts、ts‘ 发生腭化,计有 25 个方言点。

二、互变区,即 t、t‘ 转化为 ts、ts‘,或 ts、ts‘ 转化为 t、t‘,计有 17 个方言点。

这是由 i 的高化和紧化而引起变异的第一个分杈点,而后各区又进一步分化为两个亚类。这是变异引起的第二个分杈点。腭化区分杈的两个亚类是:

一甲:i 前的 ts、ts‘ 变为 tɕ、tɕ‘,而 t、t‘不变。计有西安、躍县、咸阳、武功、醴泉、乾县、永寿、陇县、亚柏、周至、终南、鄠县、华阴、潼关、朝邑、韩城等 16 个方言点。这与汉语的其他方言的尖音团化一致。

一乙:i 前的 t、t‘和 ts、ts‘都腭化为 ȶ、ȶ‘(商县、泾阳、宝鸡、凤翔、兴平、铁炉、同官)或 tɕ、tɕ‘(雒南)。蓝田一点介于两者之间:t、t‘腭化为 tɕ、tɕ‘,而 ts、ts‘腭化为 ȶ、ȶ‘。显然,这些差异都是通过连续性变异的方式形成的,而且根据白涤洲的说明,这一变异过程当时还在进行中,因而有些点的音值还不稳定。例如,“铁炉镇端齐与精齐混,同读 ts、ts‘,近于 ȶ、ȶ‘,偶闻之又似 t、t‘,以 ȶ、ȶ‘注之”“雒南的 ti、tɕi 之分甚乱,端系齐齿不送气读 ti,送气读 tɕ‘i,然 tɕ‘i字有时又读 t‘i 或 ȶ‘i”(99)。这是连续性变异的典型表现形式,是腭化过程的具体见证。

互变区与上述腭化区一样，也可以分权为两个亚类：

二甲：t、t‘变为 ts、ts‘，计有郿县、扶风、岐山、汧阳、麟游、长武、瓜坡等 7 个方言点。

二乙：ts、ts‘变为 t、t‘，计有华县、渭南、故市、临潼、高陵、三原、蒲城、荆姚、大荔等 9 个方言点。

澄城一点介于两个亚类之间，t、t‘和 ts、ts‘可以互变：i 前的送气塞音变为送气塞擦音，而不送气塞音保持不变；反之，i 前的不送气塞擦音变为不送气塞音，而送气塞擦音保持不变。这说明澄城的“送气”这一区别特征在变异过程中起着重要的作用，使塞音和塞擦音出现反向的变化。这或许可以看成为二甲和二乙之间的一个中间过渡状态。

如果再作进一步的观察，各个亚类还可以再细分为两类，因而在分化过程中呈现出第三次分权。比方说，二甲可以分为二甲 a 和二甲 b，前者的特点是：i 前的 t、t‘全部变为 ts、ts‘（郿县、瓜坡）；后者的特点是：i 前的不送气塞音保持不变，而送气的塞音变为送气的塞擦音（长武、扶风等）。其他各类情况与此类似，不一一列举。

语言现象是复杂的。非线性结构中原来处于平衡、对称结构关系中的几个音位由于受到不同偶然性因素的作用，也可能会出现非对称性的变化。关中方言的 i 和 u 处于“前：后”配对的结构关联中，由于链移式元音高化的影响，它们都会发生高化和紧化，从而影响声母的变化。i 的紧化以其“舌面”的特征影响舌尖前辅音的腭化，而 u 则以其“唇齿”（u 在发音时唇齿微微接触，舌根上抬）的特征对其他各类辅音的变化产生影响：k‘-变为 f-，唇音的唇齿化、卷舌音的唇齿化或舌尖化（介音由 u 变为 ɥ）。在这一点上，“前：后”的作用是平行的、对称的，明显地表现出结构对变异的制约作用，但各方言点如何实现这种影响，“前”与“后”在有层次的分权式演变中的影响区域可能是不同的。比方说，卷舌音的唇齿化计有西安等9个方言点，与i前的舌尖塞擦音腭化区16个方言点（一甲）相互呈交叉的状态，只有少数几个方言点是重合的。所以，如果综合考察各个变异成分在各地的变异，我们就会发现方言之间严重的奇异状态。随着时间的推移、疆域的扩大和方言间相互影响的加深，这种奇异的状态也就会日益严重。

关中方言通过连续式变异而渐次形成的有层次的分杈有点类似语言的谱系树式的分化，区别只在于它只讲变异成分的变异，不是指整个语言的分化。这种变化方式造成的方言差异在地域上的分布一定呈连续性的渐进过渡状态。它体现语言的纵向自我分化。如果方言间的差异不是这种状态，而是呈离散性的，例如北京话与周围方言的关系（俞敏，1984；林焘，1987），那么我们就可以推知，它与语言的纵向自我分化无关，而是语言的横向波浪式扩散留下来的痕迹。方言差异的两种不同类型体现语言发展的两种不同方式，可以成为我们观察方言历史关系的一个窗口。

五　结构平衡的相对性和语言系统自我调整运动的永恒性

结构的不平衡性产生变异，通过自我调整而使不平衡的结构转化为平衡的结构。根据这一假设，语言在经过千百万年的发展之后，结构中的各种不平衡性应该都已通过变异转化为平衡的结构，为什么现实的语言中还处处呈现出各种各样的不平衡特点呢？这是由于有一系列因素在不断地破坏结构的平衡性，其“罪魁祸首”往往就是语音。

语音是通过发音器官的协同动作发出来的，由于生理条件的限制，各部位相互协同配合的发音能力是不平衡的，有些强，有些弱。比方说，有些发音部位的发音比较“易”，因而发音的机会就多，如双唇、舌尖、舌根等，而有些发音部位由于受到发音器官协同配合的生理限制，发音比较“难”，因而用它来发音的机会就比较少。再如，前元音的发音空间大于后元音；前元音易发成不圆唇元音，而后元音却容易发成圆唇元音；能够发成圆唇的前元音也是以高元音为主，低元音很少，例如 a 就很难发出与之相对的圆唇元音；即使在同一个发音部位形成的各个音位，发音器官的协同配合的发音能力也是不一样的，比方说，舌根音 k、kʻ 就比较稳固，而 ŋ 就容易发生变化，因为舌根上抬和软腭下垂这两个发音动作的配合容易产生矛盾。在元辅音的配合关系中，舌根辅音与前元音（特别是前高元音）的组合容易腭化，因为一前一后、一高一低，矛盾的特征难以协同配合，所以梅耶（1925，71—72）认为这种腭化几乎已经成为语言变化中的一种普遍特征。不过这些举例性的说明都是从语言现象中概括出来的，只是一种“量”的统计，不是“质”的规定。有些发音部位的协同配合比较“难”，但不是“不能”。这些都可能给音系的结构带来不同程度的影响。我们即使不管不同发音器官的协同配合，仅就音节中各个音素的发音音量来说，其强弱也是不平衡的。在现代汉语中，音节开头的音量强于末尾，因而在语言的发展中辅音韵尾容易因磨损而弱化或消失；复元音容易单化，以致出现只有单元音的语言系统（如上海话），使雅科布逊（1957，10）的“在全世界记录下来的语言中”没有单元音系统的假设需要作出相应的修正。总之，从发音的生理能力来说，相互协同配合的能力是绝对不平衡的，这就与语言结构的要求产生矛盾。

语言是交际工具，它要求用最简明、最经济的办法去满足交际的需要。经济而有效的办法来自有条理的组织，因为它可以使人们以最简单的规则去驾驭最复杂的现象。语言为实现这种以简驭繁的要求，就在发音生理能力的不平衡、不对称的基础上形成了一种相对平衡、对称的结构，在某些环节上出现了一些比较“难”的发音器官的协同配合。在语言发展中，言语社团因避“难”就“易”而使“难”的协同配合易位，从而破坏了音系中的平衡和对称。所以，音系结构中的平衡性、对称性在历史发展的长河中是暂时的，而发音器官协同配合能力的不平衡性、不对称性则是永恒的。这两方面因素的相互作用也就会使音系的结构永远在这种平衡与不平衡、对称与不对称的矛盾运动中发展，因而音系中永远无法消除某些不平衡、不对称的因素。

语言的结构是分层次的。通过变异而改进结构的不平衡性是在各个层次的范围内分头进行的。每一个层次的变异的目标和方向都只求自己的结构平衡和对称，而不管由此而可能给其他层次带来的影响。因此，某一层次的结构平衡性运动就可能在另一个层次上留下不平衡的结果。汉语的浊音清化使声母系统的一个重要的不平衡结构消失了，但是在声、韵、调的配合关系上却出现了一个大漏洞。在浊音清化之前，不管是阴声韵还是阳声韵，都有平声，由于浊音清化，浊塞音和浊塞擦音依声调的平仄而分别归入相应的送气清音（平）和不送气清音（仄），因而在北方的很多方言中阳声韵的不送气塞音、塞擦音没有阳平字（丁声树，1952）。语音和语义、语音和语法之间的关系也与此类似，这已见于前面的分析。总之，不同层面由变异而产生的结构平衡与不平衡的矛盾运动是

第 10 期，1962。

Jeffers, R. J. & Lehiste 1982 *Principles and Methods for Historical Linguistics*, MIT.

Labov, W.（拉波夫） 1972 On the Use of the Present to Explain the Past, *Readings in Historical Phonology*, eds. by Baldi, P. & R. N. Werth, The Pennsylvania State University Press, 1978.

Malkiel, Y.（马尔基耶尔） 1984 《马尔基耶尔教授谈历史语言学》（徐通锵整理），《语言学论丛》第 13 辑，商务印书馆。

Martinet, A.（马尔丁内） 1952 Function, Structure and Sound Change, *Readings in Hostorical Phonology*, eds. by Baldi, P. & R. N. Werth, The Pennsylvania State University Press, 1978.

Palmer, F.（帕默） 1971 《语法》，上海译文出版社。

Weinreich, V.（魏茵莱什），W. Labov（拉波夫） & M. I. Herzog 1968 Emperical Foundations for a Theory of Language Change，载于 *Directions for Historical Linguistics*, eds. by W. P. Lehmann & Y. Malkiel.

音系的结构格局和内部拟测法*

——汉语的介音对声母系统演变的影响

【提要】内部拟测法的基本精神是就语言系统的内部根据去解释语言的演变。以往的研究比较关注的内部根据是那些不规则的形态交替、对立的中和、空格之类的现象。这有其局限性，应该扩大这种内部根据的观察视野。语音是容易变化的，但音系的结构格局是稳固的，语音的易变性和音系结构格局的稳固性是矛盾的对立统一，是控制音变的范围、方向、目标的杠杆和机制。一种语言的语音虽然古今的差异很大，但控制音变的原理和机制古今是相同的或基本相同的，我们可以用现实语言的音变机理去解释历史上已经完成的音变规律和拟测古音的某些结构。这可以而且应该成为内部拟测法的一种理论根据和结构基础。本文考察现代汉语方言中介音（主要是i介音）对声母演变的影响，总结出一些音变的规律。这完全适用于汉语历史上声母系统演变规律（轻唇和重唇的分化、舌头和舌上的分化、齿头和正齿的分化和舌根和舌面的分化）的解释，使以往看起来一些不相干的音变现象呈现出内部一致的音变原理，并且还可以对内外转之类的争论不休而难以得出结论的概念作出简明、有根据的解释。这说明，我们的假设是

---

* 原载于《语文研究》1994年第3—4期。

行之有效的。

汉语有丰富而浩瀚的文献,这是研究语言史的宝贵资料,我们的先辈学者曾用这些资料为汉语音韵的演变整理出一个大致的轮廓。由于方块汉字不能如实地反映实际的语音演变,因而要对演变规律进行语音学的描写,还得参照现代的方言。自高本汉以来,我们的前辈学者在这方面已经取得了重大的进展,使汉语音韵的研究进入了一个新的历史时期。但是,另一方面,如何用方言资料去解释音变的原理,丰富和补正历史语言学的理论和方法,则还鲜有涉及,尚待人们去探索。内部拟测法是历史语言学的一种重要理论和方法,不过它是在印欧系语言的研究基础上总结出来的,很少考虑诸如汉语等东方语言的特点,因而不可能没有它的局限性,我们有义务根据汉语的特点深化和补正内部拟测法,使之有效地为语言史的研究服务。本文着眼于介音对汉语声母系统的演变的影响来讨论音系结构格局所支配的音变机理与内部拟测法的关系,希望能为此提出一些理论性的设想。

一 结构格局的稳固性和内部拟测法

内部拟测法着眼于语言系统的"内",根据语言结构中一些不规则现象提供的线索去探索语言的演变规律,其中特别受到重视的是不规则的形态交替,认为"根据共时形态交替的少量例证进行历时音系规则(phonological rules)的拟测称为内部拟测法"(T. Bynon,1979,90)。汉语没有形态变化,至少是没有印欧语类型的那种形态变化,自然不能"根据共时形态交替的少量例证进行历时音系规则的拟测”，但我们不能由此认为内部拟测法不适用于汉语的研究。内部拟测法的基本精神是就语言系统的内部根据去解释语言的演变，不规则的形态交替以及人们经常谈到的对立的中和、空格之类的现象都只是这种内部根据的一些表现形式，而不是它的全部表现形式。我们需要根据不同语言结构的特点去扩大内部拟测法的基础，找出普遍适用的原理和原则。

要寻找语言的结构基础自然离不开现在的“活”的方言研究。高本汉认为现代汉语的方言只适用于切韵音系的研究，无法据此研究上古音系的结构。这种看法并不错，只是有其局限性，因为它过于墨守19世纪历史比较法的基本原则，只从有对应关系的语音单位入手去探索语音的演变，而没有着眼于系统，着眼于隐含在对应关系背后的音系结构格局，没有看到具体的语音变化和音系结构格局所控制的音变机理之间的关系。如果着眼于这些方面，现代的方言不仅是用历史比较法研究切韵音系的基础，而且也可以超越切韵而去探索汉魏乃至先秦的音系结构。为此，我们需要弄清楚具体的语音变化和音系结构格局之间的关系。

什么是音系结构格局？它是控制音变范围和方向的语言结构原理。汉语的结构格局，简单地说，就是一个字由一个音节关联着一个概念（意义单位），相互间呈现出一对一的对应。“字”是汉语的基本结构单位，是各个层面（语音、语义、语汇、语法）的交汇点，每一个层面的研究都需要以它为基础，不能简单地把它看成为文字问题而在语言研究中不予理睬（徐通锵，1991，1994a，b）。音节是“字”的语音表现形式，由一个声母、一个韵母和一个声调构成，相互间也呈现出一对一的对应；韵母由一个韵头、一个韵腹和一个韵尾构成，相互间也呈现出一对一的对应，不过这里的韵头和韵尾是一种有弹性的结构单位,可以出现,也可以不出现,这种弹性就为音系的自我调整提供了一种灵活而有限制的空间。因此,可以把汉语的结构格局概括为:以“字”为基本结构单位,是一种以“1”为基础,由“1×1=1”的结构格式组成的层级体系。音系结构格局隐含于“字”的音节规则之中,或者说,音节结构规则是音系结构格局的表层活动舞台,我们可以循此去探索格局的结构规则和运转规则。音节结构可以简化为如下的公式:

$$\frac{t}{o(m)n(c)}$$

(其中的t代表声调;o:音首或声母;m:韵头或介音;n:韵核或韵腹;c:韵尾;括号表示其中的成分是一种有弹性的、既可以出现也可以不出现的结构单位)

每一个结构位置只能出现一个结构成分,而且能够出现什么样的结构成分是有定的,可以预见的,有高度的规律性:由辅音音位构成的声母(含零声母)只能出现在音节的开头;在韵尾位置上只能出现i、u、y,m、n、ŋ和p、t、k(包括它们的变体);所有的元音都能出现在韵腹的位置上,而韵头只能有i、u、y。这是音节结构规则中音位活动的基本规律,如果方言中有和这种规则不一致的情形,那就如同音变规律的例外那样,有它自己的规律,而且结构格局的“1”会使它发生变化,把它纳入规则的结构。所以,汉语音节结构格局可以概括为:声母、韵头、韵腹、韵尾以“1”为基础的特定结构位置和在此位置中语音单位的交替和运转机制,由于韵头和韵尾这种有弹性的结构单位的产生、消失或变化而使声母、韵腹这种没有弹性的结构单位发生变化的机制,声、韵、调相互制约的机制,以及隐含于这些机制背后的音变机理。在特定结构位置中活动的语音单位很容易发生变化,但位置以及以此为基础的结构规则、音变机理却很稳固，在语言演变中不易发生变化。这样，结构格局的稳固性和语音单位的易变性就构成语音演变中的一对矛盾，语音演变的规律就是这一矛盾对立面相互作用的结果。结构格局的稳固性是语言史研究中的一个重要问题，萨丕尔(1921,48)早就对此有过明确的论述，认为“在一种语言特具的纯粹客观的、须要经过艰苦的语音分析才能得出的语音系统背后，还有一个更有限制的、‘内部的’或‘理想的’系统。它也许同样地不会叫天真的说话人意识到是一个系统，不过它远比第一个系统容易叫人意识到是一个完成的格局、一个心理机构。内部的语音系统虽然会被机械的、不相干的现象掩盖起来，却是语言生命里一个真正的、非常重要的原则。甚至在它的语音内容久已改变了之后，它还能作为一个格局坚持下去，包括语音成分的数目、关系和作用。两种在历史上有关的语言或方言，可能没有任何共同的语音，但是它们的理想的语音系统却可以是同格局的”。汉语的方言相互间千差万别，甚至相互不能通话，但它们在结构格局上并没有多大差异。为什么？因为语言演变的方向和目标是由结构格局控制的，不同的变化都难以超越格局所允许的范围。现代语言变异的研究已经证明了这一原理(徐通锵，1989，1990)。因此，只要找出格局控制变化的机制，我们也就能够解释清楚音变的机理、原因和规律。这种机理属于语言系统的“内”，应该成为内部拟测法的一种结构基础，而且它还可以同历史语言学中行之有效的历史比较法、扩散理论、变异理论等结合起来去解释演变的规律。以往的研究过于偏重语音单位的变化，忽视稳固的音系结构格局和它所控制的音变机理，这在方法论上不免失之于片面。

基于这样的考虑，我们的基本假设是：抓住语音单位的易变性和音系结构格局的稳固性这一矛盾对立面的相互关系，透过歧异的语音现象去把握语言演变的基本脉络，发现音变的机制和原理。汉语的声母系统，自古至今，已经发生了很大的变化，如果不计浊音清化之类的发音方法的变化，而只从发音部位来说，这些变化可以概括为：轻唇与重唇的分化、舌头与舌上的分化、齿头和正齿的分化以及舌根与舌面的分化。这些变化基本上集中于"三"等韵，而"三"等韵的实质就是有一个 i 介音（含韵母 i，下同）。这里的"三"我们打上了引号，那主要是为了区别于中古的三等韵，因为不同时期的"三"等韵的实际内容是不一样的。庄组（正齿音）是二等字，但它和精组相分离的时候不一定与"三"等无关（这在后面再讨论）。这些情况不能不使我们对 i 介音在声母系统的演变中的作用发生特殊的兴趣，认为它可能是音系结构格局控制语音变化的一种内在机制。闽方言的声母系统没有发生上述的四大分化，它的发音部位集中在双唇、舌尖和舌根三处，说明这是汉语声母的三个基本发音部位，而轻唇音、舌上音、正齿音和舌面音则是受 i 介音的影响而从这些基本部位中分化出来的。这是从汉语音韵的历史发展中提炼出来的假设，而这一假设能否成立，自然需要经过语言研究实践的检验。从何处入手去检验？应该是现实方言的音变以及它和有关书面材料的结合；如果只是根据书面材料提供的线索，我们难以从不同的音变规律中发现相同的或相似的音变机制。

可能有人会提出这样的问题：现实方言的音变如何能够检验几百年或几千年以前历史音变的机理？这是从"语音单位的易变性"的角度提出来的一个问题，如果我们能够具体地考虑它和音系结构格局的稳固性之间的关系，就不会怀疑我们的上述假设和它的验证途径。汉语以"1"为基础的音系结构格局，自古至今，变化不大，因而由它所控制的音变机理也就不会有多大的变化，我们完全可以用现实方言的音变机理去解释历史上已经完成的音变规律。拉波夫（1972，281）曾用一致性原则（uniformitarian principle）解释某些历史音变，认为历史记载中曾经起过作用的音变力量和现在起作用的力量是一致的，因而可以用现在变异研究中得到验证的原理去说明过去的历史音变，就像我们用过去来说明现在一样。社会语言学的语言变异的研究虽然偏于零散，缺乏系统的考虑，但这一“论以现在的用法解释过去”（On the use of the present to explain the past）的原则是正确的。历史语言学的理论和方法，除了用文字文献资料的“前瞻”的研究方法外，所有“回顾”的研究都是用“现在”去解释过去：历史比较法是用有对应关系的“现在”去解释历史音变的过去，目前流行的内部拟测法是用不规则的形态交替、空格等的“现在”去说明“过去”的音系结构和它的演变。我们的假设与这些方法不同的地方只在于：着眼于系统，透过现在歧异的音变去发现支配这些音变的机制和原理，并以此为基础去把握稳固的音系结构格局和语音演变的关系。这些不同的“现在”所以能够用来解释历史的“过去”，其理论基础就是结构格局的稳固性，不同的理论和方法只是从不同的侧面去分析结构格局的稳固性和语音单位的易变性之间的关系。以往的研究由于集中于语音单位的易变性，因而对音系结构格局对音变的巨大控制作用才没有给以应有的关注。同其他的语言史研究方法一样，音系结构格局的稳固性应该看成为内部拟测法的理论基础。本文用介音的作用去解释汉语声母系统的历史演变就是以这一理论基础为根据的。

现代方言的介音有 i、u、y，它们和没有介音的开口韵一起，构成开、齐、合、撮四呼。四呼是从中古的开口和合口的"二口"演化来的，开口三等有*i介音，合口三等是*iu介音，而其他的一、二、四等就没有这种特殊的介音（李荣，1952）。介音的表现形式古今虽然有别，但其对声母的演变会产生特殊影响的这种音变机理却没有原则的差异，因为控制这种变化的音系结构格局并没有发生重大的变化。因此，我们完全可以从现实方言的音变入手去分析介音和声母演变的关系，把从中总结出来的音变机理投射到历史音变的研究中去，解释由介音（主要是i介音）所引起的汉语声母系统的四大分化。

二 介音的作用和汉语方言的声母系统的演变机理

介音i、u、y对现代方言的声母系统的演变有积极的影响，尽管各地演变方式不完全相同，但基本规律一样：i介音使舌尖音和舌根音腭化为舌面音，而u介音则使声母前化为唇齿音或后化为舌根音，因为u本身的发音就是舌根上抬，唇齿有轻微的接触。这两个介音，实际上是i使声母的发音部位"央"化，而u则使发音部位"前化"或"后化"，相互相辅相成，成为维系音系结构的平衡的一种重要力量。y介音的作用比较特别，它的发音以其"前"与i相同，以其"圆唇"与u相同，因而它对声母的演变的影响或者与i相同，或者与u相同，究竟是什么情况，需要根据不同方言的不同情况进行具体的分析。这是介音对声母演变的影响的基本脉络，是从现实方言的音变中总结出来的，下面就以此为基础考察声母系统的演变，从中总结音变的机理，为解释历史上已经完成的音变规律奠定必要的理论基础。

双唇、舌尖和舌根是语言中三个最基本的发音部位，任何语言都不会没有这三个系列的辅音。i 介音引起唇音声母的变化在方言中虽然比较少见，但也不是没有，例如山西闻喜一带的方言双唇音 p、p‘、m 在 i 前变读为 t、t‘、l(城关以外的地区为 n)就是 i 介音影响的结果(徐通锵、王洪君，1986)。请比较：

p$_{\text{文}}$/t$_{\text{白}}$：闭 piᵓ/tiᵓ　镳 ꜀piao/꜀tiao　鞭 ꜀piæ/꜀tiæ　饼 ᶜpiʌŋ/ᶜtiʌŋ

p‘$_{\text{文}}$/t‘$_{\text{白}}$：屁 p‘iᵓ/t‘iᵓ　飘꜀p‘iao/꜀t‘iao　偏꜀p‘iæ/꜀t‘iæ　瓶꜁p‘iʌŋ/꜁t‘iʌŋ

m$_{\text{文}}$/l$_{\text{白}}$：米ᶜmi/ᶜli　苗꜁miao/꜁liao　棉꜁miæ/꜁liæ　名 ꜁miʌŋ/꜁liʌŋ/꜁liɛ

例字中包括中古的三、四等字，说明这种变化是在三、四等合流之后发生的。双唇音改读舌尖音的例字现在均为白读，属于已完成的音变，不过我们也可以由此窥知 i 介音对唇音的影响的一点痕迹。至于 u 介音对双唇音的影响，情况比较清楚，关中地区的宝鸡、岐山、扶风、长武、武功、商县等地，把"部布卜等字读成 pfu，铺菩扑仆等字读成 pf‘u，跛驳钵等字读成 pfo，波坡颇泼婆等字读成 pfo 或 pf‘o"(白涤洲，1933，101—102)。这是近代发生的一次"轻唇"和"重唇"的分化。总的说，唇音受介音的影响范围比较狭窄，变化的方式也比较少，我们这里不想多说。

舌尖和舌根是声母系统中发音能力最强的两个发音部位，由它们发出的辅音声母受 i 介音的影响而发生的演变，在汉语方言中比比皆是，而且花样也最多，能从其中窥知的音变机理也最丰富。这是汉语中最活跃的一个音变领域。

舌尖音分 t(含 t、t‘，其他辅音系列与此同)和 ts 两个系列。i 介音可以同时引起 t 和 ts 两个系列的变化，也可以先对其中的一个系列产生影响。同时引起这两个系列的变化的方言较少，现在发现的最典型的方言是在关中地区。根据白涤洲(1933)的调查，关中44个县，其中商县、泾阳、宝鸡、凤翔、兴平、铁炉、同官七个方言点的t和ts都同时腭化为ȶ，而雒南则都腭化为tɕ。这种腭化是通过连续式变异进行的，其过程当时还没有完成，因而有些方言点的音值也还不稳定。例如“铁炉镇端齐与精齐混，同读ts、ts‘，近于ȶ、ȶ‘，偶闻之又似t、t‘，以ȶ、ȶ‘注之”“雒南的ti、tɕi之分甚乱，端系齐齿不送气读ti，送气读tɕ‘i，然tɕ‘i字有时又读t‘i或ȶ‘i”。就汉语方言的总体来看，i介音前的t、ts两个系列的演变不同步，大多是ts这一系列受i介音的影响而先腭化，实现尖音团化，与来自ki-系列的tɕ合流。t系列的声母会不会接踵而变？那得根据方言中由变异提供的线索进行具体的分析。山西的某些方言点，如洪洞、汾西，已开始了这种变异的进程，t、t‘、n在i前的实际音值都是ȶ、ȶ‘、ȵ(乔全生，1983，1990)。这种tsi-系列先于ti-系列而腭化的顺序，对观察历史音变可能是一种有价值的线索。

i是一个舌面高元音，在元音系统的变动中(如高化之类)会受其他元音的推和拉而发生变化。它的发音点如果由舌面移至舌尖，就会转化为舌尖前元音ɿ；如果舌尖略为翘起，它就会转化为舌尖后元音ʅ；和此相应，圆唇的y转化为ɥ或ʯ。i的这种变化又会进一步引起声母的变化。i如转化为舌尖前元音ɿ，和它组合的声母tɕ就会转化为ts。这在汉语方言中相当普遍。例如：

	鸡	济	欺	齐	希	西
北京	꜀tɕi	tɕiᵓ	꜀tɕ‘i	꜀tɕ‘i	꜀ɕi	꜀ɕi
寿阳	꜀tsɿ	tsɿᵓ	꜀ts‘ɿ	꜀ts‘ɿ	꜀sɿ	꜀sɿ
合肥	꜀tsɿ	tsɿᵓ	꜀ts‘ɿ	꜀ts‘ɿ	꜀sɿ	꜀sɿ
温州	꜀tsɿ	tseiᵓ	꜀ts‘ɿ	꜀zei	꜀sɿ	꜀sei

北京的i还没有舌尖化，因而tɕ也就没有发生变化。寿阳、合

肥的 ts 是受 i＞ɿ 的影响由 tɕ 变来的，而温州的精组字由于与开口韵相组合，没有舌面化为 tɕ，自然仍旧保留着原来 ts 的读音。由舌面元音舌尖化为 ɿ 而引起的 tɕ 声母的舌尖化，这在汉语方言中好像是一种强大的沿流（drift），不少方言都发生了这种变化，只是变化的速度和范围有所不同而已，一般还只局限于以 i 为韵母的 tɕ，没有涉及到介音 i 和其相组合的 tɕ 声母。山西有些方言，如沁县、寿阳、武乡、祁县等地，这方面的变化速度快一些，i 舌尖化为 ɿ 所产生的影响已经超出 tɕ 的范围，t、tʻ、n、l 这些声母也因受 i＞ɿ 的影响而带有一些摩擦成分，读音类似 ts、tsʻ、nz、lz。在这种 i 转化为 ɿ 的情况下舌面音 tɕ、tɕʻ、ɕ 直接转化为 ts、tsʻ、s。

舌面前高元音 i、y 在演变过程中如果舌尖略为翘起而成为卷舌音 ʅ 或 ʮ，那么 tɕ、tɕʻ、ɕ 就会转化为 tʂ、tʂʻ、ʂ。我们可以通过湘方言的内部差异来说明这个问题。先请比较下列各方言点的语音差异（“精”辖“精、清、从、心、邪”，其他各组与此相同）：

	耒阳	衡阳	衡山	湘潭（石湖）
姐：麻　精	ᶜtɕia	ᶜtɕʻie（且）	꜀tɕʻia（斜）	ᶜtsiɛ文，ᶜtsia白
车：麻　章	꜀ȶia	꜀tɕʻie	꜀tɕʻɪe	tʂʻɛ文，꜀tsʻua白
家：麻　见	꜀ȶia	꜀tɕia	꜀ȶa	꜀cia文，꜀ka白
取：鱼虞精	ᶜtɕʻy	ᶜtɕʻy	ᶜtɕʻi	ᶜtsʻi
猪：鱼虞知	꜀ȶy	꜀tɕy	꜀tɕʻy（除）	꜀tʂʮ
诸：鱼虞章	꜀ȶy	꜀tɕy	꜀tɕy	꜀tʂʮ
居：鱼虞见		꜀tɕy	꜀tɕy	꜀tʂʮ
焦：宵　精	꜀tɕiao	꜀ɕiao（消）	꜀tɕiao	꜀tsiɔ
朝：宵　知	꜀ȶiao	꜀tɕʻiau（超）	ȶaoᵓ（召）	꜀tʂɔ
招：宵　章	꜀ȶiao	꜀tɕiau	꜀ɕiao（烧）	꜀tʂɔ
骄：宵　见	꜀ȶiao	꜀tɕiau	꜀ȶʻao（乔）	꜀ciɔ
酒：尤　精	ᶜtɕiou	tɕiuᵓ（就）	꜀tɕʻiau（秋）	ᶜtsiəɯ
抽：尤　知	꜀ȶʻiou		꜀ȶau	꜀tʂʻəɯ

周：	尤	章	꜀ɕiou(收)	꜀tɕiu	꜀ɕiau(收)	꜀tʂəɯ
求：	尤	见	꜁ȶʻiou	꜁tɕiu	꜀ȶau(州)	꜁ciəɯ
将：	阳	精	꜀tɕiaŋ	꜀tɕian	꜀tɕioŋ	꜀tsiaŋ
张：	阳	知	꜀ȶiaŋ	꜀tɕian		꜀tʂaŋ
章：	阳	章	꜀ȶiaŋ	꜀tɕian	꜀ȶoŋ	꜀tʂaŋ
脚：	药	见	꜁ȶio	tɕio꜆		tʂʊ꜆

这是京广线上的几个方言点，先后的次序由南而北排列。前高元音前的精、知、章、见各组声母的语音表现相互间有比较大的差异。耒阳（钟隆林，1983）虽已腭化，但精与知（章）、见有别：精为 tɕ，而知（章）和见都为 ȶ。衡阳（李永明，1983）变得快一点，三组声母都已腭化为 tɕ。衡山（毛秉生，1983）从记音看，似乎是齐、撮呼前为 tɕ，开口呼前为 ȶ，但其实质恐怕还是与历史来源有关：精为 tɕ，见组字除"居"外都念 ȶ，与知（章）组的塞音 ȶ 相同（擦音腭化为 ɕ）。"车"的 tɕʻie 音，根据衡山南岳镇（李娟，1990）提供的线索，它是文读，是受外方言的影响的结果，不能作为本方言的读音的根据。湘潭（徐通锵，1974）与上列各点又不一样，是尖、团分列，知（章）独立，念 tʂ，不过这个 tʂ 的发音部位比北京话的 tʂ 要靠前，实际上是顶音ts，是介于 ts 和 tʂ 之间的一种音，本文为行文方便，记为 tʂ。这四个方言点的音类分合关系，从空间差异所提供的时间发展序列来看，湘潭代表早期的状态，三组声母基本上都保持着自己独立的音韵地位；衡山、耒阳次之，而衡阳变得快一点，三组声母在 i、y 之前都已因腭化而合流，同念 tɕ。不过，另一方面，从音值来看，湘潭知（章）组的 tʂ 则代表发展的晚期状态，它是受前高元音 i、y 的影响而由 ȶ 变为 tɕ，再由 tɕ 因 i 的卷舌化而变为 tʂ。空间的差异是这一发展过程的具体体现。可能有人会说，知（章）组的 tʂ 像北京话的 tʂ 那样，代表早期的状态。否！最有力的根据是圆

唇前高元音前的见组字同知(章)组字一起演变,都变为 tʂ。上表中只有两个例字,即“居”的꜀tʂʮ 音和“脚”的 tʂʊ꜆ 音。现再补充一些例字:

举 ꜂tʂʮ	虚 ꜀ʂʮ	区 ꜀tʂʻʮ	圈 ꜀tʂʻuẽ	玄 ꜁ʂuẽ
均 ꜀tʂuən	群 ꜁tʂuən	琼 ꜁tʂuən	觉 tʂʊ꜆	屈 tʂʻʮ꜆

这里的合口介音 u 是由 y 变来的,因为 y 与 tʂ 的发音部位差异太大,相互不易组合,为保持圆唇的特点,介音的舌位就由前变后。音系中原来的合口介音 u(如瓜 kua、估 ku、亏 kʻuei、归 kui……)仍保持其原来的音韵地位和结构状态,并没有使它前面的见组声母发生变化。韶山(王福堂,1974)的演变状况与此相同。上述语言事实说明,见与知(章)先合流为 tɕ,而后才能一起演变为 tʂ。湘潭的 tʂ 是受 i、y 的影响而产生的一种由 tɕ 到 tʂ 的历史音变,i 被吞没,而 y 转化为 u。这种音变也为 tsi-和 ci-的腭化留下了结构上的空格,使我们有可能预见一种拉链式音变的产生和发展。

现在需要进一步讨论 tʂ-的演变去向。从来源上说,tʂ-来自舌尖音 t-、ts-和舌根音 k-,而这种源头又可以成为 tʂ-在演变中的回归去向,即 tʂ-既可以向舌尖音演变,也可以向舌根音回归,使语音呈现出一种循环性的变化。tʂ-向舌尖音的演变,在汉语方言中有两种趋势。北方方言,如山西的闻喜和祁县(徐通锵、王洪君,1985)、河北的天津(张旭,1987)等方言点,tʂ-正通过离散式变异的方式向 ts-转化,与精组字合流。南方的湘、赣方言很多地方则向舌尖塞音 t-的方向转化,我们现在还可以从方言间的差异和变异中看到这种转化的过程和痕迹。请比较下列方言点的语音差异:

	湘潭(石湖)	韶山	衡山(南岳)	湘乡
遮	꜀tʂɛ$_{文}$ ꜀tʂua$_{白}$	꜀tʂɛ$_{文}$ ꜀tʂua$_{白}$	꜀tɕie$_{文}$ ꜀ʈa$_{白}$	꜀tɔ
朱	꜀tʂʮ	꜀tʂʮ	꜀tɕy	꜀ʈʮ
拘	꜀tʂʮ	꜀tʂʮ	꜀tɕy	꜀ʈʮ
昭	꜀tʂɔ	꜀tʂɔ	꜀ʈɔo	꜀tau
周	꜀tʂəɯ	꜀tʂəu	꜀ʈɐu	꜀tiɯ
针	꜀tʂən	꜀tʂən	꜀ʈən	꜀tən
传	꜁tʂuẽ	꜁dʐuẽ	꜁ʈʻuɛ̃ĩ	꜁duɛ̃
拳	꜁tʂuẽ	꜁dʐuẽ	꜁ʈuɛ̃ĩ	꜁duɛ̃
春	꜀tʂʻuən	꜀tʂʻuən	꜀ʈʻuən	꜀tʻuən
张	꜀tʂaŋ	꜀tʂaŋ	꜀ʈẽŋ	꜀taŋ
中	꜀tʂən	꜀tʂən	꜀ʈən	꜀tən

湘潭、韶山的 tʂ-，如前所述，实际上是顶音，其发音部位已经由舌尖后略往前移。衡山的南岳除-y 前为 tɕ-外，其他条件下已失去了摩擦成分而变成顶音塞音 ʈ。杨时逢根据赵元任等五位先生 1938 年的调查材料而写成的《湖南方言调查报告》，上述例字的衡山话读音都是 tɕ，南岳话的这个 ʈ 当是 ȶ、tɕ 经过 tʂ 因失去擦音成分而变来的。衡山话的内部变异今天还保留着这种演变过程的痕迹。例如，城关话据毛秉生(1983)的记音，这些字的声母为 ȶ 和 tɕ(见前表)，而郭锡良(1993，23)记为 ʈ，与南岳话相同。他在评述《湖南方言调查报告》时指出："从整个音系看，调查报告应该是保存了五十年前的旧读。据笔者回忆，50 年代初城关话的'家'仍念꜀tɕia，不念꜀ʈa；'吃'仍念 tɕʻia꜆，不念 ʈʻa꜆，'九'仍念꜂tɕiau，不念꜂ʈau。如果记忆不误，那么 ʈ、ʈʻ是 50 年代以后才产生的新声母。"这个 ʈ 的发音部位如再往前移一些，那就变成地道的舌尖塞音 t，湘乡话(王福堂，1974)大体上可以代表这一发展阶段，但还保留着 ʈ 的痕迹，因为在舌尖后圆唇元音 ʮ 前仍保留顶音 ʈ 的语

音形式，而在其他条件下则都变成了 t。这种从 ȶ、tɕ 经 tʂ、ʈ 而到 t 的音变过程我们也可以在某些赣方言中看到。高安话（王洪君，1986）的音变状况大体上与南岳话类似，只是情况更复杂一些，如知、支、脂、之等字都有 tɵ/tsɨ 两种读法。

向舌尖音 ts 或 t 的方向演变是 tʂ 的一种演变去向，它的另一个去向是向舌根音 k 回归。这种情况在汉语方言中虽然不很普遍，但也绝不是一种罕见的音变方式，我们可从中悟察重要的音变原理。湘方言区醴陵方言点有这种音变规律（蒋希文，1992，73）的表现形式。请比较（“春”“椿”等字原文都为不送气音，疑有误，这里笔者加送气符）：

猪	꜀ky	除	꜀ky	缀	kye꜄	追	꜀kye	篆	kyeŋ꜄
春	꜀kʻuʌŋ	椿	꜀kʻuʌŋ	柱	ky꜄	诸	꜀ky	主	꜂ky
锥	꜀kyei	专	꜀kyəŋ	船	꜀kyəŋ				

湘、赣方言交界地区的崇阳，据赵元任等的《湖北方言调查报告》，也有几个字的读音与醴陵话相似，它们是：

缀	kyi꜄	赘	kyi꜄	追	꜀kyi	锥	꜀kyi

这些都是知、章组字。它们的开口韵，醴陵方言的声母都是 tʂ，崇阳为 t，变为 k 声母的都有一个圆唇的介音，主要是 y。由于 y 难以与 tʂ 配合发音，因而它或者使 y 变为 u，如前述湘潭、韶山、湘乡方言那样，或者使它前面的 tʂ 声母变为 k，因为 tʂy 要在保持 y 的条件下只能使 tʂ 的发音部位后化和上抬。醴陵的春、椿两字的读音，介音是 u 不是 y，这可能是这两个字的韵母是受权威方言的影响而产生的音类借用，相当于文读音。

介音影响声母的演变去向是汉语的一种重要的音变机理。方言之间的差异可能千差万别，但是这种音变的原理却是相同的，只要有相应的音变环境和条件，相互间没有任何联系的方言也可以出现相同的或者说平行的变化。甘肃河西走廊的张掖方言（刘伶，1986，77—79）和闽西四堡、连城地区的客家方言（邓晓华，1993a，b）都有类似湘方言醴陵话由 tʂ 到 k 的音变。这些都是因受这种相同的音变机理的支配而产生的平行变化。张掖话来自知、庄、章三组的开口字今读 tʂ、tʂʻ、ʂ、ʐ，而合口字的 tʂ、tʂʻ 变为 k、kʻ，ʂ、ʐ 变为 f、v。现在选择-u、-uei、-uə̃三个韵母的 tʂ 组音节，看看它们演变为 k、kʻ、f、v 的情况（张掖话只有三个声调，"1"相当于北京话的阴平，"2"相当于阳平和上声，"3"相当于去声。此文的原稿因限于篇幅，引例很少，这次重印补全了这三个韵母的例子）：

tʂu→ku：猪渚洙珠蛛蜘朱（1）轴主（2）竹筑住嘱箸烛驻助铸祝触粥注逐柱（3）

tʂʻu→kʻu：初（1）褚杵锄厨除储楚暑（2）出黍畜鼠处（3）

ʂu→fu：书梳疏舒输（1）殊熟孰赎墅蜀（2）树叔竖数恕术述淑（3）

ʐu→vu：辱乳（1）如儒孺（2）入褥（3）

tʂuei→kuei：追锥（1）坠缀赘（2）

tʂʻuei→kʻuei：吹炊（1）垂捶锤槌（2）

ʂuei→fei：谁水（2）税睡瑞（3）

ʐuei→vei：蕊（1）锐（3）

tʂuə̃→kuə̃：中终盅钟忠冢衷（1）种（～籽）准肿（2）仲众重种谆（3）

tʂʻuə̃→kʻuə̃：春冲充舂铳（1）崇唇纯醇莼虫宠（2）

ʂuə̃→fə̃：顺舜瞬（3）

ʐuə̃→və̃：茸冗绒仍（2）闰润（3）

我们已经可以从这几组例字的读音中悟察到一般的音变机理：张掖话的演变与湘方言醴陵话相同的地方都是受了圆唇介音的影响，区别只在于前者为 u，后者为 y。u 在发音的时候舌根上抬，唇齿微闭，张掖话的 tʂ-组声母在演变中以塞擦和擦为条件，分成两组：舌根上抬的作用使塞擦音 tʂ-、tʂʻ-变为 k-、kʻ-，唇齿作用

则使擦音 ʂ-、ʐ-变为 f-、v-。关中方言也有这种类型的音变方式（白涤洲，1933），不过是 u 的唇齿作用起了决定性的作用，使 tʂu-、tʂʻu-、ʂu-、ʐu-在多数方言点中变为 pf、pfʻ、f、v，但也有少数方言点的知、章组字因受舌根上抬作用的影响而变为 k 或 c。如：

	兆	庶	抽	置	肾	陕	人
美原	kau	kiə	kʻou	ki	xiɛ̃	xiɑ̃	ɣɛ̃
义龙	kau	kə	kʻou	kɯ	xiɛ̃	xɑ̃	ɣɛ̃
渭南	cə(者)	cʻə(扯)		cɨ(致)	ça(奢)	çɨ(世)	

闽西的四堡、连城方言由 tʂ 到 k 的音变，情况大体与张掖话类似，都是 u 介音的作用。为节约篇幅，例字不赘。

前面的分析清楚地说明，介音 i、u、y 的不同作用可以引起声母系统的重大变化。它们是舌尖前、舌尖后、舌面、舌根乃至唇齿等系列的音的分化、合流的中介和桥梁，tʂ 向不同的方向演变就是这种中介和桥梁的一种具体表现形式。我们可以从这些演变中归纳出两种呈交叉状态的循环性音变公式（“t”代表舌尖音 t 或 ts，“ȶ”代表 ȶ 或 tʃ）：

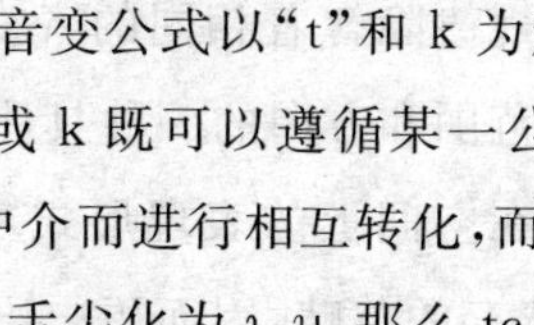

公式一　　公式二

这两个循环性的音变公式以“t”和 k 为起点，由 tɕ 和 tʂ 把它们连接在一起，使“t”或 k 既可以遵循某一公式进行循环性变化，也可以以 tɕ 或 tʂ 为中介而进行相互转化，而转化的条件就决定于介音的变化：如果 i、y 舌尖化为 ɿ、ʮ，那么 tɕ 就直接转化为舌尖音“t”；如果 i、y 转化为 ʅ、ʯ，则 tɕ 转化为 tʂ，原来的齐齿和撮口也相应地转化为开口和合口；tʂ 此后如何变化，就看介音的作用，或向

"t"演变，或向k演变，使舌尖音和舌根音有可能呈现出交叉的变化，即"t"可以经tɕ到tʂ，然后向k的方向演变，同理，舌根音k也可以经tɕ到tʂ而向"t"转化。这些都是因介音的作用而使声母系统发生演变的重要途径，其中隐含着重要的音变机理。不同方言的声母系统的差异不是音变机理的不同，而是由于语言发展的不平衡性而处于这些循环性变化的不同发展阶段上，因而呈现出对应性的差异。

上述情况说明，汉语方言的声母系统的变化大多与介音的作用有关，变化的方式，大体上就是分化、合流和回归。分化，借用传统的术语来说，不外乎轻唇和重唇的分化、舌头和舌上的分化、齿头和正齿的分化以及舌根和舌面的分化，而"舌上""正齿""舌面"这些系列的音从"舌头""齿头"和"舌根"中分化出来之后相互又可以借助于介音的作用而合流或回归。在这种变化过程中，i介音是使声母的发音部位发生变化的最重要的关键。这是现实方言的音变所提供的音变机理，我们可以循此去探索和解释语言的历史演变规律。

三 i介音和汉语声母系统的历史演变

不同方言的音变规律隐含着相同的音变机理，这是音系结构格局控制语音演变的范围和方向的一种具体而有力的证明。方言的差异是语言的发展在空间上的表现形式，而空间和时间是一对有紧密联系的、相互依存的范畴，因而历史语言学可以在亲属语言或方言的空间差异中去探索语言在时间上的发展历程。由于空间和时间的这种联系，因而我们完全可以根据在方言音变的研究中总结出来的音变机理去解释历史上已经完成的音变规律,也就是把空间的研究方法用于时间的研究,把现实方言的音变机理投射到古代的语言结构中去,使内部拟测法进入一个新的领域。

使方言的声母发音部位发生变化的关键因数是i介音。这种音变机理可以使我们明白汉语历史上的声母演变为什么都集中于三等韵的原因。三等韵是汉语音系结构中最复杂、最难驾御的一个音变领域。现在,我们根据方言音变的启示抓住i介音,或许可以比较容易地发现不同的音变规律所隐含的一种统一的音变机理,为解决一些争论不休的问题提供一些新的思路和途径。

讨论汉语历史上声母的四大分化问题首先会涉及章、庄两组声母的形成和演变。这两组声母的拟测使学者们很伤脑筋。高本汉(1923)根据汉字谐声系列提供的线索,拟章为*ȶ,庄为*tʂ。董同龢(1944)发现章组字不仅与端组有接触,而且还与见组有瓜葛,因而把前者拟测为*ȶ,为后者增拟一套新的*c组声母;至于庄,董在具体地分析了其中的一些复杂问题后推断它来自精,没有为它拟测一套独立的声母。李方桂(1968)着眼于音位的组合功能,用介音的作用来解释知、章、庄三组的演变,认为上古的*tr-演变为中古的ʈ-(知),*tsr-演变为中古的tʂ-(庄),*trj-、*krj-演变为中古的tɕ-(章)。这些拟测基本上以汉字的谐声关系为基础,加上音理的推断,拟测出各组声母的音值。这虽然为进一步的研究奠定了必要的基础,但在方法论上有欠缺,这就是:它们只着眼于语言的静态结构规则,有几组谐声关系就拟测几组声母,而很少考虑到语言的动态演变以及在演变中的音类分合关系;只根据“死”材料进行拟测,缺乏“活”材料的印证,因而容易满足于逻辑上的自圆其说,而无法揭示隐含于不同音变规律背后的音变机理。李方桂用*r介音来解释声母的演变,这在方法论上比以往前进了一步,但问题是这种解释与语言事实提供的线索有矛盾,因为知的音值不是ʈ,而是ȶ,庄的音值不是tʂ,而是tʃ(陆志韦,1947;李荣,1952;王力,1985)。正由于此,李方桂关于*r的拟测现在受到了一些学者的批评(平山久雄,1993;李娟,1997),不是没有道理的。我们不想在这里过多地纠缠于这些拟测的利弊得失,而想根据现实方言所提供的音变机理,用i介音的作用去讨论章、庄等的形成和演变。

人们习惯于把章、庄和知并提,称为知照系,但知的形成要晚于章和庄,王力(1985,166—173)根据陆德明《经典释文》和玄应《一切经音义》的反切,推断它与端的分离大体上始于唐天宝年间,不宜与章、庄并列。章与端的分离可能是在西汉。根据山东临沂银雀山汉墓出土的竹书和长沙马王堆出土的帛书,章与端还没有完全分化,如"冬"假借为"终","单"假借为"战","定"假借为"正"等等;庄与精也有类似的现象(周祖谟,1984,84—88)。这些材料自然有它的局限性,因为它无法顾及因语言发展的不平衡性而产生的方言差异,但现在也只能根据这些材料得出必要的结论。这种相混说明章、庄两组声母还没有完成它们与端、精的分离过程,而到《说文解字》的读若(据大徐本),章与端相混的例子很少,在章组49例的读若中仅有3例,而在端组的61例读若中竟无一例章组字,说明章与端那时已完成分离的过程。庄与精的分离可能也是在这一时期完成的。《说文》精组字的读若有72例,与庄组发生纠葛的仅4例,而庄组的29例读若,与精组发生纠葛的有3例。这些都可以看成为庄与精已经分离的根据。它们分离的条件应该是相同的,都是由于i介音的作用,即舌尖音t、ts因受i介音的影响而腭化：* ti->ȶi->tɕi-(章)和* tsi->tʃi-或 tɕi-(庄)。至于与见组谐声的章组字，它们原来的读音应该是* ki-，由于 i 介音的作用而使 k 腭化，可能经过 ci-而演变为 tɕi-，与来自* ti-的 tɕi-合流，形成为一组独立的章组字。章为什么既能与舌尖塞音端谐声，又能与舌根塞音见谐声？就是由于不同发音部位的声母由于受 i 介音的影响而合流为相同声母的结果。我们没有必要为章组字拟测一套如* rj 那样复杂的介音，更没有必要为有不同谐声关系的章组字分别拟测两套独立的新声母。章组字是汉语早期的"三"等字，是 i 介音对声母的演变产生重大影响的初期表现形式。我们在这里把"三"字打上引号，那主要是由于我们对先秦、两汉时期的"等"的结构还不甚了了。那么，为什么受相同的音变机理支配的庄组字既有"二"等、又有"三"等，与只有三等的章组字不同呢？这恐怕与声母的链移式音变有关。tʃ 或 tɕ 是 ts(精)受 i 介音的影响而形成的庄组字的读音，由于章组字的形成，即* ti-和* ki-合流为 tɕi-之后，为了保持语言单位的语音区别，音系中发生了一次链移性的音变，使庄组字由 tʃ 或 tɕ 变为 tʂ，i 介音消失，就像在某些现实方言中所发生的音变那样。这样，在那些有独立二等韵的韵摄里，庄组字转入二等，形成照系二等字，而在那些没有独立二等韵的韵摄里，它仍旧寄留在三等，形成反切上字并无分等趋势的庄组字一部分在二等、一部分在三等这种异常的分布状态。这是链移性音变和"等"的结构相互协合的结果。传统音韵学所说的"内转"和"外转"恐怕也需要从这种演变的角度去考察，即仍旧留在三等韵之内的为"内转"，而转入二等、形成"五音四等都具足"的为"外转"，因为它是从"三"等的"内"转出去的"外"。仅仅从开合或主要元音的舌位的高低前后等静态的结构去解释，那就很难说清楚同一套反切上字的声母为什么一部分在二等、一部分在三等的“外”与“内”的原因。这就是说，内外转是链移性音变留在音系中的痕迹，而不是语音共时结构的规则。正由于此，庄组字不管分布在二等还是三等，其音值并没有因“等”而异，在方言中大体上取相同的方式演变，像山西、湖南等地的方言，现在大多都读 ts。

音系是一种严密的系统，牵一发而动全身。我们仅仅把章和形成初期的庄看成为汉语早期的“三”等韵，那就是说，不能用切韵的“等”的结构框架去考察先秦、两汉的“等”的结构。这样，我们必须回答两个问题：第一，中古三等韵的 i 介音，除章组字外，在先秦、两汉时期有没有 i 介音？第二，如果没有，那么中古三等韵的 i 介音是怎么产生的？这两个问题如果得不到合理的解释，我们前面的考察就会失去立论的根据。

中古的三等韵在先秦、两汉时期有没有 i 介音？根据前面的分析，应该得出明确的结论：没有。但是，这需要有语言事实的支持。现代的方言材料恐怕只有闽方言还可以为这一结论提供一些肯定性的支持，因为切韵的三等字在那里的底层白读中一般是没有 i 介音的（李娟，1997）。不过闽方言的底层白读的资料究竟较为零散，而且相互交织着不同的时间层次，因而内部的结构有些不一致。我们还需要寻找一种更为可靠的根据。郑张尚芳（1993）的《云南白语与上古汉语的音韵、词汇、语法联系看其系属问题》一文在这方面提供了一些很有价值的线索。白语的系属历来颇多争论，我们这里不讨论，但白语和汉语的关系很密切，或者说，受汉语的影响很深，这已是语言学界的共识。白语的汉语借词很多，其中“绝大多数是以音译的方式直接借入。很多汉语借词也可以做构词词素”（徐琳、赵衍荪，1984）。郑张尚芳根据他的研究在这方面又有了一些新的发现，认为“现在汉语古音研究有了长足的进步，据此检查白语，可以发现除现代借词不算外，白语固有的基本词汇百分之九十属古汉语词，两种词又有严整的语音对应规则。只是白语音韵不是与切韵而是与上古音相连的”“一二三等未分化：麦＝墨 mɯ^{7}，幅＝北 pɯ^{7}。三等字 i 介音未产生……”郑张尚芳的结论自然可以推敲和讨论，但基本词汇里的词“绝大多数同汉语而不同藏缅语”的结论是可信的。这些词不管是同源词还是借词，其语音的结构对汉语史的研究来说都是有重要参考价值的。汉语中古音的三等字在白语中的反映基本上没有 i 介音，多属开口韵，这可以证明我们关于“中古的三等韵字在上古没有 i 介音”的假设。郑张尚芳的文章列举了一些例字，但太少，现在我们根据徐琳、赵衍荪的《白语简志》中的剑川方言的记音，将有关的三等字分摄排列如下（声调略）：

假：	蛇 kʻv̩	写 vɛ	射 tsõ	借 tɕɛ	夜 xẽ	芽 ɕu 或 ŋɛ	
遇：	猪 te	树 tsɯ	住 kv̩	煮 tsv̩	梳 sv̩	鱼 ŋv	去 ŋɛ
止：	雉 xõ	鬼 kv̩	撕 pʻe	睡 tsʻɛ̃	飞 fv̩	肥 fɛ	迟 me
	二 ne	只 tɯ	你 no	水 ɕui	吹 pʻɯ	骑 kɯ	稀 ʨʻɛ
效：	庙 sẽ	桥 ku	舀 kɯ	要 jõ	笑 so	小 se	
流：	秋 tsʻɯ	九 tɕɯ	牛 ŋɯ	手 sɯ	酒 tsv̩	球 tsʻo	收 sɯ
	救 kɯ	有 tsɯ	流 kɯ	浮 pɯ	稠 ku	丑 tsʻɯ	旧 kɯ
	臭 tsʻu						
咸：	染 sẽ	尖 tɕɪ	叶 se	阉 miɛ			
深：	十 tsɛ	拾 tsɛ	粒 kʻo	湿 xɛ̃	针 tsɛ̃	今 ke	浸 tsɯ
	深 sɛ̃						
山：	绵 no	变 pɪ	箭 tɕɪ（碧江方言为 tse）	钱 tse	剪 kɛ		编 pɪ
	浅 tɕʻɪ	件 kʻõ	砖 tsuɪ	远 tuɪ	软 pʻɛ	雪 sui	月 ŋua
	说 sua						

臻：	分 fṽ̩	春 ts'ṽ̩	云 ŋv̩	伸 ts'v̩	神 sẽ	真 tsẽ	
宕：	肠 tsõ	长 tsõ	长(～大) kõ	象 ɕv̩	姜 kõ	枪 ts'õ	亮 mɛ
	抢 tɕ'ã	痒 jõ	香 ɕõ	上 tsõ	脚 ko	药 jo	羊 jõ
	嚼 tso						
曾：	绳 so	称 tɕ'uɪ	蒸 tsɯ				
梗：	明 me	兵 kṽ̩	井 tɕɛ̃	城 tsẽ	姓 ɕɛ̃	掷 sẽ	赢 tɯ
	病 pɛ̃	平 pɛ̃	轻 ts'ɛ̃	正 tuɪ			
通：	龙 nv̩	虫 tsṽ̩	重 tsṽ̩	种(～菜) tsv̩		弓 kõ	用 jõ
	中 tõ	松 sõ	钟 ts'ɛ̃	六 fv̩	绿 lv̩	熟 tsv̩	肉 kɛ

有三等韵的各摄差不多都有不同数量的例字。相互间的语音对应比较复杂，这涉及到对整个上古音的认识，这里无法讨论，只能以郑张尚芳的研究为基础。我们感兴趣的是这些中古的三等字在白语中的反映是否都无 i 介音。是不是白语没有“辅音＋i＋元音”这样的音节？不是。它的固有词的语音形式有 ie、ia、io、iɯ 等，只是出现于 p、p'、m 以及个别的 t、l 之后，因而郑张尚芳认为应该把它们处理为 pj、p'j、mj、tj、lj。蟹摄三等我们只找到“肺”(p'ia)、“吠”(pia)两字，它们是白语的固有字，还是汉白同源字或晚期的汉语借字？一时弄不清，故在表中未列。有少数例字，如“香”ɕõ，也可以说中间有一个 i 介音，只是由于记音习惯的不同而没有记出来而已。固然，这种现象可以作进一步的推敲，但它的分布比较零散，不足以成为“等”的标志。这些例字反映哪一个时间层次，不敢说；或者说，其中绝大多数的字的语音形式反映章组字形成以前的某一时期的语言状态。这种情况说明中古的“等”与上古的“等”的结构很不一样，不能认为中古有 i 介音的三等韵在上古也是“三”等，有 i 介音。

那么，中古三等韵的 i 介音是何时产生的？又是在什么条件下产生的？这又是一个需要进一步考察的问题。i 介音产生于何时？难以妄断，只能笼统地说它产生于章组字的形成以后。由于秦汉时期 i 前的端（t）、见（k）二组声母腭化为 tɕ（章）和精（ts）腭化为 tʃ（>tʂ），这些声母的组合关系就留下了 i 介音的空格，使其他韵母有可能在元音系统的变动（如高化之类）中产生新的 i 介音，以填补这种空格。至于产生的条件，用方块汉字注音的反切无法说明，只能从现实方言的音变机理中去寻找有关的线索。由于汉语的音系结构格局古今变化不大，因而现实方言的音变机理完全可以为解释历史上的音变规律提供一些有价值的启示。①

切韵以后产生 i 介音的音类主要有四等字，它已与三等合流；还有二等的见系开口字，有些方言也涉及某些帮组字，如山西太原话的百 pieʔ、麦 mieʔ 等。多数方言现在还只涉及四等和二等的见系字，赣方言和与它有密切关系的鄂东南地区的方言这方面的音变范围要广一些，已经涉及到某些一等韵。我们或许可以在这里找到一些有益的启示。

切韵侯、痕、登（赅上、去、入，下同）是流、臻、曾三摄的一等韵，其主要元音一般拟测为 *ə，没有 ɪ 介音。在赣方言的发展中，这个 *ə 已演变为 ε，它在组合上逢见系字（匣除外）就增生一个 i 介

① 此文写于 1994 年，因重点讨论汉语方言的音变原理与内部拟测法的关系，对汉藏系语言的比较缺乏必要的考虑。根据现在汉藏系语言的研究，声母位置上有丰富的复辅音，其结构大体是："前置辅音 1＋前置辅音 2＋基本辅音＋后置辅音"（孙宏开：《原始汉藏语的复辅音问题》，《民族语文》1999 年第 6 期）。上古汉语有复辅音，其结构应与此相同或相似。后置辅音的演变，特别是其中的-l-，是介音的一个重要来源。汉语的-i-介音最初可能来自后置辅音-l-的变化，缅语和其他少数民族语言有不少这种类型的变化（缅语的音变情况读者可参看汪大年的《妙齐提碑文研究（一）》，《北京大学学报》1986 年第 4 期）。不同民族的语言出现这种平行的变化可能就如萨丕尔所说，是原始语的共同结构格局影响语言发展的结果。今天重新刊出此文，这一点应该补充。

音。请比较：

	侯			痕			登		
	兜	勾	欧	吞	根	恩	登	肯	刻
高 安	tɛu	kiɛu	ŋiɛu	tʻɛn	kiɛn	ŋiɛn	tɛn	kʻiɛn	kʻiɛt
南 昌	tɛu	kiɛu	ŋiɛu	tʻɛn	kiɛn	ŋiɛn	tɛn	kʻiɛn	kʻiɛt

根据熊正辉（1982，164）的描写，iɛ、iɛu、iɛn、iɛt 中的 i 介音可以有，也可以没有，说明那里的这个 i 介音的产生时间还不很久远。它还只限于见系字，在其他条件下这个 i 介音还没有产生。鄂东南地区的某些方言，这方面的演变比赣方言快，侯、痕、登三类韵的 i 介音已不限于见系字，已扩及到所有的声母（登除精组字外）。请比较：

	侯			痕			登		
	头	走	勾	吞	根	恩	崩	登	肯
通城	꜀dou$_{文}$ ꜀diau$_{白}$	꜂tsou$_{文}$ ꜂tɕiau$_{白}$	꜀tɕiau	꜀tʻien	꜀kien	꜀ŋien	꜀pien	꜀tien	꜂xien
蒲圻	꜀dʻou$_{文}$ ꜀dʻiau$_{白}$	꜂tsou$_{文}$ ꜂tɕiau$_{白}$	꜀kou$_{文}$ ꜀tɕiau$_{白}$	꜀tʻɛn	꜀kien$_{文}$ ꜂tɕiɛn$_{白}$	꜀ŋən$_{文}$ ꜂ȵiɛn$_{白}$	꜀pən	꜂tɛn	꜂gən$_{文}$ ꜂gʻɛn$_{白}$ ꜂dʑiɛn$_{白}$

通城（方霁，1991）的情况比较简单，内部相当一致，虽有文读形式，但不占主要地位，代表本方言的白读形式仍占主流。蒲圻（姜松，1992）文白并存，而有些字只有文读形式，说明文读在排挤白读的过程中已经占有某些优势。这两地的白读形式可以清楚地说明传统的一等韵也可以因产生 i 介音而并入"三"等。这种演变的机理有助于说明中古三等韵的形成，不能把 i 介音的有无看成为一种一成不变的东西。

现实方言产生 i 介音的条件，不管是四等、二等还是一等，韵母中的主要元音一定是前元音。在这一前提下，元音的舌位越高，产生 i 介音而并入"三"等韵的可能性就越大，如四等韵，切韵时期的主要元音是 e，它最早与三等韵合流，在现实方言中已难以见到三、四等之间的区别。其次，如声母为见系字，由于"前"(i)与"后"(见系声母)的矛盾，也比较容易产生 i 介音。再次，赣方言和鄂东南方言的情况说明，只要元音相同，i 介音的产生不会"顾此失彼"，而是依照"语音规律无例外"的方式一起演变；如有例外，也一定可以找到产生例外的条件。这些音变的机理都是受汉语的音系结构格局支配的，汉以后因 i 介音的产生而形成的中古三等韵，其语音条件大体上应与此相似，即音系中有一批韵母的主要元音相同，比方说，同为 ɛ 或 e，由于其"前"的特征，在声、韵之间增生一个 i 介音，如现在赣方言和鄂东南方言那样。根据吴方言区某些方言点提供的线索，四等韵的主要元音低于三等韵(金有景，1964，1982)。这一事实为我们理解《切韵》时期的三等韵何以早于四等韵而产生 i 介音的原因提供了一些重要的线索，四等韵 *e 应该是元音高化的结果。合口介音 u 可能也是在这一时期形成的。李方桂(1968，17，21)认为合口介音 w 或 u 有些是从上古的开口韵变来的，大部分来自圆唇的舌根音，一部分是后起的。u 介音的成因自然可以作进一步的推敲，但认为它是后起的，这一结论是能够成立的。李荣(1984，5)在谈到这个问题时说，"有些字从上古的开口变成《切韵》系统的合口，我很佩服，这有蛛丝马迹。比方说干支的'辰'字和海市蜃楼的'蜃'是开口，嘴唇的'唇'是合口。谐声字有时候开合口相谐，可以看出蛛丝马迹来，表示《切韵》系统有些合口是从开口变来的"。虽然非见系的合口字是不是全部来自开口还得一个一个地研究，但认为合口介音是后起的，应该是可信的。这就是说，开合口的划分和"等"的结构也是一个历史范畴，不能把切韵音系的开合口的结构套到上古音的结构上去。

开、合口和“等”的形成自然使汉语的音系结构发生了重大的变化，但这主要是表层的变化，支配这种变化的音系结构格局和音变机理并没有发生原则的改变，因而i介音继续发挥它的调整音系结构的功能，使汉语的声母系统进入了新的一轮的分化，其具体的表现就是轻唇和重唇的分化、舌头和舌上的分化、舌根和舌面的分化等。舌头和舌上的分化始于唐天宝年间，而轻唇和重唇的分化则是在晚唐—五代时期（王力，1985），而舌根和舌面的分化，即ki-腭化为tɕi-（团音），那要晚得多，始于近代；至于舌尖和舌面的分化，即tsi-（尖音）腭化为tɕi-，现代的不少方言也还没有完成它的演变过程。这些变化虽然在时间上先后不一，但音变的机理一样，都是受i介音的影响而发生的演变。闽方言没有经历这些变化，因而还维持着中古以前的声母系统的状态。如果说，章、庄组字的形成是i介音对声母的演变产生影响的第一个浪潮，那么由中古时期所开始的四大分化则是i介音对声母演变产生影响的第二个浪潮，而且它比第一次更广泛、更深刻。演变的方式和途径大体上就是前面所描写的两个交叉的循环性变化公式。唇音字的演变有点像“独立大队”，与这种循环性的变化公式关系不大，这可能是唇音和舌音的发音差异在语音演变方式上的反映。尽管如此，唇音字的分化仍与*-iu-中的那个i有关。张琨（1972，73）在谈到这一点的时候指出：“……我们推测三等韵因为有个-j-介音促使重唇圆唇化，终于变成唇齿音……介音-w-的增入，是根据韵书韵图中所定的合口推断的”。现在汉语的音韵结构已由中古的开、合二“口”发展为开、齐、合、撮四呼，介音体系更复杂，但其对声母的演变会产生影响这种音变机理并没有发生变化，因而它们会使汉语的声母进入第三次浪潮的变化。这是音系结构格局和语音演变的关系给我们提供的启示。

四 语言的相互影响和结构格局的调整

我们前面从音系结构格局支配下的音变机理考察介音对声母系统的演变的影响，基本要领就是抓住语音单位的易变性和音系结构格局的稳固性之间的矛盾去分析音变的方向、目标和规律，说明音变很难摆脱格局的控制而随意演变。那么，格局有没有可能发生变化？答案当然是肯定的，它自然也会发生变化，只是变化的速度非常缓慢而已，“我一点也不想暗示这格局是不能改变的。它可以伸缩或改变它的功能的面貌，但是它变得远不如语音本身那样快”（萨丕尔，1921，43）。格局的差异自然会对语音的变化方式产生具体的影响。汉语以“1”为基础的音系结构格局应该是一个历史范畴，形成于某一历史时期，并不是原始汉语时期一开始就是这样的，它是由于种种原因而产生的音系结构自我调整的结果。这就涉及到语音演变的时间层次问题，即我们前面所考察的汉语声母系统的演变规律大体上始于哪一个历史时期的问题。

以“1”为基础的音系结构格局的基本表现形式，如前所述，就是一个音节由一个声母、一个韵母和一个声调构成。音节中的这三个“1”相互制约，其中的一个“1”如果还处于形成的过程中，还不完善，那么必然会涉及到其他的两个组成部分是不是一个“1”的问题。汉语的谐声时代早于《诗经》，根据谐声系列提供的线索，那时是有复辅音的，现在这已是学术界的共识，我们不必赘述。这种复辅音同后来的音节结构规则相比较，说明声母部分还不是一个

"1",这种情况自然会影响韵母和声调的结构。谐声时代有没有声调?或者说,声调系统是一种什么样的面貌?还缺乏专门的研究,至少到《诗经》的时代声调系统还没有完全定型,其具体的表现形式就是存在着相当大数量的异调相押的诗句。丁邦新(1982)根据张日昇的统计,诗韵异调相押的情况是:

	上	去	入
平	361	293	10
上		166	39
去			161

此外还有平上去三调相押和平上去入四调相押的情况。这只能说明那时候的平、上、去、入的四个声调还没有最后定型。周祖谟(1984,82)从另一个角度说明汉语声调系统的形成的漫长过程,也可以印证前述的论断。他根据汉代竹书和帛书中的通假字的运用情况认为汉语在周、秦时期的三个或四个声调"是经过长时期逐渐发展而形成的""周秦时期不同韵部的调类多寡不一,也有一个发展过程。阴声韵如之支鱼等部除平声外,先有上声,进一步发展出去声,阳声各部,冬蒸两部没有上去,阳侵真三部则有上而无去""去声成为一个调类,发展比较晚"。这些都是根据后来平上去入的调类系统去考察早期汉语的字调而得出来的结论,说明四声的定型经历了漫长的过程。汉人自觉地意识到四声的存在是在南朝,但其形成的时间自然要早于此时,至少在曹魏时期的孙炎在创制反切的时候,汉语的平上去入的四调系统应当已经定型。谢纪锋(1984,317—318)根据《说文》的读若,发现本字和读若字声调相同的占89.4%,而去声和平上入三调一样,自成一类,说明那时候的调类系统虽已基本定型,但还有十分之一的字调与规律不符。从这些迹象来看,认为汉语的四声调类系统大体上定型于两汉,可

能是比较合适的。

先秦时期的上古汉语有没有复辅音和平上去入的四声调类系统是否已经定型这两个问题是有内在联系的，这就是：复辅音、复韵尾之类的现象越多、越复杂，声调系统就越难以定型，因为一个字一个音节，有复辅音起区别功能，也就没有必要有一个独立的声调去实现同样的功能；反之，如果没有声调，那复辅音之类的现象一定比较复杂，声调系统没有定型，也就说明复辅音之类的现象还在向单辅音的转化过程中，没有完全形成我们前面所说的以“1”为基础的音系结构格局。汉藏系语言的声调产生过程可以清楚地说明这方面的问题。周耀文(1992,133—150)根据对37种汉藏语系的语言的研究，发现28种语言有声调，5种没有声调，4种正从无声调向有声调的转化过程中。没有声调的语言的特点是：“复辅音声母多，声母总数多”“辅音韵尾多”“音节结构形式多，辅音在音节中出现的频率高于元音”；而有声调的语言则是“单辅音声母占优势，复辅音声母少或者没有”“辅音韵尾最多只有7个”“音节结构形式趋向简化”；至于那些处于从无声调到有声调的演变过程中的语言则是“有一定数量的复辅音”“单辅音韵尾大多还保留”“音节结构的形式还比较多”“音节已开始出现音高对立的声调”。作者根据汉藏语系语言的这些特点推断“周秦时代是古汉语从无声调向有声调发展的过渡时期”。不过我们想在这里补充一句，就是它已处于过渡的晚期，因为《诗》韵就其主流来说已是同调相押。平上去入的四声调类系统可以看成以“1”为基础的结构格局是否形成的标志。

新格局是从旧格局演变来的，前后有继承性。以“1”为基础的结构格局和它所从出的格局的联系或相似性，主要是一个字一个音节，这一点不管是先秦还是先秦以后，都是一样的，区别是在于声、韵、调三部分是否都只允许出现一个结构成分。复辅音声母、复韵尾都不是“1”，由于它们具有区别语言结构单位的功能，音节中自然不需要声调、或者需要的声调数量很少；声调实质上是为了弥补由于复辅音等的简化、消失而产生的一种补偿性的区别手段。汉语在周秦的时期已经接近于完成这种交替和转化。对比汉藏语系的其他语言的发展，大体上可以印证这一论断。区别是有的，主要是汉语产生声调的时期早，其他汉藏语系的语言要晚得多。如藏语，7世纪时创制的藏文所反映的藏语有复杂的复辅音声母和复韵尾，但没有声调；即使是现代藏语的安多方言，也还没有声调。为什么汉语会那么早地先于其他汉藏语系语言而简化、单化复辅音声母、复韵尾等并产生独立的声调系统？这和语言的频繁接触不无关系。先秦是汉语和其他民族语言发生频繁接触、从而导致语言融合的一个重要时期（徐通锵，1981，195—196）。固然，融合不会产生第三种语言，但必然会给语言的结构带来一些深刻的影响，它可以促使语言的结构简化，甚至有可能使语言结构的类型也发生变化。拉丁语在与众多的土著语言的接触中改变自己综合性结构类型而发展为现代分析性较强的法语等罗曼系语言，就是这方面的一个很好的证明。英语在历史上和其他语言的接触比较多，受法语等外语的影响比较大，和同系属的德语比较，它的形态变化就要简单得多。这也是接触促使语言结构简化的一个例子。先秦时期的汉语在和众多的少数民族语言的接触中音系逐渐简化，复辅音之类的现象逐渐消失，从而使音节中每一个结构位置只能出现一个结构成分，形成以“1”为基础的结构格局。联绵字之类的现象就是这种因音系的简化而遗留下来的痕迹，他们在上古音系的研究中应该占有重要的地位。

这里的讨论说明音系结构格局是一个历史范畴，我们提出的以“1”为基础的汉语音系结构格局可能定型于两汉，以这种格局为基础的音变机理以及把它用于历史研究的时间和空间也适合于这一时期和由此往后的时期。先秦的上古音系虽然已接近于完成以“1”为基础的结构格局，但还存在着诸如复辅音、声调系统还没有最后定型等复杂情况，因而在用现实方言的音变机理去说明音变的规律时需要特别谨慎和小心，应该结合复辅音之类的现象进行综合性的考虑。切韵音系是一种以“1”为基础的结构，现代的方言是这一结构格局的延伸。它差不多已经经历了两千年，现在虽然正经历着复音词之类的“2”或“3”的冲击，但这个“1”还能通过变声、变韵、变调等的办法去控制“2”或“3”，使其发生变异，纳入“1”的结构格局的轨道。因此，我们现在还能以“1”为基础去研究音系的结构以及它所支配的音变机理。

透过易变的语音单位而着眼于稳定少变的音系结构格局，可以为开拓、补正内部拟测法提供一种新的途径和视角。

引用书目

白涤洲　1933　《关中方音调查报告》(喻世长整理)，中国科学院出版社，1954。

邓晓华　1993a　《人类文化语言学》，厦门大学出版社。

——　1993b　《古音构拟与方言特别语音现象的研究》，《语文研究》第4期。

丁邦新　1982　《汉语声调源于韵尾说之检讨》，台湾国际汉学会议论文集(语言文字组)，此文现已收入《丁邦新语言学论文集》，商务印书馆，1998。

董同龢　1944　《上古音韵表稿》，台湾中央研究院历史语言研究所1948年重印。

方　霁　1991　《通城方言字表》,未刊。
郭锡良　1993　《杨时逢〈湖南方言调查报告〉衡山音系读后》,《语文研究》第1期。
姜　松　1992　《蒲圻方言字表》,未刊。
蒋希文　1992　《湘赣语里中古知庄章三组声母的读音》,《语言研究》第1期。
金有景　1964　《义乌话里咸山两摄三四等字的分别》,《中国语文》第1期。
——　1982　《关于浙江方言中咸山两摄三四等字的分别》,《语言研究》第1期。
李方桂　1968　《上古音研究》,商务印书馆,1980。
李　娟　1990　《衡山(南岳)方言字表》,未刊。
——　1997　《章组字的历史演变——附论现代方言与古音研究的关系》,《语言学论丛》第19辑,商务印书馆。
李　荣　1952　《切韵音系》,中国科学院出版。
——　1984　《在上古音学术讨论会上的发言》,《语言学论丛》第14辑,商务印书馆。
李永明　1983　《衡阳音系撮要》,《湘潭大学学报》增刊(湖南方言专辑)。
刘　伶　1986　《甘肃张掖方言声母 tʂ tʂʻ ʂ ʐ 与 k kʻ f v 的分合》,日本 *Computational Analysis of Asian & African Languages*, March。
陆志韦　1947　《古音说略》,《陆志韦语言学著作集》(一),中华书局,1985。
毛秉生　1983　《衡山音系简析》,《湘潭大学学报》增刊(湖南方言专辑)。
平山久雄　1993　《以声母腭化因素 *j 代替上古汉语的介音 *r》,据唐作藩、孙洪开关于第26届国际汉藏语言和语言学会议的报道,《国外语言学》第4期。
乔全生　1983　《洪洞方言志》,《语文研究》增刊。
——　1990　《汾西方言志》,山西高校联合出版社。
萨丕尔　1921　《语言论》,商务印书馆,1985。
王福堂　1974a　《韶山方言字表》,未刊。
——　1974b　《湘乡方言字表》,未刊。
王国维　《〈尔雅〉草木虫鱼鸟兽释例》,《王国维遗书》(六),上海古籍书店,1983。
王洪君　1986　《高安方言字表》,未刊。

王　力　1985　《汉语语音史》,《王力文集》第10卷,山东教育出版社,1987。
谢纪锋　1984　《从〈说文〉读若看古音四声》,《罗常培纪念论文集》,商务印书馆。
熊正辉　1982　《南昌方言里曾摄三等读如一等的字》,《方言》第3期。
徐琳、赵衍荪　1984　《白语简志》,民族出版社。
徐通锵　1974　《湘潭(石湖)方言字表》,未刊。
——　1981　《历史上汉语和其他语言的融合问题说略》,《语言学论丛》第7辑,商务印书馆。
——　1989　《变异中的时间和语言研究》,《中国语文》第2期。
——　1990　《结构的不平衡性和语言演变的原因》,《中国语文》第1期。
——　1991　《语义句法刍议》,《语言教学与研究》第3期。
——　1994a　《"字"和汉语的句法结构》,《世界汉语教学》第2期。
——　1994b　《"字"和汉语研究的方法论》,《世界汉语教学》第3期。
徐通锵、王洪君　1986　《山西闻喜方言的声调》,《语文研究》第4期。
张　琨　1972　《古汉语韵母系统与切韵》,《汉语音韵史论文集》,台湾联经出版事业公司,1987。
张　旭　1987　《天津话新旧两派声类分析》,《语言研究论丛》第4辑,南开大学出版社。
郑张尚芳　1993　《云南白语与上古汉语的音韵、词汇、语法联系看其系属问题》,向第7届中国语言学会年会提交的论文,未刊。
钟隆林　1983　《耒阳方言词汇》,《湘潭大学学报》增刊(湖南方言专辑)。
周耀文　1992　《周秦时代是古汉语从无声调向有声调发展的过渡时期》,《纪念王力先生九十诞辰文集》,山东教育出版社。
周祖谟　1984　《汉代竹书和帛书中的通假字与古音的考订》,《音韵学研究》第1辑,中华书局。
Bynon, T.　1979　*Historical Linguistics*, Cambridge University Press.
Karlgren, B.(高本汉)　1923　*Analytic Dictionary of Chinese and Sino-japanese*, Paris.
Labov, W.(拉波夫)　1972　On the Use of the Present to Explain the Past, reprinted in "*Readings in Historical Phonology*", eds. by Baldi, P. & R. N. Werth, The Pennsylvania State University Press, 1978.

音系的非线性结构原理和语音史的研究*

【提要】语言的线性结构容易发生变化，而非线性的结构原理比较稳固，可以参照现实语言的这种原理解释历史上已经完成的音变规律。以往语言史研究的理论和方法忽视了非线性结构原理和语言演变的关系的研究，因而有其明显的局限性，例如音变方式只考虑“语音规律无例外”的连续式音变，而不研究离散式音变、叠置式音变等在语言史研究中的地位和价值。本文以汉语音韵史上的元音系统的运转和演变为例重点考察音系的非线性结构原理和改进语音史研究方法之间的关系，并对目前流行的研究方法进行了一些评述；用离散式音变、特别是其中中断的变化的理论分析从上古的“同声必同部”到中古的同声不同部的不规则音变，并对其原因进行了初步的分析。

以往一般都把语言看成为一种线性的结构，并以此为基础建立相应的理论和方法。这自然有它的道理，但有局限性，因为在语言的线性音流中隐含着非线性的结构，线性只是其中的一个方面；从本质上说，语言是一种非线性结构，用语音把意义包装起来，使之成为人类相互交际、交流对现实世界的认知的最重要的工具（徐

* 原载于《民族语文》1996 年第 6 期。

通锵,1991b)。语言研究的方法论应该充分考虑语言的这种非线性结构的特点。本文想以汉语音韵史中在韵腹位置上运转的元音系统的演变为例,对音系的非线性的结构原理和语言史研究之间的关系进行一些探索,希望能为语言史研究方法的改进提出一点粗浅的设想。

一 音系非线性结构性质的认识和语音史研究方法的改进

语言史的研究方法,除了根据时间的先后顺序排比有关的书面文献资料以古证今的"前瞻"的途径以外,以今证古的"回顾"的研究方法主要是历史比较法和内部拟测法。没有文字的语言只能采用"回顾"的研究方法研究语言史,比较方言或亲属语言之间的差异、或根据语言结构中不规则的例外去探索语言的发展规律;即使是有文字的语言,例如汉语,由于方块汉字难以反映实际语音的演变,也需要采用这种"回顾"的研究途径。研究语言早期的结构状态和它的演变规律,这是两种最重要的研究方法;以"每一个词都有它自己的历史"为标志的离散式音变主要涉及演变的方式,很少涉及结构和规律的研究。历史比较法和内部拟测法,特别是历史比较法,已为语言史的研究和语言学的发展立下了汗马功劳。现在的问题是:我们有没有可能在这些方法的基础上前进一步,改进语言史的研究方法?答案应该是肯定的,只是需要对这些方法的理论基础进行一些具体的考察,弄清楚它的成效和局限,找出原因,然后才能提出改进的设想。

历史比较法和内部拟测法是两种不同的研究方法,前者着眼于方言或亲属语言之间的横向比较，根据语音对应关系找出同源词，清理语音演变的规律；后者着眼于系统内部的不规则例外，特别是其中的不规则的形态交替，从中找出语言的有规则的演变规律。这两种方法虽然差异很大，一个着眼于“外”，一个着眼于“内”，但是它们的语言理论基础是一样的，都把语言看成为一种线性的结构，以音位的组合关系为基础考察语音的演变。历史比较法考察方言或亲属语言的语音对应关系都得先弄清楚一个语音成分所处的前后语音条件，然后说明它在特定的时间、空间中的演变，从线性组合的角度说明音变的规律。以格里姆定律为例，它的三组例外都是从线性结构的角度加以解释的：第一组例外是清塞音 p，t，k 的前面如有一个清辅音，它们就会受前面清辅音的影响而保持不变；第二组例外是如果相邻的两个音节都含有送气的塞音，那么在梵语和希腊语中的第一个送气音被异化为不送气音；第三组例外是处于非重读元音和重读元音之间的清塞音 p，t，k 在变为 f，θ，h 之后又进一步弱化为 ß，ð，ɣ，后来又进一步变为 b，d，g，出现了清塞音演变规律的例外。第三组例外虽然与重音的位置有关，涉及到音系的非线性结构，但结构基础还是非重读元音和重读元音之间的线性组合位置。这三组例外都着眼于语音的线性组合条件，用同化、异化、弱化之类的概念来解释。青年语法学派根据这种严格的音变条件宣称“语音规律无例外”和“没有一个例外是没有规律的”。发现音变受严格的语音条件的限制，这是青年语法学派的重大理论贡献。内部拟测法“根据共时形态交替的少量例证进行历史音系规则的拟测”（T. Bynon，1979），大体上也是从语音线性组合规律的例外入手去考察语音的演变规律。索绪尔发现原始印欧语那个消失了的喉音就是根据现代印欧语的词根 CeC

(C代表辅音)这种组合的例外(即词根只有一个C)而作出相应的拟测、并得到后来发现的希底特语的印证的;一般历史语言学著作中分析的wife~wives之类的不规则的形态交替也是以音位的线性组合为基础的,虽然空格的填补不限于线性的组合,但不占内部拟测法的主流(徐通锵,1991a,200—216)。总之,历史比较法和内部拟测法的语言理论基础是语言的线性结构理论,现在历史语言学所取得的成就大体上也是这种理论的成效的具体见证。

线性,它固然是语言结构的一个重要方面,但不能全面地反映语言结构的本质。语言是一种非线性结构,线性仅仅是其中的一个侧面,体现语言结构的表层形式。这种形式会不断地发生变化,产生歧异,而历史比较法和内部拟测法所依据的音系结构原理却是结构的纯一性,内部没有歧异。这就使理论假设和语言事实发生矛盾。所以,布龙菲尔德(1933,401,393)在谈到历史比较法的局限时说,"比较法预想语支连续的明确分裂,但是反复无常的局部近似明明告诉我们后起的变化散布开来,越过了早期变化遗留下来的同语线;邻近语言间的相似也许由于中间地带方言的消失(波浪理论);某些方面已经分化的几个语言也会产生相似的变化","比较法既不考虑母语内部存在分歧,也不考虑亲属语言间发生共同的变化,所以只能带领我们走很有限的一段路程"。理论的片面必然会给语言研究的实践带来重大的影响,布龙菲尔德的论断就是这种影响的一个恰当而实际的说明。

历史比较法和内部拟测法是研究语言演变的方法,但是它们没有办法揭示语言演变的过程,更没有办法揭示语言演变的原因,以至于布龙菲尔德(1933,477)发出"音变的原因是不知道的"的感慨。这也是语言的线性结构理论的局限性在语言史研究中的一种具体表现，如果着眼于音系的非线性结构，就可以对此作出一些有说服力的解释（马尔丁内，1955；徐通锵，1990）。这些现象都说明，如果固守语言的线性结构理论，就很难对语言史的研究方法作出有价值的补正和发展。这迫使我们去寻找新的途径，从非线性的角度观察语言的结构。如果说，线性是一种表层的结构，人们容易发现它的特点，那么非线性则是一种深层的结构，不经认真的分析，就很难抓住这种结构的脉络。萨丕尔（1921，48）说"在一种语言特具的纯粹客观的、须要经过艰苦的语音分析才能得出的语音系统背后，还有一个更有限制的、'内部的'或'理想的'系统……它远比第一个系统容易叫人意识到是一个完成的格局、一个心理机构"，这里谈到的"内部的系统""格局""心理机构"大概就是我们上面所说的非线性机构。我们曾用"结构关联"的概念分析语言各子系统之间以及每一子系统内部的非线性的结构关系，发现了一些重要的结构原理（徐通锵，1989，1990，1991b）。跟语言史研究方法的改进有关系的主要是：音系是一种非线性结构；结构的不平衡性产生变异；变异受结构的控制，一般不能超越结构所允许的范围；制约变异的音系结构原理或音系结构格局非常稳固，很难发生变化；在变异成分的共存变异形式中隐含着漫长的历程，我们可以就此"横观"语言在几十年到几百年历程中的运转机理和演变规律。这就是说，着眼于语言的非线性结构，我们就可以抓住语音的线性结构的易变性和音系结构格局的稳固性这一矛盾对立双方的辩证关系来考察语言的演变，用现实的音变原理说明历史上已经完成了的音变规律。拉波夫（1972）曾用这种原则解释英语史的一些演变，取得了一些成效；我们也曾用这种方法研究过汉语声母系统的演变，发现了一些以前不曾发现的规律，或者说，对以往的一些争论不休的问题提出了一种新的有根据的解释(徐通锵,1994)。用现代的非线性音系结构的原理来解释历史上已经完成的音变,这是语言史研究的一种新的方法论原则,可以补正现在通行的语言史研究方法的一些不足。

弄清现代非线性音系结构的原理,就元音系统来说,主要是两条:一、构型(configuration);二、演变方式。关于构型,特鲁贝茨科依(1939)根据百余种语言的元音系统的分析,发现每一种语言的元音分层排列,主要的构型有三角和四角两种。现各引一例:

三角构型				四角构型	
i		u		i	u
e		o		e	o
	a			a	ɑ

现在语音学著作中的元音舌位图是典型的四角构型。不管是哪一种构型,前后元音的结构都呈平行、对称的特点;如果其中的一个系列少了一个音位或多了一个音位,这种不平衡的结构就会产生变异。变异的方式,主要是拉链(drag chain)和推链(push chain),英语长元音的大转移和吴方言的元音变化可以为此提供有说服力的例证(徐通锵,1991a,181—193)。这种构型和演变的方式是语言的一种普遍特征,在语言史的研究中可以用来检验和调整拟测的结果。我们可以参照这些原理检讨以往汉语音韵研究方法的某些成效与局限。

二 汉语元音系统的构型和它的演变方式

汉语音韵史的研究,高本汉根据汉语的方言差异和"这个语言的历史上的旧材料”(主要是切韵系的韵书)进行切韵音系的研究,开创了汉语史研究的一个新时期。至于上古汉语的研究,他认为方言材料用不上。这是以语言的线性结构理论为基础而得出来的结论,有明显的局限性。学者后来的研究虽有改进,不过就研究途径来说,大体上仍旧遵循高本汉的路子。根据语音的易变性和音系结构格局的稳固性的对立统一的关系,现代汉语方言的音系结构原理对上古音的研究无疑仍有重要的价值。

汉语的方言很分歧,但元音系统的构型一致,呈三角。江西的高安是《中原音韵》的作者周德清的故乡,是赣方言的一个重要方言点;它是小县城,受外方言的影响小,我们可以以它为代表考察汉语元音系统的构型。高安话的记音据王洪君(1986)。韵类的音值按照方言调查字表的摄与等列表排列,表中除遇、通两摄外只列开口韵。请比较:

	果	假	遇	蟹	止	效	流	咸	深	山	臻	宕(江)	曾	梗	通
一	ɔ		u	ɔi		ɔu	ɛu	an文 ɔn白		an文 ɔn白	ɛn	ɔŋ	ɛn		uŋ
二		a		ai		au		an		an				ɛn文 aŋ白	
三	iɔ	ia	y	i	i	iɛu	iu	iɛn	in	iɛn	in	iɔŋ	in	in文 iaŋ白	uŋ文 iuŋ白
四				i文 ɛi白		iɛu		iɛn		iɛn				in文 iaŋ白	

如果把表中的元音分离出来,我们就会看到一种三角构型的系统:

i　　　u

ɛ　　ɔ

a

汉语其他方言的元音系统虽然元音的数量、表现形式各不一样，但构型并没有什么差异。高本汉的切韵音系的研究没有考虑音系的这种非线性的结构格局，把它拟测为一种四角构型（低元音a、ɑ对立）的系统，与汉语的音系结构格局有悖。我们现在可以进一步用这种原理和链移式的音变方式去考察上古音系的研究，讨论现行研究方法的得失利弊。上古音的分部，我们这里据王力(1982,12)列表：

甲类：	之	ə	支	e	鱼	a	侯	o	宵	ô	幽	u
	职	ək	锡	ek	铎	ak	屋	ok	沃	ôk	觉	uk
	蒸	əng	耕	eng	阳	ang	东	ong				
乙类：	微	əi	脂	ei	歌	ai						
	物	ət	质	et	月	at						
	文	ən	真	en	元	an						
丙类：	缉	əp			盍	ap						
	侵	əm			谈	am						

这个系统的音核一共是六个元音，如将它们按元音舌位图排列，就会呈现出这样的构型：

u
e　　o
ə
ɔ
a

元音系统的这种构型很不合理，一是在结构上前后元音不平衡、不对称，前元音过于贫乏；二是难以解释上古音向中古音的演变，与现代方言的音系结构原理和语言普遍类型特征的距离太大；系统中虽有i，但只限于韵尾，而且这个韵尾的元音性质还经不起汉语诗歌押韵传统的检验，它的可信性经不起推敲（徐通锵、叶蜚声,1981,76)。“某一种语言的构拟状态如果和类型学所发现的通则发生冲突,这种构拟是值得怀疑的”(雅科布逊,1957,10),这一论断对古音的拟测很有价值,值得参考。现在在上古音的研究中有一种趋向,就是拟测的元音一味求少,从高本汉的15个(董同龢的最复杂,元音有20个左右),到王力的6个,李方桂的4个(i,u,ə,a),而周法高则只有3个(a,ə,e)。元音系统的这种“简”是以介音系统和韵尾系统的“繁”和“杂”为条件的,这既经不起元音系统的构型的语言普遍特征的检验(李方桂的元音系统在这一点上没有问题),也不符合汉语语音的结构规则。李荣(1984,4)在批评李方桂的圆唇舌根音韵尾时说:“李先生拟测的上古音,元音系统很简单,有[i,u,ə,a]四个元音,[iə,ia,ua]三个复元音。我倒认为如果元音系统略加上一两个元音,或许能绕开舌根塞音韵尾分成圆唇不圆唇的困难。”这一看法很有道理。

在上古音系的拟测中元音的数量为什么会出现一味求少的趋向?这主要是由于研究者只着眼于韵部的线性语音结构的“分”,而很少考虑音系的非线性结构的合理性和由此带来的系统性特点;“合理性”和“系统性”的确定主要决定于现实方言的音系结构格局和语言普遍特征所提供的线索,亲属语言的比较研究,由于汉藏系语言的系属关系不是很清楚,暂时还难以给汉语上古音的研究提供有说服力的支持。汉语方言的音系结构格局能不能投射到上古时期?如果着眼于音系的线性组合结构,那是不可能的,但如以音系的非线性结构为基础,那就可以对此作出肯定性的回答,因为音系的结构格局很稳固,古今的音变机理大体上一致,因而完全可以用现实方言的音变机理去解释历史上已经完成的音变规律。根据这些考虑,上古元音系统的拟测不能一味求简,应该参照汉语元音系统的构型和链移式音变的原理，并联系从上古到中古的语音演变，拟测出既符合三角构型的结构，又能比较合理地解释往后语音演变的元音系统。我们可以透过这些问题的讨论探索改进语言史研究方法的途径。

为了讨论的方便，上古音的分部我们这里仍据王力的 29 部，但每部的音值则根据我们的设想作了一些改进。现在先把我们构拟的元音系统排列成一种三角构型，而后再讨论有关的问题：

i之　　　　　　　　u侯

　　　　　　　　　(ʊ幽)

e脂　　　　　　　o宵

　　　　ə微

ɛ支　　　　ɔ鱼

　　　　a歌

阳声与入声的元音和与它们相配的阴声韵相同，不再列举。这个元音系统的构型，显然，前后元音的结构不平衡、不对称，后元音多出一个音类，因而只能根据幽的音韵地位先把它放在侯与宵之间，然后再来讨论这种不平衡、不对称结构的成因和由此给演变带来的影响。

前后元音的结构不平衡性是考察音系结构和语音演变的一种重要线索。汉语上古元音系统的结构不平衡性可能是由歌的特殊地位造成的。歌部“是古韵分部中惟一没有与入声相配的阴声韵，但是他仍有跟元部（韵尾 *-n）谐声及押韵的痕迹”，李方桂（1980，53）正是据此为它拟测一个辅音韵尾 *-r。王力可能也是考虑到这种前后元音的结构不平衡，把歌拟测为 *-ai。早期，歌可能如李方桂所拟测的那样，有一个类似-r 那样的特殊韵尾，和鱼的差异仅仅是韵尾的不同，它们的主要元音都为 *a。《切韵》的麻韵字不少来自鱼部，说明鱼的元音原来曾有 *a 的读法，王力把鱼拟测为 *-a 是有根据的。后来，可能是由于歌的这个特殊的韵尾发生了变化，并进而和其他阴声韵的韵尾合流，因而引起了一次推链式的元音高化运动：歌因韵尾的变化与鱼发生冲突，因而鱼在歌的推与挤的压力下由 *a 高化为 *ɔ，宵由于同样的道理由 *ɔ 而高化为 *o，幽照理也应该由此高化为 *u，但是侯的 *u 似乎不肯让位，因而迫使幽分化为二，一部分可能受宵的高化的推挤而并入侯，以后就与侯一起演变，一部分来不及高化的就被宵吞并。根据陈复华、何九盈(1987)的研究资料进行统计，上古 191 个幽部字，其中有 96 个并入《切韵》的效摄，92 个并入流摄，流入止、遇两摄的仅 3 字。王力把幽拟测为 *u，不妥，因为这样就很难解释从上古向中古的语音演变。经过这样一次调整，前后元音的结构大体上就呈现出平衡、对称的格局。

语言的变化是绝对的，而平衡、对称的结构是相对的，只能维持一个有限长的时期。上古音系上述平衡的结构后来在演变中又发生了变化，其原因是音系中产生了一个新的 *a，成为后来切韵时期的假摄字。这个 *a 推动歌的 a 高化为 *ɔ，鱼受此影响高化为 *o，宵由于同样的原因高化为 *u，而侯由于无法高化而复元音化为 *au。和此相对应，前元音的 *i(之)复元音化为 *ai，成为后来《切韵》的蟹摄咍(贿上去)韵字；脂由 *e 高化为 *i，和尚未复元音化的之合流；同理，支由 *ɛ 高化为 *e。这样，前后元音发生了一次平衡、对称的链移性高化运动。这种对称性的演变方式是语音演变的一种普遍性现象。王力拟之为 *ə，这不利于元音演变的解释。ə 复元音化为 ai，语言中很少见，而高元音的复元音化则是一种普遍性的音变。英语高元音的复元音化和近代浙江宁波方言的复元音的形成,都是这方面的有力的例证。此后还有一次链移式的音变,这就是宵的 *u 复元音化为 *au,成为切韵时期的效摄字;侯受这一变化的影响而高化为 *ou,成为切韵时期的流摄字;前元音的系列可能受此影响,*e 高化为 *i,形成之、脂、支合流的格局,另一方面还使蟹、止摄字分化出一个 *ei,和后元音的 *ou 相对应。这次高化没有拉动假摄的 *a,因为没有一个新的 a 代替它的位置,而 a 又是语言中一个必不可少的元音。经过这样几次链移性的高化,汉语的元音系统就发生了重大的变化,而魏晋南北朝可能就是这一演变的一个重要时期。根据王力(1936)的研究,南北朝的三个时期,第一期的特色是"1. 歌戈麻混;2. 鱼虞模混;3. 东冬钟江混;4. 先仙山混",第二期的特色是"1. 歌戈不与麻混;2. 虞模不与鱼混;3. 东不与冬钟混;4. 肴豪各不与萧宵混",而第三期的特色是"1. 江归阳;2. 欣归真;3. 青独立"。切韵时期的音系应该是经历这些变化而形成的结果。

上古音系是阴、阳、入三声相配的一种整齐的系统,元音的链移性高化似乎没有涉及阳、入声韵,例如"鱼铎阳"的"铎阳"的元音仍旧保持旧读-ɔ,"侯屋东"的"屋东"的元音也并没有因侯的复元音化而复元音化,仍旧保持-u-的旧读,等等。这样,阴、阳、入三声相配的格局就此解体,而形成入声归附于阳声的分类新体制,进入一般所说的中古音系的新时期。

三　离散式音变和音系结构的调整

前面所分析的链移性音变是一种理想化的语音演变,每部字都发生了整齐的变化，但实际情况比这种理想化的演变方式要复杂得多。如以后来形成假摄字的-a为例，来自鱼部70字，歌部20字，支部2字（根据陈复华、何九盈1987而进行的统计），来源不一，说明链移性的语音演变并不是依照“语音规律无例外”的方式进行的，因而需要对音变的方式进行一些具体的讨论。

音变的方式，根据现在的研究，大体上可以分为连续式音变、离散式音变和叠置式音变三种（徐通锵，1991a），每一种音变方式都有它自己的特点和适用的范围。连续式音变的特点是“语音规律无例外”，参与变化的语音单位，只要有相同的语音组合条件，就都会整齐地发生变化；如果其中有例外，那也可以找到例外的规律。段玉裁曾有一句名言，即：“一声可谐万字，万字而必同部，同声必同部。”这虽然是就造字的时候的语言结构规律来说的，但与青年语法学派的“语音规律无例外”的音变理论实有异曲同工之妙。段玉裁（1735—1815）在哪一年提出这一著名的论断，难以详考，但可以确认比青年语法学派雷斯金1876年提出“语音规律无例外”这一论断的时间要早一个世纪左右。这是汉语研究中一种重要的语言结构的理论和音变的理论，它使音变的研究有了一个科学的观察视角。段玉裁依据这一理论来观察从上古到中古的语音演变，发现同声异部的现象，于是提出“正音”和“变音”的理论，具体解释韵部演变中出现的交叉现象：

> 古音分十七部矣；今韵平五十有七，上五十有五，去六十，入三十有四，何分析之过多也？曰，音有正变也。音之敛侈必适中；过敛而音变矣，过侈而音变矣。之者，音之正也；咍者，之之变也。萧宵者，音之正也；肴豪者，萧宵之变也。尤侯者，音之正也；屋者，尤侯之变也。鱼者，音之正也；虞模者，鱼之变也。蒸者，音之正也；登者，蒸之变也……脂微者，音之正也；齐皆灰者，脂微之变也。支者，音之正也；佳者，支之变

也。歌戈者，音之正也；麻者，歌戈之变也。大略古音多敛，今音多侈。之变为哈，脂变为皆，支变为佳，真变为先，侵变为盐，变之甚者也。其变之微者，亦审音而分析之。音不能无变，变不能无分。明乎古有正而无变，知古音之甚谐矣。

这是以“同声必同部”为理论基础来观察音变而得出来的结论，把符合这一原则的称为“正”，偏离这一原则的称为“变”，线索很清楚；至于从“正”到“变”的理由，段玉裁当时因受科学发展水平的限制，只是用“敛”和“侈”来解释，这虽然抓住了音变的脉络，但由于缺乏语音学的工具，难以把问题说清楚，因而需要根据现代历史语言学的原理进行新的探索，作出合理的解释。

对于语音的演变，我们一般都习惯于用“语音规律无例外”的连续式音变来解释，但是段玉裁所分析的“正”“变”音现象根本无法用这种音变方式来解释。词汇扩散是一种重要的音变方式，自王士元于 1969 年在《相竞的变化产生剩余》一文中提出这一理论之后已在语言研究中得到了相当广泛的运用。这基本上是根据汉语的研究总结出来的一种音变理论，我们称之为离散式音变，其特点就是“每一个词都有它自己的历史”。“每一个词都有它自己的历史”原是方言地理学派提出来的一个口号，目的是与青年语法学派的“语音规律无例外”相抗衡；词汇扩散理论是这一口号的复苏。这两个口号所代表的理论都正确，只是各有自己特定的条件和适用的范围；超出自己所适用的范围，它就会走向谬误。我们过去在语言史的研究中偏爱“语音规律无例外”式的音变，往往用来解释它不能解释的语言现象。段玉裁所说的“正音”和“变音”是无法用“语音规律无例外”的音变方式来解释的，而适合用离散式音变去解释。我们持此论断是基于如下的考虑：

第一，“同声必同部”，同一声符的字有“正”有“变”，正好说明它不是“语音规律无例外”，而是“每一个词都有它自己的历史”。比方说，“台”声的“饴诒怡贻眙治始笞”等仍保持“敛”的特征，成为《切韵》的止摄字，而“台胎苔抬邰炱跆鲐骀怠殆迨绐咍”等则转入“侈”，变为《切韵》蟹摄的咍韵字(赅上、去，下同)；“者”声的“都堵睹赌著猪诸煮渚翥槠楮踷褚”等变为《切韵》的遇摄字，而“者锗赭奢”等则变入《切韵》的假摄麻韵……这些同“声”的字“不同部”了，要找出产生这种“不同部”的语音条件是很困难的。这种“正”与“变”的演变方式表明，这里不是“语音规律无例外”，而是“每一个词都有它自己的历史”，是字的读音一个一个地发生变化。这是一种典型的离散式音变。

第二，连续式音变和离散式音变各有自己的演变条件，大体的情况是：连续式音变决定于共时的语音线性结构条件，一个音如处于相同的线性组合条件下就会发生相同的变化，出现“语音规律无例外”的情况；离散式音变决定于历时的语音条件，有共同来源的字(或者说“同部”或“同韵”的字)的读音可能会一个一个地发生变化，出现“每一个词都有它自己的历史”的离散式音变。这种差异的语言结构基础就是：连续式音变与语言的共时线性结构相联系，而离散式音变则与语言的历时的非线性结构相联系。例如，天津方言的 tʂ，tʂ‘，ʂ 现在正进行着离散式的音变，向 ts，ts‘，s 的方向转化，但这种转化只限于《切韵》的知章组字，与 tʂ，tʂ‘，ʂ 的语音组合条件无关(张旭，1987)。在上古向中古的演变中出现“正音”和“变音”完全符合这种历时的音变条件，依“部”进行“每一个词都有它自己的历史”的离散式音变，在音系中呈现出参差的不规则状态。如以歌戈麻为例，“南北朝第一期歌戈与麻还是混用的，至第二期后，麻韵方才独立，高允是第一期的人，集中歌麻分用，也许因为集中韵文太少,看不出合用的例子。萧子良与任昉是第二期的人,他们的歌麻同用,大约只是仿古。江淹更奇怪了,依大部分的情形看来,该说他的歌麻是分用的;然而在他的《效阮公诗》与《萧太傅东耕祝文》里,却是歌麻合用。江淹是第二期的人,但他的用韵却有好些地方与第一期相似,非但对于歌麻是如此……”(王力,1936,15)这种既合又分、此合彼分、分合不定的现象正是离散式音变的一种典型特征,是音变过程中呈现出来的不规则现象;“语音规律无例外”的连续式音变是无法解释这种现象的,这可能就是王力感到“奇怪”的原因。

第三,离散式音变在完成了它的演变过程以后就会呈现出演变的规律性,与“语音规律无例外”的连续式音变没有什么区别,历史上那些已经完成的音变,它们是通过什么样的音变方式实现的,后人难以知晓。但是,离散式音变由于是字的读音一个一个地发生变化,因而经历的时间长,如果出现其他音变力量的干扰,就会产生中断的变化(thwarted change)。这是离散式音变中最有特点的变化,也是音系中产生不规则结构的一个重要原因(王士元,1969;徐通锵,1991a,148—271)。我们检查段玉裁所说的“正音”和“变音”,就不难发现,它们都适合用离散式音变的中断来解释,已经发生了变化的“变音”不可能再重新归队,与“正音”合流,而没有发生变化的“正音”也不可能像“变音”那样再发生原来的那种离散式音变。这样,原来“同声必同部”的结构就出现了同声异部的变化。这是汉语从上古向中古的演变中产生“正音”“变音”这类不规则现象的一个重要原因。

我们根据这三方面的理由,对段玉裁的“正音”“变音”之说进行离散式音变的解释,把词汇扩散理论引入上古音的研究。这些异于“语音规律无例外”的演变规律说明：在音系结构和演变的研究中，不能只局限于语言的线性结构，注意静态的“分”，而还应该根据音变的特点考察非线性结构对音变的影响，注意韵腹位置中元音的可能的运转方式；在演变的研究中不能只局限于“语音规律无例外”的连续式音变，而应该引进离散式音变、叠置式音变的原理，根据不同的情况对音变进行合理的解释；离散式音变中的中断的变化应该引起我们特别的注意，因为它对音系结构和音变规律会带来深刻的影响。

四　连续式音变的干扰和离散式音变的中断

离散式音变在各种语言中都可以找到大量的实例，没有什么特异之处，但汉语上古时期在链移式的元音高化过程中差不多每一个韵部都产生了离散式音变的中断，从而使演变中相互衔接的各个韵部之间错综交叉，出现大量同声异部的情况。这是很特别的，至少我们现在还不知道是不是还有其他语言的例子。形成这种成系统的、影响语音演变规律的中断的变化的原因是由于有新的音变力量的干扰；这种音变力量应该具有“同时性”的特点，即这一变化能同时对具有相同条件的语音结构产生影响。根据现实方言提供的线索，这应该是一种连续性音变，因为只有这种音变才具有“同时”的特点。宁波方言的覃韵字（赅上、去，下同）原来读-en，当它正通过离散式音变与谈韵字-ɛn 合流的时候，-n 韵尾由弱化而消失，-ɛn、-en 分别变成-ɛ、-e。这样，覃韵字中那些已经与谈韵合流的字就读-ɛ，而原来仍旧读-en 的字就读-e，与音系中原来的-e

韵字合流，而后并与之一起发生变化。这样，覃韵字在宁波方言中就发生了中断的变化，产生音变规律的例外，非见组的覃韵字有的读-ɛ，有的读-ɛɪ（<-e<-en）。-n韵尾的消失是一种连续式音变，由于它的干扰，音系中出现了中断的变化。仔细检查各种中断变化的原因，大体上都是由于连续性音变的干扰；王士元用文白异读的现象来解释中断的变化，不确切，因为文白异读是一种叠置式音变，涉及两种方言系统之间的关系，与系统自我演变的离散式音变的性质不同（徐通锵，1989，107—110；1990，116—123）。这种音变机理同样适用于中古音、上古音的研究，可以用来解释中断变化的原因；至于是什么样的连续性音变导致中断变化的产生，由于音变的过程已经早已完成，很难找到确切的痕迹，不过有一点可以肯定，这种音变不会是韵母中的某种连续性音变，因为一种韵母的某种连续性音变是不会产生整个元音系统的链移性音变的中断的。那么，是什么样的连续性音变导致这种离散性音变的中断？只能是声母的变化，而复辅音的简化又可能是其中的一个重要原因；两汉以后长期的社会动荡促进了语言的相互影响，也会对这种变化起推波助澜的作用。

根据汉字的谐声系列，上古汉语是有复辅音的，即不同声而相互有接触的字（如史：吏；各：路……）的声母原为复辅音，但在语言的往后演变中复辅音的"复"(2,3)单化为"1"，而这种单化在某些条件下又可能会给语言的结构和演变带来一些影响。这种影响，尽管我们现在还知之不多，但根据已经发现的一些线索，复辅音的单化对语言的演变是有影响的。雅洪托夫（1960，42—47）根据字族中来母l可以和任何辅音交替的情况认为"声母为l的字可能是声母为任何其他辅音的二等字的声旁；反之亦然，声母为任何其他辅音的二等字也可能是声母为l的字的声旁”“二等字来自上古汉语带介音l的字,因此只有在那些很久以前有过l的字中,才可能有正齿音。既然正齿音总是跟齿头音发生交替,很明显,正齿音来源于齿头音与l的组合tsl,sl等。l音在这里引起了声母的变化:齿头音变为正齿音”。齿头音变为正齿音的原因不一定如雅洪托夫所解释的那样(徐通锵,1994),但带l的复辅音的单化对韵母的演变会产生影响,这恐怕不会有什么问题。例如,“肖”声的“宵消销逍硝霄悄峭鞘”等变入宵韵,而“稍梢捎潲”等则变入肴韵,形成段玉裁所说的“萧宵者,音之正也;肴豪者,萧宵之变也”的情况。“肖”声的这种分化用sl-之类的复辅音来解释,可能是比较合适的。我们把这里的l看成为复辅音的一部分,而不是看成为二等韵的介音,因为“等”的形成时间要晚于正齿音和齿头音的分化。用这种复辅音的简化来解释韵部的分化,那自然是属于连续式音变的范畴,因为这里找到了音变的共时条件。这就是说,我们前面所讨论的离散式音变的中断就是由这种连续式音变的干扰造成的;不过除复辅音的简化以外还有没有其他的连续性音变的作用?韵尾的变化对中断的变化的产生有没有影响?都还有待于来日的研究。

离散式音变的中断在上古音系的演变中占有如此重要的地位,可能与语言的相互影响也有密切的关系。魏晋南北朝时期,战争频仍,民族关系密切,居民迁徙频繁,这些都可能对语音的演变带来重大的影响,促进某些连续性音变的发展,从而使正在进行中的离散式音变中断,形成不同韵部的字交错杂居的情况。不过这是可能的推断,具体的情况尚待新的材料的发现。

前面的讨论说明,每一种音变方式都有它特定的语言结构的基础，基本的情况是：音系的共时线性结构产生连续性音变，特点是"语音规律无例外"；历时的非线性结构产生离散性音变，特点是"每一个词都有它自己的历史"；而不同方言系统的竞争则产生叠置式音变，特点是通过同源成分的不同表现形式（文与白）的一胜一败的竞争和替代推进音系的演变。以往的语音研究只注意"语音规律无例外"的连续性演变，因而难以解释那些离散性音变、叠置性音变的现象。音变的研究应该先弄清楚不同音变现象的音系结构基础，不能用"语音规律无例外"的连续性音变来解释离散性音变、特别是其中的中断的音变现象。

引用书目

布龙菲尔德　1933　《语言论》，商务印书馆，1980。

陈复华、何九盈　1987　《古韵通晓》，中国社会科学出版社。

李方桂　1980　《上古音研究》，商务印书馆。

李　荣　1984　《在上古音学术讨论会上的发言》，《语言学论丛》第14辑，商务印书馆。

萨丕尔　1921　《语言论》，商务印书馆，1985。

特鲁贝茨科依　1939　《音位学原理》（俄文版），莫斯科外文出版社，1960。

王洪君　1986　《（江西）高安方言字表》，未刊。

王　力　1936　《南北朝诗人用韵考》，《王力文集》，山东教育出版社，1991。

——　1982　《同源字典》，商务印书馆，1982。

徐通锵　1989　《变异中的时间和语言研究》，《徐通锵自选集》，河南教育出版社，1993。

——　1990　《结构的不平衡性和语言演变的原因》，同上。

——　1991a　《历史语言学》，商务印书馆。

——　1991b　《语义句法刍议》，《徐通锵自选集》，河南教育出版社，1993。

——　1994　《音系的结构格局和内部拟测法》，《语文研究》第3—4期。

徐通锵、叶蜚声 1981 《内部拟测法和汉语上古音系的研究》,《语文研究》第1期。

雅洪托夫 1960 《上古汉语的复辅音声母》,《汉语史论集》,北京大学出版社,1986。

雅科布逊 1957 《类型学研究及其对历史比较语言学的贡献》,《语言学资料》1962年第10期。

张 旭 1987 《天津话新旧两派声类分析》,《语言研究论丛》第4辑,南开大学出版社。

Bynon, T. 1979 *Historical Linguistics*, Cambridge University Press.

Labov, W.(拉波夫) 1972 On the Use of the Present to Explain the Past, *Readings in Historical Phonology*, The Pennsylvania State University Press, 1978.

Martinet, A.(马尔丁内) 1955 Function, Structure and Sound Change, 同上。

Wang, W. S-Y(王士元) 1969 Competing Change as a Cause of Residure, *Language*, 45.

"阴阳对转"新论*

【提要】阴阳对转是指上古汉语平上去声收鼻音和不收鼻音的字互相押韵、谐声、通假的现象。这种现象的成因人们的认识见仁见智，相互间存在着很大的差异。本文以语音的易变性和音系结构格局的稳固性的对立统一理论为基础，用现实的音变机理解释历史上的音变规律，根据从文白异读的研究中总结出来的叠置式音变原理对汉语史上这一重要的概念作出了新的、有根据的解释。

"阴阳对转"是汉语古音学的一种重要理论，每一本汉语史著作都会对这个问题进行具体的讨论。这个概念看起来并不难懂，是指"上古汉语平上去声收鼻音和不收鼻音的字互相押韵、谐声、通假的现象"(俞敏，1988)，但为什么能"互相押韵、谐声、通假"？"对转"的性质、机制是什么？与音系的结构规则、演变规律的关系又是什么？这些问题该如何认识，学者们并未深究，因而对"阴阳对转"理论的解释和运用，见仁见智，相互间存在着很大的差距。这样一种重要的音韵理论，它的性质、构造原则、运用范围等应该有一个明确的鉴别标准，以避免各唱各的调。我们这里想用现代

---

* 原载于《语文新论》，山西教育出版社，1996；《北京大学百年国学文粹·语言文献卷》，北京大学出版社，1998。初稿完成后，承蒙王福堂、王洪君两位先生指正多处，谨致谢忱。

历史语言学的理论和方法来考察这个问题，希望能弄清楚隐蔽于“对转”背后的原理和原则。

一 “阴阳对转”和其研究中的局限

“阴阳对转”是孔广森在戴震阴阳相配的理论基础上提炼出来的一个重要概念，主要目的是为古韵的分部服务。这个概念大体上包含三层意思。第一，古韵分十八部，没有鼻韵尾的阴声韵九部（歌、支、脂、鱼、侯、幽、宵、之、合），有鼻韵尾的阳声韵九部（原、丁、辰、阳、东、冬、侵、蒸、谈），它们两两相对（歌—原，支—丁……），可以互相转化，形成“阴阳对转”的格局。第二，“阴”与“阳”如何对转？孔广森认为后来变成《广韵》入声的那些韵类是“阴阳对转”的枢纽，“入声者，阴阳互转之枢纽而古今变迁之原委也。举之、哈一部而言之，之之上为止，止之去为志，志音稍短则为职。由职转，则为证、为拯、为蒸矣。哈之上为海，海之去为代，代音稍短则为德。由德而转，则为嶝、为等、为登。推诸他部，耕与佳相配，阳与鱼相配，东与侯相配，冬与幽相配，侵与宵相配，真与脂相配，元与歌相配，其间七音递转，莫不如是”。第三，“阴阳对转”的客观语言基础是方言的差异，“转阴转阳，五方之殊音”。这种解释在当时是一种很有创造性的见解，只是由于学科发展水平的限制，没有展开讨论。在上古韵部的研究中引入“转”的思想，具体考察不同韵部之间的关系，这确是一种开创性的理论研究。

孔广森“阴阳对转”理论的上述三点内容，第三点“五方之殊音”，后代学者不大理会，能进行具体讨论的文章很少；第二点，由于多数学者不同意孔广森“上古无入声”的论断，因而在“对转”的研究中也就失去了它的地位。这样，后世学者对"阴阳对转"理论的研究大多就集中于第一方面的内容，只讨论韵部之间的对转关系，其中影响最大的自然要首推章炳麟和王力。章炳麟在考察了上古韵部之间的远近关系之后在《国故论衡》等著作中提出了他的"对转"理论，用《成均图》来表示各个韵部之间的"转"的关系，并在"对转"之外又创"旁转"之说。这个《成均图》后来受到了很多批评，"因为他无所不通，无所不转，近于取巧的办法"（王力，1936，347）。这种批评固然指出了《成均图》的局限和弊端，但是没有涉及产生这种弊端的原因，也没有否认《成均图》所依据的"无所不转"的语言事实。原因不清，后来的研究也就很难摆脱这种"无所不转"的思路，只是表述的形式有所不同而已。王力在1936年就对《成均图》提出了批评，而在60年代初期，这种批评更严厉，认为"章氏的成均图，是主观臆测的产物。韵部的次序和地位，都是以意为之的，因此，由成均图推出的结论往往是不可靠的"（王力《清代古音学》，598），但他自己也并没有因此而摆脱这种"无所不通，无所不转"的毛病。为了说明问题，这里先列出他在《同源字典》中的韵部系统表：

甲类：	之	ə	支	e	鱼	a	侯	o	宵	ô	幽	u
	职	ək	锡	ek	铎	ak	屋	ok	沃	ôk	觉	uk
	蒸	əng	耕	eng	阳	ang	东	ong				
乙类：	微	əi	脂	ei	歌	ai						
	物	ət	质	et	月	at						
	文	ən	真	en	元	an						
丙类：	缉	əp			盍	ap						
	侵	əm			谈	am						

王力认为，"同类同直行者为对转""同类同横行者为旁转""旁

转而后对转者为旁对转”“不同类而同直行者为通转”“通转也是比较常见的，例如鱼铎阳和歌月元的通转”(王力，1982，12—17)。这样，不同韵部之间照样都可以有“转”的关系，不是“对转”，就是“旁转”“旁对转”或“通转”。

在“阴阳对转”的研究中为什么难以摆脱“无所不通，无所不转”的状态？这与对“阴阳对转”的性质的认识以及由此而产生的研究方法有关。阴阳对转，这是语言演变中的一个重要问题，王力(1957，136)曾对此有过明确的表述：“‘阴阳对转’不应该了解为一个字同时有阴阳两读，而应该了解为语音发展的一种规律，即阳声失去鼻音韵尾变为阴声，阴声加上鼻音韵尾变为阳声。前者是比较容易了解的，但后者也并不是不可能的。”作者怕人们不易理解，还为阴声的阳声化加了一个脚注：“在现代广西博白方言里，由于修辞的关系，经常在开口音节后加上一个-n 尾。例如‘鹅’字一般念 ŋɔ，但如果形容其小，或加上感情色彩，就说成 ŋɔn。”这两段话，我们有些同意，有些不同意。说“阴阳对转”是语音发展的一种规律，这是完全正确的；说一个字不能阴阳两读，有失分析，没有分清语音演变的不同方式，因而结论不可靠；“鹅”由 ŋɔ 变为 ŋɔn，这与阴阳对转无关，而是儿化的一种方式(李荣，1978；叶国泉、唐志东，1982；徐通锵，1985)。这里涉及到对音变方式的认识问题。语音的演变方式可以分为连续式音变、离散式音变和叠置式音变三种：连续式音变和离散式音变是语言在时间上的变化的两种形式，其特点是“变”，即 A 变为 B，在语言中呈现出来的形式就是所谓“语音规律无例外”和“每一个词都有它自己的历史”，这是语言系统自我调整、自我演变的两种方式；而叠置式音变是通过文白异读的形式表现出来的两种方言系统的竞争，是语音演变的一种空间表现形式(徐通锵、王洪君,1986;徐通锵,1991)。语言学家一般习惯于用连续式音变的观点来观察语音的演变,上述章炳麟、王力对"阴阳对转"的理解基本上是一种连续式音变的观点,用"对转"来解释韵部之间因音变而产生的不合规律的例外。它脱离了孔广森关于"转阴转阳,五方之殊音"的论断。我们觉得"五方之殊音"的论断没有错,因而用连续式音变或离散式音变来解释"阴阳对转",恐怕与语言事实有违,很难说得通,似应用叠置式音变的理论来解释阴阳对转的问题。

"转"的概念最早见于《方言》。如卷三:"庸,谓之倯,转语也。"又卷十:"煤,火也,楚转语也,犹齐言焜,火也。""緤、末、纪,绪也,南楚皆曰緤,或曰端,或曰纪,或曰末,皆楚转语也。"又卷十一:"……蠾蝓者,侏儒语之转也。"所谓"转",其含义就是变化,与通语相对。《方言》是以"通语"释"殊言"的著作,因而有些地方用这种"转"来解释方言之间的差异,开始了语言演变的研究。郭璞在注《方言》的时候,对这种"转"又有所补充和发挥,如卷五:"薄,宋魏陈楚江淮之间谓之苗,或谓之麴。"郭璞注:"此直语楚声转耳。"这方面的研究散见于各处,但都是用方言之间的关系来解释"转"的。"阴阳对转"的"转"应该也属于这种性质,指阳声韵因韵尾的消失而变成阴声韵,从而和有关的阴声韵发生纠缠;或者反过来,阴声韵因产生鼻韵尾而变成阳声韵,形成"阴"与"阳"的相互转化。离开方言之间的关系,恐怕很难解释这种转化。在以往的研究中,林语堂(1933a,425—428;1933b,84—87)比较注意这方面的问题,认为"古有方音,必有方音的踪迹可寻,吾国音韵学家,只知某音与某音通转,某声与某声相近,而对于此音转的时代地域,多茫然置之"。他根据文献资料所提供的线索,认为陈宋淮楚地区存在着歌寒对转现象。例如,"陈楚之俗,言桓声如和"(如淳);"韩灭,子孙分散,江淮间音以韩为何,字随音变,遂为何氏"(《广韵》"何"字下注);《左传》定四年,殷民七族有繁氏,"繁"注"步何反"音婆,等等。"这个音转,主要自然在收-n音之遗失,或并于以前元音中,使元音成鼻音化,由-an入-ā""陈宋淮楚元寒桓声入歌戈麻声,或读-a,或读-o,或尚留鼻音,或鼻音全失";"……但是寒桓等音的失去n音,并不限于此地。据我们所考的材料,于燕赵齐鲁寒音转入虞模,而不入歌。同时在此燕齐鲁卫中山,并有他类阳声的转变,大抵仙转入支,真转入脂,谆文欣魂转入微灰……"俞敏(1988)同意林语堂的解释,认为"林语堂的方音说是有根据的"。由于音变理论认识的局限,林语堂和俞敏虽然正确地解释了方言中阳声韵变成阴声韵的问题,但都没有说阴声韵如何向阳声韵的转化。这说明他们还没有找到"阴阳对转"的机理。

理论是从实际语言现象的研究中提炼出来的假设,都有其特定的适用范围,超越这种范围,它就会变成谬误。以往在"对转"的研究中为什么会出现"无所不通,无所不转"的现象?为什么只能解释阳声韵的阴声化,而无法解释阴声韵的阳声化?主要的原因就是只考虑语言在时间上的自我演变,而没有考虑方言间的空间竞争,把演变中的"五方之殊音"的不同系统(空间)的竞争纳入到不同历史时期(时间)的变化中去研究,因而无法对不同时空中的问题进行具体的分析。"无所不通,无所不转",实际上就是说明我们还没有弄清楚"阴阳对转"问题的要害和关键。关键是什么?就是一个"对"字,即阳声韵可以转化为阴声韵,阴声韵也可以转化为阳声韵。入声韵也可以因失去塞韵尾而转化为阴声韵,但它没有这种"对"的特点,不会再反过来转化为入声韵。"阴阳对转"的

"对"的特点,我们认为只有用叠置式音变的理论才能得到合理的解释。人们可能会问:这种理论假设有什么根据?主要有两条:第一,现代语言学的研究已经证明:语音虽然很容易发生变化,而且它的变化速度还有可能相当快,但是控制音变的机理、速度、方向、目标等的音系结构格局却是相当稳固的,很难发生变化,"两种在历史上有关的语言或方言,可能没有任何共同的语音,但是它们的理想的语音系统却可以是同格局的"(萨丕尔,1921,48)。汉语的不同方言相互间虽然千差万别,但它们的结构格局是相同的,由它所控制的音变机理、方式也大体一样,就是这方面的一个有力证明。由于结构格局的稳固性,因而由它所控制的音变机理古今也不会有多大的差异,我们完全有理由用现在的音变机理去说明历史上已经完成的音变规律,作出理论性的解释(W. Labov, 1972;徐通锵,1989a,1994b)。就本文的研究来说,就是先弄清楚现实方言的"阴阳对转",而后以此为基础去解释先秦两汉时期的阴阳对转。第二,把现代方言的音变机理和相关的历史材料结合起来,进一步说明有关的音变原理。我们下面依次讨论这方面的问题,弄清楚"对转"的"对"的机制和原理。

二 现实方言的"阴阳对转"和叠置式音变

上古时期的"阴阳对转",由于方块汉字的跨时间、跨空间,不与特定时、空的语音相联系的特点,我们无法对它进行语音学的描写,但是现实方言的"阴阳对转",我们是有办法弄清楚它的机制和规律的。如上所述,音变的方式不外乎以"语音规律无例外"为特点的连续式音变、以“每一个词都有它自己的历史”为特点的离散式音变和以“竞争”为特点的叠置式音变三种，其中连续式音变和离散式音变普遍存在于各种不同类型的语言中，而叠置式音变则是根据汉语文白异读现象的研究总结出来的一种新的音变理论。我们可以以这三种音变方式为基础去考察“阴阳对转”的机制和规律，用现在的音变原理解释历史上已经完成的音变规律。

阳声韵转化为阴声韵的问题比较简单，大体就是韵尾-m，-n，-ŋ因磨损、弱化而消失，从而使阳声韵变成阴声韵。例如浙江宁波方言的咸、山摄字，韵尾-n 通过连续式音变的方式而消失（徐通锵，1991a），就是一种典型的阳声韵转化为阴声韵的现象。这种现象比比皆是，前面林语堂所说的阴阳对转就是这种类型的变化，我们用不着在这里多费笔墨。

阴声韵转化为阳声韵，情况比较复杂。一个字在语音上是一个音节；音节的发音大体上都是前强后弱，因而阳声韵、入声韵的韵尾容易因磨损而消失。阴声韵转化为阳声韵情况正好相反，需要在没有韵尾的音节中增生阳声韵的韵尾-m，-n，-ŋ。汉语的演变有没有这种增生能力？光靠系统的自我调整和自我演变（连续式音变和离散式音变），那是没有这种能力的，方言中也找不到这方面的实例。有些方言，例如湘方言的双峰话，“密迷弥”等念 mĩ，“尼泥你逆呢”等念 nĩ，厦门话这些字念 nĩ，等等，这些都是由鼻音声母的影响而念成鼻化音，非鼻音声母的阴声韵的韵母不能念成鼻化音，因而这种鼻化现象不属于“阴阳对转”的范畴，正像有些方言儿化的-n 不属于“阴阳对转”一样。一个概念应该有它特定的内涵，不然就会变成一种垃圾筒，有关的与无关的都往里头塞，那就失去了它的学术价值。这些现象都说明，阴声韵转化为阳声韵不可能通过连续式音变、离散式音变来实现，这就是说，一种方言系统如果无法依靠自身的力量实现阴阳对转，那就只能寻求其他方言的支援，产生文白异读，用叠置式音变的“竞争”方式来实现阴声韵向阳声韵的转化。我们可以用山西方言的某些音变来说明这方面的问题。请比较阳声韵宕摄字在下列方言点中的语音表现（文/白）：

	汤	糠	张	量	王
闻喜	tʻʌŋ/tʻə	kʻʌŋ/kʻə	tsʌŋ/tsə	liʌŋ/liə	uʌŋ/yɛ(地名)
洪洞	tʻaŋ/tʻo	kʻaŋ/kʻo	tʂaŋ/tʂo	liaŋ/lio	uaŋ/—
平遥	tʻaŋ/tʻuə	kʻaŋ/kʻuə	tʂaŋ/tsuə	liaŋ/luə	uaŋ/uə
祁县	tʻã/tʻa	kʻã/kʻa	tʂã/tʂa	liã/lia	uã/
太原	tʻɑ̃	kʻɑ̃	tsɑ̃	liɑ̃	vɑ̃

这是同蒲路南段的几个方言点，由南而北排列。除太原外，各点都有文、白两种读音。白读代表本方言的土语，文读则是在本方言音系所许可的范围内为弥补因宕摄字的阴声化而从权威方言中移借过来的新形式，以恢复宕摄字的阳声韵地位。我们曾用“叠置”来描写文白异读的结构（以闻喜话为例）：

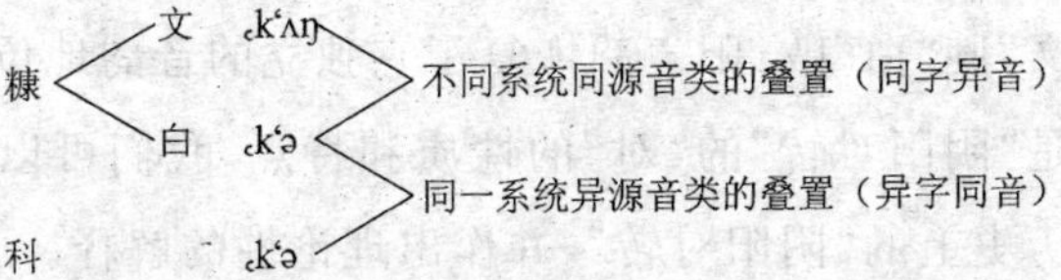

“糠”的白读形式如何演变决定于它与之叠置的果摄字的演变，而它在系统中能否存在则决定于它和文读形式的竞争，一般的情况都是文胜白败，白读形式最后只能残存于一些地名和人名的姓氏中（例如上表中“王”字的读音那样），甚至可以在系统中消失得无影无踪，不留痕迹。我们了解了文白异读的这种叠置的结构，就可以清楚地了解现实方言中“阴阳对转”的性质：“同一系统异源

音类的叠置”就是阳声韵已经完成了向阴声韵的转化，这是通过“语音规律无例外”的连续式音变实现的，而“不同系统同源音类的叠置”就是阴声韵转化为阳声韵，通过以“竞争”为特点的叠置式音变实现。阴声韵与阳声韵的相互转化不以元音是否相同为条件，也不能漫无目的地乱转，而是以历史音韵为条件，一种方言的某一类阳声韵如因韵尾的磨损、消失而转化为阴声韵，可以借助于权威方言的影响，移入同源音类的语音形式，进行音系结构的调整，恢复该方言的阳声韵的独立的音韵地位。所以，文读形式的产生可以调节方言的发展速度，控制它的演变方向，使它不至于因系统的自我变化而偏离汉语的音系结构格局（徐通锵，1991b，350—353）。

前面的分析说明，方言中的“阴阳对转”大体上可以分为三个阶段：

一、阳声韵的阴声化；

二、接受权威方言的影响而产生文读形式，出现“文”与“白”的竞争；

三、“文”胜“白”败，阳声韵恢复了它独立的音韵地位。

这就是“阴阳对转”的“对”的性质和特点，我们可以以此为视角去观察历史上的“阴阳对转”，并作出理论性的解释。

音节各部分的发音前强后弱，这是汉语的一种发音机制。从阳声韵转化来的阴声韵固然可以通过文白异读的叠置式音变恢复它的阳声韵的独立的音韵地位，但并不能改变音节的前强后弱的发音机制。因此，开始时以文读形式出现的阳声韵在语言的演变中仍旧有可能因韵尾的磨损而向阴声韵转化，上表中的祁县方言就表现出这种发展趋向：宕摄字文读形式的鼻韵尾-ŋ已经消失，只在主要元音的鼻化中还留有它的一点痕迹，如果进一步发展，这一点痕迹也会随之消失，这样，它就有可能再一次转化为阴声韵。太原方言没有“文”与“白”的对立，但从“王”字的读音来看，宕摄字的-ã应是对应于其他方言点的文读形式，随着语言的发展，它也会再一次向阴声韵转化。这种音变的机理是我们观察历史音变的一种重要窗口。

音变的三种方式，现实方言的“阴阳对转”只有连续式音变和叠置式音变与之有关，那离散式音变在这里有没有地位呢？从音变所提供的线索来看，离散式音变只适用于同类性质的音类的分化和合流的分析，例如宁波方言鱼、虞韵字与尤、幽韵字的合流，谆、文韵见系字与东$_{三}$、钟韵见系字的合流（徐通锵，1989a，86—88），与“阴阳对转”之类的变化无关。这种音变方式用来分析历史上两类似分又合、相互有纠葛的音类之间的关系可能有重要的价值。例如孔广森所说的“通韵”“其用韵疏者，或耕与真通，支与脂通，蒸、侵与冬通，之、宵与幽通。然所谓‘通’者，非可全部混淆，间有数字借谐而已”，大概就是历史上正在进行的一种离散式音变，“用韵疏”的各韵正处于分化或合流的过程中，因而“非可全部相混，间有数字借谐而已”。王力（1936，306）在批评孔广森时说过：“孔氏的最大错误也在乎求整齐：这是中国大多数的音韵学家的通病。因为阴声有九类，阳声也只容有九类，好教它们恰够相配。甚至阳声第二与第三类通用，阴声也跟着是第二与第三类通用；阳声第六第七第八类通用，阴声也跟着是第六第七第八类通用。这种整齐的分配法无论如何总有几分勉强的。”确实，这是一种求整齐的方法，不过章炳麟的《成均图》和王力自己的声类对转、通转表也是一种求整齐的办法。为什么音韵学家都力求整齐？为什么一定要把那些相互有纠缠的韵类设法用“转”“通”“疏”等把它们整齐化？主要是以往对音变的理解都局限于“语音规律无例外”的连续式音变的一种方式中，思想上没有离散式音变、叠置式音变的观念，因而碰到这些音变方式的语言现象就显得缩手无策，只能借用“通”“疏”“转”这些概念来自圆其说。不同类型的音变现象应该用不同的音变方式去解释。上面所说的是现实方言所提供的音变机理。由于音系结构格局所控制的音变机理古今大体相同，因而我们完全可以把这种机理投射到古代的语言结构中去，用来解释如“阴阳对转”之类的语言现象，揭示出隐含于它背后的规律。

三 阴阳对转和方言差异

“文白异读”是赵元任首先在《现代吴语的研究》中提出来的，但系统的描写始自罗常培在 1931 年出版的《厦门音系》。“文白异读”是现代中国语言学的一个概念，但是这种现象早就存在。例如在《中原音韵》时代，《切韵》收-k 尾的入声韵铎、药、觉有 16 个小韵“薄缚铎浊凿着杓学萼略虐岳幕喏落若”分见于萧豪与歌戈，而“剥阁鹤角”等只见于萧豪韵，屋（沃）韵的“轴逐熟竹粥烛宿褥”等字分见于尤侯和鱼模，而“肉六”只见于尤侯（杨耐思，1985，147，176）。列入萧豪与尤侯的小韵相当于现代北京话的白读系统，列入歌戈和鱼模的相当于现代北京话的文读系统，说明《中原音韵》时期已经存在文白异读。现代方言和《中原音韵》时期的文白异读不是从天上掉下来的，而是历史的继承，其中所隐含的“阴”与“阳”相互对转的原理应该同样适用于汉语早期的“阴阳对转”的解释。我们可以顺着这一途径探索先秦两汉时期阴阳对转的结构，把它看成为一种文白异读。为了和现代的文白异读现象区别开来，历史上的“文白异读”一律打上引号。

“阴阳对转”是“上古汉语平上去声收鼻音和不收鼻音的字互相押韵、谐声、通假的现象”，孔广森提出了这个问题，但例证不多。杨树达(1934,96—148)为弥补这一欠缺，著有《古音对转疏证》，汇集了书面文献中的各种例证，足够我们去分析它的性质和规律；“韵部之分，取黄君季刚之说”，人们不一定同意，但对“阴阳对转”的分析无碍。这篇文章分微没痕、歌曷寒、支锡青、模铎唐、侯屋钟、咍德登六类十八部，“自余诸部，姑俟他日”。杨树达从韵文通谐、文字声类、重文、经传异文、读若、语言变迁等方面进行疏证。次年十月，即将近一年之后，他又写了《古音咍德部与痕部对转证》一文，补充列出与前文不大一致的语言现象，说明咍不仅和登有对转关系，而且也和痕有对转关系。我们可以从登、痕与有关阴声韵的关系来考察阴阳对转的性质和规律。

根据《疏证》提供的各种线索，痕与微对转的69例，与没对转的19例。痕收-n尾，阳声韵，它与阴声韵微对转，说明韵尾-n已经发生变化，或者说，在某一方言中已经发生变化。阳与阴共存，根据现实方言叠置式音变的机理，我们可以假设读入痕部的字为收-n尾的“文读”形式，因丢失-n尾而读入微部的字为“白读”形式，如“类君比”为韵的“君”，“回本师”为韵的“本”，“衣汶”为韵的“汶”，它们都因失去鼻韵尾-n而变成相应的阴声韵，相当于叠置式音变中的“同一系统异源音类的叠置”。由于阳声韵因失去鼻韵尾而与相应的阴声韵同音，因而文献中才有可能“微部读音字从痕部声类”(如伊从尹声，祈从斤声，挥从军声等)，“痕部读音字从微部声类”(如员从口声，牝从匕声，睎从希声等)；异文中才有可能

"微部字或作痕部字"(如慰—愠,几—近,畿—近,祇—振,祇—震,戾—吝等),"痕部字或作微部字"(运—违,蕴—委,君—威,辰—夷,震—祇,分—比等);才有可能"微部字读若痕部字"(衣—殷,匪—分等),"痕部字读若微部字"(卺—己,昕—希,衅—薇等)。不是阳声韵因失去鼻韵尾而与相应的阴声韵形成"同一系统异源音类的叠置",就无法理解这种与规律相矛盾的现象,光用"对转"两个字是无法揭示其中的机理和规律的。

那么,为什么阳声韵"痕"也能与入声韵"没"对转?这就涉及到对上古阴声韵的认识了。阴声韵有没有辅音性的韵尾?历来是汉语音韵史研究中的一个难点,争论很多。高本汉(1923)根据诗韵阴入相押,谐声字阴入相通的现象认为阴声韵收塞辅音韵尾*-b,*-d,*-g。W.西门(W. Simon)认为一种语言不可能同时具备两套同部位的塞音韵尾,主张把阴声韵的韵尾改拟为*-ß,*-ð,*-ɣ(据董同龢,1944)。后来董同龢、李方桂、周法高等都对此提出了一些具体的设想,认为确切的音值难以拟测,写法上不妨沿用*-b,*-d,*-g。王力(1957,1985)反对上述假设,认为收塞辅音韵尾的都是入声韵,阴声韵没有辅音韵尾,它或者是无韵尾(之支鱼侯宵幽),或者是-i韵尾(微脂歌)。我们根据汉字谐声的原则、诗歌押韵的传统(单元音和以-i、-u收尾的阴声韵与收-p、-t、-k的入声韵不能押韵)和"阴阳对转"提供的线索,支持阴声韵有辅音韵尾的说法,不然"阴阳对转"怎么会把入声韵也"对转"进来呢(姑且不说诗韵和谐声)!至于是什么样的辅音韵尾,我们觉得浊擦音的可能性大一些,因为鼻音-m、-n、-ŋ在发音时如果舌根与硬腭的接触稍为松弛一些,就会变成相应的浊擦音。现代方言也提供了这种线索,例如山西大同方言(马文忠、梁述中,1986)臻、曾、梗三摄合流后韵尾就由-ŋ变为-ɣ。这些线索都促使我们承认阴、入两类韵在上古有密切关系的假设。固然,承认阴声韵有辅音韵尾,那上古汉语的语音系统就全是闭音节,与雅科布逊(1957,10)所说的类型学的"通则"发生冲突(确实,现在世界上还没有发现一种全是闭音节的语言),但面对谐声、诗韵、"阴阳对转"等这些无可辩驳的事实,我们只能根据语言事实提出相应的假设,不能拘泥于类型学的通则,因为通则是用归纳法归纳出来的,它需要不断地根据新发现的语言事实而加以修正。例如,雅科布逊的"原始印欧语为单元音系统的这种假设,在全世界记录下来的语言中完全没有得到证实"的论断就应该修正,因为汉语上海话的元音系统就是由单元音组成的。类型学的"通则"如与语言事实发生矛盾,应该以语言事实为准。

用文白异读的机制来解释"阴阳对转"是以上古时期的汉语存在方言差异为前提的。上古汉语有方言差异,这一点不应成为问题,因为史书上已有一些零散的记载,扬雄的《方言》已经如实地记录了古时方言语汇的差异,林语堂(1927,16—44)还曾据此对西汉时期的方言分区进行了一些具体的探索。我们这里不想引证、评述这些论著,而只就"阴阳对转"等语言事实所提供的线索考察有关的方言分歧。如上所述,痕与微、没对转,但是它又可以和咍、德对转;或者说,咍、德可以与登对转,又可以与痕对转。杨树达对这种矛盾的对转关系各自列举出详尽的例证。"通转"说除了表面上的自圆其说之外,并不能对这种歧异现象的性质作出有说服力的解释。实际上,这种歧异的对转反映了方言的差异:咍、登、德对转是一个方言区,咍、德与痕对转是另一个方言区,而这个方言区还可能由于痕、登合流(犹如上述的大同方言那样)而与相关的阴、入声韵微、没、咍、德叠置。不管是哪一种情况，都与方言的歧异有密切的关系。杨树达所举的例证多数见于《说文解字》，这就使人们有可能通过谐声、诗韵等的歧异看到上古汉语的方言差异。

段玉裁在上古音的研究中曾提出过"同声必同部"的著名论断，认为"考周、秦有韵之文，某声必在某部，至啧而不可乱。故视其偏旁以何字为声，而知其音在某部，易简而天下之理得也""一声可谐万字，万字而必同部，同声必同部"。这是上古汉语音韵结构的一条重要原理，使谐声关系的研究有了科学的根据。但"阴阳对转"的情况与此矛盾，同声不同部，如从"斤"声的祈、沂、圻等因对转读入微部，而斤、芹、近、欣、靳、昕、忻等仍在痕部（相当于段玉裁的第十三部）；从"军"声的挥、晖、辉等读入微部，而军、晕、运、恽等仍在痕部，这与"同声必同部"的原理如何统一？段玉裁自己用"音转说"来解释同声异部的现象，认为"凡一字而古今异部，以古音为本音，以今音为音转……第十三部第十四部音转皆入脂微"（《古十七部本音说》）。这里段已看到了语言的演变，只是由于科学发展水平的限制，还说不出原因来，只能用"音转"进行模糊的解释。其实，"同声必同部"和同声异部是一个问题的两个方面，犹如音变的规律和例外的关系，"例外考验规律。通过例外的分析研究，可以帮助我们进一步掌握规律"（李荣，1965，107）。"同声必同部"犹如音变的规律，而同声异部的情况犹如规律的例外，各有其自己的原因。如何解释这种原因？这只能根据实际语言现象所提供的线索进行具体的考察。例如，段玉裁说"之者，音之正也，咍者，之之变也"，从"台"声的怡、饴、贻、眙等在正音之韵，而台、胎、苔等则在变音咍韵。这种"正变音"说不能具体地解释例外的原因。根据现实方言的音变机理，应该说，这是一种离散式音变的中断（王士元，

1969;徐通锵,1991b,264—268),使一个统一的韵部分化为不同的部分。照这样说,从"斤"声的斤、欣、忻等仍在痕部,而祈、沂等在微部,是不是也是一种离散式音变的中断?否!离散式音变只能发生在同性质的音类之间,即阴声韵和阴声韵之间,阳声韵和阳声韵之间,入声韵和入声韵之间,不可能发生在阳声韵和阴声韵之间,因此可以把音韵学上所说的"阴阳对转"从离散式音变中排除出去。阴阳对转既然不能列入连续式音变和离散式音变,这就从另一个侧面支持我们关于"阴阳对转"是古时"文白异读"的解释,与叠置式音变有关。

四 《广韵》阳声字的阴阳异切和它的文白异读的性质

可能有人会说,现代方言的文白异读和先秦两汉时期的阴阳对转,时间上的间隔有二千余年,语音结构的原理可能已经发生变化,怎么能拿今天文白异读的音变原理去解释二千年前的阴阳对转?音系结构格局的稳固性和以此为基础的音变机理的古今相似性,虽然可以据此用现实的音变原理去解释历史上已经完成的音变规律的成因,但这毕竟只是一种假设,还缺乏中间的联系环节和贯通古今的语言事实的根据。为了进一步分析"阴阳对转"的文白异读的性质,我们不妨再考察一下《切韵》音系的结构。《切韵》上承先秦两汉的上古汉语,下通现代汉语的各个方言,我们虽然不能像高本汉那样,把它看成为现代各个方言的原始母语,但把它作为一种联系古今的音变参照点和研究的作业框架,这是完全正确的,而且是汉语史研究中的一种得天独厚的有利条件。《广韵》的反切与《切韵》"同是一回事儿"（高本汉），因而可以依据《广韵》阳声字与阴阳对转有关系的一些反切来讨论相关的问题。

《广韵》的一个阳声字往往有好几个反切。不同阳声韵之间的异切由于与本文讨论的问题无关，这里从略，只选取小韵的反切作为代表；一个字如有阴阳两切，这里一一选录。根据余迺永(1980)提供的线索，我们发现阳声字有阴阳异切的有176例（以字为单位统计，如以"切"统计，数字还会增加），其分布的情况大体如下（平赅上去，"宕"含"江"）：

深	侵	6	山	寒	9	臻	痕	2	宕江	唐	4	梗	庚 4
咸	覃	4		山	3		欣	3		阳	3		清 1
	衔	3		删	3		真	8		江	2		青 9
	盐	2		仙	22		魂	9	曾	登	2		
	忝	1		元	13		文	11	通	东	10		
				先	15		谆	9		冬	2		
				桓	11					钟	5		

这里以山、臻两摄的例字最多，山摄76例，臻摄42例。现在以臻摄的真、谆、魂三韵（各赅上、去）为例，把阴阳异切的情况排列如下（为与先秦两汉时期的阴阳对转比较，也列一些阳入异切的例子）：

例字	韵类	阳声反切	阴声反切	入声反切
寅	真	翼真切	以之、以脂二切（之、脂）	
汃	真	府巾切		普八切（黠）
蝹	真	於伦切	乌皓切（皓）	
黫	真	於真切	乌奚切（齐）	
牝	轸	毗忍切	扶履切（旨）	
磤	轸	宜引切		昌约、鱼约切（药）
敏	轸	眉殒切	无鄙切（旨）	
湣	轸	眉殒切	武罪切（贿）	

𨁈	震	於刃切	（又音致）	
卂	震	息晋切	陟卫切（祭）	
蜦	谆	力迍切	力计切（霁）	
捘	谆	七伦切	子对切（队）	
焌	谆	子峻切		食聿切
𬭚	谆	常伦切	徒对切（队）、徒猥切（贿）	
準	准	之尹切		（又音拙）
脪	准	兴肾切	丑饥切（脂）	
䧳	准	思尹切	职追切（脂）	
奞	准	先准切	相邀切（霄）	
㞊	稕	匹刃切	匹卦切（卦）	
甤	稕	子峻切	人朱切（虞）	
敦	魂	都昆切	都回切（灰）	
弴	魂	都昆切	丁僚切（萧）	
贲	魂	博昆切	彼义切（寘）	
楎	魂	户昆切	许归切（微）	
煇	魂	户昆切	许归切（微）	
𤞤	魂	户昆切	许归切（微）	
韋	魂	户昆切	丘隗切（至）	
弤	魂	都昆切	都礼切（荠）	
殟	魂	乌浑切		乌没切

每个韵类里的这些阴阳异切的例子都只是一些残存的现象，它不可能是类似印欧语那样的形态变化，在韵类之间“对转”，也不可能是“语音规律无例外”那样的连续式音变和“每一个词都有它自己的历史”那样的离散式音变，它们只能是类似现实方言的文白异读那样的竞争，同一个字，既可以读阳声，也可以读阴声。《广韵》虽然没有说这是“文”，那是“白”，但这一类阴阳异切的性质无疑地与现代方言的文白异读一致，我们完全可以用现代方言的音读对这种异切作出确切的注释。例如现代山西太原话下列一些字的读音：

病 $piŋ_{文}/pi_{白}$ 名 $miŋ_{文}/mi_{白}$ 听 $tiŋ_{文}/ti_{白}$ 星 $ɕiŋ_{文}/ɕi_{白}$

前“文”后“白”，其中“白”的规律就是“梗开三四白读韵母与曾开三白读及止开三、蟹开三四韵母合流”（侯精一、温端政等，1993），如用反切，一个字就得有阴与阳两个反切。《广韵》臻摄字的上列阴阳异切，性质与此一致，其中的白读形式主要与止摄各韵和蟹摄三四等祭齐韵字合流和叠置；还有一些读为霄、卦等的二等韵，这可能反映白读的不同层次，犹如现在闽方言的白读那样。现实方言的文白异读含有雅/俗两种风格色彩的差异，阴阳异切或“阴阳对转”的现象有没有雅/俗两种不同风格色彩的差异？这一点，我们现在难以确指，无法知道它们当时有没有风格色彩的差异，如果有，也说不清楚它们如何体现雅和俗，不过历史上某些残存的痕迹或许可以帮助我们了解这种差异的一、二。例如，“辉”在《广韵》中有许归、户昆、胡本三切，意义分别为“光也”“赤色”“辉煌”；“蕲”有渠之、渠希、巨斤三切，其中渠希、巨斤二切的意义均为“草也”；“圻”有渠希、鱼斤二切，前者通“畿”，指皇帝都城周围的千里之地，后者通“垠”，指边际。根据语义结构“从具体到抽象”的一般规律推断，这些字的第一个意义似乎都“土”一点、“俗”一点、产生的时间好像也早一点，而后面的几个意义似乎“文”一点。这些由阳声反切所代表的读音现在已经消失，根据文白竞争的规律，说明阴声反切所代表的白读在这些字的文白竞争中站稳了脚跟，保存了下来，人们一般已经不觉得它与阳声反切所代表的读音有什么联系。《广韵》的这种同一个字阴、阳两读、而且意义相近或相通的情况，可能就是古时“文白异读”的沉积，只是后人难以分辨它们风格色彩的异同。不过有一点可以肯定，处于异切中的阴、阳两种读音与字义功能之间必然有某种联系，不会漫无目的地保留阴、阳两种不同的读音。

用现代方言的文白异读来注释《广韵》阴阳异切的性质，我想人们不会有什么疑虑，现在我们可以以此为基础进一步考察先秦两汉时期的阴阳对转的性质。《广韵》阴阳异切的不少例证与杨树达所考释的先秦两汉时期的阴阳对转是一样的，例如从“匕”声的“牝”、从“军”声的“挥”、从“希”声的“豨”、从“斤”声的“圻、蕲”等等；阳入异切的例证也明显地与先秦的对转相似。这种一致性和相似性可以清楚地说明《广韵》的阴阳异切就是先秦两汉时期的阴阳对转的残留。这对我们认识阴阳对转的性质有重要的价值。第一，阴阳对转确实类似现代方言的文白异读那样，是当时不同方言相互竞争的一种表现方式，它既是语言的演变，也是共时的音读。第二，阴阳对转是一种叠置式的音变，只涉及某一韵类中的一小部分字，而不是像《成均图》所说的那样，在韵类之间无限制地“对转”。第三，根据文白异读所提供的线索，《成均图》和王力的对转、旁转表不能说都是无的放矢，主观臆造，而只能说是以偏概全，因为方言的严重歧异，相互间有竞争，这就不可避免地会出现叠置式音变；竞争越频繁，叠置的层次就会越多，犹如现在的闽方言那样。不同竞争层次在书面文献中留下来的痕迹仅仅是一种残存现象，如果据此得出普遍性的结论，自然会出现以偏概全的片面性。我们现在无法通过异文、读若等的零星记叙弄清楚先秦两汉时期的古音的结构模式，但是，根据现代方言的结构原理，并且把它与相关的书面文献资料结合起来去探索隐蔽于汉字背后的规律，可能是一条现实而有成效的途径，可以对历史上争论不休的问题作出比较符合实际的解释。

《广韵》的阴阳异切是通过文白异读去认识先秦两汉时期的阴

阳对转的性质的一个重要桥梁。

五 汉语语音演变的机制

用文白异读的叠置式音变原理来解释先秦两汉时期的"阴阳对转"和《广韵》的阴阳异切，人们还可能会提出一个问题：前面列举的例证前后似缺乏继承关系，例如，《广韵》阴阳异切的分布很不平衡，以-n收尾的山、臻两摄的例证明显多于其他各摄，在先秦两汉时期的阴阳对转似无这种迹象；用来证明《广韵》臻摄字阴阳异切的性质的山西方言，用例都是梗摄字，而臻摄字在太原话中现在却仍旧读阳声，如真 ts'əŋ，身 səŋ，敏 miŋ，等等。既然阴阳对转、阴阳异切、文白异读的性质一样，都只是叠置式音变的不同说法，那语言现象为什么前后缺乏继承关系？这就涉及到叠置式音变和汉语语音演变的机制了。前面说过，文读形式可以通过竞争排挤和替代白读，但不能改变方言中音节发音的前强后弱的机制和原理，因而阳声韵在运用中仍旧会因发生连续式变化（如前述的祁县方言）而使韵尾消失，变成阴声韵，再一次扩大它和其他方言的歧异。这就需要产生新的文读形式，以恢复阳声韵的独立的音韵地位；旧的文读由此而进入白读，从而在语言中出现了多层次的叠置。这种现象说明，文读形式的产生和它与白读的竞争是调节方言的演变速度、控制方言的演变方向的一种力量，使演变只能在音系结构格局所允许的范围内进行（徐通锵，1991b，383—385；1994b，52—55）。先秦两汉时期的"阴阳对转"是以那时的方言竞争为基础的，由于魏晋南北朝时期的社会动乱，汉语方言间的分歧自然会不断扩大，"阴阳对转"的现象也会发生变化，出现一些不同于先秦两汉时期的对转。随着社会的统一，需要用一种文读形式来调节方言之间的关系，使方言的演变不致脱离汉语音系结构格局所能控制的轨道。《切韵》就是为适应语言发展的这种需要而产生的一部有重要影响的著作。这或许对认识《切韵》音系的性质还有一些帮助。

《切韵》音系的性质，学界曾有激烈的争论，我们这里没有必要赘述。周祖谟(1966,444,473)曾根据《颜氏家训·音辞篇》等历史材料所提供的线索，认为“颜之推是重今而不重古的，他所重视的是在当时行用的相承的读书音和实际存在于语言中的语音分类，而不是晋宋以上的古音”，切韵音系“是根据南方士大夫如颜、萧所承用的雅言、书音，折中南北的异同而定的。雅言与书音总是合乎传统读音的居多，切韵分韵定音既然从严，此一类字与彼一类字就不会相混，其中自然也就保存了前代古音中所有的一部分的分别，并非颜、萧等人有意这里取方音，那里取古音。切韵的音系是严整的，是有实际的雅言和字书的音读做依据的……这个系统可以说就是6世纪文学语言的语音系统”。这里所说的“雅言”“书音”“文学语言的语音系统”等，都与“口语音”相对，大体上相当于我们前面所说的文读系统。我们现在有了叠置式音变的概念，就可以把周先生的论断和《广韵》中多种多样的异读(异切)现象结合起来，把《切韵》看成为一种以某一方言音系为基础的叠置音系；至于这“某一方言”究竟是哪一种方言？这需要进一步研究，不过它反映了南方方言的很多特点，这一点已为很多学者所承认。从阳声韵字的阴声读音来看，说明这些字在以长安方言为中心的西北方言中已处于竞争中的白读地位，而《切韵》阳声韵的阳声小韵所代表的反切大体上代表一种文读系统，是调节方言演变方向的一种力量。但是，调节是自发的，相对的，而演变则是绝对的，因而虽有《切韵》音系的调节，但方言本身仍旧会发生不同的变化，出现新的歧异；就阴阳对转来说，就是阳声韵仍有可能通过连续式音变的方式使鼻韵尾消失，变成阴声韵，而这种阴声韵又可以通过叠置式音变而转化为阳声韵，因而出现一些不同于《切韵》的阴阳异切的对转现象。西北方言阳声韵的演变可以清楚地说明这方面的问题。罗常培(1933,30—37)根据《千字文》等汉藏对音的材料，发现："第一，'宕'摄字《千字文》跟模韵对转，而《阿弥陀经》跟《金刚经》读aṅ，《大乘中宗见解》除'齿音'的摩擦外均转oṅ；第二，'梗摄'字《千字文》跟齐韵对转，偶有保持-ṅ收声的也跟'曾摄'没有分别，在其他三种藏音里不单-ṅ收声没有消失，而且'梗''曾'两摄有分成eṅ，iṅ的趋势。"《千字文》的宕摄字因丢失-ŋ韵尾而与模韵字叠置和合流，同读-o(途：do；抗：k'o；煌：ho……)；梗摄字因丢失鼻韵尾-ŋ与齐韵叠置和合流，同读-e(兵：pe；情：dze；铭：me；西：sye；秉：pye；精：tsye；星：sye……)。关于-ṅ的音值，说法不一，罗常培同意马伯乐的意见，认为它是一个-ɣ̃，"听的'过'了一点儿就保存住-ṅ，听的'不及'了一点就写作纯元音""鼻收声在现代西北方音里的消变从唐朝已经开始，不过在那时候衹限于-ṅ的一部分，现在不单所有附-ṅ的韵一律消变，而且-m、-n两类也都被波及了"(40)。是不是一定到现代才波及所有的阳声韵？根据宋西北方音提供的线索(王洪君，1987,25—32)，宕果合流，音值大多为-o，少数为-a；梗摄舒声二等与三、四等对立，二等与蟹摄一、二等字同注西夏同韵字，三、四等字可与假开三、蟹开四、止摄同注西夏的同韵字，已变成阴声韵。这一西北方音与罗常培所说的西北方音虽然不一定是一个系统(因为叠置的韵类有别)，但就西北方音的阳声韵已经转化为阴声韵来说，却是相同的。这就是说，从上古到中古，汉语西北方言的阳声韵又一次向阴声韵转化，从而产生新的文白异读，再通过叠置式音变使那些阴声化了的原阳声韵重新转化为阳声韵，恢复其独立的音韵地位。现在我们所看到的西北方音的阳声韵应该是从那时或稍后时期开始出现的文读形式，它在某些地方已完全排挤白读而成为惟一的语音形式，不是残留在人名、地名中的一些白读的痕迹，我们就很难知道那时以后的文白竞争。

前面的分析说明：连续式音变（还有离散式音变，这里不讨论）使音系的结构发生变化，造成原来不同音韵地位的音类的分化或合流，从而使方言之间的差异越来越大，久而久之，甚至有可能突破音系结构格局的限制而使它们向着不同的方向演变。叠置式音变的作用正好相反，它通过“文”与“白”的竞争调节方言的发展速度，控制方言的发展方向，使它的变化限制在音系结构格局所允许的范围之内，或者说，使其向权威方言的方向靠拢。这就是说，连续式音变造成语言的分化和歧异，而叠置式音变造成方言的接近和靠拢；方言本身的变化越大，与其他方言的差异越大，通过文白异读的叠置式音变使其保持和其他方言的相对接近性就越重要。闽方言为此提供了重要的、有说服力的例证。在汉语的演变中，这两种音变方式互相制约，相辅相成，使歧异的汉语方言始终保持着统一的结构格局。所以，连续式音变和叠置式音变的交替和竞争是汉语语音演变的一种重要机制。“阴阳对转”在汉语语音的演变中为什么会具有特殊的地位和作用？就是由于在这种“对转”的“对”中隐含着连续式音变和叠置式音变的交替和竞争，隐含着语言的分化和汇合的辩证统一，隐含着汉语语音演变的重要的内在机制。语言发展中的时间和空间也可以通过这种“对转”而联系起来，避免方法论上的片面性。

最后，我们想在这里附带地说一下“旁转”。“对转”这个概念虽然有点含糊和笼统，但毕竟仍有其重要的价值，但是“旁转”则是另外一件事了，这是一个没有什么实际意义的多余概念。“对转”着眼于韵尾，在“阴”与“阳”两类韵母中“转”，我们可以从中悟察音变的机理；“旁转”着眼于元音，而元音的变化会涉及整个系统，往往会呈现出一种推链式或拉链式的整体演变，需要着眼于“链”的整体才能把握住韵母中元音变化的实质。“旁转”没有“链”的整体观，只考察两个韵类之间的关系，因而无法把握元音变化的实质。它除了使我们在“旁转”“次旁转”“近旁转”之类的概念中转圈子之外，并不能给我们提供什么新的启示。

总之，通过现实方言的音变机理去解释历史上已经完成的音变规律，这是研究语言史的一种重要的、有效的途径，特别是像汉语这种用方块字记录下来的语言的研究，这种研究途径就具有更重要的方法论意义。

引用书目

董同龢　1944　《上古音韵表稿》，台湾中央研究院历史语言研究所，1948。

侯精一、温端政　1993　《山西方言调查研究报告》，山西高校联合出版社。

李　荣　1965　《语音演变规律的例外》，《音韵存稿》，商务印书馆，1982。

——　1978　《温岭方言的变音》，《中国语文》第2期。

林语堂　1927　《前汉方音区域考》，《语言学论丛》，上海书店1989年重印。

——　1933a　《陈宋淮楚歌寒对转考》，《庆祝蔡元培先生六十五岁论文集》，历史语言研究所集刊外编第一集。

——　1933b　《燕齐鲁卫阳声转变考》，《语言学论丛》，上海书店1989年重印。

罗常培 1933 《唐五代西北方音》,历史语言研究所集刊单刊甲种之十二。
马文忠、梁述中 1986 《大同方言志》,语文出版社。
萨丕尔 1921 《语言论》(陆卓元译),商务印书馆,1985。
王洪君 1987 《山西闻喜方言的白读层与宋西北方音》,《中国语文》第 1 期。
王 力 1936 《汉语音韵学》,《王力文集》第 4 卷,山东教育出版社,1986。
—— 1957 《汉语史稿》,《王力文集》第 9 卷,同上,1988。
—— 1961(?) 《清代古音学》,《王力文集》第 12 卷,同上,1990。
—— 1982 《同源字典》,商务印书馆。
—— 1985 《汉语语音史》,中国社会科学出版社。
徐通锵 1985 《宁波方言的“鸭”[ε]类词和儿化的残迹》,《中国语文》第 3 期。
—— 1989a 《变异中的时间和语言研究》,《中国语文》第 2 期。
—— 1989b 《音系中的变异和内部拟测法》,《中国语言学报》第 3 期,商务印书馆。
—— 1991a 《百年来宁波音系的演变》,《语言学论丛》第 16 辑,商务印书馆。
—— 1991b 《历史语言学》,商务印书馆。
—— 1994a 《文白异读和语言史的研究》,《现代语言学》,语文出版社。
—— 1994b 《音系的结构格局和内部拟测法》,《语文研究》第 3—4 期。
徐通锵、王洪君 1986 《说变异》,《语言研究》第 1 期。
雅科布逊 1957 《类型学研究及其对历史比较语言学的贡献》,《语言学资料》1962 年第 10 期。
杨耐思 1985 《中原音韵音系》,中国社会科学出版社。
杨树达 1934 《古音对转疏证》,《积微居小学金石论丛》,中华书局,1983。
—— 1935 《古音咍德部与痕部对转证》,同上。
叶国泉、唐志东 1982 《信宜方言的变音》,《方言》第 1 期。
余迺永 1980 《互注校正宋本广韵》,台湾联贯出版社。
俞 敏 1988 《阴阳对转》,《中国大百科全书》(语言文字),中国大百科全书出版社。
周祖谟 1966 《切韵的性质和它的音系基础》,《问学集》(上册),中华书局。
Karlgren, B.(高本汉) 1923 *Analytic Dictionary of Chinese and*

Sino-Japanese, Paris.

Labov, W.(拉波夫) 1972 On the Use of the Present to Explain the Past, 刊载于由 Baldi, P. and R. N. Werth 主编的 *Readings in Historical Phonology*, The Pennsylvania State University Press, 1978.

Wang, W. S-Y(王士元) 1969 Competing Change as a Cause of Residue. *Language*, 45.

声母语音特征的变化和声调的起源*

【提要】声调是单音节语的一种普遍类型特征，与发生学无关，难以用历史比较法研究声调起源的问题。声调的产生和发展受一种共同的音变原理支配，与响度的分布原则有关。音节结构以元音所充任的音核为核心，其前的音素响度渐次加强，标记性语音特征的消失或变化会使其发音的音量转化为超音段的声调，导致声调的起源；其后的音素响度渐次减弱，语音特征的消失或变化会改变韵母本身的结构，但不会对声调的起源产生直接的影响。说去声起源于-s尾的消失、上声起源于-ʔ尾的消失，没有什么根据，经不起语言事实的检验。

声调是单音节语的一种普遍类型特征。它的起源问题的讨论大多着眼于韵尾的消失和变化。根据音节结构的响度变化原则和汉语方言的声母变化对声调发展的制约作用，我们认为制约声调起源的关键因素是声母位置上辅音语音特征的变化，韵尾的消失和变化对声调的起源和发展一般不会产生直接的影响。现实语言

---

* 原载于《民族语文》1998年第1期。本文是向第30届汉藏语言和语言学会议提交的论文。宣读时曾引起一些激烈的争论。会后，王洪君同志跟我进行了一次具体的讨论，并提供了一些重要的参考材料。我参照大家在会上或会后提出的意见，对文章进行了一些重要的调整、补充和修改，但基本观点没有变化，因为我所了解的语言事实反对现在流行的声调起源理论。对于同人的帮助，本人谨在此致以谢忱。

的音变机理可以印证我们的假设。

一 字的单音节性和声调产生的条件

语言基本结构单位的语音形式是单音节还是多音节,这涉及到语言系统的一系列根本原则问题,其中包括寄生于音节的非线性语音特征。声调的起源和发展需要联系这种结构特征进行讨论。基本的情况是:词是多音节语的基本结构单位,字是单音节语的基本结构单位。词的超音段语音特征是重音,着眼于词内音节之间的强弱对比;字的超音段语音特征是声调,着眼于音节内部的音高变化。它们的共同性质都是使其所控制的音段能够成为对现实进行编码的基本结构形式。字虽然是从汉语研究中提炼出来的一个概念,但具有普通语言学的意义,适合于东方单音节语的研究。声调是字的一种语音特征。

根据声调语言的研究,人们发现不同语言的声调类型非常相似,但它们都是独立地形成的,不是同一祖语的分化。例如汉语、藏语和越南语,不管它们相互间有无亲属关系,都是独立地形成它们自己的声调系统。所以,声调是单音节语的一种普遍类型特征,与发生学没有关系,不能用来进行不同语言的历史比较研究。这一性质决定了声调起源的研究必须从音节结构的原理中去寻找它的成因。

音节结构的原理是什么?这可以从汉语的音节结构的原理中得到明确的线索。字的基本结构原则是一个音节联系着一个意义,形成汉语"一个字·一个音节·一个概念"这样的基本结构格局,一一对应;而一个音节的结构原则,如不考虑单位本身的具体内容，也是一一对应的结构，由“一个声母·一个韵母·一个声调”构成；声母由辅音充任（包括零声母），韵母部分可分韵头、韵腹、韵尾，也是一一对应的结构。只有这种单音节结构的语言才有可能产生声调。这种音节结构的规则如用公式来表示，就是：t/o(m)n(c)。这个公式中的o表声母或音首，m表韵头或介音，n表韵核或韵腹，c表韵尾，t表驾驭整个音段的声调，()中的成分可以出现，也可以不出现。这虽然是从汉语的研究中提炼出来的结构原则，但却具有普遍理论意义，不仅适合东方单音节语的研究，而且对西方多音节语的语音结构的研究也有重要的理论价值，因为音节的深层结构原理大致是相同的。美国语言学家从汉语音节的声、韵、调分析中受到启发，创立了韵律单位层级说，促进了生成音系学、非线性音系学的发展。据生成音系学的创始人M. Halle告知，他们在各种语言的韵律规则的研究中都发现了辅音在音节首和音节尾的功能不同，因而发现汉语音韵学的音节层次结构说原来是一种普遍的结构模式。这种结构原理已被普遍接受，其惊人的解释力令许多音系学家震惊（王洪君，1994，310）。这种已被普遍接受的模式的结构原理可以简述如下：音节的核心是音核，由元音充任；音核前的成分是音首，其后为音尾。从音首到音核，音素的发音响度渐次增强，而从音核到音尾，响度则渐次减弱。汉语音节结构的各个位置都只能出现一个音素，情况比较简单，如像印欧系语言那样，音节的音首或音尾多为复辅音，那么复辅音各个音素的线性组合就需要严格地遵守“音响顺序原则”（sonority sequencing principle）排列：从音首到音核方向的各个音素，其响度逐渐增强；从音核到音尾方向的各个音素，其响度逐渐减弱；音核的响度最高。已经确定各种音素的音响度的级别为：元音＞介音＞边音＞鼻音＞阻塞音（石毓智，1995）。这种响度说的基本精神与以往的紧张说是相通的，因为紧张说也是以元音为核心，在元音音峰前的音素紧张渐次增强，音峰后的音素紧张渐次减弱，只是没有强调首、尾辅音的作用的差异。声调是单音节语的一种后起的超音段现象，寄生于音节，它的起源和发展无法摆脱这种一般结构原理的控制。

那么，是不是最小的句法结构单位只要是单音节的，语言中就会有声调呢？那也不一定，因为单音节只是语言是否有声调的一个必要条件，而不是充足条件。例如7世纪时藏文文献所反映的藏语，现在甘肃、青海地区的藏语，其结构单位都是单音节的，但是都还没有声调，究其原因，就是音节的内部结构比较复杂：辅音有清浊的对立；有前置辅音；韵尾有单辅音韵尾（如 b，d，g；m，n，ŋ；r，l，s），也有复辅音韵尾（ms，nd，ŋs，bs，gs，ld 等）。所以，一种语言或方言的声调的有无，还得具备一个条件，就是单音节的结构规则比较简单，如果借用汉语音韵学的术语来说，就是声母和韵母中的韵腹、韵尾都只能由一个音位来承担，即每一个位置只能出现一个结构成分，相当于我们所说的“1”（徐通锵，1991c）。这种结构格式如代之以公式，大体上类似汉语的上述的音节结构公式，只是（m）位置上的音不一定像汉语那样成系统。公式中的每一个位置大体上只出现一个“1”，这可能是一种语言是否能产生声调的一个充足条件，因为语音的简化减少了语言的区别手段，需要声调之类的新区别手段的补偿。苗语（大南山）如 nte^{55}（长）、ɳʈɒ^{21}（火）、ŋqhe^{33}（渴）等音节中的复辅音声母是向“1”演变过程中的残留现象，因为和苗语有亲属关系的缅语、畲语等已单化为一个音素（马学良等，1991，611）。这就是说，一种语言的句法结构单位如果是单音节的，而音节中的o，m，n，c位置又只能出现一个“1”，那么它就有可能产生用音高变化来区别句法结构单位的声调。

在已经形成以“1”为基础的音节“o(m)n(c)”中是各个位置的音素与声调的起源都有关系呢，还是只有其中的某一种音素与起源有关？根据音节的响度分布原则，可靠的回答应该是后者，即只有在音首位置上辅音的标记性语音特征（如±浊、±送气等）的变化才是声调起源的关键。为什么？音节结构以元音充任的音核为核心，其前面音首部分的音素的发音响度渐次增强，语音特征的变化会使它的高低强弱的音量转化为超音段的语音特征；其后的音素响度渐次减弱，语音特征的变化会改变韵母本身的结构，它的减弱了的音量无法直接转化为超音段的语音特征。汉藏系语言（此处泛指东亚有声调或可能有声调的语言和方言，下同）在声调没有产生以前，它的音节结构的公式，参照现代音节结构还比较复杂的语言，大体上是：

P·O·M·N·C·S

P代表前缀音，S代表后缀音，O、M、N、C仍旧分别代表音首、介音、音核和音尾，只不过音首和音尾有可能是复辅音。根据音节响度的分布原则，我们提出如下的假设：

> 元音是音节的核心，“心”前的音素由于响度逐渐增强，因而它的标记性语音特征的变化会引发音核元音高低强弱的演变，导致声调的产生；“心”后的音素由于响度是渐次减弱的，它的变化或消失只会影响音核元音的长短或松紧，难以对高低强弱产生重大的影响，因而与区别性声调的起源没有直接的关系。

这一假设可以成为声调起源研究中的一条指导原则。我们下面联系具体语言，参照这一假设，探索声调的起源和发展，并对与此相关的一些问题展开讨论。

二 “声调起源于韵尾的变化”说不可信

声调的起源，目前最流行的看法，大多都归因于韵尾的变化。这与我们的假设直接相冲突，因而需要首先进行讨论。

韵尾的变化导致声调的产生，最有影响的一篇文章就是法国语言学家奥德里库(A. Haudricourt)发表于1954年的《越南语声调的起源》。该文认为越南语原来没有声调，但问声一跌声调(相当于一般所说的去声)有韵尾辅音-s，锐声一重声调(相当于上声)有喉塞音韵尾-ʔ。后来，-s变成了-h，它的消失使声带放松，“致使前面的元音的音高突然降低，这就形成一个降调”；-ʔ韵尾使其前面元音的声带紧张度增强，尾音开始闭塞，这就会产生一个升调。这样，加上原来非-h、-ʔ尾的字的声调，就形成越南语的三调系统。再往后，大约在12世纪，由于浊音清化，这个三调系统分化为六调系统，清高浊低。奥德里库的这篇文章影响很大，成为后来人们研究声调起源的模式。这个模式的主要支点就是韵尾决定声调的起源，声母语音特征的变化决定声调的演变。中外语言学家大多都循着这种思路研究声调的起源，波莱齐克(J. Placzek，1985)还根据马蒂索夫(J. A. Matisoff)等对东南亚各语言的声调的研究提出一种声调起源的标准理论：1. 韵尾辅音决定调型；2. 韵尾辅音的消失产生音位性的声调；3. 声母辅音决定高低；4. 声母清浊对立的消失使声调一分为二，清声母读高调，浊声母读低调；5. 这些声调以随机或非常复杂的方式形成现代语言的声调系统。这种标准理论在奥德里库的文章中已经形成雏形，基本的要点就是“音尾”定起源，“音首”定发展。马伦(L. W. Maren)后来对这种标准理论作了一点改进，进一步把声调起源于韵尾说具体化：1. 无调阶段；2. 韵尾形成舒促的对立，这时虽然还没有声调，但可能已有音高模式；3."完全冗余"，音高与韵尾相对应；4. 消去韵尾辅音，产生声调。马伦特别强调"完全冗余"的作用，认为这是产生声调的一个不可或缺的阶段。张振江（1987）在介绍了这些理论模式之后指出，它们有片面性，忽视了声母辅音在声调起源中的作用；而且都没有很好的论证，带有较大的思辨性。张没有否定声调起源于韵尾说，只强调它只是声调起源中的一种类型。我们认为，导源于奥德里库的音尾决定声调的起源、音首决定声调的演变的二元论观点值得商榷。起源和发展，实际上是一个问题的两种说法，因为起源就是一种演变、一种发展，而发展、演变也就是一种现象的起源。汉语的平上去入因浊音清化而产生的阴阳二调，既是汉语声调的发展，也是阴平、阴上、阳平、阳上之类的声调的起源。决定这种起源或发展的音变机理应该是相同的，不可能是这种二元论的格局。现代的语言变异研究已经证明：结构的不平衡性产生变异，但变异必须受语言结构格局的支配，不能超越格局所允许的范围，因而变异有其自己的方向和目标。正由于此，语言现象虽然容易发生变化，但支配变化的音变机理古今不会有重大的差异，我们完全有可能用现在的音变原理去解释历史上已经完成的音变规律（W. Labov，1972；徐通锵，1990）。我们曾根据这一原理考察汉语声母系统的演变和阴阳对转的规律，对一些有争议的问题作出了一些新的、有说服力的解释（徐通锵，1994，1996）。我们也完全可以根据这一原则来考察声调的演变与起源的关系。

声调起源于韵尾的消失和变化，大多依据假设，语言事实的根据并不充分，但声调演变的研究，有理有据，我们完全可以根据声调演变的音理去考察声调起源的标准理论的正误。说韵尾决定调型,"-h 韵尾的消失产生降调,-ʔ 尾的消失产生升调,这有一般语音学的根据"(马蒂索夫,1984,225),这一论断经不起语言事实的检验。汉语方言中带-ʔ 尾的入声韵,升、降、曲折等各种调型都有,因而在"入派三声"的时候才能归入不同调型的舒声;即使是在喉塞音-ʔ 消失之后它独立成为一个声调,也有不同的调型,如湖南湘潭的韶山地区是升调,而河北邯郸的某些地区是平调和降调。这就是说,韵尾并不能决定调型。其次,从韵尾变化对声调演变的影响来看,我们看不到相互间有什么有机的联系。例如,汉语阴声韵、阳声韵韵尾的变化与声调的形成、分化、合流都没有关系;入声韵韵尾的消失也没有给汉语调类系统的变化带来什么影响,它或者继续保持入声韵的独立的音韵地位(如湘方言的韶山、湘乡、银田等方言点),或者并入其他声调。所以,从现实音变机理的种种迹象来看,把声调的起源归因于韵尾的变化,实在有点牵强。人们可能会说,汉语的情况不典型,难以代表其他语言的韵尾与声调的关系。那好,我们不妨看看缅语(据汪大年,1986a,280—282)和马伦所强调的"完全冗余"的关系。缅语的韵母一般分为单元音韵、导源于韵尾-m,-n,-ŋ 的消失而产生的双元音开尾韵和因-p,-t,-k 等韵尾弱化为-ʔ 而产生的双元音促声韵。每一类韵母都有高降、高平和低平三个声调,说明声调的起源不能从韵尾的消失中找答案。不同类型的韵母如果声调相同,那么"双元音韵母不仅声音比单元音韵母长,而且调值也不完全相同。在各种声调类型中几乎都有一个下降的趋势。如低平调从 22 变成 21,高降调从 53 变成 52,高平调从 55 变成 53",双元音韵母的 553 调后面的下降趋势,"这是受到鼻化的影响,但是它与高降调不一样,它有一个持续的高平阶段”。从这里可以看到，单、双元音韵的调值差异是“完全冗余”的，因而可以“忽略不计”。但是，这种“冗余”的差异是以单、双元音的韵母差异为基础的，无法形成独立的声调；只有将来双元音韵单化为单元音，而且与原来的单元音韵对立，它才有可能成为一种声调，但那只是想像中的事，可能性不大。

奥德里库文章的另一有重大影响的论点是：去声来源于韵尾-h(<-s)的消失、上声来源于-ʔ 韵尾的消失（为了行文方便，这里都借用汉语音韵学的术语，下同）。后来侗台语、苗瑶语、汉语的声调起源的研究大多以此为模式去考察上声、去声的起源。张均如(1992)的《侗台语族声调的发生和发展》中先假设原始侗台语有-h、-ʔ 两个韵尾，而后再来讨论 B、C（上、去）二调的起源。这一假设根据似乎不足。第一，独立形成声调的黎语没有这两个韵尾的反映形式；第二，用来证明其他侗台语-ʔ 韵尾作用的例子，各种迹象显示，好像是-p，-t，-k 尾的弱化；第三，-h 尾的论证基本上是思辨性的，提供的语言材料过于贫乏。这说明，-h、-ʔ 二尾在侗台语声调起源中的作用很可疑。陈其光(1994,45)根据汉藏语历史比较的原则证明奥德里库的假设，认为去声来白-ɜ 尾，上声来自-ʔ 尾。这些研究都涉及到一个重要的方法论问题，即历史比较法与声调研究的关系。奥德里库怎么知道越南语的问声—跌声（去声）有-h 韵尾？是历史比较，是借助于越南语与其他孟—高棉语的历史比较而拟测出相应的韵尾，认为“问声—跌声调符合于孟—高棉语以清擦音收尾的字，即来自-s 或-ś 的-h”；-ʔ 尾的拟测则完全参照“澳亚语系诸语言，包括南部孟—高棉语群，也包括北部的崩龙—佤语群”的“那些尚未发表的材料”。根据历史比较法拟测相应的韵尾，这自然无可非议，但问题是它能不能成为某一声调起源

的根据。前面说过,声调是单音节语的一种普遍类型特征,不同语言的声调都是独立地形成的,不是同一祖语的分化,相互间无法进行历史比较研究。越南语固然属于孟—高棉语,但是它的声调是独立地形成的,其他语言的类似韵尾很难成为立论的根据。为了说明问题,我们不妨看看现代孟—高棉语的情况。刘岩(1996)的《孟高棉语声调研究》考察了德昂、布朗、佤等13种孟—高棉系的语言和方言,发现它们的声调正处于形成的过程中,有的趋向于定型,有的还处于萌芽状态中。这对于研究声调形成的条件具有重要的意义。我们不妨选择其中布朗语的勐昂话为例来考察韵尾与声调起源的关系。勐昂话有四个声调:中平调(33)、高升调(35)、平降调(331)和低降调(31)。它们和韵尾的关系如下表:

	促韵尾	舒韵尾	-h 韵尾
中平调 33	+	+	+
高升调 35	+	+	+
平降调 331	—	+	—
低降调 31	+	+	—

促韵尾包括-p,-t,-k 和-ʔ,舒韵尾包括无韵尾的元音韵和-m,-n,-ŋ。其他语言和方言的韵尾与声调的交错对应情况与此相似。这种交错对应说明了好几个问题。第一,远在韵尾消失以前,不同声调的调型已经形成,因而同一个声调往往有几个不同的韵尾;即使一旦消失了韵尾,也不会改变业已形成的声调系统。汉语的韵尾变化没有影响声调系统的调整可以为此作出一个很好的注释。第二,不同的声调可以具有相同的韵尾,例如促韵尾与中平、高升和低降三调相联系,-h 韵尾与中平、高升二调相联系,因而某一个韵尾的消失或变化不可能导致某一个特定声调的起源。第三,-h 韵尾的消失导致降调的产生、-ʔ 韵尾的消失导致升调的起源,在音

理上没有必然的联系，也就是说，韵尾不能决定调型。人们可能会说：不同语言的声调既然是独立地形成的，您的这些材料也就无法证明越南语的问声—跌声（去声）不是源自-h 韵尾的消失、锐声—重声（上声）不是源自-ʔ 韵尾的消失。这一反问不能说没有道理，但是我们应该记住，声调是单音节语的一种普遍类型特征，受相同的音变原理支配，因而不同的语言才可能有相似的声调系统。-h、-ʔ 二尾各与几种不同的声调相联系，说明它们不是产生某一特殊声调的音变机制。现实的音变机理否定了声调起源于韵尾的消失或变化的论断。

历史比较法无法确定声调起源于特定韵尾的消失，现实的语言事实又不支持奥德里库的结论和声调起源的标准理论，那么是不是有可能在历史文献中找到相应的根据？汪大年（1983，47—48）曾在这方面进行过很大的努力，根据历史的碑文和现代缅语的比较，认为-h 韵尾的消失产生长元音，并由此进一步产生高平调：

蒲甘碑文	现代缅文	现代缅语音	汉　义
teh	tɑŋ̥ː	ti^{55}	语尾助词
htah	thaˈ	$tɵa^{55}$	儿子
nwah	nwɑː	nwa^{55}	牛

确实，-h 韵尾的消失产生了高平调，但问题是高平调不一定来自-h 韵尾，原来的单元音韵、来自-m，-n，-ŋ 等韵尾消失的单、双元音鼻化韵、来自-p，-t，-k 的喉塞尾-ʔ 韵也都有高平调。汪大年（1986b，115）的认识很明确，认为不能同意把-h 韵尾与高平调的起源等同起来的意见。现据汪大年（1983，1986a）的文章摘录几例，以资比较：

单元音韵		单元音鼻化韵		双元音鼻化韵		-ʔ 尾韵	
ka⁵⁵	车	tθõ⁵⁵	三	kyhãĩ⁵⁵	胳窝	thuʔ⁵⁵	端，顶
kha⁵⁵	苦	mĩ⁵⁵	国王	kyhõũ⁵⁵	概括	hneʔ⁵⁵	按、压
				tãũ⁵⁵	乞讨，要	jauʔ⁵⁵	位、个

这说明，高平调的形成原因另有它途，不是-h 韵尾的消失，不然就无法解释无韵尾的单元音韵和其他韵尾所形成的高平调。至于在-p，-t，-k 三韵尾弱化为-ʔ 尾前，汪大年认为还有一个-ʔ 韵尾，由于-p，-t，-k 弱化为-ʔ，这个-ʔ 也就消失了，原来以它为韵尾的声调也就“从短促调变成高平、低平、高降等几个不同的声调”，就是说，-ʔ 韵尾的消失与某一特定声调的起源也没有任何关系。

前面的分析说明，肇始于奥德里库的声调起源于韵尾消失的理论既经不起语言事实的检验，在理论上也有漏洞，把历史比较法用于它难以用武的场合。这可以从反面证明我们关于声调起源的音变原理的假设。根据音节结构的响度分布原则，韵尾是韵母的一个组成成分，处于响度减弱的末尾，因而它的变化和消失首先会直接改变韵母的结构，影响音核元音的长短或松紧。声调是以音高变化起区别作用的结构单位，是一种驾驭整个音段的语音特征，与只属于音核元音的长短、松紧不处于一个层次，即使与元音的长短、松紧一起伴随有一定的音高变化，也难以把它看成为有区别作用的声调，因为长短和松紧已经区别了不同的韵母。这种说法自然暗含一种可能，即：如果元音因长短、松紧对立的消失而仍旧保留原来伴随性的音高变化，那么它就有可能转化为声调。这只能视具体语言的不同情况而进行具体的分析。总之，韵尾的消失和变化难以对声调的起源产生直接的影响。

三　汉语上声、去声的形成与-ʔ、-s 二尾无关

奥德里库关于去声来自-s 尾、上声来自-ʔ 尾的假设在汉语的研究中也有很大的影响，很多学者都循着这种思路去探索去声和上声的起源，其中最有影响的是加拿大著名汉学家蒲立本（Pulleyblank）和美籍华裔学者梅祖麟。他们使用的方法不是历史比较、碑文考释，而是对音考证和方言例证。奥德里库的前述文章已经说到汉语的去声源于韵尾-s，其根据就是汉越对音，因为用来对译汉语“寄卦嫁袋义露”这些去声字的越南问声—跌声都有-s 尾；“汉语读‘上’声的字，在越南语里读作锐声—重声调”。蒲立本和梅祖麟等在这一研究的基础上又进了一步，根据梵汉对音、汉越对音等材料证明汉语的上声来源于-ʔ 尾，去声来源于 s 尾，而且认为这个-s 一直保留到 6 世纪，并由-s 变为-h，与越南语的演变方式一样（梅祖麟，1977；丁邦新，1982）。他们想用这种方法证明声调起源于韵尾的消失。这是一种新的论证方法，能否成立，需要进行一些剖析。

蒲立本的去声来自-s 尾的说法，主要的根据是越汉、梵汉的对音。对音在语言史的研究中固然有重要的价值，但如果没有音系内部的根据作基础，其局限性也是非常明显的，因为一种语言往往是用本语言中相近的音去对译外语的专名（主要是人名和地名），很难做到“等值对译”。罗常培（1931）的《知彻澄娘音值考》根据梵汉对音等材料拟知为 ʈ，彻为 ʈʻ，等等，结果处置失当，受到很多学者的批评（陆志韦，1947，14；李荣，1952，121；王力，1985，174）。即

使避开这一点不说,也还有很多其他的问题。比方说,汉语社团的最小语音感知单位是音节,具体表现为字,而印欧语社团是音素,具体表现为字母,因而在对音、译音的时候就有可能用一个汉字去对译外语的某一个字母,也有可能用两个汉字去对译多音节词中的某一个音节,或者用一个汉字去对译两个音节。正由于此,对对音的解释往往因人而异,光凭一两种材料,很难成为立论的可靠根据。比方说,下列梵汉对音的材料是蒲立本拟测去声有-s尾的根据。我们依据对音时-s属前属后的处理把它们分成两组:

A		B	
1. Talas	都赖	12. Kyshan	贵霜
2. kashmir	罽宾	13. Nesef	贰师
3. Dhrtarāstra	提头赖吒	14. apasmāra	阿贝摩罗
4. Dhrtarāstrāya	陀里多赖多罗耶		阿贝莎摩罗
5. Saraśvati	莎赖婆底	15. apasmāranam	阿贝莎摩罗南
6. Vārānasi	波罗奈	16. Vipasyi	毗贝尸
7. Abhāsvara	阿会亘	17. Purastya, Pulastya	富赖沙他
8. Śrāvasti	舍卫	18. Asvalāyana	蔼莎罗耶那
9. Kapilavastu	迦维罗卫	19. Astamaka	蔼沙多摩
10. Śuddhāvasa	首陀卫	20. Brhaspati	毗里害波底
11. Akanistha	阿迦贰吒		毗里害娑波底

下带黑线的汉字与梵语的s有关。A组的s属前一个音节,好像可以成为带黑线的去声字的韵尾,但B组的s在对音中却属于汉语后一个音节的音首辅音,表现为汉字的声母,用霜、师、莎、尸、沙、娑等字去对译含有s或sh的音节,说明汉人是把s看成为一个独立音节的辅音的,这犹如现代汉语用"阿司匹林"去对译英语的aspirin那样,拿"司"字对译字母-s-,而不能把s看成为"阿"的韵尾。

语言现象是复杂的,为某一种说法找几个例子并不难,问题是这些例子能否纳入系统性的框架？相互间是否有矛盾？上述的对音材料，我们可以明显地看到汉语社团的处理并没有一个统一的标准，如果 s 真是去声的韵尾，是音节的固有成分，汉语社团就不会把它处理为第二个音节的声母或独立的汉字。这些事实说明，我们不能把不成系统的对音材料作为汉语去声有-s 尾的拟测根据，不然，人们也可以根据梵语的 Aristaka 之对译为汉语的阿犁吒、阿梨瑟吒，Kukkutapadagiri 之对译为屈屈吒播陀（均据罗常培《知彻澄娘音值考》），认为 k 是去声吒字的韵尾、g 是平声陀字的韵尾，诸如此类。这就是说，声调和韵尾的拟测如果完全以对音为根据，不考虑不同语言社团的语音感知方式的差异和不同音系的结构特点，那么同一个声调就能整理出好多个韵尾，整个音系也就会因此而乱套了。总之，对音用来拟测汉语声调的起源，其局限性非常明显，难以成为可靠的根据。

关于汉语上声来源于-ʔ 尾的问题，它的语言基础就更为薄弱了。奥德里库虽然说到"汉语读'上'声的字，在越南语里读作锐声—重声调"，并列举了一些例子，但没有据此认为古汉语的上声带喉塞尾-ʔ；后面在论证越南语锐声—重声调的起源时也没有涉及汉语，完全参照澳亚语系诸语言的"那些尚未发表的材料"。汉语的上声调来源于-ʔ 韵尾，完全是蒲立本根据奥德里库的例证而作出的类比和推断，并没有什么实际语言材料的根据。梅祖麟想弥补这一欠缺，提出了三方面根据：第一，中国东南沿海一带的方言上声字仍然保存有喉塞音，尤其是定安方言上声字的字尾鼻音之后好像有个同类的塞音跟着；如果认为这是声调形成之后发展出来的，就很难解释这种现象。第二，从佛教经典中可以确信中古汉语上声字的调值高而短，而语音实验的证据证明，调型高而短的音节通常以无声塞音结尾。第三，在汉代的汉越借字中，上古上声字与越语的锐声—重声这两个声调的字对应，依据奥德里库的理论，这两个声调就是由喉塞音发展而来的。这三种证据中值得研究的是方言所提供的线索。现在东南方言的上声字收喉塞音尾的情况，梅祖麟的分析很简单，只列出温州和蒲城的材料，可能是那里的上声都是高调(温州为45的高升调，蒲城为55的高平调)，可与梵汉对音的"高而短"的拟测相印证。作者认为，"闽语一向被认为直接从上古汉语分支发展而成，没有经过中古汉语的阶段，因此我们可以理解何以上古的喉塞音只在闽语区出现，而其他方言区几乎已经消失(温州除外)"(178)。作者讲这些话的本意是:-ʔ韵尾不是语言发展的结果，而是直接来自上古，是汉语原来的音，因而只存在于闽语中。这里有三个问题需要讨论。第一，-ʔ韵尾是不是只限于闽方言？是不是只限于上声？第二，-ʔ韵尾是上古汉语遗留下来的，还是在语言发展中后来产生的？第三，-ʔ韵尾是不是像奥德里库所说的那样，只与升调的调型有关？我们依次讨论这些问题。

上声字带-ʔ韵尾的不限于闽方言。吴方言上声字带喉塞音尾的也不限于温州，黄岩方言也有此类现象，不过它的位置不在"尾"，而在音节的"中"。赵元任(1928,84)早就指出浙江黄岩方言"上声字单读时(尤其是阳上)，当中喉头关一关，作一个'耳朵'音，把字切成两个音节似的"。北方的山西方言也有类似现象。1964年，我们曾带领中文系汉语专业高年级的学生去山西的晋中地区进行过一次实地的方言调查，发现孝义、太谷等地的降升调也有借助于喉塞音使一个音节分裂为两个音节的现象。王福堂在回京之后写了一份题为《晋中榆茨、太谷、祁县、榆社、平遥、介休、灵石、孝义方言语音特点简述》的调查报告，没有发表，现征得作者同意，将其中“降升调分裂语音的作用”一节摘录引述于下，以飨读者：

孝义方言的降升调（上声和阳入）还使整个音节发生分裂：声调在下降到最低点时，产生一个强烈的喉塞切断音节，然后喉塞迅速解除，声调继续一个回升的阶段，如“走”tsɤu[tsə^{ʔ42} ɤu^{23}]，“石”sə^{ʔ}[sə^{ʔ31} ə^{12}]。在音节为喉塞切断成二的同时，韵母也被有规律地分裂：上声字韵母中，1. 高元音单韵母（ɿ，ʅ，i，u，y）分裂为二；2. 齐合撮韵母（如 iᴀ，uæɛ，yɐŋ）即就介音与韵分裂；3. 开口韵母（如 ᴀ，æɛ，ɐŋ）自身不分裂，但在喉塞前产生一个过渡音 ə；阳入字韵母则在按上述 2、3 两项变化的同时，还丢失了入声韵尾，从而在音节结构上与上声字完全一致。例如：

子 tsɿ^{3}[tsɿ^{ʔ42} ɿ^{23}]	纸 tʂʅ^{3}[tʂʅ^{ʔ42} ʅ^{23}]	体 tʻi^{3}[tʻi^{ʔ42} i^{23}]
主 tsu^{3}[tsu^{ʔ42} u^{23}]	取 tɕʻy^{3}[tɕʻy^{ʔ42} y^{23}]	假 tɕiᴀ^{3}[tɕi^{ʔ42} ᴀ^{23}]
拐 kuæɛ^{3}[ku^{ʔ42} æɛ^{23}]	犬 tɕʻyɐŋ^{3}[tɕʻy^{ʔ42} ɐŋ^{23}]	把 pᴀ^{3}[pə^{ʔ42} ᴀ^{23}]
老 lɒɔ^{3}[lə^{ʔ42} ɒɔ^{23}]	喊 xɐŋ^{3}[xə^{ʔ42} ɐŋ^{23}]	食 sə^{ʔ8}[sə^{ʔ31} ə^{23}]
鼻 piə^{ʔ8}[pi^{ʔ31} ə^{12}]	活 xuɐ^{ʔ8}[xu^{ʔ31} ɐ^{12}]	

上述例字无论就听感或发音动作来说，都“像是两个字似的”（发音人的话）。看来孝义方言中一个字确实可以念成两个音节。但这种特殊的音节结构毕竟只存在于降升调单字读音的条件下。上声字和阳入字（没有快读）如果在连字变调后不再读为降升调，则这一特殊现象也就完全消失，各自恢复了原有单音节的面貌。如“黑老鸦”xə$^{ʔ21/31}$ lɒɔ$^{423/44}$ uᴀ^{21}（斜线后为变调的调值）。既然音节分裂的现象只是在降升调的条件下才发生的，本身并不具有辨义作用，我们就仍然把上声字和阳入字看作单个音节。

降升调分裂音节的现象极其特殊，并不多见（晋中太谷方言也有类似现象，但只限于阳入字，如“活”xuɐ^{ʔ8}[xu^{ʔ31} ɐ^{12}]）。

这些事实清楚地说明，非入声的喉塞音韵尾-ʔ，地域上不限于东南方言，声调上也不限于上声，调型上也可能是一个中间由-ʔ隔开的长的降升调，而不是升调或高而促的短调。

山西地处北方，是北方方言的一个分支，谁也不会认为它的喉塞音韵尾直接来自上古。梅祖麟认为闽方言与汉语其他方言的分化时间比较早，就肯定蒲城话上声字的-ʔ是从上古继承下来的。这一假设有点离谱，找不到任何语言材料或书面文献资料的支持，用来解释闽方言，已经难以成立；碰到吴方言的温州话，更显困难，只能丢入"例外"的垃圾筒，现在再加上浙江黄岩方言和山西晋中方言的材料，怎能再用"例外"来解释？我们只能承认，非入声的-ʔ韵尾是在语言发展的过程中产生出来的，是一种和特殊调型联系在一起的伴随性特征，与古上声调的起源无关，因为短促的声调容易增生一个喉塞音。孝义方言上声字的-ʔ可以清楚地说明它是在语言发展中后来产生的一种伴随性特征。丁邦新(1982,276)在分析梅祖麟所据以拟测的方言材料时，也曾指出海南岛的"海口、万宁、澄迈的上声字因为是低降调的关系，有一个附属的喉塞音""建阳、定安、文昌都是偏低的上声调，情形非常相像""徐州话中阴平调的字因为是低降升调的关系，听起来也有喉塞音或喉头紧缩的作用"。所以，现在方言舒声调带喉塞音的现象是特殊调型造成的，与某一个特殊的声调无关。基本的情况是：只要是一个短促的音节，就有可能增生一个喉塞音；即使像山西方言的"嵌 l 字"，也会因一个音节分裂为两个音节，第一个音节因其发音短促而产生一个喉塞音(徐通锵，1981)。藏语的短调也带喉塞-ʔ的伴随音(瞿霭堂，1981,186)。这些现象清楚地说明，现在某些方言的上声调带喉塞音-ʔ的现象是语言演变的结果，是特殊调型带来的一种伴随现象，无法成为汉语上声调起源于-ʔ尾的根据。梅祖麟为证明上声调源于-ʔ韵尾的几条理由都难以成立。

现在有的学者还想借助于汉藏语的历史比较研究来证明汉语的去声来自-s尾，理由是汉语的一部分去声字与藏缅系语言收-s尾的音节相对应。这在方法论上就难以成立，因为汉语和藏缅系语言的声调都是各自独立地形成的，没有任何发生学的联系，无法进行历史比较；即使汉语的去声字全部对应于藏缅系某一语言的-s尾，它也不能成为汉语去声字有-s尾的根据。

上述的分析可以进一步证明：声调的起源与韵尾无关，奥德里库的假设难以成立，后来对它的种种论证实际上是一种缺乏根据的理论对语言研究产生的误导。

四 声母语音特征的变化是声调起源的关键

韵尾既然在声调起源中不起关键的作用，那么究竟是什么因素促使一种语言产生有区别作用的声调？有的学者认为是音核中的元音。持此说的学者观点不尽相同。王力(1957,86)认为汉语的声调起源于元音的长短，“先秦的声调除了以特定的音高为其特征外，分为舒促两大类，但又细分为长短。舒而长的声调就是平声，舒而短的声调就是上声。促声不论长短，我们一律称为入声。促而长的声调是长入，促而短的声调就是短入"。袁家骅(1981)、严学宭(1959,43—45)关于声调的起源也着眼于元音，不过不是它的长短，而是松紧，认为松紧元音与声调的制约关系“多半是紧元音念高一点，松元音念低一点，结果有的语言有了高低之分，而消失了元音的松紧，于是产生了声调”“在汉藏语系里，声调的产生和元音松紧的转化有着密切不可分割的关系”。作者还据此认为“原始汉语也是以元音的松紧区分音位的，声调只是伴随现象。后来声调的高低跟元音的紧松相应结合趋于稳定，成为区分元音音位的组成部分，才逐渐区分词义，转化为声、韵、调三足鼎立之势”。

这些观点恐怕都难以成立。元音长短的对立往往与某种韵尾的消失有关，王力的元音长短说是根据《公羊传》的“长言”“短言”的注释推断出来的，带有思辨性、推导性的特点，语言材料的根据并不充分。学术界同意此说的人不多。松紧说的诞生时间比较早，随着语言研究的深入发展，人们发现它的立论根据不充分，难以解释声调的起源，因而此说的影响也已日渐缩小。从理论上说，元音的长短、松紧与特定韵尾的消失有关，既然韵尾的变化与声调的起源关系不大，那么这种长短、松紧自然也不会给声调的起源产生关键性的影响。这就是说，我们在声调起源的研究中排除了韵尾和音核中元音的作用，自然会把注意力转向声母的语音特征的变化。

声母的语音变化与声调的起源有关，这不是新观点，早就有人谈到过这方面的问题。奥德里库的前述论文不仅转述了马伯乐在这方面的观点，而且也谈到了浊音清化是越南语声调再分化的原因。但是，集中就声母的变化来考察声调的起源，恐怕还是近一、二十年的事情。最有影响的一篇文章应推胡坦(1980)的《藏语(拉萨话)声调研究》。他认为藏语原来没有声调，后来由于声母的浊音清化产生了高低二调。韵尾的变化在声调的演变中有没有作用？胡坦的看法比较灵活。他一方面认为韵尾的简化引起高低二调的再分化，“通常舒声韵尾(-m,-n,-ŋ,-r,-l)使声调变平(高调变高平，低调变低平升)，促声韵尾和擦音韵尾(-b,-d,-g,-s)使声调变降(高调变高降，低调变低升降)，但另一方面又认为“高低调的再分化，从现状看，常常伴随着韵母上的某些差异，找不到干净利索的‘对立’；从历史看，这是由于辅音韵尾的简化引起声调和韵母同时起变化的结果”，可以采取不同的办法进行处理，每种办法“各有巧妙不同，只要承认其前提条件，均可言之成理”。根据我们前面的讨论,对立的原则先用于音段的分析,韵母已经对立,即使伴随有音高的变化,也不宜处理为独立的声调。瞿霭堂(1981,182—183)、黄布凡(1994,7—8)在胡坦的研究基础上又进了一步,认为韵尾的变化对声调的长短产生了重要的影响。黄布凡对这一问题的分析很具体,并列出形成长短的条件。这主要是:有韵尾—无韵尾、续音尾(-m,-n,-ŋ,-r,-l,-s)—塞音尾(-b,-d,-g)、-s 尾—非-s 续音尾、复韵尾—单韵尾、开音节与词缀合并—无词缀。这里用顿号隔开的两组音,一般都是前长后短,黄布凡还列出了长短高低的数据。语言学感兴趣的是有区别作用的"对立",如与此无关,语言研究可以对这种长短忽略不顾。例如北京话上声的时长比去声的降调长,但起区别作用的是高低升降的变化,不是长短,语言研究不一定要追究这种长短的形成原因。其次,长短如已与特殊的韵尾相联系,那么起区别作用的是音段的对立,长短充其量也只是一种伴随特征,缺乏独立性。瞿霭堂(1981,182)也对藏语声调的长短作过分析,认为藏语"元音的长短缺乏独立的性质,它始终同声调纠缠在一起,难解难分,即声调与元音的长短有互补的对当关系:短元音出现在一类调里,而长元音出现在另一类调里"。根据我们的认识,瞿的论断需要作一些调整,宜为:韵母的元音已分长短,相互对立,因而伴随它们而出现的音高变化缺乏独立的性质,不宜看成为不同的声调。藏语的声调有几个?历来颇多分歧,少的只有两个,多的有三个、四个甚至六个(参看胡坦,1980,22—24),究其原因,主要就是把元音的长短和音节的舒促都看成为独立的声调。对比汉语,一种方言有几个声调,完全是"硬"的,有几种音高变化就是几个声调,不可能有像藏语那样的弹性。伴随着元音的长短、松紧而出现的音高变化不宜看成为独立的声调。

声母语音特征的变化导致声调的起源，这有音理的根据。前面说过，音节结构的一般原理是以元音充任的音核为核心，其前面音首部分的音素的发音响度渐次增强，其后的音素响度渐次减弱；响度渐次增强的标记性语音特征的变化，其增强的音量不会因语音的变化而消失，而需要转化为别的区别手段，以补偿已消失的语音特征的区别作用。在单音节语中，只能转化为音高变化的声调。我们可以采用前述的公式"P·O·M·N·C·S"，联系具体语言的声调产生过程，讨论声调的起源问题。

我们先讨论有迹可循的藏语的声调起源问题。根据藏语提供的线索，前缀辅音有 b-，d-，g-，r-，l-，s-，ɦ/N-，m-，除了 s-以外，都是浊音。这种前缀音在结构上是矛盾的：离音核最远，是音节结构的一个边缘成分，响度有待增强而还没有增强，因而容易发生变化；但另一方面，它的响度可能强于它后面的音素，与规则不一致。这种矛盾也是结构不平衡性的一种表现，自然会使它发生变化，而变化的方式，藏语（拉萨话）是与它后面辅音的清浊相一致，以符合响度结构的原则。这里我们根据胡坦（1980，31—32）的文章，选择 r-，s-，g-，m-四个前缀音，从中各引三个例子，然后再来讨论相关的问题。请比较：

前缀音	藏文转写	道孚	阿力克	德格	拉萨	汉义
r-	rko	rko	rko	ko^{53}	ko^{54}	挖
	rdo	rdo	rdo	do^{231}	to^{12}	石头
	rma	rma	rma	ma^{53}	ma^{54}	伤
s-	ske	ski	rke	ke^{53}	ke^{54}	颈
	sgo	zgo	rgo	go^{53}	ko^{12}	门
	sna	sna	rn̥a	$n̥a^{54}$	$nə^{55}\ ku^{54}$	鼻
g-	gtub	ɣtəp	htəp	$tʊʔ^{53}$	tup^{54}	切，剁

	gzig	ɣzu	ɦzək	$ziʔ^{53}$	$siʔ^{54}$	豹
	gnam	ɣnam	ɦnam	$nã^{55}$	nam^{55}	天
m-	mtaɦ	mtʻa	mtʻa	$n̥tʻa^{53}$	$tʻa^{54}$	边
	mdaɦ	mda	mda	nda^{53}	ta^{12}	箭

胡坦根据这些材料，认为“前缀音对声调的影响主要发生在次浊声母字。凡不带前缀音的次浊声母字，今读低调；古时带前缀音的次浊声母字，今读高调（zla 例外）”。如果着眼于系统，这里的音变规则似乎是：前缀音的语音特征发生了一次清浊的逆同化，即它的清浊与后面的辅音一致，因而后来就随浊音清化的规律产生高低二调的变化，即清辅音读高调，浊辅音读低调；古时带前缀音的次浊声母字为什么念高调？可能是由于这些次浊声母本来是清化音，德格方言至今还保留这种清化音的痕迹（请比较义为“鼻”字的读音）。这就是说，音核前最边缘的那个音，不管它原来是什么音，需要服从音节响度结构的原则，是响度最低的一个音，因而容易发生变化。另外，zla 这个“例外”很有意思，这说明 s-前缀早期可能也是一个浊音，因为例外中隐含着规律。前置辅音对声调的影响在藏语方言中还有不同的表现，黄布凡（1994，7）曾有具体的分析，“多数方言点都以次浊声母是否带前置辅音分高低，带前置辅音的念高调，不带前置辅音的念低调。……”这些考察对声调起源的研究都有积极的意义。

藏语产生声调的关键是声母的浊音清化，并由此产生了高、低两个声调。浊音清化是声调起源和演变的一条最重要的规律，但不是惟一的规律，因为像汉语这样有声调的语言，是先有声调，后有浊音清化，并影响声调的演变。这说明，汉语声调的起源应该追溯浊音清化以前的那种语音特征的变化，其最大的可能就是前置音或复辅音的变化。

汉语平、上、去、入这一声调系统形成于何时？确切的年代难以确指，但根据汉字谐声系列提供的线索，那时的汉语有复辅音；复辅音还不是一个“1”，声调产生的条件还不完备，至少还不具备使声调系统定型的条件。复辅音的简化和声调的产生，这是两个有内在联系的问题。根据藏缅系语言提供的线索，复辅音出现于音节的“头”和“尾”。汉语的谐声时代，“头”的部分有复辅音，线索比较清楚，一般学者对此已无异议，而“尾”的部分已很难找到复辅音的痕迹。汉语的音韵结构，上古时期是阴、阳、入三分；所谓“三分”，就是说韵尾系统已经定型：阴声韵以*b，*d，*g 收尾，阳声韵以*m，*n，*ŋ 收尾，入声韵以*p，*t，*k 收尾，在韵尾的位置上都已经是一个“1”，没有复辅音，而四声调类系统则是在韵尾系统定型之后发展起来的，因而阴声韵和阳声韵都有平、上、去三声。韵母的这种分类系统已经清楚地说明，我们不必在平、上、去三声以什么音收尾上做文章。这一问题前已讨论，这里不赘。

汉字谐声时代的复辅音是类似印欧语那样的复辅音呢，还是像藏语、苗语那样，是前置辅音？根据汉语音系结构的特点，应该类似于藏语的前置辅音。有迹象显示，汉语音系的结构有很强的对称性。声母的发音部位早期只有双唇、舌尖前和舌根三个系列（徐通锵，1994），韵尾系统的-b，-d，-g、-m，-n，-ŋ、-p，-t，-k 与此前后对称；汉语韵母的结构是“韵腹＋韵尾”，我们推想声母的结构与此类似，应是“声首＋声腹”，这“声首”就是现在一般所说的前置辅音，所谓“复辅音”其实是一种简化的说法。介音介于声母与韵母之间，不属于声，也不属于韵，或者说既可以归属于声，也可以归属于韵，不属于这种对称结构的范畴。这就是说，声母位置上的复辅音（声首＋声腹）不是一个“1”，不符合产生声调的条件。这种“声首”的前置辅音是什么？比较藏缅语音系的结构，我们猜想，可能是浊塞音（b，d，g）、次浊音（m，n，ŋ，r 等）和清擦音 s-或送气音 h-之类的音，由于它们的消失，遂导致平、上、去三声的产生，和以-p，-t，-k 收尾的入声韵一起构成汉语的四声调类系统。s-可以和不同发音部位的声母谐声，是一个重要的前置辅音或前缀辅音，这已得到学术界的广泛承认（李方桂，1968，24—26）；h-可以和 m-谐声（董同龢，1944），也已引起人们的关注；b-，d-，g-和 m-，n-，ŋ-，r-，h-等前置辅音是否存在？现在虽无确证，但从同谐声系列的字的声母有清浊、送气不送气的差异来看，暗示它们有存在的可能。张琨（1984，244）对此有一种假设，认为“谐声字最有希望的、能做得出一点东西的就是复辅音。谐声字也还有一个大问题，恐怕也是只能猜想。比方说，在一套谐声字里头，按现在的读音，有清声母，有浊声母，有吐气，有不吐气，究竟原来是什么样子？我猜想原来可能是一个词根，前面有不同的词头。就是说，词根的声母本来是一样的，但由于受到不同词头的影响而使同一个声母有种种不同的变异。西藏话就有这种情形，一个词根，前头有 d，或 g，或 m 什么的，然后它在现在的方言中有各种各样的读音。谐声系列的声母不同，恐怕是由这种情形造成的”。这是一种很有价值的假设，是值得深入探索的一个新领域。

先秦时期的上古汉语有没有复辅音和平上去入的四声调类系统是否已经定型？这两个问题是有内在联系的，这就是：复辅音之类的现象越多、越复杂，声调系统就越难以定型，因为一个字一个音节，有复辅音起区别的功能，也就没有必要有一个独立的声调去实现同样的功能；反之，如果没有声调，那复辅音之类的现象一定比较复杂；声调系统没有定型，也就说明复辅音之类的现象还在向单辅音的转化过程中，没有完全形成我们前面所说的以“1”为基础的音系结构格局。汉藏语系语言的声调产生过程可以清楚地说明这方面的音变原理。周耀文(1992,133—150)根据对 37 种汉藏语系的语言的研究，发现 28 种语言有声调，5 种没有声调，4 种正从无声调向有声调的转化过程中。没有声调的语言的特点是：“复辅音声母多，声母总数多”“辅音韵尾多”“音节结构形式多，辅音在音节中出现的频率高于元音”；而有声调的语言则是“单辅音声母占优势，复辅音声母少或者没有”“辅音韵尾最多只有 7 个”“音节结构形式趋向简化”；至于那些处于从无声调到有声调的演变过程中的语言则是“有一定数量的复辅音”“单辅音韵尾大多还保留”“音节结构的形式还比较多”“音节已开始出现音高对立的声调”。作者根据汉藏语系语言的这些特点推断“周秦时代是古汉语从无声调向有声调发展的过渡时期”。不过我们想在这里补充一句，就是它已处于过渡的晚期，因为《诗》韵就其主流来说已是同调相押；《说文》的读若，本字与读若字的声调相同的已占 89.4%，而去声与平、上、入三调一样，自成一类，说明那时候的四声调类系统已经基本定型(谢纪锋，1984,317—318)。平上去入的四声调类系统是否定型可以看成为以“1”为基础的结构格局是否形成的标志。

汉语中制约声调演变的关键因素是音首的声母，其中最重要的语音特征就是清浊，因浊音清化而使中古的平、上、去、入四个声调在有些方言中分化为八个声调。这是声母的清浊制约声调演变的生理基础。历史上的浊上变去，北方方言的阳入归入阳平、阴入入派三声，宁波方言依声母的清浊发生舒声调的合流(徐通锵，1991a,4—13)，山西晋中地区(祁县、太谷等)阴入的调型调值与平声同、阳入与上声同(徐通锵，1991b,196)等等，也都是这种生理基础和音变原理的具体表现。正由于此,像藏缅系语言、侗台系语言、越南语等,不管与汉语有无亲属关系,声母的清浊才能对声调的形成和演变产生相互类同的影响。我们把声调看成为单音节语的一种普遍类型特征,依据的就是这种共同的音变原理。影响声调演变的语音特征还有声母的送气与不送气,这在藏缅、侗台系语言中都有表现,不过在汉语方言中比较少见。赵元任的《现代吴语的研究》首先注意到江苏吴江话可以根据声母的送气与不送气而分出"全阴上"和"次阴上"、"全阴去"和"次阴去"(盛泽),"全阴去"和"次阴去"、"全阴入"和"次阴入"(黎里)。叶祥苓(1983,32—35)根据赵元任提供的线索对吴江话的声调进行了一次再调查,发现送气与不送气对声调差异的形成确实存在着系统的影响,因而某些方言点的声调总数就不是人们一般印象中的七个或八个,而是十、十一、十二个。现实方言的音变机理可以用来说明声调起源的机制,因为一种语言的结构格局很稳固,古今的音变机理大体是一样的。

引用书目

陈其光　1994　《汉藏语声调探源》,《民族语文》第6期。
丁邦新　1982　《汉语声调源于韵尾说之检讨》,台湾国际汉学会议论文集(语言文字组),此文现已收入《丁邦新语言学论文集》,商务印书馆,1998。
董同龢　1944　《上古音韵表稿》,台湾台联国风出版社,1975。
胡　坦　1980　《藏语(拉萨话)声调研究》,《民族语文》第1期。
黄布凡　1994　《藏语方言声调的发生和分化的条件》,《民族语文》第3期。
李方桂　1968　《上古音研究》,商务印书馆,1980。
李　荣　1952　《切韵音系》,中国科学院出版。
刘　岩　1996　《孟高棉语声调研究》,中央民族大学博士研究生学位论文,已通过答辩，未刊。
陆志韦 1947 《古音说略》，《陆志韦语言学著作集》(一)，中华书局，1985。
罗常培 1931 《知彻澄娘音值考》，《罗常培语言学论文选集》，中华书局，1963。
马蒂索夫 1984 《马蒂索夫教授谈历史语言学和汉藏系语言研究》(徐通锵整理)，《语言学论丛》第13辑，商务印书馆。
马学良等 1991 《汉藏语概论》，北京大学出版社。
梅祖麟 1977 《中古汉语的声调与上声的起源》，《中国语言学论集》，台湾幼狮文化事业公司。
瞿霭堂 1981 《藏语的声调及其发展》，《语言研究》第1期。
—— 1993 《论汉藏语言的声调》，《民族语文》第6期。
石毓智 1995 《论汉语的大音节结构》，《中国语文》第3期。
汪大年 1983 《缅甸语中辅音韵尾的历史演变》，《民族语文》第2期。
—— 1986a 《东方研究论文集》，北京大学出版社。
—— 1986b 《妙齐提碑文研究(一)》，《北京大学学报》(哲学社会科学版)第4期。
王福堂 1964 《晋中榆茨、太谷、祁县、榆社、平遥、介休、灵石、孝义方言语音特点简述》(方言调查报告)，现已作为附录收入《汉语方言语音的演变和层次》，语文出版社，1999。
王洪君 1994 《汉语的特点与语言的普遍性》，《缀玉二集》，北京大学出版社。
王 力 1957 《汉语史稿》，《王力文集》第9卷，山东教育出版社，1988。
—— 1985 《汉语语音史》，《王力文集》第10卷，同上，1987。
谢纪锋 1984 《从〈说文〉读若看古音四声》，《罗常培纪念论文集》，商务印书馆。
徐通锵 1981 《山西平定方言的“儿化”和晋中的所谓“嵌l词”》，《中国语文》第6期。
—— 1990 《结构的不平衡性和语言演变的原因》，《中国语文》第1期。
—— 1991a 《百年来宁波音系的演变》，《徐通锵自选集》，河南教育出版社，1993。
—— 1991b 《历史语言学》，商务印书馆。
——1991c 《语义句法刍议》，《徐通锵自选集》，河南教育出版社，1993。

—— 1994 《音系的结构格局和内部拟测法》,《语文研究》第3—4期。

—— 1996 《阴阳对转新论》,《语文新论》,山西教育出版社;又,《北京大学百年国学文粹》(语言文献卷),北京大学出版社,1998。

严学窘 1959 《汉语声调的产生和发展》,《人文杂志》第1期。

叶祥苓 1983 《吴江方言声调再研究》,《方言》第1期。

袁家骅 1981 《汉藏语声调的起源和演变》,《语文研究》第2期。

张均如 1992 《侗台语族声调的发生和发展》,《中国民族语言新探》,四川民族出版社。

张 琨 1984 《关于汉藏系语言和汉语史的研究》(访谈录,徐通锵整理),《语言学论丛》第13辑,商务印书馆。

张振江 1987 《汉语声调的历史演变与藏语的初步比较》,华中理工大学硕士论文(导师严学窘),未刊。

赵元任 1928 《现代吴语的研究》,科学出版社1956年重印。

周耀文 1992 《周秦时代是古汉语从无声调向有声调发展的过渡时期》,《纪念王力先生九十诞辰文集》,山东教育出版社。

Haudricourt, A.(奥德里库) 1954 De I'origine des tons en Vietnamien(越南语声调的起源), *Journal Asiatique* 242:1. 译文见《民族语文研究情报资料集》第7期,中国社会科学院民族研究所语言研究室编印,1986。

Labov, W. 1972 On the Use of the Present to Explain the Past, *Readings in Historical Phonology*, The Pennsylvania State University Press, 1978.

Placzek, J.(波莱齐克) 1985 Tones from Tai-Distributional Peculiarities of Tonal Systems in Southeast Asian Languages, *CAAAL*, No. 24.

语义句法刍议*

——语言的结构基础和语法研究的方法论初探

【提要】一种语言的语法结构的特点与它的语言结构基础密切相关。这种结构基础可用"1"来表示。它是一种结构常数，以结构关联的方式与其他层面的结构形成一种相互依存、相互制衡、组织有序、协同配合的函数关系，使语言能根据交际的需要而自发地进行自我调整。"1"是控制这种自我调整的"纲"，因而可以成为人们观察语言结构的宏观视角。不同语言的结构常数都是一个"1"，体现语言的共性，不同语言的特点主要决定于这个"1"处于哪一个结构层次上。汉语的"1"凝聚于字，具体表现为"1个字·1个音节·1个概念"，突出语义，使汉语成为一种语义型语言。印欧语的"1"凝聚于句子的结构规则，即一个句子必须有、而且也只允许有一个

---

* 根据1991年参加《世界汉语教学》和《语言教学与研究》两个编辑部联合召开的语法研究座谈会上的发言补充修改，初次发表于《语言教学与研究》1991年第3期。南开大学邢公畹先生看了此文后给我写了一封长信，在肯定基本思路的同时提了很多中肯的意见。根据邢先生和其他读者的意见，趁收入《徐通锵自选集》(河南教育出版社，1993)之机，对《刍议》进行了一些修改、调整和补充。主要有三点：1.突出"字"在汉语结构关联中的地位，以代替原文中的"音节"；2.有关印欧系语言的结构基础，原来依附于"语义句法的结构框架"一节，现在独立成为本文的第四节；3.有关语义句法的结构框架的分析，原来太简单、抽象，现在作了一些重要的补充。这里据《自选集》。

主语和一个谓语，相互由一致关系维持；主语的位置只允许出现主格名词，谓语的位置只允许出现定式动词，词入句后必须接受一致关系和与此相关的规则的支配而发生形态变化，从而使印欧语成为一种形态型语言。两种语言的结构基础的差异决定了它们的语法规则的重大差异，需要用不同的理论、方法去描写。

20 世纪 80 年代的汉语语法研究取得了很大的成就。这主要表现在两方面：第一，对西方的语法理论、方法有所补正；第二，开始以北京话为基础进行方言间的横向比较研究和古今汉语的纵向比较研究，突破了索绪尔以来关于共时和历时的机械划分。但是有一些老大难的问题，例如词类的划分、句子成分的分析等，至今还矛盾重重，进展缓慢。自《马氏文通》以来，这些问题为什么长期得不到有效的解决？这恐怕与我们用“印欧语的眼光”来观察汉语的结构这种思路有关。要摆脱这种思路的束缚，首先需要弄清楚语言系统的内在结构基础，为语法研究确立方法论的根据。这或许有助于从宏观上把握一种语言的结构特点，为摆脱“印欧语的眼光”提供一种可供选择的途径。我们这里以这一认识为基础讨论汉语的语义句法问题。

一 词位句法和义位（语义）句法

自结构语言学兴起以后，大多数语言学家都把语言看成为一种能进行形式运算的数学系统，而把语义排除在语言研究的大门之外。转换—生成语法的出现把数学的运算方法升华到了顶点，认为依据少数的语法规则就能生成语言中全部合乎语法的句子。

物极必反。一种理论，哪怕是一种非常有价值的理论，一旦进入极端，就会暴露出很多矛盾而走向它的反面。转换—生成的运算规则虽然能够生成语言中一些为人们所接受和理解的句子，但是也能够生成形式上虽然合乎语法规则但在语义上却根本说不通、在实际语言中根本不可能出现的句子。例如：

Tomorrow the sleeping table married its jumping lake.

（明天那睡着的桌子嫁了它的跳跃着的湖）

为了解释这种违反常规的句子，兰姆（S. M. Lamb，1969）认为应进行词位句法（lexemic syntax）和义位句法（sememic syntax）的研究：在词位句法中人们碰到的范畴是名词、动词、介词、形容词等，而在义位句法中这些范畴并不出现，人们碰到的是"分类等级所给予的"，"义位句法规定哪些义位的结合是允许的，哪些是不允许的。例如动作义位的等级和事物义位的等级就有联系，联系的方式是规定只有某些类事物能施行某些类动作，又只有某些类的事物能作为某些动作的对象。只有有生之物能够实行死的动作；只有食物可以吃，只有歌儿可以唱"。兰姆认为，符合词位句法规则的句子不一定符合义位句法，只有句子的词位句法同时符合义位句法的规则才能成为现实语言的真实句子；"这两种句法模式是各自独立存在的"，应该分别加以独立的研究。

词位句法和义位句法的区分是语法理论研究的一次重大进展。在传统语法中这两类句法是混而不分的，主、宾语和施、受事之间的联系和矛盾就是这两类句法相互纠缠的具体例证。为了推动学术研究的深入发展，纠缠在一起的不同现象应该区分开来进行独立的研究，不然就难以掌握每一类现象的性质和特点。实践证明，格语法、生成语义学、认知语言学的诞生以及它们对义位句法或与义位句法有关的现象的研究已为语法理论的发展做出了重要的贡献。语义作为语法结构的一项内容,已在语法研究中确立了它不可动摇的地位。

义位句法的提出有重要的理论价值,但这一概念的名称则有商榷的必要。义位(sememe)是瑞典语言学家诺伦(A. Norren)于1908年首创的一个概念。1926年布龙菲尔德把它引入结构语言学的研究,指一个最小的意义("一个最小的形式就是 morpheme,它的意义就是 sememe")。兰姆的义位概念又是另外一种理解,相当于现在一般所说的语义成分或语义特征。不同的语言学家还可以有不同的理解,这里没有必要详加讨论。就一个概念本身的含义来说,兰姆的独特理解无可非议,但就句法结构的原则来说,这样的理解似嫌狭窄,不容易把握义位句法的实质。如我们将在后面分析的那样,以语义为基础的句法结构,它的最重要的特征是句法单位的组合顺序。义位句法这一概念不能确切反映这一特征,因而我们下面就干脆把这种句法称为语义句法。

语义句法在不同结构类型的语言中所处的地位和所占的比重是不一样的。印欧系语言一直以词位句法为基础开展语法结构的研究,提炼出一整套理论和方法。现在流行的语法理论差不多都是这种理论的不同变体。汉语是一种孤立语,它的研究传统没有印欧语研究中的那种词位句法,而语义句法,虽然没有系统的理论著作,也没有"语义句法"这样的概念,但它的精神一直渗透于古籍的"注"和"疏"之中,一个句子,只要把字的意义和意义之间的关系搞清楚了,一个句子的意义也就弄清楚了。王力(1957,144—154)所说的"意合法"就是这种句法精神的一种具体表现。我们的祖先不讲主语、谓语、宾语和名词、动词、形容词这些词位句法的概念,照样可以看书写文章，可以进行教学活动，而在印欧系语言的研究中这是不可想像的。所以，一种语言可以不讲词位句法，但是必须有语义句法。语义句法在语言研究中应该占有它的重要地位，不要把它视之为不可思议的“怪物”。不过目前人们对这种句法还比较生疏，研究工作也还没有充分展开，因而我们的讨论也只能说是“刍议”。

二 语义句法和汉语

汉语的语法研究，自《马氏文通》以来，一直师承西方的语法理论。吕叔湘(1986)曾就这一点指出：“过去，中国没有系统的语法论著，也就没有系统的语法理论，所有的理论都是外来的。外国的理论在哪儿翻新，咱们也就跟着转。这不是坏事，问题是不论什么理论都得结合汉语的实际，可是‘结合’二字谈何容易，机械地搬用乃至削足适履的事情不是没有发生过。”这是对汉语语法研究的历史回顾和理论总结。面对西方语言理论的新变化，20 世纪 80 年代的汉语语法研究也出现了一些新的发展趋向，这就是开始摆脱结构分析法的纯形式的研究，吸取义位句法的某些精神引入语义特征、语义指向之类的理论和方法，以辅助形式分析的不足(参看陆俭明，1989，1990)。汉语的语法研究又艰难地前进了一步。不过就总的情况来看，结构分析法的基本格局还没有发生重大的变化，语义特征之类的概念的运用也还比较零散，不系统，没有形成一些独立的理论和分析原则，即不是对语义句法进行独立的研究，而只是用来解释词位句法中一些难以解释的现象。当然，这比以前的研究深入了一步，但基本情况仍然是用西方的语法理论来解释汉语的现象，只涉及那些“说得通”的部分，而还有哪些“说不通”，还缺乏有效的研究。一种理论能不能成立，需要经得起那些“说不通”的反例的检验。这犹如语音规律，如果不能经受例外的考验，就很难说它是一条规律。现在语义特征这一类概念还没有经受这种检验。

“‘结合’二字谈何容易”，这是老专家的经验总结，非常宝贵。确实，要做到“结合”，难度很大。结合，它不是国外的理论加汉语的例子，也不是用国外的理论来解释汉语，而是要参照国外语言理论的立论根据，从中吸取精神，在汉语的研究中提炼出自己的理论和方法，以便能在宏观上把握汉语结构的特点；不能实现这样的要求，说明我们还没有摆脱用“印欧语的眼光”来观察汉语的窠臼。根据这样的标准，我们的研究实际上离“结合”还有一段很大的距离。汉语的研究传统一直是务“实”不务“虚”，重功力而轻理解（参看《国学季刊》发刊词，1923），不大注意理论的研究，因而也就没有很好地探索如何从宏观上去把握汉语的特点。自《马氏文通》以来，汉语的语法研究取得了一些重要的进展，解决了很多实际问题，但理论建树，应该老实地承认，并不很多。这与我们重功力而轻理解的研究传统有关。在这方面，生活在国外的一些汉学家由于其学术环境和我们不同，思想上的框框比国内语法学家少，因而思路比较开阔，已经在理论上提出了一些有助于我们从宏观上去把握汉语结构特点的理论和方法。戴浩一（1985，1989）的《时间顺序和汉语的语序》《以认知为基础的汉语功能语法刍议》可以看成为这方面的两篇有代表性的文章。他立足于 Perice 的临摹性（iconicity）原则，认为语法结构规则来自现实的象征，可以参照概念领域的原则来了解汉语语法的结构。他提出的最重要的一条原则就是时间顺序原则(the principle of temporal sequence):两个句法单位的相对次序决定于它们所表示的概念领域里的状态的时间顺序。戴浩一认为这条原则"在汉语语法中具有独立的依据和很高的解释价值。它在一条总原则下概括了至今被认为是互不相干的大量的语序原则。它管辖着汉语中大多数可以定出的句法范畴的语序表现。因此PTS可以看成是一条总的句法限制""汉语语法的基本手法仿佛是按照某些具体的概念原则把句法单位编织在一起""它的语序跟思维之流完全自然地合拍"(18)。戴浩一和其他的汉学家还提到一些其他的原则,如时间范围原则、整体先于部分的原则,等等。这些原则都是语义句法的结构规则,已经摆脱传统语法、结构语法、转换—生成语法的束缚而向着一个新的方向发展。这方面的研究成果,现在虽然还比较粗疏,但开辟了一个新的研究方向,已为建立语义句法迈出了艰难的一步。

语义句法的建立,这不是语言学家的个人癖好,而是由语言的性质决定的。语言与人类的认知活动有密切的联系。认知,这是主观经过分析、综合、比较而对客观的认识,用语言将复杂、纷繁的现实现象编制成各种各样的"码",人们依靠这种"码"的指引去认识现实。就这一点来说,语言就是现实的一种编码体系。不同语言的差异主要表现为编码方式、编码原则的差异,而需要将现实编成"码",以实现认知现实、进行交际的功能,这是人类语言的一种共同性质。临摹性是编码的一种方式。"语言中成素(elements)的次序平行于实际的经验或认识的顺序",这是Perice关于临摹性原则的一句名言,研究语序的语言学家差不多都要引用这句话。前面提到的时间顺序原则、整体先于部分的原则等都不过是这条总原则的具体表现，用它来考察汉语语句结构的规则，应该说是比较合适的。它有助于我们从宏观上去认识汉语的结构特点。我们由于身处“庐山中”，不易认识“庐山”的真面目。国外的语言学家对汉语的这种特点非常敏感，洪堡特（1836—1840）早就说过汉语的句子跟思想的简单明确的顺序一致是汉语特殊的优点。时间顺序原则等以临摹性为基础的句法结构规则实际上是洪堡特理论的深化和具体化。

把临摹性原则看成为汉语句法结构规则的基础，这可是违背传统语法理论的一种“离经叛道”的大胆假设。它虽然得到了时间顺序之类的原则的支持和验证，但毕竟还只涉及汉语的一些局部情况。语言现象很复杂，一般的理论假设都不难从语言中找到一些必要的例证。时间顺序之类的原则是不是一些个别的、孤立的例证，汉语中是不是还有大量与这种原则相矛盾的现象，我们现在还不敢说。所以，临摹性原则是不是汉语语义句法研究中的一条简明而又有解释力的原则，还要看我们能不能在语言系统中找到它的立论根据。

语言是一种复杂的系统，由很多个大小不等、层次不同的子系统联合组成的一种非线性结构。要为语义句法寻找立论的根据，需要弄清楚把各个子系统组成为一个结构整体的“纲”。根据现在流行的说法，这种“纲”就是索绪尔的聚合关系和组合关系理论。不过我们不想以这一理论为基础，因为它有明显的局限性。第一，它以“语言是形式，不是实质”为前提，因而只能适用于无时无空、完全封闭的语言系统的分析。我们把语言看成为一种现实的编码体系，是在时、空中运转的开放系统，因而与索绪尔所说的语言系统的前提不一致。第二，聚合关系和组合关系理论以语言的线性结构为基础，虽然可以有成效地对同一结构层内的语言现象进行静态的研究，但是难以探索处于非线性结构中的各个子系统的结构关系。美国结构语言学家着眼于组合关系去考察各个结构层面(子系统)之间的结构，认为音位的线性组合构成语素，语素的线性组合构成语句，结果在方法论上留下了不可调和的矛盾(霍凯特，1961，7—13；帕默，1971，118—133)。第三，组合关系和聚合关系的概念只能用来分析完全静态的结构，无法用来研究在时、空中运动的动态系统。基于上述考虑，我们在讨论语言系统的结构时放弃聚合关系和组合关系理论，而用结构关联这一概念来分析语言系统的非线性结构。结构关联的具体含义是：结构成分或结构子系统之间相互依存、相互制衡，彼此组成一种组织有序、协同配合的函数关系，使语言能根据交际的需要而自发地进行自我调整；或者说，结构关联是协调、支配语言各子系统之间的相互作用，使其最有效地完成交际功能的结构原理和原则，而与子系统的性质无关。因此，从某一个子系统中提炼出来的结构原则或理论假设，如果在其他子系统中能够找到它的结构关联，那么这种理论假设不仅能够成立，而且可以从宏观上把握一种语言的结构特点，因而有很大的理论意义。我们现在需要对语言系统进行深入的结构分析，看看能不能为以临摹性为基础的汉语语义句法的研究找出它的立论根据。

三　汉语的结构基础

语言是现实的一种编码体系，而“码”的基本单位在语言中就是一般所说的词。词是一种重要的结构单位，语言中的各种特点，语音的，语法的，语义的，都会通过这样或那样的方式体现在词之中，因而很难给词下一个确切的定义。汉语中和词相当的单位，粗略地说，就是“字”。“五四”以来的汉语研究都把“字”看成为文字问题，这未免把复杂的问题简单化了。不错，“字”是文字，在有“字”之前，汉语早就存在，但“字”是语言结构特点的文字表现，没有语言的基础，“字”就不可能存在。印欧系语言为什么没有“字”？因为语言中没有这种结构特点。我们还得从语言与文字的关系去认识“字”的性质，认为“字”不光是文字问题，而且也是语言问题，是汉语的基本结构单位。“字”所反映的语言现象与印欧系语言的语素不同，它不是单层次的结构单位，而是语音、语义、语汇、语法的交汇点，需同时接受各个结构层面的结构规则的制约。它是一种立体性的结构单位。传统的汉语研究，不管是哪一个领域，都以“字”的分析为基础。我们今天在分析汉语的结构时也不能毋视“字”或“字”所代表的语言现象的存在。但为了和文字的字区别开来，我们在行文中都给它打上引号。

编码的机制实质上就是音和义的关系。我们如果以词的语音形式为结构框架，考察每一个结构位置中结构成素的替换与对现实进行编码的关系，那么就可以发现不同语言在编码方式上的一些特点。汉语的一个“字”在语音上是一个音节，包括声、韵、调三部分。它是汉语对现实进行编码的一种基础性语音框架。语音的区别特征，即对立项的选择(雅科布逊等，1951，3—4)，不同的语言在性质上是差不多的，不外是口音、鼻音、清音、塞音……这一些特征。不同语言的特点主要是通过它为对立项的选择提供一个什么样的结构框架表现出来的。汉语为对立项的选择提供的语音结构框架比较简单，而且很有规则，即：一个结构位置中只允许出现一个结构成素，即一个音节只允许有一个声母、一个韵母、一个声调；韵母这个层次又可以根据音位的出现位置而分出韵头、韵腹、韵尾，每一个位置也只允许出现一个结构成分，其中韵头和韵尾可以出现，也可以不出现（下面的公式用括号表示）。这就是说，汉语“字”的结构基础是一个“1”，而结构格式就是“1×1＝1”：

层序	层组织	结构公式
1	（1个韵头）×1个韵腹×（1个韵尾）	（1）×1×（1）＝1个韵母
2	1个声母×1个韵母＝1个音段	1×1＝1
3	1个音段×1个声调＝1个音节	1×1＝1
4	1个音节×1个概念（意义单位，下同）	1×1＝1

这个“1×1＝1”的简单结构格式隐含着汉语自我运转、自我调整的结构机理，是不同子系统的非线性的结构关联的基本方式。它由下而上，以“1”为基础，层层关联，形成一种严密的结构。等号后的“1”是等号前的“1”的乘积。它是一种结构、一种子系统，但它又可以以“1”个结构成分的身份进入高层的结构。等号前后的“1”，相互之间是一种函数式的结构关系：等号后的“1”是一个常数，而等号前的“1”是变数，即它可以是“2”、是“3”，这就产生了“1×2（或3）＝1”这种奇怪的结构等式。语言中如果出现这种情况，子系统之间的相互依存、相互制衡的结构关联就会进行调节，通过变异调整相互之间的关系。如果是常数“1”制约变数“2”或“3”，使它们通过变异而转化为“1”，那么语言就会出现通过变异而改进结构的格局，简单地说，就是结构（常数）制约着变异的方向和目标，借此以维持“1×1＝1”的结构格式。上古的复辅音已经根据这种结构格式进行调整，在现代的各个方言中都已变成了“1”。联绵字的“2”原就是“合二字而成一语，其实犹一字也”（王国维），相当于一个音节。它是在语言发展中产生的一种“畸形儿”，可能是原始

汉语(proto-chinese language)经过“1×1=1”这种结构格式的调整而在语言中留存下来的遗迹。它在原始汉语的研究中将占有重要的地位。现代汉语存在着大量的复音辞,似与这里所说的“1”矛盾,但是这种“2”或“3”已经或正在接受结构关联的支配,通过变声、变韵、变调的办法进行单音节(“1”)化的改造(徐通锵,1990)。这些都是结构常数“1”制约变数(1,2,3)的变异方向和目标的一些具体例证。如果出现相反的情况,即变数“2”或“3”通过变异而迫使常数“1”的值发生变化,那么语言结构的类型就会发生重大的变化。我们说,语言是一种动态的系统,这种“动”不是外力推动的,而是语言系统内部相关系列相互制衡的结果:“1×1=1”这一结构格式可以从结构上解释语言系统的动态性。这种结构格式是语言的一种结构格局,非常稳固,汉语历经几千年的变化,形成如此复杂的方言差异,但是这种结构格局并没有发生变化。这些讨论好像与前面所说的以临摹性为基础的汉语句法结构原则没有什么关系,但这却是探索和解决这一问题的一个基点。

汉语的“字”音,由于一个结构位置只能出现一个“1”,因而它为音位“对立项的选择”提供的活动舞台简单而有规则,即使把声调包括在内,一共也只有五个位置,我们可以把它简化为如下的公式:

$$\frac{t}{o(m)n(c)}$$

(t:声调;o:声母;m:韵头;n:韵腹;c:韵尾。括号中的成分可以不出现)

声调是凌驾于整个音段之上的语音特征,是音位进行“对立项的选择”的一种环境,应另作讨论。这样,汉语的音位就只能在o(m)n(c)这样四个结构位置上进行“对立项的选择”,对现实进行编码;只要在“字”音的结构位置上进行“对立项的选择”,就能编成

语言的“码”。假定说,o(m)n(c)这个公式中每个位置上能出现的音位是:

o=p, t, k, ts

m=0, i, u, y

n=a, o, e, i, u, y

c=m, n, ŋ,i, u, y,0

我们可以根据收集到的“字”音的样品制定一条编码规则:每个位置上每次选择一个音位,并依次组合起来,就能直接编成语言中的“码”。根据这条规则,我们就能生成如 pam、pioŋ、ta、tiau、tuen、kaŋ、kyen、tsim、tsan……这样的语码形式,其中有些是汉语中实际存在的“码”的语音形式,如 tiau、tuen、kaŋ……,有些则不是(至少在某一方言中),如 pam、kyen……,但这不能否定规则的编码能力,因为这些在语言(例如北京话)中现在不存在的语音组合序列同样是符合汉语“字”音的结构规则的,它们可能在过去用过,只是后来在发展中废弃不用了;将来一旦有需要,语言也会毫不犹豫地用这些语音序列对现实进行编码,成为“字”的语音形式。这种在语音规则上可以接受,但在实际语言中未被实现的语音组合序列是“码”的一种潜在语音形式,与 iempt……之类的不合规则的语音组合完全不同。这种潜在的形式在语言发展中有重要的作用,是语言系统富有弹性的一种具体表现。如果说,一种语言没有任何规则上允许而在实际语言中未被实现的潜在的语码语音形式,那么这个语言的生命也就完结了。

根据上面这条编码规则,也能生成如 piii、tuau……之类的形式。为了防止这一类形式的出现,我们可以制定一条补充规则:同一音位不能依次连续出现;如果隔位出现,语音的异化作用会促使语言通过变异而进行自我调整。皆、佳、夬三韵(赅上去)的开口字在北京话的语音表现可以为这一条补充规则提供一个具体的例证。它们原为二等字,语音一般拟测为*-ai,见系字"皆阶"等由于在语言发展中产生了一个介音(韵头)i,即-ai变为-iai。这样音位i就隔位重复出现,与同一音位不能在韵母的不同位置上同现的原则发生冲突,因而出现变异:-iai变为-iε(皆阶稽介界疥届戒诫械,佳街解懈涯崖捱鞋蟹),还有一部分字(揩楷骇挨矮隘)则抗拒介音的进入,仍保持旧读-ai。1950年出版的《增注中华新韵》,"厓崖崖"等字还读-iai。合口韵"乖怪怀"等字的韵尾仍为-i,因为它们的介音是u,没有违背上述不能同现的原则,因而形成开、合口的韵尾不配套的结构格局。

根据上面两条规则,汉语就能以"字"音中的"1"为基础,通过音位"对立项的选择",直接编出语言中的"码"。对比英语等印欧系语言,情况就不同了。英语是多音节语,而"对立项的选择"只能在单音节的结构框架中进行,这就迫使语言学家挖空心思地去寻找为数有限的一些单音节词,为音位找出最小的对立环境(霍凯特,1958,15—24),而后以此为基础去分析以多音节为特征的音系的结构。音系中的单音节词在语言系统中的地位相当于语素。所以,从原则上说,英语等印欧系语言为"对立项的选择"提供的结构框架只是语素的语音形式,词的结构还需要在此基础上进行新的组合。其次,即使以那些单音节词的语音形式为基础,我们也无法概括出像汉语那样的编码规则,因为印欧系语言的词音为"对立项的选择"提供的结构基础不是"1",一个音位能出现在音节的哪一个结构位置上是不定的,而一个位置能出现几个音位(复辅音、复元音)也是不定的。这两方面的原因给编码规则带来的影响是:印欧系语言从"对立项的选择"到"码"需要分两步实现:第一步先编出半成品——语素，它不能直接用于交际；第二步把语素组合成词，实现对现实的编码。语素虽然也是一种“码”，但只能说是“码”的初胚或半成品，不能独立；独立的标志是音段必须有特定的、能使长短不定的音节组合内聚为一个整体的超音段特征（声调、重音、音长或元音和谐）。所以，从“对立项的选择”到交际中能独立使用的“码”，汉语是直接的，一次实现；英语等印欧系语言是间接的，分步骤实现。为行文方便，下面把汉语称为直接编码型语言，英语等为间接编码型语言。[①]

编码方式的差异进一步给语言的结构带来了深刻的影响。直接编码型语言由于“字”音短，音位的组合规则简单，它的功能负荷得到最充分的发挥，因而能直接编出来的“码”就多，即根词的数量大，用不着什么构词法。汉语除了上古汉语的同族字需要另待研究以外，我们传统的研究根本就没有什么构词法；现在的所谓联合式、偏正式、述宾式的复合词和以子、儿、头之类的词缀为特征的派生词，都是语言发展中的产物，是字组凝固的结果，如用印欧语类比，就是将词降格为语素，而不是组语素为词，因而谈不上什么“法”。刘叔新（1990，241，245）曾对此有很好的分析，认为“复合词

---

① “直接编码”和“间接编码”的说法不是很确切，后来在《语言论》（东北师范大学出版社，1997）中作了修正，基本精神是：汉语的基础性编码机制以理据性为基础，其理据凝聚于符号（字）；印欧系语言以约定性为基础，其符号的音义关系无理据，只有把符号组合起来才能表现出相应的理据。理据性是语言规则的语义基础。一种语言的理据存在于哪一个层面，那个层面就必然会成为这个语言的研究重点。汉语的“字”富有理据性，因而汉语研究的传统始终以字为中心展开文字、音韵、训诂的研究；印欧系语言的基础性编码理据存在于符号的组合，因而研究符号组合的规则，即词法和句法就成为语言研究的核心。基础性理据的形成，印欧语比汉语多了一道手续。两种语言在结构上呈现出来的原则差异，其终极的原因就是由这种编码理据性的差异决定的。这里为保留原文发表时的面貌，仍旧使用“直接编码”和“间接编码”的说法。

结构无论其词素的顺序形式还是意义关系，都无句法性质，也非词法现象，而只是词汇性的”，其中惟一有可能成为语法形式的东西就是词素序，“但是词素序不仅不是句法的词序，而且根本上不成其为语法形式。原因在于，无论词性还是词素意义关系类型，都往往不与特定的词素序形式相因应，即一种词素序可表示多种词性和不同的意义关系，不同的词素序则可以表示同样的词性和意义关系”。这段话我引得长一点，因为我们思想中的印欧语习见太深，需要进行一些冲击。相反，间接编码型语言由于要分步骤实现编码的要求，语素的数量相对地说是有限的，但通过它的不同组合而构成的词，数量上却可以比它大几十倍到上百倍。所以这种类型的语言的构词法很复杂，需要重点讲清楚词缀、词尾、词根之间的相互关系，因而在相当长的时期中成为语言学家重点研究的对象。两种不同语言的结构差异说明，直接编码型语言由于直接地一次编码成功，因而不需要或不大需要用构词法进行二次再编码。汉语构词法的贫乏反映汉语的结构特点，它是“字”音的结构基础“1”决定的。

其次，由于编码方式的差异，两种不同类型的语言在语言发展中也会呈现出重大的差别。在创造新词的时候，间接编码型语言偏重于组合，特点是“加”，根据构词的规则一个语素加一个语素就可以构成一个词，反正词的结构基数不是一个“1”，一个词有几个音节、几个语素，在理论上是没有限制的。直接编码型语言与此不同，它偏重于“整合”或“化合”，特点是“合二而一”，把本来已经组合起来的字组通过“变音”的办法而“整合”为一个“词”，使“2”或“3”通过变异而转化为“1”。两种不同的过程产生了两种不同的特点，由“加”而产生的语言结构单位可以从分布的角度加以分析，而由"合二而一"的"化合"产生的语言现象,如儿化之类,"化"到一定程度其语音形式就会混同于音节的结构,很难用对立、互补、语素音位之类的分布分析法来分析。这需要我们进行一些独立的探索,并从中总结相应的理论和方法。

第三,语言是现实的一种编码体系,现实的特征都会在语言中得到这样或那样的反映。总的情况是:它在直接编码型语言中会得到直接的反映,因而语言范畴和概念范畴一致;而在间接编码型语言中则是间接的或屈折的反映,表现为语言范畴和概念范畴的不一致。间接编码型语言都有形态变化,借此以体现与概念范畴相对应的语言范畴。如英语:

	性	数	格	时	体	式	人称
语言范畴	gender	number	case	tense	aspect	mood	person
概念范畴	sex			time			

"性"和"时"分别用不同的词表示语言范畴和概念范畴,而"数""格"等都只有一个表示语言范畴的词。除格范畴外,它们都以概念范畴为基础,但必须以特殊的词形变化表示它们的语言范畴的性质。这里,"性"和"时"各自用两个不同的词来表示不同性质的范畴,这一点耐人寻味。"性"范畴的实质是名词的语义分类,与自然的"性"(sex)并无必然的联系。语法"性"的语义基础可以是 sex,也可以是形状、质地、颜色、可食性等等,总之任何一种自然的属性都可以成为语法的"性"的基础。印欧系语言的"性"既然不等于自然的性别,那为什么还要和 sex 联系在一起?那纯粹是为了方便,因为"我们找出了这些差别,就需要给它个名称。我们选择最容易记住的名称:它们主要要有助于记忆而不要求别的什么。语言学并不是用这样一种方法的惟一的学科。大熊猫单纯靠

竹子生活，但是按照动物学却把它列入食肉动物”（帕默，1971，93）。“性”是名词的各种范畴的基础，格与数的变化方式往往与“性”的语义特点有密切的关系。从总的特点来说，“性”和以“性”为基础的语言范畴表示空间，因为典型的事物都占有一定的空间，表现出大小、高低、厚薄、聚散、离合等特征。“时”（tense）是动词各项范畴的核心，以 time（时间）为基础。“性”和“时”是集中体现名词和动词的结构特点的两个特殊的语法范畴，它们以概念范畴为基础，但又不等于概念范畴。这样，间接编码型语言在造句的时候就需要调整语言范畴与概念范畴的关系，因而语法的形式结构比较复杂，而直接编码型语言在这方面就要简单得多。

“词”音的结构基础“1”还是非“1”直接导致编码方式的“直接”与“间接”，而这又给语句结构的原则带来了重大的差异。

四　印欧系语言的结构基础

前面我们用“汉语的眼光”附带地考察了印欧系语言的编码方式，这恐怕难以说明其中的奥秘。为了反衬汉语的特点，为了摆脱汉语研究中的“印欧语的眼光”的束缚，我们这里必须再用“印欧语的眼光”来分析印欧语编码方式的特点，以便为语义句法的研究清除理论上的一些障碍。

如前所述，语言是现实的一种编码体系，是人们认知现实、进行交际的工具。不同语言都具有这样的性质。可能正是由于这一共同的性质，不同结构类型的语言的结构基础或结构常数都是一个“1”，它决定、控制着语言的基本结构面貌。不同语言的差异主要决定于这个控制语言各子系统的“1”处于哪一个结构层次上。

汉语的“1”以“字”的结构规则（语音、语义、语汇、语法的交汇点）为基础，由此产生前述的一系列结构特点。像英语等印欧系语言，它的结构基础“1”不在相当于“字”的词上，而是在句子上，由句子的“1”控制着整个语言的结构特点，其结构格式也“1×1＝1”：

1个主语×1个谓语＝1个句子

每个句子必须有一个主语，而且也只能有一个主语，即使在语义上找不到谓语的主语，也得在形式上造出一个“虚位”主语来，例如英语的 it 和 there(It is hot in here / There is a cat in the garden)；每个句子必须有一个谓语，而且也只能有一个谓语。其次，在主语的位置上只能出现一个名词，在谓语的位置上只能出现一个定式动词（广义的动词，即可以包括一般所说的形容词），即主语和名词、谓语和动词之间存在着相互依存、相互制衡的结构关联；谓语中如出现名词，它必须接受动词的支配（支配关系），使它依附于动词，一起构成一个语法单位。由于这种关联，印欧系语言就可以以名词或动词为中心展开句法结构的研究。比方说，在谓语的位置上只允许出现一个定式动词，那就可以研究动词的“向”(place)，分出单向动词和双向动词，并进而研究与此相联系的句法结构；可以研究“格”（case grammar 中的 case），说明动词和名词之间的语义关系。这些理论虽然还存在这样或那样的问题，但都没有离开印欧系语言的结构基础“1”，因而都有重要的参考价值。如果把这种理论系统地用于汉语的研究，那就会碰到难以克服的困难，因为在汉语的句子中往往能够出现几个不同的动词。

语言是复杂的，主语位置上虽然只允许出现一个名词，在谓语位置上只允许出现一个动词，但实际上却可以出现几个名词或动词。在这种情况下，结构关联的“1”就会自发、自动地调整名词之间的关系，于是出现了变格，使不同格的名词执行各种特殊的功能，只允许一个主格名词充当主语；谓语位置上的动词需要与主语名词保持形式上的一致关系，在这个位置上如果出现几个动词，也需要进行功能性的转换工作，产生变位的现象。由于形式上结构关联的要求，印欧系语言都有一系列办法进行词的功能转化，简单地说，这就是名词的变格和动词的变位，使不同格的名词或不同位的动词执行某种特殊的功能；或者加上前缀、后缀，使词性发生变化；或者使用关联词使有关的词语转入分句，以便在分句中保持主、谓语的身份，而分句在语法上的作用只相当于某一词性的词；或者采取别的办法，使词暂时失去它的固有性质（如动词的不定式之类）。这些变化都是受句子的"1"的制约而产生的，也就是它需要将主语、谓语位置上的非"1"改造为"1"，以维持"1×1＝1"的结构格式。印欧系语言为什么有复杂的派生构词法，即采用间接编码的方式构词？为什么有复杂的词形变化？我们可以在这里找到结构上的答案。比较汉语和英语等印欧系语言的结构常数"1"，我们可以得出几点理论上的结论：

第一，不同结构类型的语言的结构基础都是一个"1"，它是一个结构常数，由它控制语言的结构。不同的语言由于这个"1"处于不同的结构层面上，因而产生一系列的结构差异。语言结构的这种常数"1"我们称为结构关联的基点。英语等印欧系语言控制语言结构特点的"1"在句法层，一个句子要求由一个名词充当的主语和由一个动词充当的谓语组合构成。汉语的常数"1"集中在"字"上，由此产生一系列语义句法的结构特点。黏着语的结构常数"1"处于"词"的平面，可根据交际的需要临时在一个词根的基础上加上若干个语素组成一个"词"（1×1×1×……＝1。按：这种"词"的结构又不同于印欧语的词，因而这里打上引号），由元音和谐律使众多的“1”内聚为一个整体——“词”。元音和谐从来不超出一个“词”的范围。

第二，结构单位的分类与结构关联的基点有密切的关系，或者说，单位的分类由控制语言结构特点的“1”决定。名词、动词的分野是由句子的“1”控制的，因为结构关联的要求需要把出现在主语位置上的词和出现于谓语位置上的词分成两类，前者叫名词，后者叫动词。亚里斯多德等人首先把词分成名词和动词（包括后来分出来的形容词），这有它深刻的语言结构基础。汉语的词类划分为什么那么困难？这是由于汉语结构关联的基点不是句子层面的“1”，因而无法根据印欧系语言的结构框架来划分汉语的词类。相反，汉语的音位却可以根据它出现的位置而加以分类，分出声母、韵母以及韵母中的韵头、韵腹和韵尾，因为汉语的结构关联的基点是“字”，它为“对立项的选择”提供的结构框架为这样的分类奠定了基础。汉语划分词类的困难正像英语的音位无法根据汉语音节结构的位置而把它们分别归入声母、韵头、韵腹、韵尾的音位类那样。语言中的各个子系统是通过结构关联的原则逐层地组织起来的。接近结构关联基点的子系统最易受结构常数“1”的控制，而与常数“1”的结构距离较远的子系统，“1”的控制力就会受到一定的影响。汉语的句法结构离结构关联的基点比较远，因而语词在句法结构中的位置就相当自由，不容易根据印欧系语言的结构特点把它们分类。英语的音位离结构关联的基点比较远，因而它也不容易受“1”的控制，在音节结构中的位置也比较自由。这一切都说明不同结构类型的语言都需要有适合于自己结构特点的理论和方法。

第三，结构关联的基点处于哪一个层面上，对思维理论、语言理论有直接的影响。在印欧系语言的研究中对语言研究影响最深的思维理论是亚里斯多德的逻辑范畴说。亚里斯多德把逻辑范畴分为实体（substance）和偶有性（accidents）两大类，实体在判断的结构中是主词，表现在语言中就是主语，由名词充当；偶有性在判断的结构中是宾词，表现在语法中就是谓语，由动词（包括后来所说的形容词）充当。这种以二分法为基础的思维理论和语法理论与印欧系语言的结构特点有密切的联系，所以有些语言学家说，如果亚里斯多德说的是另外一种结构类型的语言（如汉语），他就会建立另外一套逻辑理论体系（J. Lyons，1977，274）。这一论断是很有道理的。这种在语言结构基础上产生的思维理论一旦形成，就可以反过来成为语言研究的理论基础。印欧系语言的语法研究，宽泛地说，以亚里斯多德的逻辑理论为基础分析语句的结构，从而得出主语、谓语和名词、动词之类的概念以及它们之间的相互关系的理论。这些概念一直沿用至今，说明建立在语言结构基础上的思维理论、语言理论是有它的生命力的。汉语的结构基础与印欧系语言不同，因而用印欧系语言的语法理论来解释汉语的现象，在大多数情况下都显得格格不入，难以解决实际的问题。不摆脱"用印欧语的眼光来观察汉语"的思想束缚，汉语的研究恐怕难以取得实质性的进展。

不同语言的结构常数都是一个"1"，这是语言的共性；而这个控制语言结构网络的"1"处于哪一个结构层次上则决定语言的结构类型和结构特点。语言研究需要抓住这种特点，以便据此建立语言的语法结构框架，进行语法理论、方法的探索。

五 语义句法的结构框架

不同结构基础的语言有不同的结构框架，本族人能自发地运用这种框架去组织语言材料，调整语言范畴与概念范畴之间的关系。语言学家的任务就是去发现这种结构框架。只要能简明地、广泛地说明语言现象，它可能就是一种符合语言实际的结构框架。印欧语是间接编码型语言，它调整语言范畴与概念范畴的关系的结构框架就是一般所说的“主语—谓语”，词入句时需要接受它的支配而发生形态变化。这是语法的结构标志，因而间接编码型语言又可以称为形态型语言。[①] 直接编码型语言由于不需要调整语言范畴和概念范畴的关系，因而可以称为语义型语言，以与形态型语言相对应。这种分类的方法与目前流行的看法大相径庭。其实，这不完全是我们的新发明。索绪尔(1916，184—185)早就说过：“不可论证性达到最高点的语言是比较着重于词汇的，降到最低点的语言是比较着重于语法的”“超等词汇的典型是汉语，而印欧语和梵语却是超等语法的标本”。我们与索绪尔不同的地方只在于把词中音义关系不可论证性之类的特点放到语言非线性结构的总体中去考察，弄清楚语言的结构基础，说明语义规律在汉语句法结构中的特殊地位。

“主语—谓语”是形态型语言的结构框架，人们对此已很熟悉，这里没有必要赘述。语义型语言的结构，过去人们也是用“主语—

① 原来发表时称为语法型语言，有几位同志觉得此说欠妥，宜改为形态型语言。这里据此改。

谓语”的框架来分析的，由于语言的共性，某些局部的事实可以依据这种框架作出说得通的分析，但用来分析汉语的整体，就显得格格不入，难以有效地说明语言的结构。不妨先看两个例子：

1. 那狗黄毛，黑眼圈，长身材，细高腿，特别地凶猛，要咬住人，不见点血腥味儿，决不撒嘴。
2. 王亦东，推了自行车进了门，瞧见李贵在刷油漆，他的老伴儿，陪在一旁给打扇子，真是从心眼里羡慕。

用“主语—谓语”的结构框架来分析，很难有效地说明它们的结构。比方说例1，“主语”是“那狗”，但“谓语”的部分很复杂，“黄毛，黑眼圈，长身材，细高腿，特别地凶猛”这五个并列的偏正结构是谓语的前一部分，而谓语的后一部分“要咬住人，不见点血腥味儿，决不撒嘴”中的“咬住人”“撒嘴”都是述宾结构，其中的“咬住”又是述补结构。作这样的结构分析，人们对这个句子的结构仍旧难以得其要领，而且“不见点血腥味儿”是什么成分？“谓语”中的偏正结构和述宾结构的关系又是什么？也都很难说清楚。例2的情况也是一样，如“他的老伴儿”之类的结构成分不大好给它贴上“主语”“宾语”之类的标签；如果一定要贴这种标签，那就只能说例2有三个并列谓语，其中第二个“谓语”述宾结构中的“宾”包含两个并列的主谓结构。这种分析烦琐臃肿，而且很难说明实质性问题，人们无法依靠这种“主语”“谓语”之类的概念真正掌握汉语的结构规律。我们如果采用“平行于实际的经验或认识的顺序”的临摹性原则来分析，那就会简单、明确、有效得多。例1是从说话人观察事物的先后顺序的角度有层次地说明“那狗”的特征和说话人对它的判断；例2是根据“王亦东”进门后看到的现象的先后以及由此而引起的心理反映安排各个小句的顺序。至于每个小句中各个结构成分的关系，则需要再进一步进行语义规则的分析。比较例1、例2和印欧系语言的句法结构，不难发现其中的原则区别。第一，这里的“主语”和“谓语”不受一致关系的支配；第二，语句的排列顺序和句中结构成分的排列顺序基本上都“平行于实际的经验或认识的顺序”“与思维之流完全自然地合拍”；第三，出现在句首的成分犹如文章的“题目”，而后面的部分则是就这个题目“做文章”，说明它的实际含义。所以，这种类型的句子很难纳入“主语—谓语”这种结构框架中去分析，而用“话题—说明”（topic—comment）的框架可能比较合适。

“话题—说明”始见于结构语言学家霍凯特（1958，251—253）的《现代语言学教程》，实际上这是由于结构语法进入尽头，自发地从义位句法的角度提出来的语义结构。这种框架摆脱了“主语—谓语”框架的形式束缚，而以词序为枢纽，分析句子的语义结构：“主谓结构的最一般的特点可以从它的直接成分的名称‘话题’和‘说明’两个术语来认识：说话人先宣布一个话题，然后就它作出说明。”这里由笔者打上着重号的“先”与“然后”就是根据语序的先后而作出的说明，虽然它们与主语、谓语这两个概念纠缠在一起，但霍凯特已经明显地感到它们之间的矛盾：“在英语和大家熟悉的欧洲语言里，通常话题也是主语，说明也是谓语，在 John | ran away 中就是这样。但是这种一致在英语口语里有时达不到，正式英语里在一些特殊情况下也经常达不到，在有些非欧洲的语言里更达不到”，例如在 That new book by Thomas Guernsey | I haven't read yet（托马斯写的新书，我还没有读过）这个句子中，“That new book by Thomas Guernsey 之所以先说，是因为它指明说话人要谈论的是什么：它是句子的话题，虽然不是主语。话题同时又是动词 haven't read(yet)的宾语，而动词的主语是 I，属于整个句子的

说明部分”。这些情况都清楚地说明“主语—谓语”和“话题—说明”是语句的两种不同的结构原则,应该严格地区分开来,不要把“话题—说明”纳入到“主语—谓语”的结构框架中去认识。“话题—说明”这种结构原则的解释力比较强,因而受到语言学家的广泛赞赏和积极评价(J. Lyons,1977,335)。我们着眼于语言的结构关联,分出形态型语言和语义型语言,“话题—说明”正好成为语义型语言的结构框架。前面提到的以临摹性为基础的结构原则可以纳入这一框架进行研究。

在汉语研究中首先用“话题—说明”来分析汉语句法结构的是赵元任(1968,45)。他认为,“主语和谓语的关系可以是动作者和动作的关系。但在汉语里:这种句子(即使把被动的动作也算进去,把‘是’也算进去)的比例是不大的,也许比50%大不了多少。因此,在汉语里,把主语、谓语当作话题和说明来看待,较比合适,主语不一定是动作的动作者,在‘是’字句里不一定等于‘是’字后边的东西;在形容词谓语前头不一定具有那个形容词所表示的性质。它可以是这种种,但不是必得是这种种”。这里虽然在“主语—谓语”的框架中考察汉语的话题和说明,但对主、谓语的性质的认识与以往已有重要的区别,“因此”后面的一段话清楚地指明了汉语不同于印欧系语言的一些重要特点。Charles Li & Sandra Thompson(1976)在理论上又比赵元任前进了一步,干脆把“话题—说明”和“主语—谓语”作为语言结构类型的两种分类标准,认为可以据此把语言的结构分成四种类型:注重主语(subject-prominent)的语言;注重话题(topic-prominent)的语言;主语和话题并重的语言和主语与话题都不注重的语言。汉语分入“注重话题的语言”,英语等印欧系语言分入“注重主语的语言”。这种分类标准是有参考价值的，他与兰姆的词位句法与义位句法的划分、我们关于形态型语言和语义型语言的划分在理论上显然有明显的联系，可以说是“殊途同归”。

“主语—谓语”和“话题—说明”是两种不同的结构框架，现在需要弄清楚的是“主语”和“话题”的原则区别。根据现在的研究，这种区别主要表现在以下几个方面：

第一，“主语”和“谓语”之间存在着形式上的一致关系，而“话题”和“说明”与这种一致关系无关；

第二，“话题”是有定的，是说话人想要说明的对象，只能置于句首，而“主语”是无定的，决定于和谓语动词的一致关系，不一定置于句首；

第三，“主语”和“谓语”之间因为有一致关系的联系，因而相互之间的联系非常紧密，而“话题”和“说明”之间的联系却非常松散，简直松散到在别的语言里将成为不合语法的句子。赵元任为此所列举的很多例子，如“你（的小松树）要死了找我”，很能体现汉语的特点。

为什么会形成这些原则的区别？这主要是，“主语—谓语”的结构决定于形式上的一致关系，用兰姆的话来说，它属于词位句法的范畴，而“话题—说明”的结构不受一致关系制约，但需要同时受到说话人—听话人的交际意图、语境和语言规则三方面因素的制约，属于语义句法研究的范畴。这种原则的差异使不同的语言呈现出不同的特点。汉语语法的特点，朱德熙（1985，4）认为主要有两条：“一是汉语词类跟句法成分（就是通常所说的句子成分）之间不存在简单的一一对应关系；二是汉语句子的构造原则跟词组的构造原则基本上是一致的”。朱德熙原想以这些“特点”的研究为基础反对汉语研究中的"印欧语的眼光",但问题是,这种"印欧语的眼光"在中国语言学家的思想中已经根深蒂固,并不是主观上想摆脱就能摆脱得了的。反对"印欧语的眼光"的人,他本身的"眼光"就不一定不是"印欧语"的。朱德熙所说的汉语语法的两个"特点",恐怕就是以印欧语的语法结构为基础来观察汉语的结果,或者说,是用"印欧语的眼光"来观察汉语的具体表现。如前所述,印欧语的结构基础"1"和它的基本结构格式"1×1=1"是在句法层,由此产生了句子成分与词类之间的一一对应关系(结构关联)。用这种一一对应的眼光来看汉语,就会发现汉语"一对多"(主宾语"对应"于名词、动词、形容词,谓语"对应"于动词、形容词、名词,定语"对应"于名词、形容词、动词,等等)。"一对一"叫对应,是语言结构规律的具体表现,那么错综交叉的"一对多"就不能叫"对应",说明这里不存在规律性的联系。汉语的语法研究为什么费力而收不到预期的效果?词类问题、主宾语问题以及它们之间的相互关系为什么长期得不到有效的解决?基本的原因我看就是在这种"印欧语的眼光"的束缚下一定要在这种不存在规律的地方找规律,用"主语—谓语"的结构框架来研究汉语,结果只能是顾此失彼,难以有效地说明汉语的结构规律。紧紧扣住汉语结构关联的基点,用"话题—说明"的结构框架来观察汉语,或许可以把汉语句法结构的特点表述为:

第一,印欧系语言的句法结构,一致关系决定了"主语"和"谓语"是句中的核心成分,不能省略,而汉语的句法结构以"话题"为中心,如果它可由环境暗示或提示,就可以省略,即一个句子可以不出现"话题",而这种"残缺"一点也不影响句子结构的完整性,也不影响"话题"的有定性。霍凯特已经注意到这方面的问题,说在

“你好吗”时只要说一个“好”或“很好”就行，不必把“我”放进去。“话题”既是中心，却又可以省略，这种矛盾只能从制约句子构成的三方面因素的相互关系中去寻找答案。

第二，“主语—谓语”框架中的主语只能有一个，受形态型语言的结构基础“1”控制，而“话题—说明”框架中的“话题”不受这种“1”的制约，因而可以有几个。霍凯特在提出“话题—说明”的结构框架时已经注意到这一点，说“说明”部分本身也可以由“话题—说明”构成，就像中国的套盒那样一层套一层。他举了一个汉语的例子：“我今天城里有事”，“我”是话题，“今天城里有事”是说明；而在这个“说明”中，“今天”是话题，而“城里有事”是说明；而这个“说明”中“城里”是话题，“有事”是说明；甚至不包括“话题”的“有事”也可以成为一个完整的句子。“套盒”的比喻很形象，说明“话题—说明”结构的层次性不是线性的，而是立体性的：“话题”先于“说明”是时间上的“先”与“后”；不同层次的“话题”层层套合，其实质是从大到小的空间的层次。这些看起来很不起眼的普通规则可能蕴涵着一系列影响语言结构特点的语义规则。语言学家需要说明规则之间的蕴涵关系，就像在印欧语研究中依据“主语—谓语”的结构说明一系列语法规则之间的蕴涵关系那样。结构上这种层层套合的特点可以有效地说明朱德熙所说的汉语语法第二个特点的成因。“话题—说明”中每一个层次的“词”的组合都是“词组”，由于“话题”是有定的，只要环境允许，它就可以省略，这样剩下来的“说明”就是一个完整的句子，而这个“说明”本身又可以是由“话题—说明”构成，因而出现“词组＝句子”的结构格局。这是语义型语言的结构特点，不必参照印欧语的词形变化来说明汉语的词组和句子的关系。

第三，根据“主语—谓语”这种结构框架造句，句子的结构规则是封闭性的，只有两根“柱子”（主语和谓语）一根“梁”（一致关系），其他成分只能支撑两根“柱子”，因而只是句子的附属成分。每一个成分都不能越出一致关系所控制的范围，因而呈现出封闭性的特点。而“话题—说明”的结构框架，由于没有一致关系这种形式规则的控制，因而句子的结构规则是开放性的。层层套合的“话题”可以进行有层次的“说明”，使句子的形成过程有点儿像“意识流”，“流”到什么地方，决定于说—听双方的协作配合和环境的限制。

上述两种不同结构类型的语言在结构上的主要差异，概括起来，就是以“主语—谓语”为结构框架的形态型语言重“形”，以“话题—说明”为结构框架的语义型语言重“序”。“形”的特点是词的形式变化，讲究词与词之间在形式上的配合规律，如一致关系、支配关系等。“序”以思维的顺序为基础，即前面提到的“语序跟思维之流完全自然地合拍”。过去把“序”也纳入“形”去认识，其实这是两种不同性质的“形”，不必而且也不应该把它们纠缠在一起。“序”的实质是根据思维之流来安排句法单位的排列顺序，与词形变化没有任何联系。前述的时间顺序原则、整体先于部分的原则、“话题—说明”中话题居先的原则等都是根据思维之流的顺序把有关的句法单位组织起来，构成句子的。序，这是语义型语言的句法结构的一条总纲。如果要对“序”进行调整，那可以辅之以虚字。虚字和“序”一样，应该成为汉语句法研究中的一个重点。形式上的这种特点有其深厚的结构基础。汉语以“字”中的“1”为基础，通过“1×1＝1”的结构格式，由下而上，由简单到复杂，从为“对立项的选择”提供以“1”为基础的结构框架开始，到编码原则、语言范畴和逻辑范畴的关系，直至语句结构的"话题—说明"原则，都是环环相扣，层层关联，在不同的层次上为语义句法奠基。汉语的句法结构以"序"为基础，是一种典型的语义型语言。现在，我们可以回答前面提出来的一个问题：汉语的句法研究为什么可以以临摹性原则为基础，就是由于我们在语言系统中找到了它的立论基础。

不同质的矛盾应该用不同质的方法来解决。不同结构类型的语言应该有不同的理论和方法。一定要把汉语这种语义型语言纳入到形态型语言的结构框架"主语—谓语"中去研究，或者说，用"印欧语的眼光"来观察汉语的结构，肯定会毋视汉语的结构特点，使句法研究陷入进退维谷的艰难处境。现在汉语语法学界已经意识到这种处境，因而提出语法、语义、语用三结合的研究途径。"三结合"的精神是对的，不过我想补充两点。第一，"三结合"应该以语义为基础。第二，"三结合"应该有一个结构框架，没有框架的结合只能是杂凑。"主语—谓语"不能成为以语义为基础的语言的结构框架，这已见于前面的分析；"主位—述位"(theme—rheme)适用于语用的分析，而"话题—说明"的框架则比较适合于语义的研究，可以成为"三结合"研究的一种可供选择的框架。这或许有利于摆脱"印欧语的眼光"的束缚，有利于汉语特点的研究。

六　不同类型的语言的结构转换

形态型语言也好，语义型语言也好，它们的功能都是相同的，都是认知现实、进行交际的工具。由于形态型语言与现实的联系是间接的，因而"主语—谓语"的结构在认知过程中需要转换为"话题—说明"，使间接转换为直接。霍凯特从结构语法的困境中提出

"话题—说明"的理论，兰姆从有悖常理的转换—生成能力中提出划分词位句法和义位句法，实际上都已经感到这种转换的重要性和必要性。转换需要遵守一定的程序和规则，其中起枢纽作用的是语序的调整，把"话题"置于句首。印欧系语言的主语大多在句首，与话题叠合，说明语言社团已尽可能使词位句法符合义位句法(语义句法)的要求，以减少表达中的转换。总之，根据语言的性质，"主语—谓语"的结构需要转换成"话题—说明"，不然就难以实现语言的认知功能。形态型语言和语义型语言的语句结构规则为什么有一系列原则的差异，最重要的原因恐怕就在于此。

现在流行的语法理论大体上都是在印欧系语言的研究基础上总结出来的。先入为主。我们接受了这套形态型语言的理论和方法之后也就用它来解释汉语的语句结构，也就是先把语义型语言的"话题—说明"的结构转化为"主语—谓语"，而后再来解释以"话题—说明"为结构基础的语言现象，这就无异把简单的问题复杂化了，虽然有些话题可以解释为主语，但有很多情况无法作这样的解释。着眼于语言的性质和认知功能，"话题—说明"没有必要转换为"主语—谓语"；如果一定要进行这样的转换，那就会碰到很多困难：一是往往转换不过去，因为"所有语言都有话题—说明结构"，但"并非所有的语言都有主语—谓语结构"(Charles Li & Sandra Thompson，1976，38)；二是多此一举，去走一段没有必要走的冤枉路。《马氏文通》以后，汉语的语法研究恐怕就走了这样的一段弯路。汉语的词类划分和主、宾语问题，特别是词类问题，为什么会引起周期性争论？恐怕正是语义型语言难以纳入形态型语言的结构框架的一个具体证明。这种研究的弊端，陈承泽(1920，14)已经说得很清楚："今使不研究国文所特有，而第取西文所特有者，一一模仿之，则削趾适履，扞格难通，一也；比附不切，求易转难，二也；为无用之分析，徒劳记忆，三也；有许多无可说明者，势必任诸学者之自由解释，系统歧异，靡所适从，四也；举国文中有裨实用之变化而牺牲之，致国文不能尽其用，五也。”其中“削趾适履”“求易转难”“系统歧异，靡所适从”三条，经过几十年语言研究的检验，应该承认，它击中了“西化”的模仿道路的要害。

形态型语言为什么要划分词类？主要的原因不外是两条：第一，词类与句子成分存在着结构关联；第二，为了讲语法，“区分词类，是为的讲语法的方便”（吕叔湘，1954，134）。第二个原因是第一个原因的必然结果，二者实际上是二而一，即词类与句法结构成分之间的结构关联是划分名词、动词、形容词的结构根据。汉语不存在这种根据，因而名、动、形的划分、句子成分的解释就出现如陈承泽所说的“任诸学者之自由解释，系统歧异，靡所适从”的状况。根据傅雨贤（1988，85）的统计，汉语的词类划分，多的有17类，少的只有9类，至于各类交叉的现象，那就不好统计了。这说明汉语的词类理论存在着严重的弱点。不过本文无法讨论这些问题，而只想从反面说明，汉语是一种语义型语言，不必纳入到形态型语言的结构框架中去分析。它宜以临摹性原则为基础去开展句法结构的研究。

汉语的研究可以为建立语义型语言的理论、方法和原则开辟前进的道路。

引用书目

北京大学《国学季刊·发刊词》，1923。

陈承泽 1920 《国文法草创》,商务印书馆 1957 年重印。

戴浩一 1985 《时间顺序和汉语的语序》,《国外语言学》1988 年第 1 期。

—— 1989 《以认知为基础的汉语功能语法刍议》,同上,1990 年第 4 期—1991 年第 1 期。

傅雨贤 1988 《现代汉语语法》,广东高等教育出版社。

洪堡特 1836—1840 《论人类语言结构的差异及其对人类精神发展的影响》,《西方语言学名著选读》,中国人民大学出版社,1988。

霍凯特 1958 《现代语言学教程》,北京大学出版社,1986。

—— 1961 《语言的各种单位及其关系》,《语言学资料》1964 年第 1 期。

刘叔新 1990 《复合词结构的词汇属性》,《中国语文》第 4 期。

陆俭明 1989 《十年来现代汉语语法研究的理论和方法管见》,《国外语言学》第 2 期。

—— 1990 《90 年代现代汉语语法研究的发展趋势》,《语文研究》第 4 期。

吕叔湘 1954 《关于汉语词类的一些原则性问题》,《汉语的词类问题》,中华书局,1955。

—— 1986 为龚千炎《中国语法学史稿》(语文出版社,1987)写的序言。

帕 默 1971 《语法》,上海译文出版社,1982。

索绪尔 1916 《普通语言学教程》,商务印书馆,1980。

王 力 1957 《汉语语法纲要》,新知识出版社。

徐通锵 1990 《结构的不平衡性和语言发展的原因》,《中国语文》第 1 期。

雅科布逊等 1951 《语音分析初探》,《国外语言学》1981 年第 3 4 期。

赵元任 1968 《汉语口语语法》,商务印书馆,1979。

中国大辞典编纂处编 《增注中华新韵》,商务印书馆,1950。

朱德熙 1985 《语法答问》,商务印书馆。

Lamb, S. M.(兰姆) 1969 Lexicology and Semantics, *Linguistics Today*, New York, edited by Hill.

Li, Charles & S. A. Thompson 1976 《主语和主题:一种新的语言类型学》,《国外语言学》1984 年第 2 期。

Lyons, J. 1977 *Introduction to Theoritical Linguistics*, Cambridge University Press.

“字”和汉语的语义句法*

【提要】词是印欧系语言的基本结构单位，而汉语的基本结构单位是字。字不能光看成为“写”的文字，而更重要、更基本的是“说”的语言单位，“写”的字仅仅是“说”的字的忠实记录。字与词有原则的区别。赵元任关于汉语中没有词、而字是中国人观念中的中心主题的论断，应该成为汉语研究的一个新视角。具有一定语法功能的词隐含于字的义项和字的组合中。基本结构单位的差异必然导致汉语和印欧语的语法结构的重大差异，印欧语语句结构的封闭性和汉语语句结构的开放性就是这种差异的集中表现。这种有重大差异的语法结构的研究需要采用不同结构框架，“话题—说明”的框架比较适合汉语语法的研究。

我们曾对语义句法的背景、思路和初步设想进行过一些讨论（徐通锵，1991），但还没有涉及其中的一些具体问题。结构，这是结构单位之间的关系的一种理论概括；不弄清单位的性质和特点，也就不易把握结构的脉络。汉语语义句法的结构单位是“字”，而

---

* 1994年第2期和第3期的《世界汉语教学》，分别发表了我的《“字”和汉语的句法结构》和《“字”和汉语研究的方法论》两篇论文。是年冬，南开大学马庆株教授因编著《语法研究入门》的需要，约我写一篇文章。根据读者的对象，我以第一篇文章《“字”和汉语的句法结构》为基础，摘取第二篇文章有关“字”与“词”的分析，组合、改写成本文。发表于《语法研究入门》，商务印书馆，1999。

不是"语素"之类的东西。本文想以"字"为基础讨论语义句法中的一些具体问题。

一 "字"是汉语句法结构的基本单位

汉语语法著作讲"语法单位"的时候说的都是语素、词、词组和句子,从来不讲"字",认为"字"是文字问题,根本不是语言学的研究对象。现在,我们把"字"看成为汉语句法的基本结构单位,人们可能会说:这是"胡说八道,连语言和文字都分不清,还谈什么语言研究!"这种责难不能说没有一点道理,但应该说这主要是《马氏文通》以后由于印欧系语言的语法理论的输入而逐步形成的一种偏见。传统的汉语研究都以"字"为基础,我们不能说我们只有文字的研究,而没有语言的研究。要真正揭示汉语的结构特点,离开"字"的分析恐怕很难达到预期的目的。

不错,字有它自己的书写形体,可以用来指文字,但它绝不是文字的专利品,口头说的单位也是"字"。赵元任(1968)的"社会学的词就是'字',不光是写出来的字,也是嘴里说的字",这一论断是很有道理的。为照应现在的习惯用法,我们在后面的行文中把语言单位的"字"打上引号,以资区别。

字是汉语所特有的一种结构单位,印欧系语言没有和此相当的结构。它的含义广泛、模糊,并没有专一的所指。许慎的《说文解字》的"字"指"字"的书写形体;平常说"吐字清楚""字正腔圆"中的"字"指字音,即音节;而"夫人之立言,因字而生句,积句而成章"(《文心雕龙》)中的"字"则是指音义结合的语言结构单位。这说明,"字"可以指"言",而另一方面,"言"也可以指"字",如"五言诗"

“七言诗”“万言书”。“言”与“字”可以合而为一。“字”实际上是形、音、义三位一体的结构单位，把它仅仅看成一种文字的书写单位是没有道理的。传统的汉语研究，不管是文字、音韵、训诂、方言、句读，还是别的什么，都以“字”为基础，从来不讲语素和词，不讲和此相联系的主、谓、宾和名、动、形，这决不是我们的祖宗“落后”，“没有语法观念”，而是汉语的结构本身允许这样的研究，需要这样的研究。我们需要重新认识“字”在汉语结构中的地位，用现代语言学的理论和方法去研究它的性质和作用，使传统和现代结合起来，推进汉语的研究。

把“字”看成为汉语句法的基本结构单位，而把“词”置于一边或置于次要地位来考虑，这是语言学观念的一次转变。我们经历了长期的思考才初步实现这种转变。1991 年春我们在讨论语义句法的理论背景、语言结构基础等问题的时候仍以“词”为单位，但强调汉语音节结构规则在结构单位的构成中的重要作用。显然，这两方面是不协调的。是年冬，我们才在“音节”作用的启示下发现了“字”，认为“汉语的基本结构格局隐含在传统所说的‘字’之中。‘字’所代表的语言现象是汉语的语音、语汇、语义、语法的交汇点，隐含着‘一个音节·一个概念·一个词’的一对一的结构关联。汉语的句法结构是以此为基础展开的。复音词之类的现象也可以通过这种结构格局而得到合理的解释”(徐通锵，1992)。这里虽然仍旧存在“词”与“字”的关系问题，但已把“字”看成为汉语结构的枢纽和焦点。清华大学中文系在纪念赵元任先生诞辰一百周年而出版的《中国现代语言学的开拓和发展——赵元任语言学论文选》是一部重要的著作，它收录了赵的一系列有代表性的论著，其中《汉语词的概念及其结构和节奏》一文集中讨论“字”在汉语结构中的重要性和特殊性,使我们的认识进一步明确和提高。这篇文章发表于1975年,赵元任时年82。经过几十年的研究,赵元任发现汉语句法的基本结构单位是"字",而不是"词"。他明确指出,印欧系语言中word(词)这一级单位"在汉语里没有确切的对应物""在说英语的人谈到word的大多数场合,说汉语的人说到的是'字'。这样说绝不意味着'字'的结构特性与英语的word相同,甚至连近于相同也谈不上。'字'和word的关系就好比通常用'橘子'对译英语的orange,其实橘子在构造上属红橘(tangerine),与orange(甜橙)是不同的植物。但由于橘子是中国最常见的柑橘属水果,就像甜橙在其他国家中最常见一样;于是,'橘子'这一名称的作用就变成指'最常见的柑橘属水果'了"。英语的一个词我们通常叫做一个"字",情况就同用"橘子"去对译orange(甜橙)那样。赵元任在用大量的语言事实分析了"字"和词(word)的相似性和区别性之后得出结论,认为"'字'这个术语本身所指模糊:既可以指口说的音节,又可以指它的书写形体,还可以兼指两者"(241),"汉语中没有词但有不同类型的词概念"(246),根据西方语言学家的眼光来分析汉语并确定像词这样的单位可能有用,"但这不是汉人想问题的方式,汉语是不计词的,至少直到最近还是如此。在中国人的观念中,'字'是中心主题,'词'则在许多不同的意义上都是辅助性的副题,节奏给汉语裁定了这一样式"(248)。赵元任在文章中还两次警告人们不要在汉语里去寻找在其他语言中存在的实体,认为重要的是确定"字"和句子之间的那级单位是什么类型的,至于叫做什么,那是其次考虑的问题(233,239)。迄今为止,这是对"字"的性质和作用的最明确、最科学的论述,遗憾的是我们晚看到了十余年,不然可以省却很多摸索的功夫。不过重要的是,不同地区、不同年龄、不同层次的语言学家都已经因汉语研究的挫折而开始向着同一个方向去探索前进的道路，说明学术研究的客观需要已要求学术界必须对“字”的性质和作用作出恰当的论述。

语法结构单位从“词”变为“字”，这不是简单的概念更替，而是语言研究的视点的转移。这恐怕是一个带方向性的理论问题。赵元任说“汉语是不计词的”“在中国人的观念中，‘字’是中心主题”，这是两个相互有内在联系的重要论断。什么是“中心主题”？用现在流行的术语来说，就是语言的结构本位。说“字”是中国人观念中的“中心主题”，就是说汉语的结构以“字”为本位，应该以“字”为基础进行句法结构的研究。《马氏文通》以来的“词本位”“句本位”和近年来提出的“词组本位”都离开了中国人观念的“中心主题”，因而不可避免地会发生语言理论与语言事实的矛盾，产生一系列如词类问题那样的激烈争论。本位，这是研究语言结构的理论核心，牵一发动全身。如果能正确地把握语言结构的本位，就有可能为深入地分析语言结构的规律、顺利地解决有关问题的争论开辟前进的道路。赵元任研究了一辈子语言学，而且是把西方的语言理论用于汉语的研究、开创汉语研究新局面的一代宗师，就是这样的一位语言学家，到了他的晚年却令人钦佩地放弃了“按西方语言学家的眼光来分析汉语”的思路，而按照“汉人想问题的方式”提出“汉语中没有词但有不同类型的词概念”“在中国人的观念中，‘字’是中心主题”的新论断，为汉语的研究确立了一个新的立脚点或结构本位。赵先生提出了问题，但由于年事已高，不可能把他的新思路完全付诸实践。这就需要我们接过赵先生的学术遗产，进行以“字”为结构本位的汉语研究，并以此为基础总结相应的理论和方法，开拓一些新的研究途径。

"字"是汉语语义句法的基本结构单位。

二 "字"的结构特点

"字"与"词"的原则区别必然会给语言的语法结构带来深刻的影响。印欧系语言的语法结构以词为结构单位,以此为基础而形成的语法理论的核心是"主语—谓语"的结构和与此相联系的名词、动词、形容词的划分。这种理论的诞生可以追溯到亚里斯多德或者更早一点的时候,但对后世影响最大的还是亚里斯多德。亚里斯多德以他的"实体—偶有性"(substance-accidents)这一逻辑理论为基础建立起"主语—谓语"的语法结构框架和出现在主语位置上的是名词、出现在谓语位置上的是动词(包括后来分出来的形容词)的词类理论。这一理论框架的基本精神一直沿用至今。它以"句"为本位,以词为句法结构的基本单位。一个句子必须有一个主语、一个谓语,而且也只允许有一个主语、一个谓语,相互之间由一致关系联系着。句法结构就是通过这种"1 个句子=1 个主语×1 个谓语"的"1=1×1"的结构关联而层层控制着句子以下的各层结构规则;尽管词可以发生各种不同的形态变化,但它必须接受一致关系(主—谓)和支配关系(动—宾)的支配,因而没有脱离句法规则的控制。这一语法体系的结构单位主要是句子和词两级,分别由句法和词法去研究。句子的标准是明确的,只要是由一致关系联系的主谓结构都是句子。比较麻烦的是词的结构,因为语素的确定是印欧系语言研究中的一个难点。像 reduce(缩减)、deduce(推断)、produce(生产)这些词里是一个语素还是两个语素,颇费语言学家斟酌。结构语言学家化了很大的精力,提出了一系列如语素(morpheme)、语子(morph)、语素变体(allomorph)、非连续语素(discontinuous morpheme)之类的概念,也没有把它与音位的关系、与词的关系说清楚。这就是说,在从语素到句子的语法单位的线性组合序列中,最难确定的是最小的结构单位语素,而最大的结构单位句子的确定却比较容易。

汉语的情况正好相反,"字"是最小的句法结构单位。它的结构清楚,界限明确而封闭,是一个以"1"为基础的"1=1×1"的结构层级体系,或者简单地说,是含有意义的一个音节,构成"一个字·一个音节·一个概念(意义单位)"的一一对应的结构格局(徐通锵,1991)。但是,"字"的句法功能很模糊,同一个"字",例如"气",它的功能有时候相当于印欧语的名词(如煤气。打开窗户透一透气。秋高气爽……),有时候又相当于动词(他气得直哆嗦。故意气他一下……)。"字"的这种结构封闭而功能开放、模糊的特点正好与印欧语的词形成鲜明的对照。"字"还有一个很重要的特点,这就是它的顽强的表义性。这恐怕是"字"的一种本质特点,是语义型语言的一种内在的结构基础。这一点人们颇多疑虑,需要在这里进行一些重点的分析。

"字"的表义性特征以往多注意形声字之类的结构,缺乏语言的分析,这或许是把"字"归结为文字问题而产生的一种不良结果。形声字代替假借字而成为汉语最重要的一种书写形式,固然可以从一个侧面反映"字"的表义性的语言特点,不过它究竟是一个文字问题,不宜作为根据来证明"字"的表义性。汉语中借字(借词)的命运与印欧语系语言的借词很不一样,可以从侧面说明"字"的表义性特点。

借词是音、义都借自外语的词,是两种语言相互接触的产物。

鸦片战争后，西学东渐，在社会生活中出现了大量新事物和新概念，表达这些事物和概念的外语词也渗入汉语，这样就发生了两种不同类型的语言的碰撞和矛盾。汉语一直采取"以我为主，为我所用"的原则对待外来词的"入侵"，尽可能采用意译法，只借用其概念而扬弃它的语音构造和语素组合成词的那种语法构词规则，坚持"字"的表义性；如果一时找不到合适的意译化方法，就暂时采取音译，而后再换之以意译，像 telephone 由"德律风"而改为"电话"，microphone 由"麦克风"而到"扩音器"，bank 由"版克"到"银行"，cement 由"水门汀、士敏土"而"水泥"，piano 由"披亚诺"而"钢琴"等等，都是先音译后意译的具体例子。《辞源》出版于 1915 年，吸收西方语言的外语词计 2431 条；《辞海》出版于 1937 年，吸收外语词计 12879 条。根据耿军(1990)的统计，大体情况如下：

一、《辞源》

借　词	305	12.56%
专　词	1187	48.82%
意译词	939	38.62%

二、《辞海》

借词、专词	5218	40.51%
意译词	7661	59.48%

"专词"指人名、地名等，必须音译。意译词的比重，《辞海》明显高于《辞源》，这可以从一个侧面反映汉语社会对外来词的改造方向。有些难以意译的外来词就尽可能设法进行汉语化的表义性改造。印欧语的词是多音节的，汉语往往就只取其第一个音节，再配以一个加上意符的汉字，使之汉语化，这里尤以化学名词最为突出，例如，Magnesium(镁)，Natrium(钠)等等。这种汉语化的改造办法由来已久。汉、魏、晋、南北朝时期，佛教传入我国，由于翻译

佛经的需要,汉语从梵语和中亚的一些"中介语"(如吐火罗语等)借入大量词语,由于语词结构上的矛盾,汉语就对它们进行了汉语化的改造。如"佛"借自梵语,原文为 buddha,音译为佛陀、佛驮、浮图……,bud-仅为其中的一个音节,本身没有任何意义,由于"佛陀"之类的音译词不合汉语"一个字·一个音节·一个意义"的强制性对应习惯,不利于复音词的构成,汉语社会就把 buddha 这个词的意思归入 bud-这个音节,译为"佛",使之汉语化,尔后再以此为基础造出"佛土""佛法""佛像""佛身""佛经""立地成佛"之类的字组,使之消除外来的痕迹。这是汉语改造外来词,使之意译化的一种重要方法。上述这些方法的核心只有一个,就是坚持"字"的表义性,反对把它降格为一个纯粹音化的符号。这是汉语为使外语的结构适应自己的结构特点而进行的一种调整。印欧系各语言之间的借词由于语言结构类型的一致,因而借用很自由,基本上只需要进行字母的对应转写就可以把另一种语言的词借进来,不需要进行原则调整。这与汉语的意译化方法相比较具有天壤之别。汉语的特点就是在这种不同类型语言的结构撞击中显现出来的,这可以使我们清楚地看到"义"在汉语结构中的地位。汉字的发展始终坚持它的表义的趋向(王宁,1991),这正是它适应汉语的结构特点的反映。汉字忠实地记录了汉语的结构。所以,"字"的基本特点就是它的表义性,这是语义型语言的结构基础,也是语义型语言的一种最基本的结构单位。汉语的研究应该以"字"为基础去探索它的结构。

前面的比较与分析说明,印欧语的基本结构单位"词"和汉语的基本结构单位"字"之间存在着一系列原则的差异,其集中的表现是:"词"的突出特点是它的形态变化,受一致关系以及与此相联系的结构规则的支配，而“字”的突出特点是一个音节和一个概念（意义单位）的一一对应的强制性和它的顽强的表义性，无形态变化。基本结构单位是语言结构的最活跃的细胞，它们之间的差异正是不同结构类型的语言具有不同结构特征的集中体现，我们应该循此去研究语言的结构，对具体的问题进行具体的分析。

三 汉语中的“字”和“词”

“字”是汉语的基本结构单位，那还有没有词？这个问题很复杂，很难用一两句话来回答。“词”是印欧系语言的基本结构单位，问汉语有没有“词”，实际上是在用印欧语“词”的标准来衡量汉语的结构单位。由于语言是现实的编码体系，不同的语言只是采用不同的方式对相同的现实进行编码，因而相互之间可以进行代码的转换。以“词”为视角考察汉语的结构，自然可以找出相当于“词”的语言现象；不过应该注意的是，即使在汉语中找出类似印欧语 word 那样的“词”，它也不是汉语的基本结构单位，而只是一种辅助性的结构单位，而且它与印欧系语言的词的性质和特点也不完全相同。人们可能会说：这是奇谈怪论，而我们认为这正是汉语的实际情况。有鉴于此，我们这里还有必要进一步讨论“字”和“词”的关系问题。赵元任说“汉语中没有词但有不同类型的词概念”，这“词概念”指的是“音节词”（字）、“结构词”（语法结构单位）之类的东西，不过我们这里想根据概念这个“词”的本来意义来了解“词概念”，并借用赵的论断来讨论“字”与“词”的关系。“词概念”是无形的，它需要借用一定的物质形式才能表现自己的存在。那么这无形的“词概念”寄托在哪里？就寄托在“字”的义项和“字”

的结合之中,像前述的“气”字的各个义项就隐含着类似印欧语的名词、动词和形容词功能的词。现在很多语言学家都已在自己的研究实践中意识到了这一点,认为“多义项动词应看作不同的词”(马庆株,1989),“一个字可以代表不相干的若干词”(孙景涛,1986)。但“字”的意义范围是模糊的、连续的,而义项是对模糊的、连续的义域进行离散化分析的结果,带有一定的主观性。不同的字典对同一义域的不同处理就可以清楚地说明这个问题。这可以从一个侧面说明“词”不能代表“字”而成为汉语的一种基本结构单位。

“字”通过组合而构成的字组(特别是其中的固定字组),其作用大体相当于一个“字”。这是汉语在演变中为减少“字”的数量而又要保持和丰富语言的表达能力而进行的一次重大的自我调整,以使保留下来的“字”能够最大限度地发挥它的编码功能。像表示“黑色”意思的“字”在上古时期有98个之多(张永言,1982),现在常用的只留下“黑”等少数几个字,通过与有关字的组合构成字组去表达各种与“黑色”有关的意思。这种增加“字”的长度以减少“字”的个数的自我调整的客观效果是为词概念找到了一种较为客观的表现形式,这就是现在一般所说的“复音词”。如果说,一个“字”中可以隐含着几个不同的“词”,那么“字组”就可以以“字”的某一个义项或语义特征为基础把语言中与此有关的“字”拉过来,彼此相互注释,相互限制,构成一个语义明确、功能相对单纯的“复音词”,使原来隐含在义项中的词概念明确化和离散化。如果以“图”字为例,那么,“地图、版图、海图、挂图”等是“职方氏掌天下之图以掌天下之地”(《周礼·夏官·职方氏》)中的“图”的意义的复音化和语词化;“图案、图像、图形、草图、按图索骥”中的“图”是描绘出或印出的形象(《玉篇》:"图,画形也")这一意义的散离化和复音化;"图存、图谋、徐图、雄图"等则是"图"的"思虑、谋划"意义(《说文》"画计难也")的具体化和语词化;"贪图、妄图、希图、试图、企图"等是"图"的"设法对付、谋取"义的明确化,等等。这样,字组中的"字"通过相互注释、相互限制就使"字"的广泛而模糊的含义比较明确和离散,隐含在义项中的"词"也由潜在而变为现实。以往把复音词的大量产生归因于语音的简化,认为是为了避免同音的干扰而创造复音词。这两者之间可能有联系,但不一定有直接的、内在的联系,近代北方话的发展可以为这一论断作出明确而有力的注释。吕叔湘(1963a)在谈到这一点的时候明确指出:"北方话的语音面貌在最近几百年里并没有多大变化,可是双音词的增加以近百年为最甚,而且大部分是与经济、政治和文化生活有关的所谓'新名词'。可见同音字在现代主要是起消极限制作用,就是说,要创造新的单音词是极其困难的了。"复音词的产生和发展过程恐怕需要从减少字数而增强保留下来的字的编码能力的关系中去理解,它是我们探索汉语语义发展规律的一条重要途径;同音字的大量产生是这一过程所产生的"果",不是"因"。

"词"不管是寄托在"字"的义项之中也好,还是通过"字"的组合而形成的复音词也好,都得以"字"为基础;没有"字",就不会有"词",这或许可以成为对赵元任的"在中国人的观念中,'字'是中心主题,'词'则在许多不同的意义上都是辅助性的副题"这一论断的一种注释。不过在这里需要强调的是,我们通过这些办法找出来的"词"和印欧系语言的词不是一个东西,它们之间存在着一些原则的区别。第一,印欧系语言的 word 受句法一致关系的支配,因而其语法功能是有定的,可以据此进行名词、动词、形容词的划分，而汉语的词以语义规律为基础，与印欧语类型的那种语法规则无关，因而它的句法功能，如用“主语—谓语”框架的结构标准来衡量，是无定的，无法据此进行词类的划分。汉语的“词”的语法功能还得以语义为基础去分析，不能和印欧系语言的 word 混为一谈。

第二，从结构上说，word 在印欧系语言中是一种离散的、现成的结构单位，与语素、词组的界限大体上是清楚的：语素没有重音，词只能有一个重音，而词组则有几个重音，而汉语中散离的、现成的结构单位是“字”，而不是词（吕叔湘，1963b），“字”与“词”之间没有明确的界限。一个“字”中隐含着几个词固然难以确定，就是依据“字”的组合而构成的“字组”（词），由于单音节化改造（徐通锵，1990），它与“字”的界限也往往会呈现出模糊的、连续的分布状态。汉语的结构基础，简单地说，就是“一个字·一个音节·一个概念”的一对一的对应，我们如以此为视角，就可以清楚地看到“字”“词”界限的一些模糊状态。请比较：

	书	甭①	鸟儿②	刀子③	友好④	图存	看书
字	1	1	2	2	2	2	2
音节	1	1	1	1.5	1(?),2(?)	2	2
概念	1	1	1	1	1	1	2

① 这里指合音字，北京话比较少见。历史上曾有相当数量的合音字。方言中的变音（包括变声、变韵、变调）很多都可以归入这一类合音的范围。

② 代表单音节化的儿化。

③ “子”代表轻声，马蒂索夫把这类现象看成为“一个半音节”（据戴庆厦的访问报道，《民族语文》1990 年第 1 期），很有道理。

④ 这里代表变调。变调的实质是使两个单字调合而为一，形成一个跟单音节声调相类似的声调（五臺，《语言研究》1986 年第 1 期）。所以，这种类型的例子，从声调看，它相当于一个音节；从声、韵母的组合来看，它是两个音节。这一类例子把它看成一个音节或两个音节，都有一定的道理。

这里只分析到二字组。三字组("红通通")、四字组("稀里哗啦")由于涉及到其他一些问题,这里从略。"看书"作为一种非词的二字组放在这里,以便比较。着眼于"一个字·一个音节·一个概念"的一一对应的结构格局,就可以发现"词"的语音形式的某些连续统式的分布,如果把方言中的所谓Z变韵、D变韵、嵌1词之类的现象都收集起来进行分析、排比,在这个连续统中还可以插入其他的类型。根据这种连续统式的分布状态,"字"与"词"的关系或许可以概括为如下的规律:字组(这里含单字,把它看成为一种特殊类型的字组)越短,它的语义越广泛、模糊,其中可能隐含的义项就越多,因而它的语义功能也就越复杂,可能代表的词也就越多;反之,如果表达一个概念的字组越长,则它的语义就越明确,其中可能隐含的义项就越少,语义功能、句法功能也就越单纯,像"全国人民代表大会"这样的长字组只能有一个意义、一种功能。这种字组的长度与语义功能、句法功能的明确性的反比关系顺着连续统而渐次发生变化,这也是汉语的"词"难以确定的一个重要原因。

这两方面的区别足以说明,汉语的"词"和印欧系语言的word实际上不是一种性质的结构单位:word受句法一致关系及其相关规则的支配,而汉语的词则受语义规律的制约;把由"字"的组合而构成的"词"叫做"字组"或"固定字组",恐怕比叫做"词"更确切、更合适。不过"词"这个概念现在已颇为流行,可以因循旧贯,因为重要的是"确定介乎音节词(指"字"——笔者)和句子之间的那级单位是什么类型的,至于把这些类型的单位叫做什么,应该是其次考虑的问题"(赵元任,1975)。

汉语的"词"以表义性的"字"为基础,没有"字"也就不会有"词",不管是认字的还是不认字的,都知道"字"是什么东西,而

"词"则是需要经过专门的训练之后才能掌握的结构单位。我们需要以此为基础讨论汉语句法结构的特点。

四 "字"和汉语句法结构的开放性

"字"和"词"为什么会形成我们前面所分析的那些差异？这主要是两种语言的结构常数"1"处于不同的结构层面上：印欧语的"1"是句子的结构，它在结构上是一个整体，由一致关系和与此相联系的规则去控制各种结构单位（个体）；而汉语的"1"是"字"的结构，它在结构上是一种个体，有很强的独立性，不受一种统一的形式规则的支配，因而在造句的时候功能灵活多变，难以根据一种统一的模式而对它进行功能的分类。这种特殊的结构基础自然会给汉语的句法结构带来特殊的影响。

"字"本身的结构特征是一个"1"，在造句的时候它也以"1"的身份而与其他字发生关系，组合成一个大"1"，而这个"1"又进而与其他的"1"组合成一个更大的"1"，这样层层递进组合，构成汉语的句子。像"气"可以作为"1"和"象"组合，构成"气象"；而这个"气象"又可以作为"1"而与"新""万千"之类组合，构成新的、更大的结构单位"新气象""气象新""气象万千"……循此递进，逐次构成语言交际所需要的各级结构单位，像"朝晖夕阴，气象万千"就是范仲淹在《岳阳楼记》中留传下来的名句。由"字"的组合而构成的结构单位就是字组。字组的大小不一，最小的是二字组，大的字组视交际的需要灵活组合，可以很长。"字"的功能模糊性有利于它广泛而灵活地组合成各种各样的字组。如果说，印欧语的句法结构是以"大"制"小"，即句法层面的"1"层层控制句子以下各级单位的结构，那么汉语的结构特点则是以"小"制"大",以"字"的特点为基础,前"1"制约后"1"的选择,依次递进,灵活多变地组成句子的结构。有人可能会认为这是乔姆斯基所否定的"有限状态语法",我们为什么还要拿它当宝贝!我们这里只能说它们有点"像",似乎都是前面的结构单位制约后面的结构单位的选择,但实际上它们是两种不同性质的语言现象,难以类比。第一,印欧语的词有明确的功能,能出现于什么样的结构位置要受一致关系及其相关规则的支配,因而选择的余地受到极大的限制。莱昂斯(J. Lyons,1981)的具体评述可以使我们清楚地了解这种语法的局限性。汉语的"字"的语法功能宽泛而模糊,因而前"字"对后"字"的选择要求限制较小,只要字义之间的关系有现实的根据(临摹性,iconicity,将另文讨论),符合搭配的习惯,就有可能进入选择的网络,组成语句。

第二,印欧系语言的"有限状态语法"的前后选择限制由于受一致关系之类的规则的制约,词与词之间的联系紧密,环环相扣,而语境,说—听双方的交际意图等无法参与句子的构造。汉语的情况与此不同,语境,说—听双方的交际意图可以随字义之间的关系进入句子的结构,从而使某些原来有相互选择限制的成分省略。这样,句子各成分之间的联系显得很松散,表面上看不出相互的选择限制关系,像"我(交的)是三角钱""你(教的)是现代汉语,我(学的)是古代汉语""你(的衣服)破了,该补一补"之类的句子省略掉括号中的成分照样成立,但无法把它们直译成外语。

第三,"有限状态语法"的选择限制不管所要表达的意思多么复杂,都要纳入一致关系中去处理,从而使句子的结构呈现出封闭性的特点。汉语以"字"为基础的选择限制是层层递进,进到什么地方结束,没有明确的标准,因而句子的结构呈现出开放性的特点，很难在字组、句子、句群之间划出一条清楚的界线。例如《红楼梦》第三回描写王熙凤出场的那个句子：

这个人打扮与姑娘们不同，彩绣辉煌，恍若神妃仙子，头上戴着金丝八宝攒珠髻，绾着朝阳五凤桂珠钗，项上戴着赤金盘螭缨络圈，身上穿着缕金百蝶穿花大红云缎窄褃袄，外罩五彩刻丝石青银鼠褂，下着翡翠撒花洋绉裙；一双丹凤三角眼，两弯柳叶掉梢眉，身量苗条，体格风骚：粉面含着威不露，丹唇未启笑先闻。

这是句子还是句群？汉语里它是一个句子，因为整段话都是描写"这个人打扮"的，中间任何地方断开，都会影响语义的完整性。这是一个比较典型的开放性结构的句子，如译成英语就只能把它处理为句群。为了说明英、汉两种语言语法结构的差异，我们这里不嫌罗嗦，把英译本《A Dream of Red Mansion》中的译文引述于下：

…Unlike the girls, she was richly dressed and resplendent as a fairly. Her gold-filigree tiara was set with jewels and pears. Her hair-clasps, in the form of five phoenixes facing the sun, had pendants of pearls. Her necklet, of red gold, was in the form of a coiled dragon studded with gems. She had double red jade pendants with pea-green tassels attached to her skirt.

Her close-fitting red satin jacket was embroidered with gold butterflies and flowers. Her turquoise cape lined with white squirrel, was inset with designs in coloured silk. Her skirt of kingfisher-blue crepe was patterned with flowers.

She had the almond-shaped eyes of a phoenix, slanting eye-blows as long and drooping as willow leaves. Her figure was slender and her manner vivacious. The springtime charm of her powdered face gave no hint of her latent formidability. And before her crimson lips parted, her laughter rang out.

一个汉语的句子被拆散成4段12个句子，而且根据英语句子结构的要求，对汉语的小句（先姑且以此名之）进行主谓结构的改造，例如一系列存现句，即"头上……，项上……，身上……"都被改造为英语的主谓结构，而且补充了一些必要的、汉语中原来含而不露的成分。这是为迁就英语的结构规则而必须作出的调整。

这些差异涉及到语法研究的一个最基本、但也是最重要的问题，这就是"什么是一个句子"？这个问题貌似常识，但大有学问。印欧系语言比较简单，只要是由一致关系维系着的主谓结构就是一个句子。这是一种封闭性的句法单位，句与非句的界限是明确的、离散的；句群只是句与句的加合，本身不能给句法结构规则增加什么新东西。正由于此，语法研究完全可以在一种封闭的句子结构中进行句法规则的分析。现有的语法理论大体上就是在这种研究的基础上总结出来的。汉语的语法研究以印欧系语言的语法理论为基础，但是汉语的句子和它的结构却与印欧系语言有着原则的差异。一组"字"的线件排列能不能成为一个句子？这不决定于有无"主语"或"谓语"；一段话是一个句子还是几个句子，也不决定于有几个"主语"或"谓语"，而决定于一个事件的叙述是不是告段落。先请比较下列例句：

1. 小王下午去逛颐和园。
2. 花猫逮住了一只耗子。
3. 李晓明打开窗户向远处眺望。
4. 大夫嘱咐他准时吃药。
5. 槽内的水左冲右突，翻着花，滚着个，激扬飞溅，像爆炒着一槽玉珠，风翻着一槽白雪，隆隆声震荡着山谷。（郑伯伦：《黑龙潭印象》）
6. 且说鸳鸯一夜没睡，至次日，他哥哥回贾母，接他家去逛逛，贾母允了，叫他家去。（《红楼梦》）

例 1 和例 2 是一般所说的简单句，例 3 和例 4 是"连动句"和"兼语句”,例 5 和例 6 过去有些语法书叫做“复合句”,现在好像有点回避这一类语言事实的分析。根据“主语—谓语”的结构框架来分析,我们很难找到这些例句所以能成为一个句子的一种统一的标准。例 1 和例 2 没有问题,可以顺利地进行主谓结构的分析。例 3 和例 4 就显得非常勉强,因为这里出现了两个“动词”(连动)、两个“主语”(兼语),与印欧系语言的主谓结构只允许一个主语、一个谓语动词的格局矛盾。“连动”和“兼语”这些名称本身已经暗示它们与“主语—谓语”这种结构框架的基本精神有些不一致,不过总还可以勉强地纳入到“主语—谓语”的结构中去分析。例 5 和例 6 的情况就不同了,它们与“主语—谓语”框架的结构原则是矛盾的。例 5 不是一个“谓语”,而是有一系列“谓语”,而且其间还存在着几个层次:“……左冲右突,翻着花,滚着个,激扬飞溅”是对槽内的水的客观描写,而在“像”字后的“谓语”则兼蓄作者的主观评述,而最后将主、客观的描述都落实到“隆隆声震荡着山谷”。如果用“主语—谓语”的结构标准来衡量,它是不合“语法规则”的,而就汉语的结构来说,这是一个完全合格而优美的句子,符合汉语的结构规则。这种“递进式”的“谓语”可以减少几个,也可以增加几个,都不影响句子结构的完整性。这种句子的结构原理与前述介绍王熙凤“这个人打扮”的句子一样,是一种开放性的结构,无法用“主语—谓语”这种封闭性的结构框架来分析。和例 6 比较,例 5 还算是简单的,它或许可以像有些语法著作所说的那样,看成为“连动式”的扩大,而例 6 则兼有几个“主语”(“鸳鸯”、“他哥哥”、“贾母”),几个“谓语”,但绝没有可能看成为“兼语式”的扩大。根据“主语—谓语”框架的结构标准,这里有三个“主语”,应该是三个句子,但汉语只能算一句。这些情况清楚地说明,“主语—谓语”的标准无法涵盖和分析像例5、例6所代表的语言现象，但是我们没有权利把它们从汉语的句子中开除出去。语法理论的好坏主要决定于它所能解释的语言现象的广度和深度，“主语—谓语”的语法理论不能有效地解释如例5、例6那样的语言现象，涵盖面窄，因而对汉语的研究来说，不能说是一种好的语法理论。

不能根据“主语—谓语”的标准来确定汉语的句子，那应该根据什么？语义，根据一个事件、一个话题的标准去确定，这样可以涵盖前述各例所代表的句子。例5环绕“槽内的水”这个话题去描述它的运动状态，而例6则是环绕着“鸳鸯”而展开有关的叙述。例1—4的语言现象都可以用这一标准去分析。所以，汉语的一个句子和印欧系语言的一个句子意思不一样，相互之间不存在一种统一的衡量标准。英译汉，或汉译英，都得根据自己的语言标准对另一语言的句子结构作出相应的调整和改造。

印欧系语言的句法结构的封闭性和汉语句法结构的开放性形成鲜明的对照。封闭性的句法理论的核心是“主语—谓语”的结构框架和与此相联系的名、动、形的词类划分，而开放性的句法理论应以事件的话题为基础，有层次地叙述它的方方面面，只要话题的叙述有需要，叙述的时候可以变换角度、变换角色，像上述的例6那样，会出现一系列“印欧语的眼光”视之为“主语”和“谓语”的结构成分，好像是一群句子的集合。由于汉语的这一特点，所以传统的汉语研究不讲主、谓、宾和名、动、形，但却有在印欧系语言的研究中根本不存在其为问题的句读。

句读的对象是书面语，它的基本精神是如何在语篇中找出句子，给文章断句；或者反过来说，看“字”的有规则的排列“排”到什么地方才能成为一个句子。由于汉语句法结构的开放性，应该在哪儿断句，主要取决于说话人或标点人对意义的理解。唐天台沙门湛然《法华文句记》卷一载："凡经文语绝处谓之'句'，语未绝而点之以便诵咏，谓之'读'。"这一叙述把握住了句读的基本精神。所谓"语绝处"，用我们的话来说，就是对事件的话题的叙述已告一段落，语义上呈现出相对的完整性；找到了"语绝处"，也就找到了句子。这是标点古籍的一个难点。同样一段文字，该在哪儿"圈"与"点"，是根据对"语绝处"的理解，而不是有无"主语""谓语"之类的语法标志；不同的人由于对文句的理解有差异，"圈"与"点"也就会呈现出差别。吕叔湘(1979)在审核《资治通鉴》的标点时提供了大量的有关例证，读者定可以从中受到很多启发。

句读的基本精神同样适用于现代汉语的句法研究，因为我们碰到的很多问题仍然是一个"什么是句子"的问题。例1—4，由于结构比较简单，人们不难找到"语绝处"，给它标上句号；例5也还容易掌握，因为话题比较单纯；而例6的分析就会碰到"哪儿是语绝处"的问题，人们有可能会作出不同的回答。这是在研究开放性的句法结构时碰到的一个难题，现在的有些语法著作回避对这一类语言现象的分析，正好说明这些难题在困扰着他们。近年来，汉语的语法研究出现一种"词组本位"的理论，认为"汉语句子的构造原则跟词组的构造原则是一致的"(朱德熙，1985)，这恐怕与开放性的汉语句法结构的基本精神不符，无法解释如例5、例6那种开放性的语言现象。汉语还得根据汉语的特点来研究。

五 "字"与汉语语义句法的结构框架

不同性质的结构单位需要用不同的结构框架去处理、去分析。

框架是人们观察语言结构的一种特定视角，以便使复杂、纷繁的语言现象条理化、规律化。“主语—谓语”是印欧系语言的语法结构框架，它以此为视角观察语言的结构，整理出相应的理论和方法。汉语的研究有悠久的历史，一个字、一个音的研究具体而精辟，但没有结构的研究，因而没有给我们留下一个观察汉语结构的框架。印欧系语言的语法理论为什么能轻而易举地占领汉语的语法研究领域？其中的一个重要原因就是汉语原来没有这种类型的研究。吕叔湘(1986)根据汉语语法研究的历史对此作了这样一个总结：“过去，中国没有系统的语法论著，也就没有系统的语法理论，所有理论都是外来的。外国的理论在那儿翻新，咱们也就跟着转。这不是坏事，问题是不论什么理论都得结合汉语的实际，可是‘结合’二字谈何容易，机械地搬用乃至削足适履的事情不是没有发生过。”这里的“‘结合’二字谈何容易”八个字，特别耐人寻味，值得好好重视。“跟着转”跟“结合”不是一回事儿，但在学科的草创时期是需要的，不过不能老是“跟着转”，还得根据汉语的特点进行自己的研究，使“结合”迈上一个新的台阶。我们这里提出汉语的研究应该以“字”为基础，或许可以为摆脱“跟着转”的局面提供一种可供参考的思路。

可以作为结构框架来考虑的除了“主语—谓语”之外还有“主位—述位”(theme—rheme)和“话题—说明”(topic—comment)。“主语—谓语”框架不适合于汉语的研究，这已见于前述。“主位—述位”适合于语篇的信息结构的研究(胡壮麟等，1989)，不适合作为语义句法的结构框架。这样，剩下来的只有“话题—说明”。这一框架不是英语“topic—comment”的简单翻译，而是中国语言学家在探索对汉语进行“独立的而非模仿的”研究时提出来的。陈承泽(1920)首创是说,认为汉语"文法上发展之径路,与西文异。如'标语'(即"鸟吾知其能飞"之鸟),如'说明语'之不限于动字……",这里的"标语"即为"话题"(topic),而"说明语"即为"说明"(comment)。陈承泽主张根据汉语的特点进行"独立的"研究,反对模仿。"标语—说明语"理论就是反对模仿印欧语的"主语—谓语"理论而对汉语进行独立研究的一种探索。可能是由于当时很有影响的胡适(1920)反对"独立的"研究,认为"中国文法学的第一需要是取消'独立'";还可能是由于陈承泽自己只提出一种设想而没有以"标语—说明语"为结构框架去研究汉语的句法,因而这一理论在汉语的实际研究中没有产生多大的影响。过了三十多年,可能是由于结构语法进入尽头,霍凯特才在1958年提出"话题—说明"的理论,而赵元任(1968)则又进一步用这种理论来研究汉语的语法,认为"在汉语里,把主语、谓语当作话题和说明来看待,较比合适。主语不一定是动作的作为者,在'是'字句里不一定等于'是'字后边的东西,在形容词谓语前头不一定具有那个形容词所表示的性质。它可以是这种种,但不是必得是这种种"。这里虽然仍旧用"主语""谓语"之类的概念,但对其性质的认识与以往已有重要的区别,它们基本上已是"话题"和"说明"的代名词。这种理论现在已经越来越引起汉学家的关注。它可能是汉语语法研究的一种合适的结构框架,因为开放性的句法结构需要这种开放性的结构框架去分析。

造句的过程,印欧系语言是词的线性排列,汉语是"字"的线性排列,相互之间好像没有区别,为什么非得采用不同的结构框架去分析?这需要深入进行句子的内在结构分析。线性排列是一种表面现象,而在其背后却隐蔽着原则的差异。如果用我国文学创作中的两种不同文体来比拟，那么印欧系语言造句时的“词”的线性排列犹如填词，而汉语造句时的“字”的线性排列犹如写散文。词有一定的结构格式，填入的“字”的声韵平仄要符合这种格式的要求；印欧系语言的句法规则由一致关系控制，造句时所用的词和词的变化都需要接受这种一致关系的支配。写散文比较自由，没有固定格式的限制，只要不离主题，写作的时候就有相当的自由度。汉语的造句与此类似，“话题”确定以后就可以在语境许可的范围之内自由地把它说清楚，没有如一致关系之类的形式规则的约束。正由于此，汉语“说明”与“话题”的关系和印欧系语言的“谓语”与“主语”的关系就有原则的差异：“谓语”和“主语”受一致关系控制，相互之间的联系非常紧密，彼此依存，不可或缺；而“说明”和“话题”的关系显得很松散，简直“松散到了如果放在别的语言里将成为不合语法的程度”(赵元任，1968)。语言是现实的编码体系。形成这种原则差异的原因主要是由于它们在编码体系中所处的位置和层次不同，因而决定句子的构成的因素也就有差异。

印欧系语言的句法要分词位句法(lexemic syntax)和义位句法(sememic syntax)两层。由一致关系支配的主谓结构以及和这种结构相适应的名词、动词、介词、形容词的划分属于词位句法的范围，而在义位句法中人们碰到的是语义分类等级，规定哪些义位的结合是允许的，哪些是不允许的；符合词位句法的句子不一定符合义位句法，这两种句法模式是各自独立存在的，应该分别进行独立的研究(S. M. Lamb，1969)。词的组合能不能成为一个句子，就看它是不是一种由一致关系支配的主谓结构。这属于词位句法，是一种表层的结构。汉语的句法结构大体上与印欧系语言的义位句法相当，没有和词位句法相当的那种表层结构，因而决定句子的构成的因素不是一致关系之类的语言规则，而是语境、说—听双方的交际意图和语序之类的语言规则三个方面。“说明”和“话题”之间的关系为什么能如此松散而不影响信息的交流？就是由于有语境的提示和补充，有说—听双方在交际意图上的相互配合。汉语的句子由于是这三方面的因素相互作用的结果，因而才能形成不同于印欧系语言的一系列特点。例如，“话题”必须有定，不然交际就没有主题，说—听双方也就无法配合；由于有语境的补充和提示，有定性的话题可以省略，从“印欧语的眼光”来看，它就是一种“无主句”；“说明”本身仍旧可以由“话题—说明”构成，因而在字组的结构规则和句子的结构规则之间划不出一条明确的分界线；由于说明“话题”的需要，在“说明”中可以变换现在一般语法书称之为“主语”“谓语”的成分，使句子成为一种开放性的结构，等等，等等。这些特点无法纳入“主语—谓语”的结构框架去分析，而“话题—说明”则是有可能把这些现象说清楚的一种可供选择的结构框架。

用“话题—说明”的框架代替现在流行的“主语—谓语”的框架，这不是概念的简单变换，而是句法内容的系统改造。一系列问题都需要进行新的探索，例如：“字”的语义分类原则以及它和结构的关系、语义和句法功能的关系、语义句法的句型以及层次、语序等都需要从新的视角进行新的研究；《马氏文通》以来汉语语法研究的理论和方法也需要进行新的评述，这些都只能留待以后再讨论了。

引用书目

陈承泽　1920　《国文法草创》，商务印书馆 1957 年重印。

耿　军　1990　《现代汉语外来词研究》(大学生毕业论文,文存北大图书馆学位论文阅览室)。

胡　适　1920　《国语文法概论》,《胡适学术文集》[语言文字研究],中华书局,1993。

胡壮麟等　1989　《系统功能语法概论》,湖南教育出版社。

莱昂斯　1981　《乔姆斯基评传》,华东师范大学出版社。

吕叔湘　1963a　《现代汉语单双音节问题初探》,《中国语文》第1期。

——　1963b　《语文常谈》(连载于1963—1964年的《文字改革》),三联书店,1980。

——　1979　《〈通鉴〉标点琐议》,《中国语文》第1期。

——　1986　为龚千炎《中国语法学史稿》(语文出版社,1987)写的序言。

马庆株　1989　《自主动词和非自主动词》,《中国语言学报》第3期,商务印书馆。

孙景涛　1986　《美恶同辞质疑》,《语文研究》第1期。

王　宁　1991　《汉字的优化和简化》,《中国社会科学》第1期。

徐通锵　1990　《结构的不平衡性和语言演变的原因》,《中国语文》第1期。

——　1991　《语义句法刍议》,《语言教学与研究》第3期。

——　1992　《在"结合"的道路上摸索前进》,(香港)*Newsletter*, No. 13.

张永言　1982　《上古汉语的"五色之名"》,《语文学论集》,语文出版社。

赵元任　1968　《汉语口语语法》(吕叔湘译),商务印书馆,1979。

——　1975　《汉语词的概念及其结构和节奏》,《赵元任语言学论文选》,清华大学出版社,1992。

朱德熙　1985　《语法答问》,商务印书馆。

Lamb, S. M.　1969　Lexicology and Semantics, *Linguistics Today*, New York, edided by Hill.

说“字”*

——语言基本结构单位的鉴别与语言理论建设

【提要】语言是现实的编码体系，是一种非线性结构，音、义关系是语言研究的一个最基本、最重要的问题。根据音义关联的基点确立的语言基本结构单位具有现成性、离散性和语言社团的心理现实性三个特点。有这些特点的结构单位，印欧语是词和句，而汉语是字。字与词的一个重要区别就是语音上的单音节和多音节，即字以一个音节去关联一个意义，而词中的音节与意义（不管是语素义还是词义）无联系。这反映不同语言社团语音感知单位、感知方式的差异，并由此形成感知单位、听觉单位和结构单位之间的相互关系的差异。这些差异给语言理论研究带来了深刻的影响，在语言与文字的关系上也表现出不同的特点，都需要语言学家作出切实的解释。汉字适合汉语的结构特点，形、音、义三位一体的“形”可以成为音义关系的研究的一根拐棍。共性隐含于特性之中，只有通过语言特点的研究才能通向语言的共性。

字需要“说”，人们可能难以理解，但实际上现在已到了不得不

---

* 原载于《语文研究》1998年第3期。

“说”的时候，因为自我们提出字本位理论以后，除了一些表示支持和理解的（李瑞华，1996，XV，354，450；潘文国，1997，162—184）以外，已有不少误解，其中最重要的有两个方面：第一，把字与语素混为一谈，认为字本位实际上就是语素本位；第二，否认字这个概念的所指的模糊性或多义性，认为字仅仅是书写的单位，与语言的结构单位无关，因而提出“在文字发明以前，人们说话的结构单位是什么”的问题。这两方面的误解涉及到一个根本的理论问题，即我们应该根据什么样的标准去确定一种语言的基本结构单位？在特殊的语言现象背后是不是隐含有一般的结构原理？所以，就这两个方面的误解展开一些讨论，说明语言基本结构单位的鉴别标准，分析特殊语言现象的研究与语言理论建设的关系，这是有普通语言学的理论意义的，并且对汉语研究如何摆脱“印欧语的眼光”的束缚也有重要的价值。

一 字与语素没有可比性，不能把它们混为一谈

语素是语言中有意义的最小结构单位，是词的构成成分，人们往往据此认为汉语的字就是语素。最早提出这个看法的好像是吕叔湘（1963，39—45），认为“汉字、音节、语素形成三位一体的‘字’”。从我们今天的语言观来看，这个论断自然有可以挑剔之处，但在当时它无疑具有革命性的意义，因为人们都把字看成为一种书写单位，排除出语言研究的范围。吕先生的汉字、音节、语素三位一体的看法已明确地说明字有语言的性质，应以此为基础去研究汉语的结构，而词在汉语里“本来没有这样一种现成的东西”，

“讲汉语语法也不一定非有‘词’不可”。这些论断涉及到汉语研究的方向，意义非同一般。但遗憾的是，当时和此后的一个很长时期，吕先生的论断都没有引起学者的注意，自然也不会有相应的研究。20 世纪 90 年代，我们提出字本位的理论之后，有些学者认为字“大致上相当于语素”(李宇明，1997，20)，字本位实质上就是一种语素本位。这种观点见之于文字的还不多，但日常与我交换意见的同志持此意见的却不少。为什么人们会把字混同于语素？可能是“最小”，用语言中“有意义的最小结构单位”这一标准来衡量，它们都是“最小”。根据这种表面的相似性就把字看成为语素，这一方面可能是由于习惯的力量，因“印欧语的眼光”的影响而自觉或不自觉地用印欧语的语法理论来分析汉语，另一方面也是由于字本位理论的创导者和支持者还没有把两者的本质区别说清楚。关于字和语素的原则区别，徐通锵(1994b，8—9)曾从结构的线性和非线性、功能的单纯和复杂、字中可隐含若干个不同的词三个方面进行过分析，虽然涉及到两者的差异，但还没有抓住问题的关键。关键是什么？应该是它们在系统中的不同地位和音义关联的差异。只有弄清楚这些关键问题，我们才有可能确定语言基本结构单位的鉴别标准，并进而据此弄清楚字与语素的原则区别。

语素这个概念产生于 20 世纪初叶，是布龙菲尔德 1926 年首先在《语言科学的一套基本原理》中提出来的，指的是“一个最小的形式就是一个语素(morpheme)，它的意义就是义素(sememe)”；“最小的”的实际含义是“一个最小的(minimum)x 就是并非全部用更小的 x 的 x 所组成的 x”。从此之后，语素就成为结构语言学的一个最重要的概念。为什么结构语言学如此看重语素？这扎根于它对语言系统的独特看法：语言的结构可以分为表达(expression)和内容(content)两个方面,语言学只研究表达的方面。语言的表达系统是一种线性结构,高层的结构单位由低层结构单位的线性组合构成。音位是表达系统的最基本的单位,数量有限,一种语言只有几十个音位,但整个表达系统就是以这些有限的单位为基础构成的。语素是表达系统的第二个基本单位,通常由一个或几个音位的组合构成;它是和内容系统相联系的一种表达系统的基本单位,“语言学家把音位和语素作为基本单位来研究就可以建立语言表达系统的完善理论……这通常称为描写语言学”(A. Gleason,1961,1—13)。这就是说,语素只是语言表达系统的一种结构单位,虽然它与内容系统有联系,但研究的时候不必涉及内容,以便有效地说明“语素由音位的组合构成”的原理和语言结构的二层性。这是结构语言学的方法论基础,如强调词,由于它不是“最小的”,就无法用“组成”说来解释非“最小的”词如何由音位的组合构成的结构关系。“语素由音位的组合构成”的“组成”说是不能成立的,已有很多学者进行过批评(霍凯特,1961;帕默,1971,133),这里不赘。结构语言学为什么不研究内容?格里森列举了三点原因:第一,语言学家对语言两面性的真正意义认识太晚,因为表达系统的有成效的研究使语言学家比较关注语音的分析,而忽视内容的研究;第二,缺乏精确的、严格的方法;第三,内容系统太复杂,本质上是人类经验的全部总和,难以进行全面的研究。这里虽然已经感到不研究内容的遗憾,但结构语言学的线性结构理论无法解决表达与内容的相互关系问题。这是方法论的局限的一种具体表现。

语言是现实的编码体系,是人类最重要的交际工具,它的本质是一种非线性结构,线性只是其中的一种局部情况,因而适合用结构关联的概念来分析它的结构（徐通锵，1991）。着眼于线性，利用“最小”把字等同于语素，这是观察视角的一种误差。“字”的实质是非线性的，它着眼于音义的结合，是一种表达与内容相统一的结构单位。如果说得绝对一点，也可以说它是内容系统的结构单位，因为它有顽强的表义性，语义是它的核心。汉字和汉语的关系、汉语研究的传统、借字的意译化改造、变音（如儿化之类）的语义基础等等都可以清楚地说明这方面的问题。文字必须适应它所记录的语言的结构特点。独立形成的文字体系都与它所记录的语言的结构特点有密切的联系。汉字在它的发展中始终坚持它的表义的方向，没有通过假借而走上拼音化的道路，就是由于它适合汉语结构单位“字”的顽强表义性要求。汉语的研究传统俗称小学，以字的研究为基础，分文字、音韵、训诂，其核心就是语义。我国最早出现的四本语文学著作《尔雅》、《方言》、《说文解字》和《释名》就是从不同的侧面研究字的语义（杨树达，1941）。如果说，印欧语的研究传统主要是语法，亚里斯多德的语法理论、特勒克斯（D. Thrax）的《希腊语语法》对后来的语言研究产生了巨大的影响，那么可以说汉语的研究传统主要是语义，我们从来没有离开过以字为基础的语义研究轨道。千百年来形成的研究传统是对语言结构性质的最好说明。借字的意译化改造是人们熟知的事实（徐通锵，1994b，3—4），这里不赘。儿化之类的变音也是以字的语义为基础的，只有那些语义上能具体地名物化、且能寄托语言社团某种感情色彩的字才能进行儿化之类的变音（如刀儿、玩儿、蔫儿等等），而不是以名词、动词、形容词的划分为根据。字就是字，它的核心是语义，是构成内容系统的基础，与语素不是一种性质的东西，相互没有可比性，不能给字戴上语素的帽子。

字与语素尽管都是各自语言里的一种结构单位，但在系统中的地位却有原则的差异。字是汉语的基本结构单位，但语素不是印欧语的基本结构单位。这就涉及到确定基本结构单位的客观标准问题。语言非线性结构的基础是音义结合的统一体，它的各级结构单位都是音义结合的产物；音位只是语音层面的结构单位，不能与语言结构单位相提并论。结构语言学以“语素由音位的组合构成”的方法论为基础把语言看成为一种线性的二层结构，在理论上是说不通的。音义结合的结构单位在语言中有好几个，分属于不同的层级，像印欧语就有语素、词、词组、句子等。哪一个是“最基本”的？这不决定于线性组合的大小，而决定于音义结合的关联，看关联点选择在哪儿；只有成为音义关联点的结构单位才有资格成为一种语言的基本结构单位。语言是现实的编码体系，把现实转化为语言的“码”的最基本的思维单位是概念，所谓音义结合关联点的“义”应该是和概念相对应的语义，具有相对的独立性，即能单说，而且说出来人们就能知道它的所指。为行文方便，不妨直接称为概念。从传统语文学到洪堡特、索绪尔的语言理论，在这一点上从来没有发生过疑议。根据这一标准，音义结合的关联点，汉语是字，印欧语是词，因而它们是各自语言中的最基本的结构单位。这种结构单位具有如下的特点：一、现成的（吕叔湘，1963，45），拿来就能用；二、离散的，很容易和它相邻的结构单位区别开来；三、在语言社团中具有心理现实性，即使是文盲，也能知道一句话中有几个结构单位，例如说汉语的人知道一个句子有几个字，说印欧语的人知道一个句子有几个词。语素是印欧语的最小结构单位，但不是基本结构单位，因为它一不是“现成”的，需要语言学家去寻找，而且找起来很困难，成为印欧语研究的一个难点；二不是离散的，同一个语素在不同的词中的语音分界线不一定相同；三是在语言社团中没有心理现实性，没有受过专门训练的人是意识不到语素的存在的，更谈不上从句中找出语素来。现在一般讲语言基本结构单位的时候由于着眼于语言结构的线性性质，因而常常强调“最小”，其实“最小”不一定是基本结构单位的最重要的特点，如语素，它虽然“最小”，但不具备基本结构单位的三大特征。它是到20世纪初才被人们认识的，并被看成为语言的一种结构单位。这不是历史上各个时代的语言学家的无知或失误，而是语言结构单位的性质所使然。一种语言的基本结构单位的确定必须着眼于音义关联的基点和由此而形成的现成、离散、心理现实性三大特点，不然就无法对语言进行有效的研究。

前面的分析表明，字与语素是两种不同性质的语言现象，相互没有可比性，混淆两者的差异或张冠李戴必然会影响汉语研究的发展方向。

二　语音感知方式、感知单位的特殊性和字的特征

音义结合的关联点或音义关联的基点，这是一种语言的结构基础和枢纽；不同语言的关联基点的差异隐含着语言结构的原则区别。语言研究必须抓住这种音义关联的基点，抓住了它就等于抓住了控制结构全局的枢纽，就有可能把握住语言结构的脉络和正确的研究方向。印欧语研究历来都以词为基本结构单位，把它纳入封闭性的主谓结构框架进行研究，建立主语、谓语这些句法结构成分与名、动、形的词类划分的结构关联（徐通锵，1997，91—

106)。这抓住了关键,因而取得了重大的成就,并对世界其他地区的语言研究产生了深远的影响。现在需要进一步讨论的是,不同语言的音义关联的基点为什么会不一样?它对语言结构有什么影响?我们从这种差异中能得到一些什么启示?要探究这些问题,就必然会涉及到语言编码机制以及其他的一些深层次问题。

汉语体现音义关联基点的结构单位是字,它的特点是“1个字·1个音节·1个概念”的一一对应,就是一个音节可以包装一个概念。印欧语体现音义关联基点的结构单位是词,如果仿效汉语的结构格式,它的特点就是“1个词·n个音节·1个概念”。字和词都是各自语言的基本结构单位,因而比较这两个公式,惟一的差异就是音节的多少,即汉语和概念相联系的音节是1,而印欧语是n(n=1,2,3……)。这个简单的差异隐含着两个语言社团的语音感知方式、感知单位和两种语言的编码机制、结构模式等的一系列原则差别。这是引导我们深入观察语言结构奥秘的一个很好的向导。

汉语和概念相联系的语音形式是音节。它是一种非线性结构,是一个以“1”为特征的层级体系(徐通锵,1991,253;1997,127—134)。它一分为二,先分出声母和韵母;韵母再细分为头、腹、尾。韵母的细分是专家的研究成果,汉语社团的一般成员不会意识到这种微细的差异。这就是说,汉语社团能直接感知到的最小语音单位是声和韵,双声、叠韵的联绵字结构和汉语的诗歌押韵传统就是这种语音感知单位的最好注释。声和韵,或者粗略地说声母和韵母(韵和韵母是两个不同的概念,这里不细究),用现代音素分析的语音学来看,是两个模糊的概念,因为其中能容纳几个音素有很大的弹性。韵或韵母中的音素可以是1,是2,是3,这是人们熟知的事实，不必重复；声母的位置也可以容纳几个不同的音素，上古的复辅音和汉藏系语言的前置辅音就是这种弹性或模糊性的具体表现。比较麻烦的还有一个介音。介音的特点是“介”，它不属于声，也不属于韵，或者既属于声，又属于韵。传统反切的处理办法是声、韵两属，使上下字和谐地相切（赵元任，1940；李荣，1952），而根据现代音系学的响度顺序原则（石毓智，1995），它应归属于声。这就是说，汉语社团的语音感知方式是声、韵的对立二分，最小的语音感知单位是声母和韵母，不是音素；字音中的韵腹、韵尾与声母，或前置辅音与韵母，都不处于同一个层次上，说明它是一种非线性的结构，而不是音素的线性组合。这种声、韵二分的拼合机制所透视的最重要的信息就是“2”和“1”的矛盾运动，即“1”可以分为“2”，而“2”也可以合为“1”。孤立地考察字音中的声母和韵母，人们难以捕捉这种矛盾运动的线索，如果联系汉语社团的两点论的思维方式（徐通锵，1997，38—52）、音义的相互转化机制、文字与语言的关系等来分析（参看后面的分析），就会发现这种矛盾运动具有系统的性质，是把握汉语结构的关键。这种声与韵的合二而一的拼合机制使汉语的音节具有很强的内聚力，而和语流中的其他相邻的音节则保持着很强的离散力，彼此界限分明。音节是汉语中一种自足的编码单位，一个音节就可以表达一个概念，编出一个“码”，形成“1 个字·1个音节·1个概念”这样一一对应的结构格局。

和汉语相反，印欧语体现音义关联点的词在语音上有 n 个音节，就是说，音节不是印欧语的自足的编码单位。印欧语的结构单位，语素、词、词组、句子，没有一个单位是和音节有强制性的对应关系的。如一个词有若干个音节，而语素呢，它的语音可以是一个音节,也可以不到一个音节,也可以是几个音节,总之,音节在印欧语的结构中没有如汉语音节那样的表义作用,而是一种与表义无关的纯粹的语音结构单位。青年语法学派和布龙菲尔德关于音变是一种纯语音过程的论断看来是有它的语言结构基础的依据的。为什么会形成这种差异?这是由于印欧语社团的语音感知方式、感知单位与汉语社团不一样。它的感知单位不是声和韵,而是音素;感知方式不是音节的声、韵对立二分,而是以元音为核心的音素的多分线性组合,依据出现的先后次序一个一个地拼读出来,每一个音素都占有和其他音素相同的发音时间。这种语音感知方式、感知单位给语音结构带来的明显影响就是:音节仅仅是一种语音结构单位,不是特定语言结构单位的语音形式,因而造成语流中的音节界限不清,甚至词与词之间的语音界限也可以消失。例如,a name 的读音与 an aim 相同。印欧语为什么需要研究音渡或音连(juncture)?原因也就在这里。和汉语的音节相比,它缺乏内聚力和离散性的特点,而外连的拼合能力却很强,只要前一音节的末尾是辅音,后一音节的开头是元音,就可以打破音节之间的界限,以这个元音为中心,使其前后的辅音凝聚在它的周围。如,a pear and an apple 读起来好像是 a pea(r)-ran-da-na-pple。为什么会形成这种特点?就是由于它不是表义的语音单位,语义对它没有强制性的制约作用。这是以音素为语音感知单位的语言的一种重要的语音特点。文字是记录语言的书写符号系统,必须适合它所记录的语言的结构特点。印欧系语言的拼音文字就是和音素这种感知单位相适应的书写符号系统,一个字母记录一个音素,然后把它们一个一个地拼起来,“拼”到能表达一个概念才算拼到了头,然后留出一个空格,再开始第二个词的拼写。索绪尔(1916,51)早就清楚地意识到这一点，认为表音文字体系的“目的是要把词中一连串连续的音模写出来”，并且强调“我们的研究将只限于表音体系，特别是只限于今天使用的以希腊字母为原始型的体系”，而不涉及汉字的表义体系。这清楚地表明，语音感知单位的差异和音义关联方式的不同使汉语和印欧语的语音组合方式呈现出各自不同的特点，“汉语中元、辅音本身不明显，最清晰的单位是音节。辅音和元音不是慢慢地拼合，而仿佛是一个共生的板块，一团一团地往外扔，与英语作比较，就更加明显：sway 与‘岁’、why 与‘外’、lie 与‘来’等”（潘文国，1997，154）。这一观察是比较符合两种语言的实际状况的。

前面的分析说明，不同语言的音义关联点的差异扎根于语言社团的语音感知单位、感知方式的差异，并由此造成语言基本结构单位的差异。音节如与概念性意义具有强制性的一一对应关系，它就是表义的语音单位，具有自足的编码功能，由此而形成的语言基本结构单位的特点就是“1个结构单位·1个音节·1个概念”。汉语的字就是这种类型的结构单位的典型代表。字的特点是形、音、义三位一体，或者换一句话说，是最小的书写单位（方块汉字）、最小的听觉单位（音节）、最小的结构单位（字）三位一体，如果说得更简洁一点，就是写、听、说三位一体。这是字的最重要的特点。印欧系语言由于音节与概念性意义没有强制性的对应关系，不是表义的语音单位，因而就没有这种三位一体的特点，而是三者相互分离：书写单位是字母，听觉单位是音节，基本结构单位是词。形、音、义三者关系的这种差异形成不同语言的音义关联点的差异，使一种语言的基本结构单位具有自己独特的特点，并给语言结构的差异、文字体系的差异和文字的发展方向带来了决定性的影响。

汉字的表义体系不是“表义—意音—表音”文字发展三阶段的一个阶段，而是和表音一样，代表文字发展的一个方向(何丹，1996，1997)。它和印欧语文字的表音体系都各有自己语言结构的基础，各自适合语言的结构特点。

有人可能会就我们的“三位一体”说提出质疑，认为形、音、义三位一体指的是书写的方块汉字，不是语言的结构单位；语言的结构单位是不管“形”的，语言和文字在语言研究中应该严格地加以区别，不要受文字的干扰。我们在这里想说明两点。第一，字首先是说的，用书写形体写下来的方块字是第二性的，只是把口说的字书面化而已。比方说，要人家说话说得慢一点，只能说“请你一个字一个字慢慢说”，绝不会是“你一个词一个词慢慢说”。这一点，无论是山村老妇，还是语言学的泰斗，都得这么说，概莫能外。这就是说，字是汉语社团中具有心理现实性的结构单位，是用来“说”的，在文字发明以前，汉语社团就是用字说话的。现在有点本末倒置，把写的字绝对化，认为字只是用来“看”的，与“说”无关。否！字的所指模糊，或者说，所指多义，“既可以指口说的音节，又可以指它的书写形体，还可以兼指两者”(赵元任，1975，241)，《文心雕龙》的“夫人之立言，因字而生句”的“字”则是指音义结合的语言结构单位(吕叔湘，1963，40)。这种“模糊”或“多义”实际上就是从不同的角度去观察“三位一体”的字而形成的结论。徐通锵(1994a，1—3)曾就这个问题进行过专门的讨论，由于人们的习见太深，往往把字绝对化为一种书写形体，因而我们不得不在这里再强调一次。“三位一体”的字即使排除了“形”，留下来的音与义和口说的字是一致的，音义二位一体。这里的具体问题我们后面再讨论。第二，语言研究应该充分利用文字所提供的线索，不要把两者对立起来。自结构语言学诞生以来，普遍流行着一种说法，认为语言学的研究对象是口语，任务是描写，应该排除文字的干扰。这种说法虽有其合理的一面，但在实践中把它绝对化了，甚至陷入了自欺欺人的境地。谁都知道，在有文字的社会中，没有一种语言研究是不利用文字所提供的线索的，因为文字（特别是那些独立形成的文字体系）需要适应它所记录的语言的结构特点。没有文字的社会是不会有这种"学"那种"学"的，其中自然包括语言学；如果说有语言学，那也是有文字的社会的学者们建立起来的，美国描写语言学对印第安语的研究和我国学者对某些无文字的少数民族语言的研究就是这方面的例证。我们现在所知道的语言研究，无论是希腊—罗马或印度的语法研究，还是我国传统的小学，都是根据文字提供的线索对书面语进行详尽研究的结果。现代的结构语言学虽然标榜口语的描写，但除了那些无文字的印第安语的研究以外，排除文字干扰的语言研究实际上也只是一种假象，因为语言学家都在自觉或不自觉地利用文字所提供的线索，即使是音渡或音连（juncture），也得比较诸如 a name 和 an aim 之类现象的异同才能进行相应的研究。现代计算机科学的发展也为语言与文字的紧密联系提供了新的证据，没有文字的科学处理，人类无法一步登天，直接进入人机对话的时代。语言研究应该充分利用文字所提供的线索。

语言社团语音感知方式、感知单位的差异给语言结构会带来如此重大的影响，这是一个值得深思的问题。现在可以追问：汉语社团和印欧语社团为什么会选择不同的语音感知单位？音义结合的关联点为什么会呈现出如此重大的差异？音节在两种语言的音系结构中的地位为什么有那么大的区别？回答是：汉语和印欧语的基础性编码机制有异，即汉语是以理据性为基础，而印欧语是约定性。情况大致是：音节如果与概念形成一对一的对应关系，是表义的语音单位，语言的基础性编码机制以理据性为准，反之，就以约定性为基础。汉语和印欧语就是这两种编码机制的典型代表。自索绪尔创导语言符号的任意性学说以来，语言基本结构单位的音义关系已有既定的模式，都认为是任意性或约定性；理据性或可论证性只是以此为基础而派生出来的第二性现象。在汉语的研究中人们还捧出我们的老祖宗荀子的“约定俗成”说，认为我们早于索绪尔二千多年就已有语言符号的约定性理论。这些都把复杂的问题简单化了。徐通锵(1997,28—38,265—294)曾从语言与文字的关系、汉语独特的研究传统、“约定俗成”说在荀子正名说中的地位和实际含义以及汉语字族的结构等方面进行过具体的讨论，这里不赘，只想就理据性问题再说几句。理据，一般都认为是概念得名的理由，讨论语言基本结构单位的音义可论证性联系，这自然不错，但理解似乎偏于狭窄。其实，理据的实质是语言与现实的关系，讲语言如何接受现实规则的投射而形成自己的规则。这就是说，理据是语言规则的语义基础，研究规则的成因，任何语言的研究都在研究它自己特有的理据。一种语言的基础性理据在哪一个层次，哪一个层次就会成为该语言的研究重点。汉语基础性编码的理据存在于字(符号)中，因而字就成为汉语传统研究的重点，形成文字、音韵和训诂三大部门，分别研究三位一体的字的形、音、义三个方面。印欧系语言的基础性编码理据表现为符号和符号的组合，即语素与语素的组合、词与词的组合之类，因而构词法和造句法就成为研究的重点。两种语言为什么会形成各自不同的研究传统？就是由于基础性的理据存在于不同的层次，汉语是符号(字)，而印欧语是符号的组合,而这种差异的成因则可以追溯到不同语言社团的语音感知方式、感知单位的差异和音义关联点的差异。“失之毫厘,谬以千里”,语音感知方式、感知单位的初始的“失之毫厘”的小差异必然会导致不同语言结构的“谬以千里”的大区别。

三 音、义的相互转化和字的生成机制

不同语言社团的语音感知方式、感知单位的差异和语言的音义关联点的差异,必然会给结构单位的生成机制带来重大的影响。这里所谓的“生成机制”就是现在一般语法书所说的构成新词的方法,即构词法。汉语构词法的研究大体上都是根据印欧语语法理论的模型建立起来的,并不适用于汉语的结构。为什么?印欧语的构词法是一种线性的构词方法,讲如何以词根为基础加上前、后缀而构成新词以及词干如何加词尾而使一个词发生不同的形态变化。这是由其特定的音义关联方式和编码机制决定的构词与变词的方法,不讲音、义之间的关系,音节在这种构词法中没有任何地位。汉语没有词(吕叔湘,1963,45;赵元任,1975,246),它的基本结构单位或“中心主题”是字,是一个音节表达一个意义,是一种非线性结构,很难以线性的原则为基础进行相关的分析。因此,要想弄清楚字的性质和特点,我们还需要根据它本身的固有特点,即音、义的关系来研究它的生成机制、运转机制以及它的演化轨迹。

前面说字是形、音、义三位一体的单位,这个说法不错,但显然过于笼统,难以说明它的生成机制和运转原理。“三位一体”中的“形”属于书写的范畴,只能作为辅助的标准,重点应该研究音与义的关系,因为它们都是纯语言的问题,音、义一体,相互间有理据性

联系。所以，字的生成机制和运转原理的实质就是要弄清楚字中音、义的关系以及它与语言基本结构单位的形成、演化的关系。它在语言结构中的地位相当于印欧语的构词法，不过它是一种非线性的结构，无法用印欧语构词法的线性原则来分析，而应该联系语言社团的思维方式的特点对音、义的关系进行非线性结构的分析。自然，我们这里限于篇幅，无法就这种机制和运转原理展开全面讨论，但可以清理出一个简单的线索。这种线索大体上可以通过以下的几个阶段或时期来认识：

一、音、义一体时期，它的文字表现形式大体上就是以象形、指事、会意等为特点书写形式，体现语言社团对字的理据性的认识；

二、音、义相互转化的时期，它的文字表现形式就是形声字。这是承前启后的一个关键时期，既坚持字的理据性，又为非线性理据性向线性理据性的转移开辟前进的道路；

三、由于理据性向线性的方向转移，从而形成不同类型的字组，使汉语基本结构单位的生成和运转进入一个新的时期。

文字的产生比较晚，但这种土生土长的文字体系完全适合它所记录的语言结构的特点，因而可以利用文字发展的线索推断语言的某些生成机制，从文字看语言。上述几个时期的划分就是参照文字的发展作出的。不过这只是一个大致的划分，以便认识每一时期的理据性问题的主要特征。音、义一体时期，理据性的重要特征是字中音与义之间存在着可论证性的关系，是汉语社团根据临摹性原则（iconicity）直接接受现实规则的投射，因而可以说出概念得名的因由。《释名》的目的就是要说明字中音、义的理据性联系，但是由于语言的发展，音与义都发生了重大的变化，就一个个单字来说，《释名》已无法实现它想“论叙指归”“百姓日称而不知其所以之意”的音义理据性联系的目标，因而一些解释陷入主观，以致后人对它的批评多于褒扬。但这不能成为否定字的理据性的根据，因为汉语与汉字的关系和汉语特有的研究传统，如果离开这种理据性，我们就得不到合理的解释（徐通锵，1997，28—38）。联绵字是汉语早期编码机制中的一种重要现象，是音、义一体的活化石，因为“夫双声、叠韵之字，其义即存乎声，求诸其声则得，求诸其文则惑矣”（王念孙《广雅疏证》卷六上“犹豫”条）。语言是一种组织严密的体系，基础性的编码机制是统一的，联绵字“其义即存乎声”的编码机制可以成为音、义一体的字的理据性的一个有说服力的注释。至于联绵字为什么是两个音节，形成“2个字·2个音节·1个概念”的结构，和字的单音节结构有异？那是由于联绵字的主要任务是摹声和摹形，声和形不像日、月、人这些现象那样，有具体的物可以作为摹写的凭据，因而只能增加一个音节，使其尽可能与所摹写的对象一致，所以王力（1944，384—392）干脆称它们为拟声法和绘景法。各种迹象显示，字的生成机制就在于它的理据性，基本上是一个音节表达一个意义，编成一个“码”，联绵字的结构只是这种基本结构方式的一种变体。这里还要附带说一句，就是理据的表现形式要受制于语言系统的结构，不同的语言即使是面对由相同现实而形成的理据，它们也会有不同的表现形式。这只要比较一下不同语言的拟声词的结构，就不难得出相应的结论，例如英语的拟声词是决不会“拟”出汉语那样的联绵字的结构的。人们不必为承认语言编码的理据性而担心会否定语言结构的多样性和丰富性，因为不同语言社团的不同的语音感知方式、感知单位和不同语言的不同音义关联方式不允许出现类同的语言结构。

根据临摹性原则，音、义一体，生成有理据性的字，这种编码方式自然有其严重的局限性，因为现实中有很多现象比较"虚"，难以找到临摹的标杆；如果死守这一原则，语言中字的数量就会受到限制，无法满足日益增长的交际需要。借助于转注和假借，从义和音两个角度扩大一个字的运用范围，但仍有其局限。转注是"一字具数字之用"，会"愈转而愈远"（朱骏声《说文通训定声》），相当于现在一般所说的多义字；"转"虽然仍旧维持着音与义之间的理据性或可论证性联系，但其范围终究会受到本义的限制，不能无限制地转下去。假借的方法论基础是音义结合的任意性或约定性，与汉语社团的理据性编码原则矛盾。它可以因交际的需要而使用一个时期，但无法改变和代替汉语社团的理据性编码机制，因而最终被放弃，改用形声字，重新走上理据性的道路。由于形声的体系适合汉语理据性的结构特点，因而它一经形成就获得了强大的生命力，一直沿用到现在。形声字所透视的汉语最重要的生成机制和运转机制就是声与义在一定条件下的相互转化，即"声"由义转，"义"由声生，以"声"为核心，形成汉语的一种特殊的向心性字族；字族中每一个字声义一体，维持字的理据性。这种转化的机制是汉语社团两点论的思维方式在字的生成和运转中的具体体现（徐通锵，1997，38—52，265—294）。

以"声"为核心的一族字，声同义近或声近义通，写出来每个字不一样，但说或听起来相互间并没有多少差别，好像是同一个字。例如"吕"声的字族，据杨树达（1934，44—45）的系联研究，有如下几个字：脊骨谓之吕、伴谓之侣、二十五家相群侣谓之闾、军五百人谓之旅、屋楣谓之梠、缝衣使相连谓之绍、禾四秉谓之筥、木之叶密布者谓之榈、屋上枅谓之栌，除旅、栌二字暂不考虑外，其他几个字都是"吕"声，如不管"形"，听起来就是一个字。语言是说和听的，原来形、音、义三位一体或说、听、写三位一体的字在这时候出现了一些矛盾，过多的同音字势必会干扰交际的顺利进行。语言是一种自组织系统，会对这种矛盾作出自发的调整。调整的办法就是增加字的长度，找一个意义相关的字与之组合，使之成为双音字，例如律吕、伴侣、情侣、僧侣、尾闾、闾里、闾巷、棕榈等，或者另造字组，如缝衣代替不常用的绍，这样就可以使原来音同、音近而书写有异的字区别开来。这一调整对汉语的发展产生了重大的影响，使"1个字·1个音节·1个概念"的基本结构格局受到了严重的冲击，形成大量"2个字·2个音节·1个概念"的结构单位。语言的结构格局是很稳固的，它可以改变它的表现形态，但很难改变它的结构原理。随着双音字的大量产生，音、义之间的关系也就出现了新的表现形式，这就是以字义为核心而产生诸如儿化之类的一分为二和合二而一的变音（徐通锵，1997，400—410）。其次，字的理据性也增加了一种新的表现形式，出现了字义线性组合的理据。这种理据的新形式是以字的非线性理据为基础的，是声、义一体经过声、义相互转化而形成的，因而不能破坏字的"三位一体"的理据性原则，不能因字的"声同"而写成同一个字，或用其他同音字代替。"别字"的概念可能就是因字的理据性表达的需要而产生的。西方语言只有错字，没有别字；别字是汉语的特产，是字的理据性的一种很好的注释，或者说，是从书写上杜绝音义结合任意性的孳生道路。别字的概念始自两汉，是和形声字体系的完善、双音字的产生和发展相呼应的。所以，为克服说、听、写三位一体的一些矛盾而发展起来的双音化过程是汉语发展中的基本结构单位的一次重大的自我调整，使字义线性结构的原则在基本结构单位构成中的比重中渐次增加。

调整结构格局的办法不是从天上掉下来的，而是汉语的结构本来就具备这种调整的机制，这就是联绵字的结构。如前所述，联绵字的结构是“2个字·2个音节·1个概念”，在编码体系中处于次要的地位，是基本结构格局“1个字·1个音节·1个概念”的一种变体。联绵字的单个音节不承担意义的表达，只有两个字联成一个整体才能表达一个概念。这种和一个概念相联系的双音节结构为汉语基本结构单位构造原则的调整准备好了结构框架，办法就是用实义字代入联绵字中无意义的字音，使之成为交际所需要的一个结构单位。所以，双音字在其产生之初往往带有联绵字的痕迹，会受到双声、叠韵的限制，而后语音的限制逐渐放松，只要意义上有联系，就可以组合起来构成双音字，使汉语在非线性的音义结合的理据性基础上又逐步向线性组合的理据性转移（徐通锵，1997，348—361）。结构原则的变体在语言发展中的这种重要的作用是语言自组织系统的结构原理富有弹性的一种表现，它可以为适应日益增长的交际需要而变动常体、变体在系统中的地位，使之灵活有效。不同的语言在发展中都有这一类灵活变动的调整。英语动词过去时的表现形式是在动词词干的后面加-ed，而take～took之类的现在时和过去时的转换形式则是一种例外。但在古英语中情况正好相反，take～took之类的ablaut（元音变换）是时的变化的主要规则，而加-ed则是次要的例外形式。语言会根据交际的需要而灵活调整各种表达手段在结构中的地位和比重，英语过去时表达形式的演变和汉语联绵字的“2个字·2个音节·1个概念”的结构格式成为基本结构单位向双音化过渡的桥梁，就是这方面的两种重要的例证。

双音字组（辞）是汉语基本结构单位的一种新形式，它的构造原则是什么样的，传统的汉语研究从来没有碰到过这方面的问题。如何分析，人们就教于印欧语的语法理论，因而就仿效动宾结构、主谓结构等格式来分析双音字的构造原则，结果把汉语统一的语言事实弄得支离破碎，人们难以得其要领。此路为什么走不通？主要是汉语结构单位的生成机制与印欧语有别，应该根据自己的特点进行向心、离心的分析，整理出统一的结构规律（徐通锵，1997，362—390）。

四　字的研究和语言理论建设

我们前面从音义关联、语言社团的语音感知方式和感知单位、结构单位的生成机制等方面讨论语言基本结构单位的特点，强调字的结构的特殊性，说明不能用印欧语的语法理论来套汉语的结构，也不能用印欧语的语法单位代替汉语的结构单位来研究汉语。人们可能会就此提出问题：像你这样来研究语言现象的特殊性，那还有没有可能建立人类语言的一般的、普遍适用的理论？回答自然是肯定的，因为在特殊现象的背后隐含有一般的、普遍的特征，只是需要人们去挖掘、去转化，揭示出隐含于特殊现象背后的规律，阐释它的理论价值。这方面最有说服力的一个例证就是汉语音节结构规则所隐含的普遍理论意义。汉语的一个音节可分声、韵、调三部分，我们已讲了一千多年；声调是控制整个音节的一种超音段特征，在我们的语言学著作中也已讲了几十年，但都局限于就汉语论汉语，没有进一步揭示隐含于它背后的普遍理论价值。美国语言学家在这方面比我们强，在汉语音节结构规则中发现了它所具有的普遍理论意义，创立了韵律单位层级说，促成了非线性音系学、生成音系学的发展。据生成音系学的初始人 M. Halle 告知,他们在各种语言的韵律规则的研究中都发现了辅音在音节首和音节尾的功能不同,因而发现汉语音韵学的音节结构层次说原来是一种普遍的结构模式,其惊人的解释力令许多音系学家震惊(王洪君,1994,310)。这一事实的含义是明确的,就是不同语言的语音感知方式、感知单位可以不一样,但相互之间存在着某种转换的机制,例如印欧语的音素多分线性组合的感知方式可以转化和改造为二分的结构模式进行分析;声调和重音虽有原则的区别,但都可以从非线性层级结构的角度来分析它们与音段的结构关联。这种“转化”就是语言理论建设,不然无法在两种不同结构类型的语言之间建立起语言共性的联系桥梁。所以,要赶上国外语言学的理论水平,我们认为主要不是去追赶人家不断翻新的理论形态,用某一种理论或方法来解释汉语,而是要改进我们的思维方法,从特殊语言现象的研究中去挖掘隐含于它背后的规律,认识它的普遍理论价值。

特殊性和普遍性是一对对立统一的范畴,没有特殊性也就谈不上普遍性。语言的研究应该立足于特殊性,设法从个性中探索共性的规律。词是一种特殊的语言现象,是从印欧语的研究中总结出来的,但它隐含有语言基本结构单位的普遍特征,这就是前面谈到过的现成性、离散性和在语言社团中的心理现实性,人们可以以此为基础研究语言线性结构的普遍规律,并为语言非线性结构的研究奠定必要的基础。印欧语研究的成就已为此作了很有说服力的注释。字是汉语的结构单位,具有特殊性,但它同样隐含有语言的共性规律,具有语言基本结构单位的现成性、离散性和心理现实性三大特点。除此之外,我们还可以以此为基础去窥探语言非线性结构的奥秘，具体地说，我们至少可以从中得到三方面的启示：一、语言系统的非线性结构的性质；二、语义在语言系统中的核心地位；三、语义是语句生成的基础。我们如果能在这些方面找出语言的共性结构规律，就能对语言理论建设作出重要的贡献。印欧系语言，由于其语言社团的语音感知方式、感知单位和音义关联点的特殊性，它的基础性的编码机制取约定性或任意性原则，因而它的研究偏重于通过符号的组合来弄清楚语言的线性结构，整理出以“主语—谓语”结构为纲的词法和句法。语言的线性结构是表层的，固守线性结构的原则就很难弄清楚音义关联的原则和语法与语义的关系，迈进语言非线性结构的大门。结构语言学无法解释语言各结构层次之间的关系、转换—生成学派诞生以后理论上的激烈震荡等都与此有密切的关系。印欧语的研究现在已开始探索语言的非线性结构的性质，美国菲尔墨的格语法、雷可夫的生成语义学、切夫的语法理论和英国韩礼德的系统功能语法等都已在这条途径上迈出了重要的一步。但是，印欧语的研究由于线性的语法结构的干扰，至今也还没有找到解决语法与语义的关系的钥匙，难以进窥语言非线性结构的奥秘。语言非线性结构的实质是与理据性相联系的音与义的关系以及以此为基础的语义结构。汉语的字是体现这种结构性质的结构单位，传统的汉语研究也为我们积累了丰富的经验，是研究语言非线性结构的理想的向导。我们前面讨论的是字的特殊性，但始终是围绕着以语义为核心的非线性结构展开的，想从中探索一些带有普遍理论价值的规律；生成的问题涉及到整个语言结构，无法全面展开，只能就本文涉及的范围作一些必要的说明。根据我们的观察，语言的非线性结构的性质、语义核心和语言的生成机制是语言学当前需要攻克的堡垒，研究的重心已明显地向着这些方面倾斜。印欧语研究要解决这些问题的难度比汉语大，因为它需要克服以主谓结构为框架的表层语法规则的干扰。汉语对这些问题的解决有其自己得天独厚的优越条件，因为字的性质已为此奠定了坚实的基础。我们能不能以字的研究为基础总结出有普遍价值的理论，那就得看我们自己的能耐了。

现在有两种思维方法阻碍我们的语言理论研究。一种是就事论事，没有在“论事”的基础上进一步讨论在“事”的背后的规律。前述关于声、韵母的分析就是这方面的一个典型例子。另一种就是所谓“印欧语的眼光”，用印欧语的理论来套汉语的结构，虽然由于语言的普遍特征，也可以在一定范围内解释汉语的现象，但总的说是削足适履，无法有效地解释汉语的一些特殊类型的结构。这两种思维方法是殊途同归，都看不到汉语结构的特殊性和隐蔽于特殊语言现象背后的普遍理论规律。就当前的研究来说，“印欧语的眼光”影响更大，因为人们自觉不自觉地把印欧语的理论看成为我们语言研究的金科玉律，不敢逾越它的雷池。本文就字的特征进行理论探索，目的是想逾越这种雷池，摸索改进语言理论研究的思维方法的途径，从汉语特殊现象的分析中揭示隐含于它背后的规律。

引用书目

布龙菲尔德 1926 《语言科学的一套基本原理》，译文见《语言学资料》1961年第5、6期。

何 丹 1996 《人类文字演变阶段和演变规律新论》，《浙江大学学报》第2

期。
—— 1997 《人类文字第一成熟期述要》,《浙江大学学报》第 2 期。
霍凯特 1961 《语言的各种单位及其关系》,译文见《语言学资料》1964 年第 1 期。
李 荣 1952 《切韵音系》,中国科学院出版。
李瑞华 1996 《英汉语言文化对比研究》,上海外语教育出版社。
李宇明 1997 《汉语语法"本位"论评》,《世界汉语教学》第 1 期。
吕叔湘 1963 《语文常谈》,三联书店 1980 年重印。
帕 默 1971 《语法》,上海译文出版社。
潘文国 1997 《汉英语对比纲要》,北京语言文化大学出版社。
石毓智 1995 《论汉语的大音节结构》,《中国语文》第 3 期。
索绪尔 1916 《普通语言学教程》,商务印书馆,1985。
王洪君 1994 《汉语的特点和语言的普遍性》,《缀玉二集》,北京大学出版社。
王 力 1944 《中国语法理论》,《王力文集》第 1 卷,山东教育出版社,1984。
徐通锵 1991 《语义句法刍议》,《徐通锵自选集》,河南教育出版社,1993。
—— 1994a 《"字"和汉语的句法结构》,《世界汉语教学》第 2 期。
—— 1994b 《"字"和汉语研究的方法论》,《世界汉语教学》第 3 期。
—— 1997 《语言论——语义型语言的结构原理和研究方法》,东北师范大学出版社。
杨树达 1934 《形声字声中有义略证》,《积微居小学金石论丛》,中华书局,1983。
—— 1941 《论小学书流别》,《积微居小学述林》,中国科学院,1954。
赵元任 1940 Distinction within Ancient Chinese,《哈佛燕京学报》(*HJAS*)第 5 卷第 2 期。
—— 1975 《汉语词的概念及其结构和节奏》,《中国现代语言学的开拓和发展——赵元任语言学论文选》,清华大学出版社,1992。
Gleason, H. A. 1961 *An Introduction to Descriptive Linguistics*, New York.

有定性范畴和语言的语法研究*

——语义句法再议

【提要】语法理论建设应以语言的有定性范畴为基础。印欧语的有定性范畴集中表现于谓语动词，一个句子必须有一个定式动词，而主语却可以是无定的。以动词为中心的印欧语的语法理论之所以有生命力，基本的原因就在于它紧紧地抓住了语言的有定性范畴。汉语的有定性范畴不在谓语动词，而在句首的话题或可以调整至句首充当话题的结构成分，突出语义，应该紧紧围绕这种有定性范畴，以"话题—说明"为结构框架，展开汉语语义句法的研究。学习印欧语的语法理论应该学其"神"，即学习它如何围绕有定性范畴的研究提炼、升华出相应的语法理论和方法，而不是套用它的现成的结论。

1991年我们发表了《语义句法刍议》一文，受到了学界的一些鼓励和欢迎（李瑞华，1996，XV，354，449—450）。本文想在此基础上进一步讨论一种语言的语法结构的"纲"；有了"纲"，"目"的分析才能有比较明确的标准。语法结构的"纲"是什么？是有定性范畴。任何语言的语法结构都是以有定性范畴为基础的。

---

* 原载于《语言研究》1997年第1期。

一 印欧系语言的有定性范畴和它的语法研究

"有定"和"无定"这两个概念来自印欧系语言的研究,传统语法常常使用,指称修饰名词的冠词的一种功能,或者说,有定冠词和无定冠词是名词的有定或无定的一种语法标记。随着语言研究的发展,这对概念的使用范围已经扩大,主要用来指称名词的句法语义特征,而且还在"±有定"的基础上进一步提炼出"±有指""±定指""±通指""±实指"等概念,用来解决语法与语义的关系的研究中碰到的一些问题。陈平(1987)根据西方语言理论的发展已开始用这种理论来研究汉语的句法语义特征,撰写了《释汉语中与名词性成分相关的四组概念》一文以及有关的评介。他着眼于"名词性成分的所指对象(referent)同实际语境中存在的事物之间的关系"讨论了"±有指""±定指""±实指""±通指"四组概念,认为"有指是指名词性成分的表现对象是话语中的某个实体",反之即为无指;"只有有指成分才有定指和不定指的区别","只有不定指成分才有实指和虚指的区别",通指是指"整个一类事物","一方面,它并不指称语境中任何以个体出现的人或物,从这个角度看,它与无指成分有相同之处。另一方面,通指成分代表语境中一个确定的类,从这个角度看,它与定指成分有相同之处"。这四组概念都与"±有定性"范畴有关。这是用西方的语法理论来分析汉语语法问题的一次尝试,我们可以从中看到现代语言学在有定性及其相关问题的研究中的一些概况。这种研究颇得吕叔湘的赏识,认为"在介绍西方语言学方面,它能够做到融会贯通。在论述汉语和英语方面，也能够从新的视角出发，使读者有耳目一新的感觉。这都是难能可贵的”（见为陈平的文集《现代语言学研究》写的序言）。

迄今为止，不管是国内，还是国外，有定性及其相关问题的研究都集中于名词。我们先就此提出一点不同的看法，认为一种语言的有定性范畴的确定不能以某一词类为准，而应该根据语法框架中决定语句结构面貌而又必不可少的语义特征，它可能由名词性成分体现，也可能由别的结构成分承担。就印欧系语言的语法结构来说，它的“±有定性”首先决定于谓语动词，名词的“±有定性”充其量也只是一种第二性的现象。人们可能会说，这是胡说八道。但是，只要对语言现象稍加推敲，就不难得出我们的结论。首先，印欧系语言的语法结构，谓语动词的人称、数、时、式、体等范畴必须是确定的，称为定式动词（finite verb）。一个句子必须有一个定式动词，而且也只允许有一个定式动词，如果还有其他动词，那只能是不定式动词（infinitive verb）或动名词之类。定式动词是一个句子的句法结构的核心。现在一般语法书中所说的“有定”和“无定”是英语 definite 和 indefinite 的翻译。这两个词的词根与 finite verb 中的 finite 一致；它们原是由同一词根派生出来的几个词，语义一致，区别只是所指的词类不同：finite 指动词的有定，definite 指名词、冠词的有定。finite 和 infinitive 现在一般翻译成定式和不定式，那是翻译的问题，如果把它们翻译成有定和无定，不会有任何问题。人们可能会说，你在做文字游戏。否！名词和动词词根的这种一致性反映印欧系语言的深层的编码机制。根据梵语的研究，在巴尼尼语法诞生前的一个世纪，即公元前 5 世纪左右，印度曾爆发过一场关于名词和述词的关系的争论。有两派意见：一派是词源学家，认为一切名词都源于述词，即名生于动；另一派是语法学家，认为只有一部分名词生于述词。争论的结果是“名生于动”的词源学家取得了胜利，语法学家也以“名生于述”这一原则进行语法研究。巴尼尼语法就是以 1943 个表示动词意义的词根作为梵语构词的基础，而以三千多条经文说明其变化(金克木，1981，241—242)。梵语是印欧语的一种语言，其中构词法的研究是希腊—罗马传统不曾涉及的一个领域，这种“名生于动”的理论对了解印欧系语言的编码机制有重要的价值。现代英语名词的有定和无定实际上是由动词的有定和无定通过一致关系而派生出来的一种范畴，可以看成为原始印欧语的编码机制遗留下来的一种痕迹，就是说，finite 是根本的、初始的，definite 是派生的，名词、冠词的有定性实际上是在动词有定性的前提下提出来的。印欧系语言的有定性范畴的基础是谓语动词。

其次，以“主语—谓语”为结构框架的语法结构来说，谓语动词的人称、数、时等必须是有定的，没有一个定式动词就无法建立和主语的一致关系，无法生成合乎语法的句子。相反，和定式动词有一致关系的主语虽然在结构形式上也是不可少的，但语义上却可以是无定的，甚至还可以出现没有实际意义的虚位主语，其中最重要的就是 it 和 there(It is hot in here. /There's someone at the door.)。这就是说，语法结构的语义核心是有定性的动词(finite verb)，一个句子可以没有其他的结构成分，即使是主语，在有形态变化的语言中也可以不出现，但是绝不能没有一个在性、数、人称、时、式、体方面有定的动词。形态变化丰富、复杂的拉丁语和俄语就不乏这种只有一个有定性动词的句子。

第三，有定性范畴既然是语法结构的核心，因而它在语法结构中的地位就具有恒定少变的特点。古英语原来是形态变化很丰富的语言，但在往后的发展中形态大量简化，从综合语向分析语的方向演变，但是动词的形态系统变化较少；特别是“时”(tense)的系统，至今还保存着相当复杂的形态变化。为什么？因为动词中隐含着有定性范畴，语言结构不允许它轻易发生变化；如果发生了变化，那语言的结构类型和语法结构的根本原则就会发生重大的改变。这就是说，有定性范畴是一种语言的语法结构格局的基础，非常稳固。

基于这样的认识，我们认为有定性范畴的确定不能局限于名词，而应该着眼于语法结构的基础和核心，可以定义为一种语言的语法结构必不可少的、决定语句结构面貌的语义特征，是连接语法与语义的轴心。印欧语的有定性范畴首先是谓语动词，而后才是其他位置上的名词的有定性问题。一种语言的语法理论应该以它的有定性范畴为基础。印欧系语言的语法理论为什么以谓语动词为中心？为什么具有很强的解释力而成为各国语法学家的仿效目标？原因恐怕就在这里。比较有影响的语法理论，例如生成理论、配价理论、及物性理论、致使性(ergative，现在一般译为“作格”)理论等等都是以有定性的谓语动词为基础建立起来的；即使是着眼于名词的格语法，也得以谓语动词为中心考察名词与它的语义关系。总之，印欧系语言的语法理论，从古至今，不管是这个“派”，还是那个“派”，都以谓语动词为中心，这一点是完全一致的。这就是说，这种语言的语法理论从来没有离开过自己的有定性范畴，因而是一些好的或比较好的语法理论。但是，任何理论都有它自己特定的适用范围和条件，离开这种范围和条件，它就会走向谬误。汉语的语法理论都是外来的(吕叔湘，1986)。我们一直采用印欧系语言的语法理论，特别是英语的语法理论，来研究汉语的语法结构，但是汉语的结构基础不同于印欧语，有定性范畴不是谓语动词，因而印欧语的语法理论超越了它所适用的范围和条件，不适合，或者说，不完全适合汉语的研究。吸收异文化的研究成果，这本来是学术进步的一种表现，应该充分肯定，但现在的弊病是过分注意和强调理论的表层形态，即：人家讲“主语—谓语”的结构和与此相联系的名词、动词、形容词的划分，我们也就照葫芦画瓢，醉心于词类的划分和它们与句子成分的关系的研究；人家以谓语动词为基础建立相应的语法理论，我们也仿效不误，而对印欧语语法理论的立论精神、即它是根据什么材料建立相应理论的来龙去脉却没有予以应有的关注。我们学习印欧语的语法理论，只能学习它的精神，而不能借用相应的概念来剪裁汉语的语言事实。印欧语语法理论的立论精神是什么？根据我们的理解，就是紧紧抓住语言的有定性范畴，并以它为基础，展开相关的研究。我们学习印欧系语言的语法理论，应该抓住这一思路的关键，弄清楚汉语的有定性范畴，并以此为基础去探索汉语语法研究的途径。

二　汉语的有定性范畴和它的“话题—说明”结构

汉语语法的有定性范畴是什么？弄清楚这个问题，也就找到了汉语语法研究的客观基础。

汉语的语法理论虽然都是外来的，但有经验的语言学家在结合汉语运用这些外来理论的时候不可能不涉及到汉语的有定性范畴问题。早在半个多世纪以前，吕叔湘(1942)就在他的《中国文法要略》中专门辟出两章分别讨论“有定”和“无定”的问题，例如“有定”一章讨论了“三身指称”“之、其、彼”“我们和咱们”“的、之”“相、见”“尊称和谦称”“确定指称：特指”“承指”“助指”“指称复数”“指称容状和程度”等问题，“无定”章讨论“与疑问有关的和与数量有关的两类”。这些讨论材料丰富，立论可靠，已经远远超出了当时语言学界对有定、无定的理解，我们今天仍可以从中得到很多启发。

语言研究有所谓“从外到内”和“从内到外”两条路子。所谓“从外到内”就是从表达形式到意义内容，而“从内到外”则正好相反，由意义内容到表达形式。《中国文法要略》的上卷偏重于“从外到内”的描写，而下卷则偏重于“从内到外”的研究。“有定”和“无定”这两章放在下卷的“表达论：范畴”中，是“从内到外”的研究路子的两种样品。这种“从内到外”的研究设想来自法国语言学家勃吕诺（Ferdinand Brunot）。勃吕诺认为，语言和思想互为表里，学习一种语言，应该既能理解，又会表达，一般语法只顾理解的方面，忽略表达，有很大的局限，因此他自己从两方面分析法语的语法。《要略》的“表达论”第一次对汉语语法作了从内到外的描写，实际上等于语法手段的同义辞典，特别符合本族人学习语法的需要。“从内到外”的描写，关键在于语义范畴的确定，例如确定了“有定性”范畴，就可以列举和分析表达有定性范畴的具体办法，从中总结相应的规律。过了四年，吕叔湘（1946，100—107）对这一问题的研究又前进了一步，联系汉语句法结构的特点讨论有定性的问题。针对“榻上坐着一老子”“今儿偏偏来了个刘老老”和“大树大皮裹，小树小皮裹”“这个理我就不明白了”这两类语言现象，指出前一类现象“有几个特点可以注意：1. 里边的动词是很有限制的，不但是必须是无受事的,并且大多数是指示身体的运动或变化的。2.……动词前头大多数有表处所或时间的附加语,极少直接用动词起头的。3.这个施事实体词大多数是无定性的,可以用'有'字把它提到动词前的位置上去,如'榻上坐着一老子'可以改成'榻上有一老子坐着'";这一原理虽有例外,出现了有定性的人或物,但其前面加了个"一""一个","仿佛把这些作无定性的人或物看待似的"。后一类现象的特点是"它的受事词必须是有定的,不是有指示词(写出或隐藏)或领格限定,就是周遍性的。我们遇不着无定性的例子"。这就是说,后置的施事是无定的,而前置的受事则是有定的,"±有定性"是结构成分的语序发生变动的原因。吕叔湘联系这些语言事实讨论汉语语法的结构特点,提出了一些独特的看法,认为汉语的句法分析比印欧语言困难的原因有两个:"一、隐藏和省略的部分太多;二、缺少语形变化的依据"(95);由于此,"我们所能凭藉的只有位置和施受关系这两项,而这两项评准给我们的答案,有时候一致,有时候不一致"(97),因而汉语主宾语的确定"原则上以施事词为主语,以受事词为宾语;但在只有受事词的句子里,要是受事词位置在动词之前,也算是主语"(112)。显然,吕先生在这里偏重于语义标准,"位置"仅仅作为一种参考的标准,认为"国语既没有语形等等的顾虑,又何妨把这个原则充分应用开来;除了极少数例外,每个句子里实体词和动词的施受关系是不难确定的。既把主语限于施事词,没有施事词的句子就算没有主语,不必再有被动句的说法。可是我们必须承认这种分析法的前提:句子不必都有主语。要是觉得这样不合适,也不妨不立'主语'和'宾语'的名目,干脆就称'施事'和'受事'"(114—115)"甘愿冒重复罗嗦的危险,再把这个问题说一遍:分析国语的句子,是不是可以只讲施事受事,不讲主语宾语? ……"(123)。如果顺着这一思路发展,汉语语法的研究可能会早一些走上独立研究的道路。

前面的回顾说明,40年代汉语语法关于"±有定性"及其相关问题的研究已经达到了相当高的水平,但遗憾的是,在50年代的主、宾语问题的讨论中竟然很少有人谈及"±有定性"与汉语句法结构的关系。这只能归因于西方语言理论的深刻影响。当时正是结构语言学的发展的黄金时期,它的研究方法经过赵元任等的介绍对汉语语法研究产生了深刻的影响,不过首先用结构分析法全面研究汉语语法的《现代汉语语法讲话》(丁声树、吕叔湘等)在分析主宾语的时候虽然没有用"有定""无定"这些概念,但这方面的意思还是说得很清楚的。后来的语法研究就不再谈这方面的问题,这只能说明它离开汉语的结构特点越来越远。60年代末,随着结构语言学的衰落,活跃在欧美的华裔语言学家开始重新探索汉语语法结构的有定性问题,其中最重要的就是赵元任(1968,45),明确指出汉语"有一种强烈的趋势,主语所指的事物是有定的,宾语所指的事物是无定的";由于他已声明,汉语的主语和谓语"当作话题和说明来看待,较比合适",因而有定的是话题。经过二十多年的摸索,我们又开始转向有定性范畴的研究。这是一次否定的否定,涉及到汉语语法研究的一次方向性的转折。面对这种转折,国内有影响的语法学家表现出一种"不想接受,但难以拒绝"的无可奈何的心态,其中比较典型的是朱德熙(1982,95—97;1985,37—41)。他一方面认为"进行语法分析,一定要分清结构、语义和表达三个不同的平面",属于表达平面的话题"没有什么实际的意义。因为话题这个概念本身就缺乏明确的定义",另一方面却把话题的有关内容都统统纳入他的主语的概念,认为"从表达上说，说话的人有选择主语的自由”“说话的人选来作主语的是他最感兴趣的话题，谓语则是对于选定了的话题的陈述。通常说主语是话题，就是从表达的角度说的……”这段话实际上是重复赵元任的论述，说的是有定性的话题，连陆俭明(1987，90)也认为这里说的是话题，不是主语。显然，朱德熙关于“主语”的认识已经悄悄地从结构语言学的立场上退却，开始考虑和接受有定性的话题，只是受原有语法理论的束缚，只能在不影响结构语言学的分布原则的前提下后退一步。不管是哪一种现象，都说明汉语的结构特点和它与印欧语语法理论的矛盾已开始迫使研究汉语的学者逐步接触汉语的有定性范畴，要求以此为基础进行相关的研究。

经过几十年断断续续的探索，汉语有定性范畴的研究已经取得了一些成效，其中最重要的共识就是句首的“主语”表有定，“宾语”表无定。前面说过，有定性范畴是调节一种语言的语法结构的“纲”；只有抓住这条“纲”，才能有效地揭示语言的结构特点。一个忠实于研究对象本身的结构特点的语言学家，不管他是不是自觉地意识到有定性范畴在语法结构中的“纲”的地位和作用，总会围绕着有定性范畴展开相关的研究。比方说，在现代汉语的语法研究中，下面的几个问题是研究得比较充分的，即：

1. 有定性的话题处于句首；

2. 受事(包括与事、工具、时间、处所等)主语句特别丰富；

3. 句首的介字可以省略(“对这个问题我有意见～这个问题我有意见”)；

4. 主谓谓语句；

5. 周遍性主语句，特别是其中的重叠表周遍性(“家家都有一本难念的经”)；

6. “把”字句；

7. “被”字句；

8. 存现句(如“台上坐着主席团”)。

孤立地看，这里有8条规则，是汉语语法结构特点的具体表现，无法用印欧语的语法理论来分析。但是这些语法结构规则的特点“特”在什么地方？就是“特”在有定性还是无定性上，是一条有定性规则的不同表现形式，或者说，是有定性范畴的“纲”上的几个“目”。从例1到例7，表面看起来是完全不同的7条规则，但从语义句法的结构规则来说，这里只有一条有定性的语义规则。这就是：有定性的结构成分处于句首话题的位置或可以调整到句首话题的位置，否则就需要有特定的语法标记。现在参照上述规则的顺序顺次加以说明：

1'. 有定性的结构成分处于句首的位置充当话题。这是一条基本的有定性规则，小孩儿学话首先得掌握这条规则，而后才能学会其他相关的规则。我们可以这条规则为参照点进行分析。

2'. 句中如有两个或多个有定性结构成分，那对句法结构的调整和变化就会产生重大的影响："说明"中的有定性结构成分可以移至句首，这就产生诸如“受事主语句”之类的结构；如果不是移至句首，而是移至接近句首话题的位置而强调它是一种被处置的对象，则可用“把”字移位；如果要移动句首的有定性结构成分的位置，改变其话题的身份，那可以用“被”字移位；如于理解无碍，“被”字可省略(如“桌子〔被〕他移动了一下”)。

3'. 这种省略“被”字的结构、句首介字省略的规则和前述因有定性的受事移至句首而形成的所谓“受事主语句”，这都是形成汉语“主谓谓语句”的三种重要的途径和原因。这些原因使句首的位置可以依次出现两个或两个以上的有定性成分，其排列的顺序大体上根据说话人想要突出谈话的主题的程度而定，一般都把想要强调的重点放在前面，形成由远及近、层层套合的所谓“主谓谓语句”。

4’. 周遍性表有定性的结构成分只能置于句首作话题。

所以，从规则1到规则7，这些表面上看起来没有联系的规则实际上只是同一条有定性语义规则的不同变体；抓住了有定性，也就抓住了统率这些规则的“纲”。例8的“主席团”是无定的，因而不能调整至句首的位置，我们把它放在这里是为了便于和前7例的规则进行比较。生活在汉语社团中的人一旦学会了汉语，也就会得心应手地用这种有定性规则来灵活运用相关的表现形式。语法的研究应该找出这种有定性规则的形式特征。吕叔湘(1942)的分析偏重于语汇的指代，而赵元任(1968,47—48)的研究着眼于句首的位置和周遍性等形式；把握住这些形式特征，自然会有助于有定性规则的理解。吕叔湘的《中国文法要略》开创了汉语语法的“从外到内”和“从内到外”的研究路子，这对于理解上述由有定性规则所支配的各种语言现象是很有帮助的，这就是我们可以从有定性规则的“内”来了解“受事主语句”“主谓谓语句”之类的“外”，即使碰到一些例外，也可以从“±有定性”的关系中得到合理的语义解释。语法研究的理论和方法不大好说对与错，但是可以分出好与坏，衡量的标准就是简明和有解释力，凡是能用简明的规则解释尽可能多而广泛的语言现象，它就是一种比较好的理论和方法。和现行的语法理论相比，有定性的语义规则显然比现在流行的语法理论简明而有解释力，可以清楚地揭示出上述不同规则之间的内在联系，对“内”与“外”进行统一的分析。现在的语法理论对上述的规则进行个别的研究也是需要的，问题是没有从“外”进到“内”，抓住统一的结构原则。上述的分析可以从一个侧面说明有定性范畴在语法结构中的核心地位。

前述由有定性统率的几条规则基本上都是环绕着句首话题的位置进行调整的，是已知的信息。句首的位置和已知的信息，这是汉语有定性范畴的两个重要特点。这两个特点给汉语语法结构产生了重大的影响，这主要是：句首的有定性范畴为造句规定了一个主题和表述这个主题的大致途径；主题是有定的、已知的，在语境许可的条件下也可以省略，而用来表述这个主题的结构成分则是无定的，是未知的新信息，需要在表述的过程中将它转化为有定的信息，从而形成一种开放性的句法结构。这种开放性的结构特点决定了汉语适合用“话题—说明”的结构框架来分析，而不适合用“主语—谓语”的结构框架，因为“主语—谓语”的框架决定于非句首的谓语动词的有定性，只适用于由一致关系所维持的封闭性的主谓结构。百年来汉语语法研究的实践也可以为此作出有说服力的注释。例如：什么是汉语的主语、谓语和宾语？名、动、形的词类的划分和它们与句子成分的关系是什么？语法研究中的这些基本问题，虽然历经百年的探索，而且还经过几次周期性的大争论，但至今还众说纷纭，难以解决，究其原因，就是由于现行的语法理论离开了汉语本身的有定性范畴。

三　语块的结构和无定向有定的转化

前面分析了汉语和印欧语这两种不同结构类型的语言的有定性范畴，我们可以从中发现相互间的原则差异。这种差异可以用下表来表示：

	结构类型	结构框架	有定性范畴内容	±有定性范畴序列
印欧语	形态型[①]	主语—谓语	谓语动词	无定—有定
汉　语	语义型	话题—说明	名物性话题	有定—无定

有定性范畴是一种语言的语法结构的核心和基础，是建立语法理论体系的“纲”，汉语有定性的“话题”驾驭和统率无定的“说明”，使之沿着有定性“话题”指明的方向和范围表达语句的信息，造出合乎交际需要的句子。

句子是信息交流的基本单位，有确切的含义，借用语法概念来说，就是它必须是“有定”的，因此句中无定性结构成分所表示的意思都得设法使它向有定的方向转化。不过这里需要说明的是，这是两个不同层次的“有定”：一个是语法结构的有定，另一个是交际内容的有定，为了便于分析，我们这里都采用“有定”的概念。印欧系语言的主语由无定性向有定性的转化比较简单，因为定式动词和它与主语的一致关系已为转化建立了“有定”的封闭性框架，不允许自由变化。印欧系语言的“±有定”“±有指”“±定指”“±实指”“±通指”等的研究为什么集中于名词？原因恐怕就在这里。汉语的情况与此不同，有定性的“话题”只给无定性的“说明”指明一种转化的范围和方向，没有类似印欧语那样的一致关系的制约，因而相互之间的联系很松，形成一种开放性的结构；这种结构“开放”到什么程度才能算一个句子，决定于转化的需要，即只有当无定的说明实现了向有定性的转化，为交际提供了确切的新信息，开放才到了一个“头”。为什么汉语的句子有点类似印欧系语言的语

① 原称“语法型”，不妥，今改。

篇？原因就在这里。这种情况对汉语语义句法的研究提出了一种特殊的要求，这就是需要找出一种既能驾驭上层以“话题—说明”为框架的句子、又能控制下层基本结构单位的一种封闭性结构，并以此为枢纽展开无定和有定的相互转化的研究。我们找到了这种封闭性的结构，这就是字块。汉语语义句法的基本结构单位是：字—辞—块—读(dòu)—句。这里的“辞”不同于现在一般所说的、相当于英语 word 的词，而是指固定性字组，特别是其中的二字组；字块也是一种字组，只不过是一种能把字、辞组织起来以造成开放性句法结构的一种承上启下的枢纽性、封闭性的句法结构单位，是根据交际的需要临时组织起来的，在有定、无定的相互转化中占有重要的地位。

有定、无定的相互转化是语言的性质决定的。语言是现实的编码体系，也是人们认识现实的一种工具。这种工具的性质是：将无穷无尽的现实现象转化为语言的一般性的“码”，而人们在交际的时候则需要把这些一般性的“码”组织起来去表达特殊的、个别的东西，将一般再转化为个别。这种过程可以简化为如下的公式：

个别——一般—个别

从“个别”到“一般”，这是语言的编码，即将现实现象的“个别”转化为语言的“一般”，构成“码”，为交际、为思想的交流准备充足的结构单位。这种转化在语言中的表现就是字和辞。语言社团在实现这种转化的时候，只抓住每类现象的最重要、最本质的特征，以便与其他现象区别开来，因而舍弃了很多一般性的特征，比方说，“外界事物呈现无穷的细节，都可以反映到人的脑子里来，可是语言没法儿丝毫不漏地把它们全部表现出来，不可能不保留一部分，放弃一部分。比如现实世界的苹果有种种大小，种种颜色，种种形状，种种口味，语言里的‘苹果’却只能概括所有苹果的共同属性，放弃各个苹果的特殊属性。概括之中还有概括，‘水果’比‘苹果’更概括，‘食品’比‘水果’更概括，‘东西’比‘食品’更概括。每一种语言都有一些这样高度概括的字眼儿，如‘东西、玩意儿、做、干、搞’等等”（吕叔湘，1963，63）。这些字、辞的意义不管多么抽象、概括，都只是语言中的一个“码”，是“个别”的转化，只有“一般”性的特点。这种从“个别”到“一般”的转化尽管是认识过程的一次质的飞跃，但还没有实现认识的目标；只有实现了公式的后半段，即完成了从“一般”到“个别”的转化，一个完整的认识过程才告一段落。这是一次更高层次的飞跃，在第一次转化中被舍弃的东西都有可能一一拣回来，尽可能完整地认识现实现象的“个别”，这种转化在语言中的表现就是组字造句。字和辞的意义是“一般”的，但一当人们根据交际的需要把它们和其他的字、辞组合成一个更高层次的结构单位的时候，这种“一般”就会向“个别”转化，无定、有定的相互转化就是这种一般、个别的相互转化在语言结构中的一种具体表现。大体的情况是：结构单位的层面越低，它的一般性特点越突出，而结构单位的层面越高，它的“个别”化的倾向就越明显、越具体；句子是最高层次的结构单位，它的语义是最个别化、有定化的。字块是从“一般”向“个别”转化的初级单位，是实现从“一般”向“个别”的转化的一种途径和桥梁，虽然它不一定能实现有定化、个别化的目标，但可以为实现这一目标奠定必要的基础。我们在 1994 年的文章中把句法结构单位分成“字—字组—句”三级，过于粗疏，今予以修正。

“块”这个概念很不理想，由于找不到更合适的概念，我们就先用它来指称句中那些因交际的需要而临时组织起来的、表示某一种意义的字组。陆丙甫(1985)、黄曾阳(1995)都曾用过这个概念,前者用来指句子层次切分中的直接下位块,后者用来指语句生成中的语义块。我们的“块”概念与黄曾阳的“语义块”较比接近,用来分析那种有特定的块标记(如的、了、着、过之类)、能在句中作为一个整体易位、变换的结构单位。在上述句法结构单位的层级体系里,字块既然是一种枢纽性、封闭性的结构单位,我们就不能不对它的结构进行一些必要的讨论。句子的结构框架是“话题—说明”,由于话题和说明之间没有诸如一致关系之类的形式规则的制约,因而相互的联系很松,每一个结构成分都自成一个字块。这就是说,一个句子由两个字块构成;字块的结构大小不等,大的字块中可以套小的字块,比较复杂,而小的字块有可能只有一个字,在句法结构中成为一种特殊的字块。每一个字块都有一个“心”,其他成分依附于这个“心”而运转。我们根据这些依附成分与“心”的语义关系把字块分成“向心”和“离心”两种结构类型。这两个概念原是布龙菲尔德根据分布的标准提出来的,前者指 IC(直接组成成分)结构的分布与其中的一个构成成分相同,后者指结构的分布不同于其中的任何一个结构成分。我们这里借用这两个概念但在内容上进行了语义学的改造,用来分析语义句法的基本结构。我们主张用“向心”和“离心”这两个概念来分析字块的结构,这不是“心血来潮”,标新立异,随便创造两个概念,而是根据汉语这种语义型语言的编码原理总结出来的。它们是汉语语义结构的两条根本原理,不管是单字编码格局时期还是现在的双字字组的结构,始终贯穿着“向心”和“离心”这两条根本的编码原理。在单字编码时期,以“声”为纲的语源性字族的各个字都有共同的意义核心,我们可以称它为向心性字族,传统“因声求义”的训诂、“右文”说等研究的就是这种向心性语义关系的结构；另一种以"形"为纲的字族没有共同的意义核心，相互的语义联系很松散，我们称为离心性字族，《说文》和《说文》系列的字书研究的就是这种离心性语义关系的结构。随着语言的发展，单字编码格局让位于双字字组，但这种编码的原理并没有因此而发生变化，仍旧维系着向心和离心的结构，其表现形式就是现代汉语的两本词典：《倒序现代汉语词典》收集的是字组的向心结构，核心字在后（连用、另用、信用、作用……）；《现代汉语词典》收录的是离心性字组，核心字在前（用场、用度、用法、用品……）。我们现代的语法研究由于受"印欧语的眼光"的束缚，离开了这种有明确形式标准的向心结构和离心结构，而用动宾、动补、联合、主谓、偏正等概念来分析，结果是把汉语统一的语言现象支解成碎片，找不出内在的结构规则。我们这里无法展开这些问题的分析，但"向心"和"离心"是汉语结构的两个核心概念，已经可以从这一简单的思路中看到大致的脉络。我们认为，"向心"和"离心"这两个概念在语义句法的研究中的重要性和价值一点也不亚于索绪尔的组合、聚合在结构语言学中的作用。辞与块都是字组，相互之间并没有一条明确的界线，字块的"向心"和"离心"只是辞（双字组）的结构的延伸，是根据向心和离心的结构原理临时组织起来的结构单位，结构形式与辞一样：向心字块的"心"在后，修饰、限制"心"的结构成分都加在它的前面，而"离心"字块的"心"在前，后加的结构成分体现"心"的语义功能。汉语的结构自古至今始终贯穿着"向心"和"离心"这两种结构原理。这种二分的字块结构原则基本上可以满足汉语语义句法分析有定、无定相互转化的需要，不必再采用现在流行的、但无法有效地解释汉语语言事实的诸如"主谓结构""动宾结构""动补结构""偏正结构"

之类的语法概念。我们现在集中讨论向心性字块和离心性字块与有定、无定的相互转化的关系。

向心性字块与有定、无定的相互转化的关系比较单纯,其特点是尽可能使无定的内容向有定的方向转化。我们不妨先看一个例子:

他 那件 刚买的 还未穿的 新 的确良 短袖 衬衣

这是陆俭明(1990,82)在分析汉语句法成分特有的套叠现象时分析过的一个例子。为什么会产生这种向心性、扩展性的套叠?就是要使"一般"向"个别"转化,"无定"向"有定"转化。"衬衣"的语义是"一般"的,"无定"的,舍弃了诸如质料、颜色、长短、大小之类的特征,只抓住"通常穿在里面的单衣"这样一个功能性的特征,以便与"衬裤"等相区别;它泛指一般的衬衣,没有特定的归属。在"向心"的"向"的位置上每增加一个修饰性成分,它就向个别化、有定化的方向前进一步;从理论上来说,这种结构的向心性、扩展性套叠是无限的,但实际上有一定的限制,这就是个别性和有定性。上例的"衬衣"经过一层层向心性的扩展和套叠,语义上逐步个别化、有定化,到"刚买的""那件""我"那几层的修饰成分,它已经实现了向有定性转化的目标,没有必要再修饰、套叠,不然就显得冗余、芜杂。所以,"向心"性结构和它的扩展性套叠的语义特点就是转化:一般向个别转化、无定向有定转化;有定,可以看成为"向心"性结构的扩展、套叠的"界"。至于在"心"前面的各种向心性结构成分的排列次序,主要决定于它们与"心"的语义关系,总的原则是:属于"心"本身所特有的性状和特征的成分必须靠近"心",而不是"心"所特有的那些语义成分放在性状性成分的前面,有定性成分则是这个"心"所可能具有的"界"。属于同一个语义层次的几个结构成分可以互换位置，例如“新”“的确良”“短袖”三个辞互换位置，句子照样成立而不改变语义，因为它们在这个向心结构中都属于“衬衣”的性状，是“心”所具有的特征，相互处于同一个语义层次。其他依次类推，不一一列举。

向心性结构的扩展和套叠主要涉及单位本身的结构，不管它套叠多少层，它仍旧是一个性质上相同的结构单位，或者说，是一个完整的“块”，因而把它纳入无定有定的相互转化中去理解，不会太困难。但是，离心结构的情况就不同了，添加在后面的成分与“心”往往不属于同一个性质的语义范畴，大体上“心”表行为动作，与时间有关，可带有“了、着、过”之类的时态标记；添加在“心”后的成分大体上表名物，与空间有关；“心”与添加上去的成分可以合起来构成一个块，也可以分开来构成两个相对独立的块。由于这些情况，离心性字块所表达的语义就显得相当复杂，用“动宾结构”之类的概念来分析，结果只能是烦琐而不能穷尽，分类多而相互交叉（赵元任，1968，157—164；李临定，1983），最后只能迫使语言学家另觅新路，开始从有定无定的相互转化中去把握其间的结构脉络。

前面说过，语句所表达的信息都是有定的，因而句中所指无定的单位都需要使其向有定的方向转化，至少需要为转化的实现开辟前进的道路。赵元任（1968，46，157）说，汉语的主语（话题）所指的事物是有定的，宾语所指的事物是无定的。这一看法虽然已被普遍接受，但这种有定、无定给句法结构会带来一些什么影响则还缺乏具体的研究。现已清楚，汉语的“宾语”所指的名物如果是有定的，就可以前移至句首充当“话题”，也可以用“把”字提取、移位。有定性的“宾语”既然会给句法结构的变化带来如此重大的“有定性”影响，那么我们应该由此得到启示，对无定性的“宾语”也需要进行相关的考察,具体分析它如何向有定性的方向转化以及这种转化对汉语句法结构带来的深刻影响。这一点现在已开始引起人们的注意。张伯江、方梅(1996,10—11)认为动宾组合的分类如果着眼于名词性宾语自身的功能属性,那就可以分为有定宾语、无定宾语、无指宾语等。有定宾语在句法结构上有较强的承前性("我看到门卫穿着拖鞋从家门内出来,急忙叫住他"),无指宾语往往只是一种说明("我是售票员""她唱女中音"之类),而无定宾语的句子则"有很强的启后性,很少有承前性,一般来讲这样的句子后面总是随有后续小句的,不大可能光秃秃的作结。例如:我先进去的那间摆着一张大床,摞着几只樟木箱,床头还有一幅梳着50年代发式的年轻男女的合影,显然这是男女主人的卧室。"为什么"不大可能光秃秃的作结"?就是无定性的"宾语"还没有完成向有定性的转化,"一般"还没有转化为"个别"。汉语的句子为什么会有那么多的读(dòu)读(dòu)相连的流水式复合句?为什么不易弄清楚句子的界限?句法结构为什么呈开放性的特点?"宾语"的无定性是其中的一个重要原因,因为需要有相应的后续句才能使它从无定转化为有定,使句子能表达有定而确切的有定性信息。

向心性字块和离心性字块是汉语字块的两种基本结构,构造的方式虽然简单,但应用的时候由于结构中的成分可以你"套"我、我"套"你,因而灵活多变,可以根据交际的需要组成层层套合的字块,在结构中充当话题或说明。一般说来,汉语的话题是有定的,信息上是已知的,在结构上一般表现为向心性字块,因而比较简单,而说明部分需要表达的是新信息,其结构的简单或复杂完全决定于无定转化为有定的需要。我们抓住有定性范畴,或许可以简化语法结构的分析。比方说,"价"的问题是现代汉语语法研究的一个热点，从朱德熙（1978）在《“的”字结构和判断句》中提出单向动词、双向动词、三向动词和三向、四向……动词性结构以来就一直是人们研究语法的一个重点。但“价”是一种以有定性动词为基础的语法理论，适合于只有一个定式动词的主谓结构的分析，而汉语的语法结构是开放的，一个句子可以只有一个动词，但也可以有两个或三个、四个动词，以哪一个动词为准来确定“向”或“价”？形式上没有任何根据。这可能也是朱德熙提出三向、四向……动词性结构（如“我陪他上医院去看望病人”的“陪—上—去—看望”是一个四向的动词性结构）的原因。“动词性结构”与“价”无关，说明“价”的理论最多只能适用于只有一个动字的简单句，适用的范围极其有限。其次，“价”本来是一种有关动词的理论，现在人们发现，汉语的名词和形容词也有配价的要求（袁毓林，1992；谭景春，1992）。我们从这里可以看出，来自印欧语的语法理论并不完全适合于汉语的研究；如果为了迁就这种理论而对一些简单的现象进行复杂的解释，那就更没有必要。汉语名词有配价的要求，这是袁毓林的重要发现。他认为，“这件事老张有意见”中的“有”是二价动词，带了“老张”和“意见”两个配项；剩下的“这件事”不是“有”的配项，而是名词“意见”的配项；再进一步考察，“老张”同时又是“意见”的配项，“从语义上看，‘意见一般是某人针对某人或某事物的，他关涉到两个个体，由此可见“意见”要求两个配项，是个二价名词’”。但是，袁毓林在这里碰到了一个难题：“价”原来是以“主—谓”结构为框架的动词的结构特点，现在用来考察名词的结构，该如何分析？在这一点上，袁毓林似乎没有摆脱西方语言理论的束缚，采用降级述谓结构来刻画二价名词的语义特点，认为“降级述谓结构（某人　对　某事）相当于一个语义特征，用以表示二价名词'意见'的配价要求",例如"老张对这件事的意见"中,"老张"和"这件事"分别是"意见"的降级主语和降级宾语。说"意见"类的结构单位有配价的要求,这是袁毓林的创造性发现,而把它纳入述谓结构中去分析似乎舍简就繁,没有抓住问题的关键。在我们看来,"意见"类单位的配价要求与降级述谓结构无关,而是无定向有定的转化的一种要求。前面说过,"说明"中的名物往往是无定的,而这种无定性范畴在交际中需要向有定性转化;"意见"类单位所以有配价的要求,就是需要实现从无定向有定的转化。我们不妨仍用袁毓林自己的例子来分析:

A	B
1. 这件事老张有意见	1'. ? 老张有意见
2. 这种事我不发生兴趣	2'. ? 我不发生兴趣
3. 他对刘刚一直没有好感	3'. ? 他一直没有好感
4. 厂长对这起事故负有责任	4'. ? 厂长负有责任

袁毓林认为B组例子的语义不完整,因而都打了一个问号。为什么"不完整"? 因为处于说明中的"意见""兴趣""好感""责任"都是无定的,都需要有后续小句(读)的补充,以实现向有定的转化。A组的例子语义为什么是完整的? 就是由于有"这件事"等对"意见"类单位进行了有定性的补充。所以,无定是"意见"类单位有配价要求的根本原因;同样是"意见"类的单位,如处于句首而获得了有定性的语义特征,他就失去了配价的要求。请比较:

5. 意见很深刻
6. 兴趣不大
7. 责任重大

"好感"似乎不大能处于句首的位置。上述例子在口语中是常见的,我们不能说它们的语义不完整。无定向有定的转化是"意见"

类单位产生配价要求的语义基础,不必求助于“降级述谓结构”。我们这里举这一些例子,主要是想说明,汉语的语法研究应该立足于汉语的有定性范畴的基础上,就汉语论汉语,不必迁就印欧系语言的语法理论。

四　有定性范畴和语法研究的“纲”

有定性范畴是一种语言语法结构的“纲”,抓住这种“纲”就能在语法研究中收到以简驭繁的效果。我们前面只分析到“块”,还没有涉及“块”以上的结构单位。有定性范畴能不能驾驭块以上的结构单位?回答也是肯定的。大于块的结构单位是读(dòu)和句。对它们的研究最重要的是基本句式的确定,因为一种语言的语法结构的基本面貌、语序构成的原则、语义特征和句法结构的关系等等都与基本句式有密切的关系。那么,一种语言的基本句式是由什么因素决定的?毫无疑问,就是该语言的有定性范畴。不同语言的不同的有定性范畴必然导致基本句式的差异。

印欧系语言的两种基本句式是主动和被动。传统语法非常强调主动句和被动句的结构以及它们之间的相互转换关系。乔姆斯基出版于1957年的《句法结构》基本上也是以主、被动句的转换为基础研究它的转换—生成语法的。这种主动和被动是以动词的形态变化为基础而形成的语法范畴,俗称“态”或“语态”(voice),即一般语法书上所说的主动态和被动态。希腊语有主动、被动和中动三种态。英语的形态变化已经衰退,被动态的表现形式已变为由“系词be+动词的过去分词”表示。俄语的形态变化很丰富,动词的形态变化至今仍保留着主、被动的成系统的对立。所以,态是

"动词的一种形式或某种句法结构,它表示动词的主语和宾语之间的某些关系"(哈特曼等,1973,380)。这就是说,有定性动词的主、被动的形态变化决定了主语的语义功能,并且为主、宾语的相互转换提供了特定的形式依据,使主动句和被动句成为印欧系语言的两种基本句式。汉语没有形态变化,有定性范畴是句首的话题,而不在动字上,因而不可能形成印欧语那样相互有转换关系的主、被动句的对立。

汉语的基本句式是什么?是自动和使动,是由句首的有定性话题和跟在它后面的说明的语义关系决定的。大体情况是:如果话题的语义特征能对说明产生作用和影响的构成自动句,如果话题因受某种力量的作用而进入某一种特定的状态,从而成为说明的一种陈述对象(如"张小明病了"之类),那就构成使动句。自动句大体上都是施事动态句,使动句的情况比较复杂,前面谈到过的"把"字句、"被"字句都与使动有不同程度的联系,因为"使动"者,是"使"有定性的结构成分"动"起来之因由也。如和印欧系语言的基本句式进行比较,情况大体是:自动句相当于主动句;使动句,印欧系语言的基本句式中没有这种类型,或许称为 causative(使动)的句子可以和它相比拟。"使动"中尽管可以包含一些被动的因素,但和印欧系语言的"被动"是两个完全不同的概念。"自动—使动"是汉语的两种基本句式,而印欧语的基本句式是"主动—被动";前者的观察视角是句首位置的有定性话题,而后者的观察视角则是有定性的谓语动词。使动句是汉语的一种重要句式,它以及它与自动句的相互组配和套合可以构成汉语的很多特殊的句式,一般所说的连动式和兼语式就是这方面的一些具体表现形式。本文无法就这些问题展开全面的讨论,但可以列举一个统计数,以见一斑。根据吴竞存、梁伯枢(1992,238)的研究,《红楼梦》前八十回有3000来条递系结构,其中使动句有2000来条,占三分之二。这种比例数不是偶然的,是"自动—使动"体系中的使动式的转化,这里最"值得研究和注意的是那些在句中表使动的动词。这些动词只有少数几个纯粹表使动义(使、叫、让、要、令),多数都还另有各自的词汇意义。但这有两种情况:一种是词汇意义外本身带有使动义,如派、求、劝、托、逼、准许、催、号召、发动、打发、分付、组织、动员、怂恿、允许、阻止、命令,等等;一种是词汇意义外,本身不带有使动义,只是进入'V_1NV_2'后,句式赋予它使动义"。这一发现很有价值,可以清楚地说明使动用法与特定句式之间的依存关系。使动式不仅是汉语的一种重要句式,而且也是汉藏系语言的一种重要句式,学者们已经多次讨论过这方面的问题。马学良等(1991,165)根据动字和主、宾双方的语义关系分出使动动词和非使动动词两类;戴庆厦(1990,337—338)讲得更具体,认为"使动范畴是动词中的自动和使动两个对立的语法意义的概括。自动,就是动词的动作行为是由主动者发出的,不是由外力使其发生的;使动就是动词的动作行为不是主动者发出的,而是由外力引起的"。这是汉藏系语言的特点,前面谈到过的印欧系语言的配价理论等都无法分析这种使动式的结构。这方面的问题涉及面太广,需要另文讨论,我们这里只能说明一种语言的基本句式与其有定性范畴的联系。

前面的讨论说明,一种语言的语法既复杂又简单,复杂的是现象,而简单的是其中隐含有一条能驾驭它的简单线索,找出这种简单的线索是语言理论研究的重要任务。汉语的语法研究,由于"所有理论都是外来的"(吕叔湘,1986),不是根据汉语自身的深入研究总结出来的，因而现在流行的以“主语—谓语”结构和与此相联系的名词、动词、形容词的划分为标志的语法理论难以有效地解释汉语的结构，因为它不是驾驭汉语语法结构的那种简单线索。实践的经验和教训迫使我们从语义中去寻找出路，发现有定性范畴是驾驭一种语言语法结构的核心，抓住了这种语义范畴，也就抓住了研究语法结构的一条简单而有效的线索。我们基于这种认识，对印欧语和汉语的有定性范畴以及它们之间的原则差异进行了一些具体的讨论，提出以有定性范畴为纲分析汉语的语法结构、并建立相应的语法理论的粗浅设想。这是语法研究的一条新的思路，现在还很粗疏，如果能够成立或基本上能够成立，那么就需要在研究实践中进行修正、补充和完善，并且对目前流行的语法概念和理论体系进行必要的改造；而且研究的重点也需要从语法结构转向语义结构，讨论“±有定”“±离散”“±定量”“±肯定”“±有生”……这些语义范畴和语义句法结构的关系。我们认为，汉语的语义句法如能紧紧地抓住它的有定性范畴，以字为本位，以字块为枢纽考察“话题—说明”框架中有定无定的相互转化，或许可以为汉语语法的研究找到一条比较简明而有实效的途径；带“了、着、过”之类时态标记的结构单位也应该把它们放到这种转化中去分析才能把握它们的实质。不过这有待于来日的研究。

引用书目

陈　平　1987　《释汉语中与名词性成分相关的四组概念》，《现代语言学研究》，重庆出版社，1991。

戴庆厦　1990　《载瓦语使动范畴的形态变化》，《藏缅语族语言研究》，云南民族出版社。
哈特曼等 1973 《语言学词典》,上海辞书出版社,1981。
黄曾阳 1995 据他在香山举行的计算机语言处理的科学讨论会上的发言和北大中文系的讲演。
金克木 1981 《梵语语法〈波你尼经〉概述》,《语言学论丛》第7辑,商务印书馆。
李临定 1983 《宾语使用情况考察》,《李临定自选集》,河南教育出版社,1994。
李瑞华 1996 《英汉语言文化对比研究》,上海外语教育出版社。
陆丙甫 1985 《流程切分和板块组合》,《语文研究》第1期。
陆俭明 1987 《周遍性主语句及其他》,《陆俭明自选集》,河南教育出版社,1993。
—— 1990 《汉语句法成分特有的套叠现象》,同上。
吕叔湘 1942 《中国文法要略》,商务印书馆,1982。
—— 1946 《从主语宾语的分别谈国语句子的分析》,《汉语语法论文集》,科学出版社,1955。
—— 1963 《语文常谈》,三联书店1980年重印。
—— 1986 为龚千炎《中国语法学史稿》(语文出版社,1987)写的序言。
马学良等 1991 《汉藏语概论》,北京大学出版社。
谭景春 1992 《双向和多指形容词及相关的句法关系》,《中国语文》第2期。
吴竞存、梁伯枢 1992 《现代汉语句法结构与分析》,语文出版社。
徐通锵 1991 《语义句法刍议》,《徐通锵自选集》,河南教育出版社,1993。
—— 1994 《"字"和汉语的句法结构》,《世界汉语教学》第2期。
袁毓林 1992 《现代汉语名词的配价研究》,《中国社会科学》第3期。
张伯江、方 梅 1996 《汉语功能语法研究》,江西教育出版社。
赵元任 1968 《汉语口语语法》,商务印书馆,1979。
朱德熙 1978 《"的"字结构和判断句》,《现代汉语语法研究》,商务印书馆,1980。
—— 1982 《语法讲义》,商务印书馆。
—— 1985 《语法答问》,同上。

自动和使动*

——汉语语义句法的两种基本句式和它们的历史演变

【提要】自动和使动是汉语语义句法的两种基本句式。用它们来解释现代汉语的语法结构虽有困难,但可以从语法结构的历史演变中得到合理的解释。现在公认为汉语语法特点的如"动补式""连动式""兼语式""受事主语句"等等大体上都是古汉语使动式的历史演变。结构单位的双音节化和语序的时间顺序原则与这种历史演变有密切的关系。自动和使动是把握现代汉语语法结构规则的一条主要而简单的线索。

我们根据一种语言的有定性范畴的特点,认为汉语语义句法的基本句式是自动和使动(徐通锵,1997)。但是,如果要用这两种句式来直接解释现代汉语的句法结构,那是有困难的,为什么?因为语言的结构发生了变化,不通过历史的分析就无法弄清楚现代的语法结构规则和这两种基本句式之间的内在联系。本文的重点不是挖掘新的语言事实,而是根据现有的研究成果揭示各重要语法规则之间的内在联系,找出一条理解复杂语法现象的简单线索,

---

* 原载于《世界汉语教学》1998年第1期。

对补充式、连谓式、受事主语句之类被公认为汉语语法结构特点的成因作出理论的解释。

一　现代汉语句法结构的两种格局

现代汉语的语法理论和分析方法基本上来自西方。吕叔湘(1986a)曾根据《马氏文通》以来的汉语语法研究的经验进行过这方面的总结,认为:“过去,中国没有系统的语法论著,也就没有系统的语法理论,所有理论都是外来的。外国的理论在那儿翻新,咱们也就跟着转。这不是坏事,问题是不论什么理论都得结合汉语的实际,可是‘结合’二字谈何容易,机械地搬用乃至削足适履的事情不是没有发生过。”这里的“‘结合’二字谈何容易”八个字,字字千钧,值得仔细琢磨。我想,“结合”中最根本、最困难的问题可能是“结合”基点的选择,即我们应该站在什么样的立脚点上去实现和西方语言理论的结合。自《马氏文通》以来的汉语语法研究基本上是用印欧语的语法理论来分析汉语,总结出一套语法规律,并且把那些不同于印欧语的结构名之为动补式、连动式、兼语式、受事主语句、主谓谓语句,等等,认为这些都是汉语语法结构的特点。这些规律基本上是在现在称之为及物性理论(Hopper & Thompson,1980)的基础上总结出来的,就是说,它的基点不是汉语,因而不完全适合汉语语法结构的分析,有很多现象还难以解释,而且这些称之为“特点”的规律相互之间有没有什么内在的联系,人们也说不清楚。近几十年来,西方语言学家根据某些印第安语的研究提出一种颇有影响的 ergative(作格,唯被动格)理论,并被用于印欧语及其他语言的研究。国外的一些汉学家,特别是那些华裔汉学家，想用这种理论来分析汉语，认为印欧语是一种及物性语言，而汉语是一种作格(ergative)语言，开始了一种新的“外国的理论在那儿翻新，咱们也就跟着转”的研究途径。

作格的最大特点是不及物句的主语和及物句的宾语有相同的格位变化(详细情况可参看 Lyons，1977，341—343)，和及物性语言的形态变化有原则的区别。及物性和作格(或唯被动性)是两种不同的语法结构格局，即使如此，西方的一些语言学家也乐于用作格去分析如英语 John moved the stone 和 The stone moved 这两种句式之间的关系，进行作格结构的研究(Lyons，1977，350—371；Halliday，1985，144—154)。及物性和作格，如果以典型的单句结构“名物$_1$—过程—名物$_2$”和“名物$_2$—过程”(John moved the stone 和 The stone moved)的语义结构为参照点，那么“名物$_2$”在及物性结构格局中是受事，在宾语位置上取宾格形式，在主语位置上取主格形式，而在作格的结构格局中名物$_2$在语义上虽为受事，但不管处于主语或宾语的哪一个位置，其结构形式一样，是句法结构中的一个不可缺少的中介。这一事实说明，“主语”这一概念用于及物句时部分地取决于希腊语、拉丁语等印欧系语言的语法结构，其中包含两个条件：第一，及物句的施事名词与不及物句的主语有相同的格位曲折；第二，动词的数、人称等决定于不及物句的主语名词和及物句的施事名词，英语如用代词去分析，这两个条件都很清楚(Lyons，1977，342)。我们这里强调这一点，是想再一次说明“主语”是诞生于印欧语基础上的一种语法理论，不一定适合于其他语言的分析，我们完全没有必要把它看成为一种“放之四海而皆准”的普遍真理，因而汉语的语法研究也没有必要受“主语—谓语”框架的束缚(徐通锵，1991)。

汉语中类似英语 The stone moved 这样的句子特别丰富，一般称为受事主语句。可能是由于这种原因，有些研究汉语的学者认为汉语是一种作格语言。吕叔湘(1987)曾以“胜”“败”两字为例讨论过这两种结构格局。1987 年，中韩女篮进行比赛，结果是中国女篮以大比分取得了胜利。《光明日报》和《北京日报》在报道这同一事件时使用了不同的标题，前者是“中国女篮大败南朝鲜队”，而后者是“中国女篮大胜南朝鲜队”，反义字“胜”“败”在这里竟然使这两个句子具有相同的意义。吕先生据此讨论了汉语的两种句法结构格局：

第一格局			第二格局		
X——动词——Y			X——动词——Y		
X——动词			Y——动词		
中国队	胜	南朝鲜队	中国队	败	南朝鲜队
中国队	胜		南朝鲜队	败	

这第二格局就是一般所说的作格结构。吕叔湘针对“汉语是一种作格语言”这一论断时说：“我不知道这个说法的根据是什么，是不是跟前面所说的动词第二格局有关。”吕先生在分析了有关的语言现象之后进一步得出结论：“很重要的一点区别作格语言和受格语言(相当于我们所说的作格和及物性)必须有形态或类似形态的手段做依据。汉语没有这种形态手段，要说它是这种类型或那种类型的语言都只能是一种比况的说法。如果汉语的动词全都只能，或者大多数只能进入前面提出来的第二格局，不能进入第一格局，那么说它是作格语言还有点理由。可是事实上汉语的及物动词绝大多数都能进入第一格局的二成分句，而进入第二格局的二成分句却很受限制。这就很难把汉语推向作格语言一边了。”看来“依葫芦画瓢”地套用作格理论来分析汉语的结构，是很难取得预期的

结果的。吕叔湘以"胜""败"两字为例而进行的分析,一方面否定了"汉语是作格语言"的结论,但另一方面也肯定了汉语语法有两种不同结构格局的存在。这一点非常重要,因为它涉及到汉语语义句法的基本句式的构造。

把 ergative 翻译为作格或唯被动格,似乎都不是很确切,而且人们也不容易理解。仔细推敲作格的意思,似与我们传统所说的"使动"并没有什么原则的差异,只是观察的角度有别。ergative (作格、唯被动格)着眼于形式,强调不及物句的主语与及物句的宾语同形式;"使动"着眼于语义,强调某种力量使名物$_2$发生变化。汉语没有形态变化,谈不上什么作格还是受格。从语义上说,使动是汉语语义句法的一种重要句式,它和自动句的语义差异主要是:自动句对受事产生影响的力量是"明"的,处于动字前的位置,如"中国队大败南朝鲜队"的"中国队",John moved the stone 的 John;使动句的力量是"暗"的,句中没有出现相关的结构成分,如"南朝鲜队(大)败了",不是南朝鲜队自己愿意"败",而是有一种力量使它"败",只是这种力量没有"明"的说出来,在这种情况下,有定性的受事移至句首,形成所谓受事主语句。那么,是不是可以说:把汉语说成是作格(ergative)语言,那是表述有误,如改成"汉语是一种使动性结构的语言",就较为确切。否!使动只是汉语中和"自动"相对的一种句式,不能片面地强调为一种占支配地位的结构格式。吕先生说它是汉语语法的一种结构格局,完全正确,我们与吕先生不同的地方只在于强调使动是与"自动"相对的一种基本结构格局,或者说,是汉语的一种基本句式,虽然在现代汉语中它的使用范围很狭窄,但有很多语法规则在历史上却是从这种使动结构中脱胎出来的,因而可以用来解释一系列汉语语法结构的特点。

二 使动式的变异和“动补”式的发展

一种语言的基本句式决定于它的有定性范畴。印欧语的有定性范畴是谓语动词,因而它的基本句式是主动和被动;汉语的有定性范畴是句首位置的话题,它与行为动作的语义关系决定了汉语的基本句式是“自动—使动”。自动相当于印欧语的主动,其主要的语义特点是:句首的话题必须是有生性的名物或相当于有生性名物的辞语,充当施事,对行为动作能发生一种支配的力量;话题与说明之间可以嵌入“能、会、应该……”之类的一般称之为“助动词”的辞语,虽然在肯定句中它们可以不出现,但在否定句中必须有“不能、不会、不应该……”之类的成分。自动虽然相当于主动,但由于主动是和被动相对立的结构,因而我们不用“主动”这个概念,而用“自动”。“自动—使动”和“主动—被动”是两种不同类型的结构,难以进行简单的类比。自动和使动在结构上可以同型,例如前引的“中国女篮大胜南朝鲜队”和“中国女篮大败南朝鲜队”的语义等价,结构形式一样,主动和被动不可能有这种同型的结构。“使动”中尽管可以包含一些被动的因素,但比重不大,和“被动”是两个完全不同的概念。主动和被动,相互之间可以进行自由的转换,像传统语法就非常强调主动句和被动句的相互转换关系。乔姆斯基出版于 1957 年的《句法结构》基本上也是以主、被动句的转换为基础研究它的转换—生成语法。汉语的所谓被动句在句法中没有像印欧语被动句那样的地位,“被”(包括“给、叫、让”等)基本上只是一种使有定性的施事后置的语法形式,和相应的自动句的转换很不自由。以往以及物性为基础的语法理论为什么不大适合汉语语法的研究，其中的一个重要原因就是汉语的基本句式不同于印欧语。“自动—使动”是以汉语的研究为基础实现和西方语法理论的“结合”的最合适的基点。

“自动”是汉语的一种基本句式，人们容易接受，而且现在的研究也已取得一些重要的进展，其中最有影响的一篇论文就是马庆株 1989 年发表于《中国语言学报》上的《自主动词和非自主动词》；说“使动”也是汉语的一种基本句式，人们恐怕难以理解，因为它很难直接用来解释现代汉语的语法结构。从表层的语法结构来看，情况确实是那样，但从深层的结构来看，我们就不难发现它们之间的内在联系。这就需要涉及“自动—使动”的基本结构格局和它们的历史演变。我们在研究音系的结构时曾经说过：语音很容易发生变化，但语音系统的结构格局很稳固，制约着语音变异的方向和目标，使语音的演变很难超越结构格局所许可的范围。这就是说，语音现象的易变性和音系结构格局的稳固性是自发地驾驭音系演变的杠杆，任何变化都是围绕着这一杠杆而运转的，因而今与古的语音结构虽然可以有很大的差异，但音变机理不会有大的区别，我们完全可以用现实的音变机理去解释历史上已经完成的音变规律。我们曾用这一原则对汉语声母系统的演变和韵尾的阴阳对转进行过一些探索，并作出了一种新的、可以验证的解释（徐通锵，1990，1994，1996）。这是语言史研究中的一条重要而有效的原则，同样适用于语法的研究，即语法演变也无法摆脱语法现象的易变性和语法结构格局稳固性这一矛盾运动的杠杆的控制。我们可以在现实的语法结构和“自动—使动”的基本结构格局之间找出它们内在的联系。

“使动”和“自动”在现代汉语中已经失去了系统性对立的痕迹，但在古代汉语的一些表动作的字还明显地存在着自动和使动的系统对立。王力(1965,442)曾对此进行过深入的研究，认为：“在古代汉语构词法上有一种特殊现象，就是自动词和使动词的配对。这种现象在现代汉语里也还存在着，不过有些词的古义已经死去或仅仅残存在合成词里，自动词和使动词的关系就不如古代汉语那么明显了。”吕叔湘(1987,2)在谈到这一点的时候也指出：“不及物动词和形容词的使动用法是古汉语里常用的用法手段。现代汉语里，动词的使动用法已经不能广泛应用了，形容词的使动用法如‘端正态度、严格纪律’等等，是最近三四十年里才出现的。”语言现象虽然发生了重大的变化，但它的结构原理不会轻易变动，人们一定可以在已经发生了变化的语言现象中找到它的变异形式。一向被中外语言学家看成为汉语语法结构特点之一的动补式就是这种使动式的演化。其实，王力早在20世纪40年代的《中国语法理论》中就已涉及到这个问题，称之为使成式，后来在《汉语语法史》中又进一步对此作了明确的论述，认为“由使动用法发展为使成式，是汉语语法的一大进步。因为使动用法只能表示使某物得到某种结果，而不能表示用哪一种行为以达到这一结果”(王力，1986,367)。可能是结构语言学方法论的影响，在语言的共时分析中不管历时的因素，因而人们只根据共时的特点来分析这种结构，类比动宾式的名称而称它为动补式，并对“补”进行结果、程度、趋向等等的分类。脱离历史眼光的共时分析不容易抓住结构的特点，这种分类的方法就“补”析“补”，离开句法结构成分之间的语义关系的分析，很难说清楚“补”的是什么。最近，吕叔湘(1986b,5—9)独辟蹊径，把补语和主、谓、宾的语法关系、和施、受事的语义关系等一起结合起来去考察补语的语义和语法功能，提出了一条独特的研究思路。比方说，“句子的语义关系是：动作发自主语，及于宾语，结果表现为补语，宾语和补语构成一个表述，也不妨说是有一种主谓关系。例如：小刘爬上车身，拉紧帆布篷，拴牢绳子。”这里的宾、补的关系是：帆布篷紧，绳子牢，在语法上是一种主谓关系。吕叔湘的分析很细致，除“把”“被”字句外，一共分出八种类型，并图解示意。上引的例子是其中的一种类型，我们可以从中看到补语和句中其他结构成分的语义关系的大致状况。这一研究使述补结构的研究水平向前迈进了一大步，摆脱了人们难以得其要领的、单纯考察“补”与“动”的关系的静态描写。北大的《现代汉语》(1993)说补语有些“是直接说明充当述语的动词的”“有的是说明述语动词的施事的”“有的是说明述语动词的受事的”，显然是受到吕叔湘的研究的影响。这些研究虽然比以往有进展，但我们仍旧感到不足，因为还没有清理出一种驾驭“动补结构”的简单线索；找不到这种线索，说明我们还没有很好地弄清楚“补语”的性质和功能。那么，驾驭“动$_1$＋动$_2$＋名$_2$”(动$_2$也包括一般所说的形容词)的“动补结构”的线索是什么？就是古汉语的“自动—使动”的结构，主要是看“动$_2$”的语义指向：指向受事，“动$_1$＋动$_2$＋名$_2$”就是一种使动结构的变异；指向施事，继续保持自动结构的格局，所谓“动补结构”就是这两种句式的遗留和变异。循着这种思路，或许可以比较容易地把握住所谓“动补”结构或“述补”结构的基本脉络。

先讨论“动$_2$”的语义指向受事的结构。这种结构的意义可以概括为：“名$_1$用动$_1$使名$_2$发生动$_2$的变化”。吕叔湘所举的八类述补结构，前三类显然属于这种使动结构的类型。由于我们的研究重点不是补充新的语言事实，而是对现行的事实作出理论的解释，因而下面的用例都选自吕的文章。每类各选一个例子，分成A、B两组，其中A组为现在一般所说的动补式，B组根据我们的假设还原为使动式的语义结构：

A	B
1. ……拉紧帆布篷，拴牢绳子	“拉”使“帆布篷紧”，“拴”使“绳子牢”
2. (你)说破了嘴唇皮(也不中用)	“说”使“嘴唇皮破”
3. (你真是吃浆糊)吃迷了心	“吃”使“心迷”

“使名$_2$发生动$_2$的变化”是这三类例子的共同特点。意义的核心在“动$_2$”，“动$_1$”实际上只表示“动$_2$”的一种原因、方式之类的意义。如例1是因“拉”而“紧”，因“拴”而“牢”。这种结构有两个重要的特点。第一，句中既要出现名$_1$和名$_2$，又要出现动$_1$和动$_2$；动$_1$的语义指向名$_1$的施事，动$_2$的语义指向受事的名$_2$。如例2的动$_1$“说”指向名$_1$“你”，而动$_2$“破”指向名$_2$“嘴唇皮”，它们相互间具有吕叔湘所说的特定语义关系。至于“说”和“破”，它们之间并没有什么特殊的语义关系，现在人们把它看成为“结果补语”，实际上是印欧语“词”的概念模糊或掩盖了句中结构成分之间的实质性的语义关系。第二，名$_1$可以省略，而名$_2$如具有有定性的语义特点，它就可以移至句首充当话题。这样，句中就会只出现一个“名”。例如上述的三个例子就可以改说成：

1'. 帆布篷拉紧了，绳子拴牢了。

2'. 嘴唇皮说破了。

3'. 心吃迷了。

受事的位置变了，但使动的语义没有变，因“帆布篷”不“拉”是不会“紧”的。根据这一特点，吕叔湘所说的第7种类型，即：“这个字写错了。”也属于这种使动式的类型，因为“这个字”是动字“写”的受事，“错”的语义指向这个受事，而且它可以移位至“动$_1$＋动$_2$”的“写错”之后而不改变语义。现在所说的所谓“受事主语句”实际上是使动式的一种历史变异。

这种使动性的结构性质弄清楚了，剩下的几种类型也就不难解释了，因为这些例子的“动$_2$”的语义都指向施事，因而它没有使动的性质，而是和使动式相对立的自动式的变异和遗留。我们先从4、5、6、8四种类型中各引一例，然后再考察它们的语义特点：

4. 别理他，他是喝醉了酒发酒疯。

5. ……咱们吃老了，儿子吃大了，还有了孙子。

6. 地已经下饱和了，雨不再渗进去。

8. 这种酒喝不醉的。

这里，“动$_2$”的语义都是指向施事性的“名$_1$”的：4的“醉”指向“他”，是“他”醉了，而不是“酒”醉了；5的“老”指向“咱们”，“大”指向“儿子”，是“咱们老了，儿子大了”，而不是“吃”的“老了，大了”，把“吃老”“吃大”等看成为“动补结构”，这种实质性的语义关系就看不出来了。6、8的情况与此类似，只是施事性的结构成分在“动$_2$”的前面没有出现：6的相当于施事性的“雨”出现在后续小句；8是陈述一种事情，施事应该是有生性的名物，因为“喝”的语义隐含有这种语义。它不属于使动式，因为“这种酒”不能移到“喝不醉”的后面去。总之，这些类型的结构不是使动式，适合从自动式的角度去解释。[①] “动补”式的语义关系的解释的主要根据是动$_2$的语义指向。

---

① 在教学过程中研究生范晓燕同志对此提出意见，认为这一类“动补式”也是使动式，是“喝”使“他醉”；是“吃”使“咱们老”、“儿子大”；例8是“喝”使（喝的人）“醉”的否定式。这一意见很有道理，我后来在《基础语言学教程》中据此作了修改。

吕叔湘的研究已经接触到“动补式”的原型，为后辈的研究铺垫了一层坚实的台阶。这里的“动补式”我们打上了引号，这是由于我们对这一术语有保留，因为它是仿效印欧系语言的“动宾式”类比出来的，不能反映这种结构的实际性质。使动的说法比它更合适。

前面曾一再强调，语言现象是容易发生变化的，而支配和控制这种变化的结构原理是很稳固的，不会轻易退出历史舞台。这里讨论的“动补式”和古时自动式、使动式的联系和区别，可以再一次说明“语言现象的易变性和结构格局的稳固性”这一对立统一的矛盾与语言演变的辩证关系。

三　使动式的变异与“连谓”式的发展

使动式的“动补”性变异的关键是动$_2$的语义指向，没有涉及动字后的有定性结构成分；如果这个有定性结构成分的位置因语言的发展而发生变动，移至动字之前，那么语言中就会产生日常称之为“兼语式”之类的“连谓”结构。我们不妨先看看古汉语使动式的一些例句：

1. 君岂有斗升之水而活我哉？（《庄子·外物》）
2. 工师得大木，则王喜，以为能胜其任也；匠人斫而小之，则王怒，以为不胜其任矣。（《孟子·梁惠王下》）
3. 求也退，故进之；由也兼人，故退之。（《论语·先进》）
4. 然则王之所大欲可知已：欲辟土地，朝秦楚，莅中国，而抚四夷也。（《孟子·梁惠王上》）

这些例子都引自王力（1965，442；1986，367）。带横线动字的后面都是有定性的结构成分，为行文的方便，我们下面把这种结构成分的语义称为使事。使事既不同于施事，也不同于受事，而是兼有施事和受事的一些特点。施事的语义功能是支配动作，受事的功能是受动作支配，而使事一方面接受施事所支配的行为过程的影响而成为受事，但另一方面又有可能去支配某种行为过程，有它自己的受事。这种句式的语义特点，简单地说，就是：施事支配使事去影响行为过程的进行。随着语言的发展，这种使事性成分的结构位置如因适应结构调整的需要而挪至表行为过程的动字之前，它就变为现在有“使”类动字标记的使动句，现在的一般语法书称之为“连谓结构”。

有“使”类动字标记的使动句是汉语句法结构的一种重要特点。使事成分挪至动字之前而如不加“使”类字，一是句法不通，二是失去了使动意义。例如例1仅仅把“我”挪至“活”字之前，语句不通，如说“君岂有斗升之水而使我活哉？”那就可以保持原来的使动意义。使事位置的挪动给句法结构带来的影响与“±有生”的语义特征有密切的关系：如为有生性的使事成分，它挪至动字之前，而且在其前面再加上“使”字类的动字，它就会向兼语式的方向转化，如“朝秦楚”只能说成“(王)使秦楚来朝”，这就与上古时期已经出现但还不发达的递系结构，如“王命众悉至于庭”(《书·盘庚上》)、“令彭氏之子御”(《墨子·贵义》)等，合流成为现在一般所说的兼语式。时间顺序原则(戴浩一，1985)使汉语的一个句子可以出现若干个表示行为过程的动字，因而这种使动句在汉语中获得了强大的生命力，得到了很大的发展。根据吴竞存、梁伯枢(1992，238)的研究，《红楼梦》前八十回有3000来条递系结构，其中使动句有2000来条，占三分之二。这种比例数不是偶然的，是“自动—使动”体系中的使动式的转化，这里最“值得研究和注意的是那些在句中表使动的动词。这些动词只有少数几个纯粹表使动义(使、叫、让、要、令),多数都还另有各自的词汇意义。但这有两种情况:一种是词汇意义外本身带有使动义,如派、求、劝、托、逼、准许、催、号召、发动、打发、分付、组织、动员、怂恿、允许、阻止、命令,等等;一种是词汇意义外,本身不带有使动义,只是进入'V_1NV_2'后,句式赋予它使动义"。这一发现很有价值,说明"V_1NV_2"这种句式就是一种使动式,是古汉语的使动用法在现代汉语中找到了它的栖身之所。

前面讨论的使动式的变异(有"使"类字标记的"连谓句"),影响使事的施事大都是一些有生性语义成分。这是主流。但是,这种句式一旦形成,在以时间顺序为基础的汉语语义句法里,它就具有一种强大的生成力量,人们可以仿效这种句式生成新的句子。如果能对使事产生影响的力量是无生性的,那就需要在"使"类动字之前加上这种无生性的结构成分,形成一种使动的因果句:"使"字之前为因,之后为果,也就是说,由于在使事成分之前加上了一个"使"类动字,原来那种含而不露的原因,即对使事产生影响的力量,就从"幕后"跑到"前台",成为使动句的一个结构成分。请比较:

5. 个个雪白的衬衣,鲜红的领巾,使我想到大海上空白色羽毛的海鸥群。(报)
6. ……由于各种原因使生态环境恶化,昔日的沃野良田变成了不毛之地,终于形成了今日的65平方公里沙漠。(报)
7. 在旧的落后观念支配下,各种势力联合起来,逼得枣花的母亲走上了绝路,最后悲惨地死去。(报)

这些例句中"使"类动字前的成分都是表使事的原因的。如例5,如果删除"使"和"使"之前的成分,句子照样成立,至于是什么原因使“我想”，那就含而不露，可作多种解释。这一类句子只要加上“使”类字标记，其前面就必须指明明确的原因，使其成为话题，突出“使”的前后的因果性。

语言的演变是在结构格局控制下的自我调整，虽然可以改变某些结构，但不能脱离原来的结构基础。“连动式”和“兼语式”（或简称为“连谓式”）的语义特征都是有生性的话题对行为进行控制和支配，区别只在于“连动”的控制性和支配性的动力是同一个有生性的施事，而“兼语”则是不同的有生性施事，是一个有生性施事使另一个有生性使事发出一种能对他事物产生影响的力量。这一类语言现象的挖掘和分析始于20世纪的40年代，是王力首先在《中国语法理论》和《中国现代语法》两部著作中提出来的。比较印欧系语言的句法结构，王力（1943，23）发现汉语的句子可以没有主语，谓语可以不止一个动词，因而为了“表彰中国语法的特征，汉语和西洋语法相同之点固不强求其异，相异之点更不强求其同。甚至违反西洋语法书中之学说也在所不计”“从语言事实出发才是研究语法的正确的道路”，因而他根据汉语的特点提出递系式这一类汉语特有的句型。由于“印欧语的眼光”对中国语言学家的影响太深，无法摆脱“主语—谓语”框架的束缚，因而对这一类句式的解释始终难以取得圆满的结果。王力（1944，134）认为“凡句中包含着两次连系，其初系谓语的一部分或全部分即为次系的主语者，我们把它叫做递系式，取‘递相连系’之意”。“递系”的概念由此而来。50年代之后，这类结构格式不断改变名称，反映学术界对这类语言现象的性质还缺乏统一的认识。丁声树等（1953，112）把它称为“兼语式”，其特点“是两个主谓结构套在一起”。陈建民（1960）反对这种分析，认为兼语式不是主谓套主谓，而是述宾套主谓。朱德熙(1982,160—167)反对连动和兼语的划分,统称为连谓式,认为“连谓结构也跟主谓、述宾、述补、偏正等句法结构一样,是由前后两个直接成分组成的”,不能因 N 指施事就把这种连谓结构看成为兼语式,不指施事的看成为连动式,因为“如果当 N 指施事时,说 N 是 V_2 的主语,那么当 N 是受事时,是不是说 N 是 V_2 的宾语呢？其实不管 N 与 V_2 之间意义上有什么样的联系,从结构上说,N 只是 V_1 的宾语。有的方言里,某些人称代词有格的变化,作主语是一种形式,作宾语时是另一种形式,而在所谓递系式里,用的正是宾语形式。这个事实说明即使在 N 指施事的时候,N 也只能看成 V_1 的宾语,不能看成 V_2 的主语”。朱先生在这里忽视了一个事实,这个“N”是有定的,在句中是使事,兼有施事和受事的特点,与宾语的一般表无定性受事的语义特点不一样。有定而兼有施、受的语义特征,这才是所谓“兼语式”中“兼语”的实质。正由于这种类型的结构难以用现行的语法理论来分析,因而有人干脆主张取消“连动”“兼语”这些名称(肖璋,1956;张静,1977)。这些争论的背后隐含着汉语的语言事实和印欧语的语法理论的矛盾;我们如果摆脱不了“印欧语的眼光”的束缚,自然也就只能在“连动”“兼语”或“主谓套主谓”“述宾套主谓”之类的概念中兜圈子。这些意见,观点尽管不同,但方法论的原则是一致的,都是就谓语论谓语,没有一家能联系 N 与其他结构成分的关系进行语义结构的考察。根据我们的假设,这类递系性的现象看起来很复杂,实际上是由一条简单的语义规则支配的,这就是:两个有生自动句的套合和组配,一个有定性的施事指令另一个有定性的使事去实现它想实现的行为过程,其结构公式是:

有定性施事＋“使”类动字＋有定性使事＋行为过程

比方说“我请你叫他找人寄这封信”这个句子，若沿用“主语”“述宾”“兼语”之类的概念，那分析起来就相当复杂，而且难以掌握它的要领；如果我们用语义结构规则来分析，那就要简单得多，只要掌握“有定”“有生”和“时间顺序原则”（包括施事在受事之前、施事在使事之前、原因在结果之前等等）原则，大体上就可以对这一类现象和它的变体进行有效的解释。这个句子是几个使动句的套合，变换有定性使事成分的位置，句子的语义就会发生相应的变化。

语法现象是复杂的，但任何复杂的现象中都隐含有一种驾驭它们的简单线索。抓住自动句和使动句这两种基本句式以及它们的变衍，人们就有可能以简驭繁，把现在分别研究的一些重要的汉语语法规则系统化，指明它们的内在联系。自动和使动可能是理解和把握汉语语法结构规则的一种最简单的线索，值得进一步去探索。

四 结构单位的复音节化和句式结构格局的调整

使动式的结构为什么会发生变异？这自然需要从语言的演变中去寻找原因。根据王力（1986，359，368，410）的研究，跟我们前面的讨论有关的几种句式，如连动式、使成式（动补式）、兼语式等，虽然在先秦时期已经出现和使用，但是广泛的使用和发展却是在汉、魏、晋时期。这是汉语史上一个非常重要的时期，是上古汉语迈向以《切韵》为代表的中古汉语的一级重要的阶梯，很多特点都是在这一时期定型的，跟我们讨论的问题有关的主要是结构单位的复音节化问题。

先秦时期虽然已经有复音字,但数量究竟有限。有些学者想证明汉语从来就不是一种单音节语,就到先秦的典籍中去寻固定性字组,称为复音辞(马真,1980;程湘清,1982),但其中有相当数量的字组能不能称为最小结构单位的"辞",还需要推敲。到了汉代,复音辞大量产生,其中最有力的一个证明就是利用重言AA的格式,填入实义字,产生不会引起任何歧义的、有足够资格称为辞(固定字组)的重叠。丁声树(1940)关于《诗经》"采采"的解释可以为此作出有说服力的注释。"采采"一辞以往有两种不同的注释,或释为外动词,训为"采而不已",或释为形容词,训为"众盛之貌"。丁声树针对这两种不同的解释,统观全局,从语言发展的观点深入分析有关的现象,得出令人信服的结论:"以全《诗》之例求之,单言'采'者其义虽为'采取',重言'采采'必不得训为'采取'""遍考全《诗》,外动词绝未有用叠字者,此可证'采采'之必非外动词矣""夫外动词之用叠字,此今语所恒有(如言'采采花''锄锄地''读读书''作作诗'之类),而稽之三百篇乃无其例;且以声树之寡学,仰屋而思,三百篇外先秦群经诸子中似亦乏叠字外动词之确例,是诚至可骇怪之事。窃疑周秦以上叠字之在语言中者,其用虽广,而犹未及于外动词;外动词祗有单言,尚无重言之习惯,故不见于载籍,降及汉代,语例渐变,叠字之用浸以扩张,向之未施于外动词者今亦延及于外动词。习之于唇吻者,不觉即形之于简编,毛氏诗传训'采采'为'事采之',韩诗章句亦言'采采而不已',此皆狃于当日语言之常例以释《诗》而不自知其乖违"。我们可以由此推想,利用双声、叠韵联绵字AB的格式而填入实义字,产生双音辞,大概也盛行于两汉。可以作为参考比较的是程湘清(1984,335—336)的两组统计数字：

	总字数	总词数		总字数	总词数
《论语》：	15 883	183	《孟子》：	35 402	336
《论衡》等 5 篇：	15 553	562	《论衡》等 14 篇：	35 221	764

尽管这里所说的“词”不一定是我们所说的固定性字组（辞），但不同时期的“词”数的差异也可以从一个侧面说明双音字在两汉时期的盛行情况。最小结构单位从单音节发展为双音节，这对语法结构规则的调整和改进是有重大的影响的，大体呈现如下的情况：结构单位单音节化的比重越大，“因字而生句”（《文心雕龙》）的字的组配限制就越小，规则就越灵活，相互呈反比的关系，每一个字都有多种组配的可能；相反，语言中的双音字或多音字的比重越大，结构单位之间的组配就会受到比较多的限制，因而对语法规则的调整、改进的推动力也就越大，相互处于一种正比的关系中。两汉时期多音字的大量产生，就不能不使汉语的语法结构规则出现局部的调整。抓住这一点，或许对理解使动式结构格局的调整有一些帮助。先请看下面一组例子（转引自王力 1986，368）：

今诸侯王皆推高寡人，将何以处之哉？（《汉书·高帝纪》）

汉氏减轻田租。（《汉书·王莽传》）

楚骑追汉王，汉王急，推堕孝惠、鲁元车下。（《史记·项羽本纪》）

下划黑线的字组就是我们现在一般所说的“动补式”，是两汉时期产生并广泛运用的一种结构格式。它们都是由两个字组成的一个结构单位，是由于结构调整的需要而产生的一种新形式，目的是改进汉语的编码方式，扩大动字的组配功能，既能表达说话人想要表达的复杂意思，又能使结构达到尽可能的简练。如果结构单位仍是单音节，那么带着重号的部分应是“推寡人，使寡人（处于）高（位）”“减田租，使田租轻”“推孝惠、鲁元，使之堕车下”，显得累赘；而且“推寡人”的意义与“推高寡人”的意思还正好相反。动字后再加上一个动字（包括一般所说的形容词），进行补充，既可以把两个组成部分合一，经济简练，又可以扩大动字的组配功能，准确地表达人们想要表达的意思。当然，这里有条件的限制，就是补充成分（$动_2$）的语义或指向施事，或指向受事，而就上述的例子来说，都指向受事。这无疑是汉语语法结构规则的一种重要发展。结构单位的音节的“单”与“双”会影响句法结构规则的调整，这就是一个很好的例子，因为在“斫而小之”这种结构的“之”的位置上是很难容纳像上引例子中的“寡人”“田租”“孝惠、鲁元”等多音节的结构单位的。

人们可能会提出问题：自动和使动既然是汉语的两种基本句式，那句式格局的调整为什么都集中在使动式上？根据和汉语有亲属关系的藏缅系语言的研究，自动和使动的对立有形态变化的依据，“古藏语动词的使动式有两种构成方式：形态手段和句法手段。前者主要是在动词词根前附加前缀 s-或 b-/g-，使非使动词变为使动词。有时也用声母交替的方式”“使动词的第二种构成方式是在动词后头加-par bjed 或-la ɦdʑug”（马学良等，1991，165—166）。我们猜想，汉语的使动式早期也应该有一定的形式标志，主要通过声母复辅音中的前置辅音表示。根据谐声原则，音首有复辅音，这基本上已得到学术界的公认，不清楚的是这些处于音首位置的前置辅音的功能。我们想，这些前置辅音可能承担着使动的功能，藏缅系语言的结构对汉语研究来说，应该有启示意义，值得参考。随着复辅音的简化，表使动的形式标记消失，促使结构单位的复音节化，并推动结构格式进行必要的调整。语言是一种自组织系统，会根据交际的需要和语言发展的内在规律而自发地进行适当的、合理的调整。“合理”的“理”是什么？是时间顺序原则，根据现实事件的先后发生顺序安排结构单位的排列(戴浩一，1985)，其中包括有定性的施事在行为动作之前，原因在结果之前，等等。自动式的结构规则与这种原则没有矛盾，因而自古至今没有发生什么大的变化。使动式与此不同，对行为动作能起支配作用的使事如继续在动字之后，这就与时间顺序的原则相矛盾，因而在使动式缺乏形式标记的情况下就必须对结构单位的排列顺序进行必要的调整，不然就无法准确地表达语义。调整的方向，一是把有定性的使事成分挪至动字之前，在其前面再加上一个“使”类动字，产生“连动”“兼语”之类的“连谓式”；一是使事性成分仍旧处于动字之后，但在动$_1$之后再加上一个动$_2$，产生所谓“动补式”，使使事受到某种行为动作的限制。这两种调整的方向语义上各有特点，一般说来，前一种方向的使事在语义上多为有生和有定，后一种方向不受这种语义条件的限制。这两种方向的调整一旦完成以后，在语言中就形成一种固定的结构格式，人们就可以根据这种格式造出交际所需要的结构单位。

自动和使动是汉语语义句法的两种基本句式，我们可以以此为基点吸收西方语言学中于我有用的理论和方法，把握汉语语法的基本结构脉络。

引用书目

北京大学现代汉语教研室　《现代汉语》，商务印书馆，1993。

陈建民　1960　《论兼语式和一些有关的句子分析问题》，《中国语文》第3期。

程湘清 1982 《先秦双音词研究》,《先秦汉语研究》,山东教育出版社。
—— 1984 《〈论衡〉复音词研究》,《两汉汉语研究》,同上。
戴浩一 1985 《时间顺序和汉语的语序》,《国外语言学》1988 年第 1 期。
丁声树 1940 《〈诗〉卷耳、芣苢"采采"说》,《国立北京大学四十周年纪念论文集》。
丁声树等 1952—1953 《现代汉语语法讲话》,商务印书馆,1961。
吕叔湘 1986a 为龚千炎的《中国语法学史稿》(语文出版社,1987)写的序言。
—— 1986b 《汉语语法的灵活性》,《中国语文》第 1 期。
—— 1987 《说"胜"和"败"》,《中国语文》第 1 期。
马学良等 1991 《汉藏语概论》,北京大学出版社。
马 真 1980 《先秦复音词初探》,《北京大学学报》(哲学社会科学版)第 5 期。
王 力 1943 《中国现代语法》,《王力文集》第 2 卷,山东教育出版社,1985。
—— 1944 《中国语法理论》,《王力文集》第 1 卷,同上,1984。
—— 1965 《古汉语自动词和使动词的配对》,《王力文集》第 16 卷,同上,1990。
—— 1986 《汉语语法史》,《王力文集》第 11 卷,同上,1990。
吴竞存、梁伯枢 1992 《现代汉语句法结构与分析》,语文出版社。
肖 璋 1956 《论连动式和兼语式》,《北京师范大学学报》第 1 期。
徐通锵 1990 《结构的不平衡性和语言演变的原因》,《徐通锵自选集》,河南教育出版社,1993。
—— 1991 《语义句法刍议》,同上。
—— 1994 《音系的结构格局和内部拟测法》,《语文研究》第 3—4 期。
—— 1996 《阴阳对转新论》,《语文新论》,山西教育出版社。
—— 1997 《有定性范畴和语言的语法研究》,《语言研究》第 1 期(总第 32 期)。
张 静 1977 《连动式和兼语式应该取消》,《郑州大学学报》第 4 期。
朱德熙 1982 《语法讲义》,商务印书馆。
Halliday, M. A. K. 1985 *An Introduction to Functional Grammar*, London.

Hopper, Paul J. & Sandra A. Thompson 1980 Transitivity in Grammar and Discouse, *Language*, No. 2.

Lyons, J. 1977 *Introduction to Theoritical Linguistics*, Cambridge University Press.

“字”和汉语语义句法的生成机制*

【提要】现成性、离散性和语言社团中的心理现实性是确定语言基本结构单位的客观标准。汉语符合这一标准的结构单位是字。字是语言中有理据性的最小结构单位,始终顽强地坚持它的表义性,因而以此为基础而形成的语法只能是语义句法。它的生成机制是以核心字为基础,通过向心、离心两种结构形式逐层扩展,形成各级字组。字组中的语汇性意义大体上可以分为并列和主从两种类型,“开天辟地”之类的四字格就是这两种类型的语汇性意义融化为一的结果。字组中最重要的语法性意义是施动(自动)和使动,是生成汉语语句的结构基础。从字组到句子,原来在组合中一些隐而不现的语境、语用之类的因素会渗入句子的结构,因而语句的生成需要找出其间的联结点:有定性范畴。它在汉语中主要表现为句首的话题或可以移至句首充当话题的结构成分。“话题—说明”的基本语义关系是施动和使动,现在语法书中所说的“动补结构”和“连谓结构”就是古汉语使动式的历史变异。

语言基本结构单位的确定将直接涉及语言研究的方向和语法结构的格局。汉语的基本结构单位是“字”,不是“词”。《马氏文

---

* 本文原是应邀在清华大学举行的“1998 中文信息处理国际会议”上所作的专题发言的讲演稿,会后对它作了一些修改和补充。发表于《语言文字应用》1999 年第 1 期。承鲁川教授指正多处,谨此致谢。

通》以来的汉语语法研究为什么始终解决不好汉语词类的划分和它们与句子成分的关系问题,究其原因,主要就是我们将汉语的基本结构单位弄错了,不是以"字",而是以"词"为基础研究汉语的结构,结果是把汉语嫁接到印欧语的语法理论中去研究,模糊或甚至可以说是抹煞了汉语的结构特点。字的突出特点是顽强的表义性,因此以字为基本结构单位的语法只能是语义句法。汉语语法的研究应该以字为基础考察语义句法的生成机制。

一　字和汉语语法结构的格局

印欧语的语法结构格局,简单地说,就是"双轨制":一轨是由一致关系所维持的"主语—谓语"结构,一轨是名、动、形的词类划分,相互间存在着内在的结构关联,就是词类与句法结构成分之间存在着有规律的对应关系:名词对应于主宾语、动词对应于谓语、形容词对应于定语、副词对应于状语;只有二轨合一,特定的词类进入特定的句法位置,才能造出符合语法结构规则的句子;印欧系语言的词为什么富有形态变化,就是它需要服从二轨合一的要求。所以,印欧语的基本结构单位有两个,一"大"一"小","大"的就是由一致关系所维持的、以"主语—谓语"结构为框架的句子,"小"的就是能充当句法结构成分的词,而形态变化则是联系这两个基本结构单位的桥梁。传统的语法研究分词法和句法两部分,实质就是对这两种基本结构单位的研究。

语言基本结构单位的确定有其自己的客观标准,这就是:现成的,拿来就能用;离散的、封闭的,很容易和其他的结构单位区别开来;在语言社团中具有心理现实性(徐通锵,1998b)。封闭和离散是就单位的结构来说的，像印欧语句子的封闭性就是由一致关系所控制的主谓结构，词的封闭性就是能充当特定的句法结构成分而归入某一特定的词类，语音上只能有一个重音（语素无重音、词组有若干个重音），语义上表达一个特定的概念，是印欧语音义关联点的基础。"心理现实性"看起来好像难以捉摸，但它是确定语言基本结构单位的一条非常重要的标准。它主要表现为语言社团的直觉，把语言基本结构单位看成为一种现成的东西，拿来就能用，例如词，或者看成为一种不可更改的模式，像句子的结构必须是由一致关系所控制的主谓结构，即使是一个没有受过教育的文盲，也知道一个句子有几个词和词的组合是不是一个句子。说词和句子是印欧语的基本结构单位，就是根据现成的、封闭的（或离散的）和心理现实性这三条客观标准来确定的。《马氏文通》以后，我们用印欧语的语法理论来研究汉语的结构，自然也就以词和句子的概念为基础研究汉语的语法。"句"这个概念汉语本来是有的，但含义模糊。《文心雕龙》说："位言曰句……句者，局也；局言者，联字以分疆。"《玉篇》的定义是："句，止也，言语章句也。"《集韵》的定义是："句，词绝也。"如何"联字以分疆"？如何"止"与"绝"？没有一个明确的标准，与印欧语 sentence 的概念有原则的区别。汉语"句"概念的特点是它的开放性和模糊性，字的有规则的排列"排"到什么时候或什么地方才算一个句子，没有一个明确的标准；说话时前后凡是能作自然停顿的字组，都有可能被看成为一个句子；一个句子可以没有"主语"或"谓语"，也可以出现若干个"主语"和"谓语"，形式上无法根据诸如"一致关系"之类的规则加以限制。根据印欧语句子的"主—谓"或"主—谓—宾"的标准来衡量，汉语语篇中符合这种标准的句子是很少的，绝大部分是缺"胳膊”缺“腿”的句子和所谓“连谓句”，特别是其中的“连谓句”，差不多占有一半的比重；而且缺的“胳膊”或“腿”是不能补的，不然就不成其为汉语，所以这种“缺”与一般所说的“省略”有原则的区别（容晶，1997）。至于“词”，汉语的原意是“言内而意外”（《说文解字》），不是相当于 word 那样的结构单位。近百年来，我们引进印欧语 word 的概念，译为“词”，用它来指称汉语最小而又能独立运用的结构单位。这样一来我们就在语言中拼命找词，结果是花了九牛二虎之力，却仍旧找不出词来，无法对词与语素、词与词组的区别进行有效的区分。这就是说，汉语中根本不存在具有现成性、离散性和心理现实性特点的词，或者如赵元任（1975，246）所说，“汉语中没有词但有不同类型的词概念”。这说明，印欧语的两种基本结构单位（词和句子），汉语中一个也不存在；我们一定要用这两个单位来分析汉语，就只能把汉语纳入到印欧语语法的双轨制轨道中去分析。百年来的汉语语法研究，名、动、形的词类划分和它们与句法成分的关系问题为什么会始终争论不休、解决不了？其终极的原因就是汉语的结构对双轨制语法理论的抗议，反对用印欧语的基本结构单位来研究汉语的语法。

汉语的基本结构单位是什么？根据现成性、离散性和语言社团中的心理现实性这三条标准，只能是字。它是汉语音义关联的基点，是现成的结构单位；一个字一个音节，离散性或封闭性很强，形成“1 个字·1个音节·1个概念（意义单位）”这样的结构格局。字是汉语社团中惟一具有心理现实性的结构单位，即使是一个文盲，也知道一句话中有几个字。正由于字是汉语的基本结构单位，所以传统的汉语研究都集中于字，从文字、音韵、训诂三个方面进行研究，犹如印欧语集中研究词的形态变化和句法结构那样。不同的研究传统已经清楚地透视出两种语言的基本结构单位和结构规则的差异。汉语只有一个基本结构单位，这就是字。经过长期的摸索，中国语言学家们已经逐步意识到字在汉语结构中的重要地位。最早提到这个问题的是吕叔湘(1963,45)，认为汉语中现成的结构单位是字，不是词，"汉语里的'词'之所以不容易归纳出一个令人满意的定义，就是因为本来没有这样一种现成的东西"。吕先生提出了这个问题，不过在往后的研究中似乎没有贯彻这一思想。说得最明确的是赵元任(1975,248)，认为"按西方语言学家的眼光来分析汉语并确定像结构词这样的单位可能有用……但这不是汉人想问题的方式，汉语是不计词的，至少直到最近还是如此。在中国人的观念中，'字'是中心主题，'词'则在许多不同的意义上都是辅助性的副题，节奏给汉语裁定了这一样式"。赵先生写这篇文章的时候已经 82 岁，没有精力把他的想法付诸实践。我们现在的研究实际上是设法实现前辈来不及完成的任务。

字是汉语的基本结构单位，词是印欧语的一种基本结构单位，它们都具有现成性、离散性和心理现实性的特点，但这是就它们在结构中的地位来说的，并不是说它们的内涵特点也一样。词由于要服从二轨合一的要求，要接受一致关系的支配，富有形态变化，因而在句法结构中首先注重"形"，其次才关注"义"。字是语言中有理据性的最小结构单位，制约着汉人的思维方式和汉语的结构(徐通锵，1997a)。陆俭明、郭锐(1998)认为这个定义以及其他相关的定义的含义"不清楚"。我不知道什么叫"清楚"。如果说字可以指书写单位(如"说文解字")、听觉单位的音节(如"字正腔圆")和结构单位(如"因字而生句")而显得"不清楚"，那么这正证明字是汉语各个结构层面的交汇点(枢纽)，是基本结构单位的最重要的标志，可以从不同的侧面去认识它的特点；印欧语和汉语这种"不清楚"的结构单位相当的就是词，因而也很难给它下一个统一的、确切的定义，以至"词这个概念仍旧是语言学上最不确定的概念之中的一个"（А. И. 斯米尔尼茨基，1952）。如果说人们可以对"理据"有不同的理解而显得字的定义"不清楚"，"众说纷纭，莫衷一是"，那么我们可以反问一句：现在语言研究中哪一个基本概念是清楚的？比方说，什么是"词"？现在流行的定义是"词是最小的、能够独立运用的、有意义的语言单位"。什么是"最小"？什么是"独立运用"？人们是"众说纷纭，莫衷一是"；甚至汉语中有没有词，也是"众说纷纭，莫衷一是"；至于汉语中"句"的概念就更"不清楚"了，这已见于前述。"不清楚"的概念自然需要将它弄清楚，但如借此否定一种理论，不免显得有点轻率；或者说，如果一定要求人们对某一概念或辞语有完全一致的理解才能进行研究，那无异于取消研究。我们认为"字是语言中有理据性的最小结构单位"这个定义的含义是明确的，对"理据"的理解在"字本位"的理论体系中也是首尾一贯的。这一关键性的概念如果"不清楚"，以此概念为基础的其他概念自然也就难以弄清楚。字在结构上的特点为什么不受形态变化的限制？为什么突出"义"？在语言运转中为什么始终顽强地坚持它的表义性？借词为什么要进行意译化改造？究其原因，恐怕都与它的内在理据性有关。这种重"义"不重"形（态）"的结构单位与印欧语类型双轨制语法结构无关。如果这一观察无误，那么汉语双轨制的语法研究格局就应该毫不犹豫地放弃，因为只有一个基本结构单位的语言的语法结构只能是单轨制，不存在词类与句法结构成分的严格的对应关系，因而没有必要像现在的语法研究那样进行名、动、形的词类划分，也没有必要死守

“主语—谓语”这样的结构框架。适合印欧语的语法理论不一定适合汉语的研究。由于汉语与印欧语结构的这些原则差异，我们把以字为基本结构单位的汉语称为语义型语言，语法结构是语义句法，把以词和句为基本结构单位的印欧语称为形态型语言（原称“语法型”，不妥，今改），语法结构是语形语法。总之，字的最重要的特点是它的顽强的表义性，我们以字为汉语的基本结构单位，就应该进行单轨制的汉语语义句法的研究，考察它的生成机制。

二 核心字和汉语字组的结构

单轨制的汉语语义句法的生成机制以字为基础，逐层扩展，造出符合需要的句子。单字意义的特点是抽象、宽泛、模糊，只有在字义的组合过程中才能使它具体化。例如“打”的意义是“施加一种力量，使客体的状态发生变化”，“草”的意义是“野生的、无序的、一年一枯荣的植物”。这种抽象、宽泛、模糊的意义为字义的组合提供了广泛的可能性，犹如一个面团可以做成各种各样的面食一样，只要语言社团能在两个字的意义之间建立起联想的关系，它们就有可能组合起来形成一个字组，表示一个新的意义。这种组合有些会日渐固定化，我们把它称为辞。辞与词原是相通的，不过在我们的体系里它们有原则的区别：辞指字组，特别是其中固定性较强的二字组，词指 word。二字组是字的组合的最基本方式，我们可以从这里开始讨论语义句法的相关问题。

句子的意义是具体的，表达一个确切的意思。从抽象、宽泛、模糊的字义到具体的句义是通过字义的组合实现的。单字的抽象、宽泛、模糊的意义犹如一个独特的语义场，浮现着很多语义因子，借助于这些因子的触角去勾联其他语义场的语义因子，相互组合，使若隐若现的语义因子具体化为语义特征。字义的这一特点决定了汉语语义句法的独特的生成机制：每一个字都有可能以它为核心组成一系列字组，一方面借助于其他字义的组配揭示它所可能具有的语义特征，另一方面它也可以作为一种语义特征去限制、驾驭其他的字的意义，使其从抽象、宽泛、模糊的意义转化为具体的意义。单轨的语义句法就在这种字的组合中逐步显示出它的生命力。以某一个字为基础而组成的字组构成这个字的系族，而它本身就是这个系族的核心，我们称为核心字。核心字就是在以它为基础而组成的字组系族中处于中心地位的那个字。例如"打"，它以它所可能具有的语义特征或语义因子去选择、勾联其他的字以组成字组，形成一个以它为中心的辐射性网络：

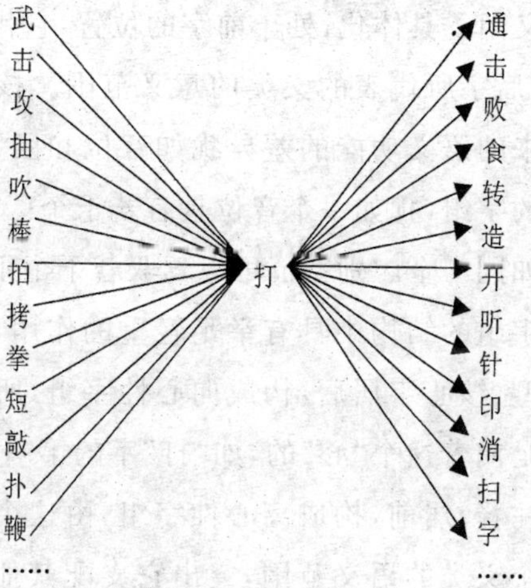

这就是以"打"为核心字而形成的"打"字系族，周边的每一个字都可以形成同样的辐射性网络，组成类似的系族；字组，实际上就是由各个网络的交叉形成的。以"打"为核心字的字组中，我们发现，

“打”有的只能处于前面的位置，有的只能处于后面的位置，少数的两可（如打击～击打）。我们根据“打”字前后位置的差异把以它为核心的字组分为两组：

一、攻打、吹打、棒打、拍打、武打、敲打、扑打、鞭打、抽打、短打、拷打、击打、拳打……

二、打败、打听、打食、打针、打转、打造、打印、打消、打扫、打通、打击、打开、打字……

这种以核心字为基础而形成的系族有两方面的问题需要讨论：一是字义与字组的结构；二是位置与字义的关系。

字义与字组的结构重点考察字组内部的构造。一个核心字在字组中的位置为什么可前可后？这是由于前后的位置体现它不同的语义功能：处于后字的位置，它代表一个如语义场那样的义类，含义抽象、宽泛、模糊，只有借助于前字的意义才能使它所隐含的语义特征或语义因子具体化；处于前字的位置，它代表一种语义特征，限制和驾驭后字所代表的义类的意义范围。核心字因位置的不同而呈现出来的语义功能的差异犹如音位和区别特征的关系，即核心字居后的字组，犹如一个音位具有若干个区别特征，核心字居前的字组犹如同一个区别特征可以驾驭若干个不同的音位。核心字的位置在字组的结构中具有举足轻重的作用，我们据此把字组分为两种类型：核心字居后，构成向心性字组，所有前字所代表的语义特征都是向着这个“心”的，如“打”字的第一组，给“心”的意义进行具体的注释；居前，构成离心性字组，由这个“心”去限制后字所代表的各个义类的语义范围，突出它支配其他义类的语义功能，如“打”字的第二组。《倒序现代汉语词典》和《现代汉语词典》就是这两种性质的字组的汇集。向心字组的意义是自指，即借助于其他字的意义来说明这个核心字本身的意义，使其从抽象转化为具体，例如上述的“打”的第一组，不管哪一个字组的意义都是“打”，区别只是“打”的方式有异；离心字组的意义是转指，指明与核心字的意义有关的其他义类的意义，例如“打”的第二组，其意义核心不是“打”，而是后字的意义，“打”仅仅是实现后字意义的一种方式。这就是说，不管是向心字组还是离心字组，语汇性的意义重点都在后字上，像第一组各字组的语义差异只在于“打”的方式，而二组的重点则不是“打”，而是败、听、食、针、转、造等等。字组系族中前字和后字的语义侧重点的差异决定了语义句法的不同层次：以后字为纲，偏重于语汇性的语义结构；以前字为纲，偏重于语法性的语义结构。上面提到的“向心”和“离心”、“自指”和“转指”原是布龙菲尔德(1933)、朱德熙(1983)根据分布的标准提出来的两对概念，我们这里借用这些概念，但进行了语义学的改造，用来分析以核心字为基础而形成的字组的结构。字组前后字的语义关系我们可以用一个公式来表示：“字组的意义＝语义特征×义类”。语汇性的意义和语法性的意义都可以以这一公式为基础进行分析。在层层扩展的过程中，二字组仍可以作为一个“心”，遵循向心和离心的原则，生成因交际的需要而临时组织起来的、比基础性的二字组更大的结构单位，我们称之为“块”。这方面的问题我们这里不准备讨论了，因为基本原则是一样的。字、辞、块是汉语语义句法的三级结构单位，其中字是基础，辞、块都是字组，区别只是辞是固定性的字组，块是临时性的字组。同一个字由于前后位置的差异而能相当自由地构成“向心”和“离心”这两种不同类型的辞，这是汉语语义构辞法的一个重要特点，也是汉语灵活的表达方式的一种具体表现。以往流行的语法构词法因迁就动宾、主谓之类的概念而把这种成系统的字组系族支解为零散的、相互没有联系的"词",这就使人们难以从中发现汉语的结构规律。过去没有很好地利用现代汉语的两本词典(《现代汉语词典》和《倒序现代汉语词典》)研究汉语的构辞法,殊为可惜。

向心和离心是字组的结构,自指和转指是字组的指称性意义,现在需要讨论的是字组中字义之间的关系。这种字义关系大体上可以分为两类:并列和主从。"并列"就是两个字的意义相同、相似或相反,例如开辟、城郭、打击、阴阳、左右、东西等,前后的两个字同义、同功能;反义是同义中的一个特殊的类型,因为"反"中有"同","同"中有"反"(叶蜚声、徐通锵,1997),这里不细说。"主从"就是两个字的字义有主从之分,由于字组的语汇性语义重点都在后字上,因而字组中的字义关系一般都是前"从"后"主",例如黑板、火车、打倒、推翻、心跳、眼花、烧饼等。"并列"和"主从"这两类语义关系集中凝固在成语式的四字格结构中。例如,开天辟地、风平浪静、铜墙铁壁、赶尽杀绝、南征北战等成语就是并列和主从这两类语义关系的浓缩和结合:1、3 两字同义,2、4 两字同义,1、2 的语义主从关系与 3、4 的语义主从关系同形、语义同义。四字格结构的基本精神实质上就是把主从语义关系纳入并列语义关系的框架之中,或者说,原来的并列语义关系虽然因其中的一个结构成分扩展为主从关系,但仍顽强地保持它的并列关系的结构框架(请比较"风浪""平静"与"风平浪静"的结构异同)。这种语义结构的模式是汉语社团思维方式的一种具体表现,只要交际有需要,人们就会根据这种结构模式创造出新的由四个字组成的字组,例如近来颇为流行的拒腐防变、反腐倡廉、扫黄打非、清仓核资、招商引资、减人增效以及"文革"期间广为流行的斗私批修、兴无灭资等等。这里隐含着汉语语义句法的精华,一分为二、合二而一这些辩证的语义结构关系就浓缩在这种格言式的四字格里。传统的汉语研究没有系统的语法理论，但有丰富的把并列和主从两种语义关系融化为一的语义结构，如成语式的四字格、楹联、律诗中间四句的对仗、散文中的对称性排比句，等等，都是让人们在练文习字的实践中掌握语义句法的要领。如果要用主谓、动宾之类的概念和名、动、形的词类划分去分析这类结构，结果只能是事与愿违，无法有效地分析汉语字组的语义结构。陆志韦(1956)的《汉语的并立四字格》虽然贴满了词类和句子结构成分的标签，但纵横交错，无法把结构规则说清楚，人们自然也就无法把握它的结构脉络。

前面的讨论着眼于字组内部的语义关系，偏重于语汇性语义关系的分析，进入语法意义的领域就应该充分考虑“位置”的地位和作用。在同一位置中出现的字大体上具有相同或相似的语义功能。因此，不管是向心字组还是离心字组，出现于某一位置中的字只是同功能的字、辞、块的一个代表。例如“打水”的“水”，它是一种可以饮用止渴的液体，但它在这个字组中的位置仅仅是同类型、同功能的字的一个代表。它可以与“打”组合成字组，人们可以以此类推组成诸如“打油”“打酒”“打醋”“打酱油”之类的字组；“粥”是可以喝的食品，自然也可以说“打粥”；“饭”虽然不能“喝”，但可以吃，用来充饥，功能上与“水”“粥”等有共同点，因而也可以说“打饭”；“打面条”“打饺子”之类的说法现在还没有，但它们同样可以纳入这一语义格式之中，只要交际有需要，人们也会毫不犹豫地组成“打面条”之类的字组。这是一种潜在的字组，为语言的演变孕育着广阔的可能性。字组中的每一个字都只是同类、同功能的字的一个代表，因而在用“字(或字组)＝语义特征×义类”这个公式进行语法意义的分析时就需要摆脱字的具体语汇意义的束缚，从

"位置"中抽象出相应的意义，用施事、受事、性状、方式等概念去表示。位置与字义的关系是从语汇性意义转化为语法性意义的桥梁。汉语传统的语文学忽略了这方面的研究，应该补正。为了有效地分析这种语义关系，对字进行适当的语义归类是需要的。

字的语义归类是一个麻烦的问题。名、动、形的那套词类划分的办法既然不适用于汉语语义句法的研究，我们自然得另探新路。我们这里采用石毓智(1992)的办法，用"没""不"(文言性的书面语是"无""弗")这两个表否定的字作鉴别字，看结构单位能接受哪一个字的否定，即：凡是能用"没"或"无"来否定的归入离散的一类，能用"不"或"弗"否定的归入连续的一类，既能用"没"否定又能用"不"否定的说明它兼有离散和连续的性质，哪一方面的性质强一些，这就要看它受"没"或"不"否定的自然性的程度。这种办法自然有它的局限性，这就是结构单位越长，由于受音节多少等因素的制约，受它们否定的限制就会越大。但就"字"作为汉语的基本结构单位来说，这是它的语义分类的一种比较切实可行的办法。用数量字一、二、三、四或表程度的很、一些、最等来限制，在它们适用的范围内似乎是划分离散和连续两类字的理想的标准，但由于它们适用的范围有限，像洪钟、铭记、专注、粉(色)、温、中等大量的字无法用它们来限制，因而我们没有采用。这连续和离散的两类字，如用通用的术语来说，或许可以把离散性的一类称为名字或名辞，连续性的一类称为动字或动辞。即使根据这一标准，也分不出干干净净的两类，我们采取传统把表名物的字归入实字、把所有其他的字归入虚字的办法，把只有离散性特征的一类称为名辞，而把所有具有连续性特征的那些字归入动辞的范畴。这离散与连续的两类在一定的条件下可以相互转化(徐通锵，1997a，455—456)。这种分类原则与印欧系语言的词类划分有原则的区别,因为它不是双轨制条件下的分类,因而在运用过程中没有特殊句法位置的限制,不必考虑它们与主、谓、宾、定语的对应关系;它们与语义句法的结构框架的关系我们后面再讨论。现在先讨论字组中两类字之间的语义关系。从排列组合的方式来看,字组中的字义关系大体上可以分成如下的几种类型:

1. 名·名:冰山、蚕山、火山、坟山……;山城、山村、山峰、山沟……
2. 名·动:鞭打、铁打……;山积、山响……
3. 动·名:朝山、隔山、假山、开山、靠山……;打包、打食、打油、打拳……
4. 动·动:打败、打断、打垮、打发、打横、打围、打胜……

字组结构中的字义关系的模式是"语义特征×义类",现在把名、动的字义分类代入这一模式,如以前字为参照点,大体上可以分为两组:1、2 一组,3、4 一组。由位置呈现出来的语义关系大体是:"名·名"型的字组,前一个"名"表性状,不管是向心系族还是离心系族,这一位置对"名"的性质没有什么影响;"名·动"型的"名"在字组的范围内只表方式、工具、方所、原因一类的意义。"动·名"型的位置与字义关系的情况比较复杂,但我们这里只想强调两种纲领性的语义关系。"动"大多表行为动作的意义,而它与后字"名"的字义关系则需要分受事、使事两个方面去分析。"动·动"型的前一个"动"表方式,两个"动"的字义关系也与受事、使事有关。现在需要对这两类现象进行一些讨论。

"受事"是人们熟悉的概念,它与其前面的"动"的语义关系相当于现在一般所说的及物性,没有必要重复。"使事"这个概念在别的语言学著作中是没有的,这里需要进行一些具体的讨论。我们所以要提出这个新概念是考虑到"动·名"型的字义关系包含有古汉语使动用法的历史变异。如以"显"字为例,显贵、显灵、显能、显荣、显微(镜)、显像(管)、显形、显学、显眼、显影等字组中的后字“名”很难解释为“受事”,实际上这些字组的意义是“使……显”的意思,其中的“名”是某种力量使它呈现出某种行为动作的状态,因而我们名之以“使事”。使事与“动”的语义关系是使动,与此相应,及物性的“动·名”组配的语义关系就是施动或自动。使动这种现象不是从天上掉下来的,是古汉语使动用法的历史遗留。王力(1965,442)在研究这种现象时指出:“在古代汉语构词法上有一种特殊现象,就是自动词和使动词的配对。这种现象在现代汉语里也还存在着,不过有些词的古义已经死去或仅仅残存在合成词里,自动词和使动词的关系就不如古代汉语那么明显了。”吕叔湘(1987,2)也说过同样意思的话:“不及物动词和形容词的使动用法是古汉语里常用的用法手段。现代汉语里,动词的使动用法已经不能广泛应用了,形容词的使动用法如‘端正态度、严格纪律’等等,是最近三四十年里才出现的。”二字组字义之间的使动关系现在已经不大清楚,但字块的使动关系现在的使用似乎有越来越频繁的趋势。我们在日常生活中就可以碰到不少,如:富裕人民、清洁城市、满意四方、健全组织、方便群众、感动村民、繁荣市场、乐百氏、静空(区),等等。这恐怕就是“最近三四十年里才出现的”事情的发展。这种使动的语义关系在结构上有两个特点:第一,两个结构成分如果互异位置(繁荣市场～市场繁荣),就会形成人们习惯称之为“主谓”关系的结构;第二,如果在两个结构成分的中间加一个“的”,就会形成一般称之为“偏正”关系的结构(如“繁荣的市场”)。现代汉语的使动用法为什么会不大清楚?根据使动关系的这两个特点,现在俗称“偏正结构”的、由“动·名”组配的字组在其开始的时候可能与使动语义关系的变异有密切的关系。施动和使动这两类语义关系都涉及与施事的关系，是以字为基础构成句法语义关系的结构基础。每一类语义关系都各有一些与它们相平行的结构，例如古汉语表处所、工具的介字组处于动字之后（龙战于野，其血玄黄——周易·上经）的方位字“野”放在动字“战”之后，这种语序恐怕就是一种与使动关系相平行的结构，后来那些表处所、工具、对象等的结构成分移到动字之前的位置，也与使事位置的前移（分析见后）有关。采用这种思路或许可以对现在一般语法书中所说的、几乎是包罗万象的“宾语”（受事宾语、处所宾语、工具宾语、原因宾语……）清理出一种有层次的分类线索。这方面的问题需要另文讨论。“动·动”组配的字组的语义关系也与施动、使动这两类基础性的语义关系有关。究竟是施动，还是使动？主要看后字的语义是指向施事，还是指向受事，指向施事的属施动，指向受事的属使动。这个问题徐通锵（1997a，378—381）已经进行过讨论，这里从略。

通过字的组合生成的各种类型的语义为语义句法的生成奠定了坚实的基础。

三 有定性范畴和语句的生成

字的组合是抽象、宽泛、模糊的字义向具体的方向转化的必由之路。但这仅仅是问题的一个方面，而且只是“明”的一方面。另一方面，字的组合也给语义句法的生成带来了一系列新的问题，其中最重要的就是出现了一种不见于言而隐于言的“暗”的意义，在交际的时候需要使用语言的人自己去补充。我们不妨把它称之为语境性、语用性意义。以二字组为例，它只抓住两个字所提供的两个“点”,好多意义都需要交谈的人自己去补充。吕叔湘(1963,62—67)曾对此有过很好的说明:“语言的表达意义,一部分是显示,一部分是暗示,有点儿像打仗,占据一点,控制一片”。他以“谢幕”为例,说它放弃了很多东西,只抓住“谢”和“幕”两个“点”,“说是‘放弃’,并不是不要,而是不明白说出来,只暗含在里边”,不然,要把“谢幕”的意思说清楚(演出结束,幕闭,观众鼓掌,幕重新拉开,演员致谢……)还真不容易。这就是说,字组的意义只抓住显示的两个点,很多暗示的意义都隐含于这两个点所控制的跨度之内,由交际的双方根据已知的知识去补充。简要地说,就是“控制两点,暗含一片”,这“暗含”的“一片”就具有语用意义的性质。语用性的语义如影随形,寄生于字义的组合之中。大体的情况是:结构的单位越短,语汇性的意义越抽象、模糊、宽泛,而语用性的意义则越少;随着字组的组合长度的增加,字组的语汇性意义越来越具体,而语用性意义则越来越复杂。一个音节长度的字不含语境之类的因素,而辞(固定性字组)的语义则是“控制两点,暗含一片”,这暗含的一片需要参与交际的人以历史所形成的预设为基础自己去补充。至于那些因交际的需要而临时组织起来的字组(块),只要补充以适当的语境,它就有可能成为一种交际的单位。传统所说的“言内意外”之类的现象也是随着字义的组合而呈现出来的。吕叔湘(1963)说汉语语法是进门容易而登堂入室很难,原因恐怕就在这里。

字的组合中既有“明”的语汇性、语法性的意义,又有“暗”的语境性、语用性的意义,这就要求语义句法的研究应该“双管齐下”,明暗兼顾,找出明与暗的联结点:有定性范畴。“有定”的语义一方面可以与语境中的特定现象相联系,人们能据此知道它的所指,和周围的其他现象区别开来;另一方面可以为语句的生成指明陈述的方向。有定,这是联系和贯穿语义、语法、语用的枢纽和桥梁,是语法结构的基础。从原则上说,任何语法结构,不管它是单轨的还是双轨的,都是以语义为基础的,因而任何语言的语法理论,归根结蒂,都是以它的有定性范畴为基础的。印欧系语言由于有形态变化,这种有定性范畴被淡化,只把它归属于冠词。实际上,印欧语有定性范畴的核心是谓语动词,每一个句子必须有一个定式动词,而且也只允许有一个定式动词,它的时、式体等必须是有定的,而主语却可以是无定的,甚至可以出现如 it,there 这样的虚位主语。印欧语的语法理论所以有生命力和解释力,基本的原因就是它的各种语法理论,不管是传统的还是现代的,基本上都是以有定性的谓语动词为中心建立起来的,因而取得了成功,对世界上其他地区的语法研究产生了深远的影响。汉语的有定性范畴与印欧语的表现形式有异,它不是谓语动词,而是处于句首而成为陈述对象的话题,或是可以调整至句首充当话题的结构成分,因而需要有自己的语法理论和语法结构框架。汉语以核心字为基础的字组在它逐层扩展的过程中扩展到什么地方或什么时候才能构成一个句子?就在于句首充当话题的有定性结构成分是不是得到了完整而有效的陈述。两种语言的有定性范畴的区别必然会使它们的语句生成机制产生重大的差异。请比较《红楼梦》第 64 回的一段英译文:

> 这日宝玉清晨起来,梳洗已毕,冠带出来。至前厅院中,已有李贵等四五人在那里设下天地香烛,宝玉炷了香。行毕礼,奠茶焚纸后,便至宁府中宗祠祖先两处行礼毕,出至月台上,又朝上遥拜过贾母、贾政、王夫人等。一顺到尤氏上房,行过礼,坐了一回,方回荣府。先至薛姨妈处,薛姨妈再三拉着,然后又遇见薛蝌,让一回,方进园来。

英译文是：

> *On* the morning of *his birthday* Bao-yu rose *at* dawn, *and after* completing his toilet, put on *his most formal* clothes *and* went out *to* the main front courtyard of the mansion, *where* Li Gui and three other of his grooms *were waiting for him by* a table they had made ready *with* an incense burner and candlesticks and offerings *as* an alter to Heaven and Earth. …（据霍译本，为节省篇幅，下略）

这是描写宝玉在生日那天的活动。汉语语句的生成是开放的、“外”向性的，“句子”短，一“句”描写一个活动，后句紧接前句，依次按照活动的先后时间顺序排列，环环相扣，一气呵成；该在什么地方划句号，比较英译文，就可以知道各人的理解不一样。英语语句的生成是“内”向的，只能在主谓结构的封闭框架内完善语句的生成。英文的译文为什么显得冗长，一是句子成分复杂了，已根据英语语法结构的要求添加了一些中文中含而不露的成分，二是添加了好些连接虚词（都用斜体表示），以便把各小句纳入一致关系所能控制的框架中；行文的排列顺序与活动的先后也没有必然的联系。鉴于这些差异，汉语句法的研究，一是它的结构框架不宜采用“主语—谓语”，而适合用“话题—说明”；二是鉴于“句”这个概念的含义太模糊，可以不必过分强调，而宜突出以语义关系为基础的基本句式的讨论。

“话题”与“主语”不同，它是有定的，而“说明”是无定的。有定性的话题给无定的“说明”指明陈述的方向，使它从语义上、语用上向有定的方向转化，说出一个语义明确、意思完整、符合交际要求的句子。上述《红楼梦》的那个句子，“这日”和“宝玉”都是有定的，但后面“说明”的陈述都是对着“宝玉”说的，自然把“宝玉”看成为话题较比合适。我们前面建议把字分为离散和连续或名和动两类,也与这一结构框架有联系,因为有定性的结构成分必须是离散的;离散性的特点越强,获得有定性而充当话题的可能性就越大;如果结构单位只有连续性的特点,那么它只有实现了向有定性的转化,才有可能充当话题。和此相适应,具有连续性特征的单位可以出现在说明的位置;离散性的结构单位在它获得了连续性特征之后也可以充当说明(如“今天星期三”中的“星期三”,因其已经纳入从星期一到星期日的连续系列之中而具有连续性特征)。汉语的离散和连续这两类字或辞是否能作话题不是“能”与“不能”的问题,而是概率大小的问题,因而相互间不存在一对一的对应关系,无法建立像印欧语那种双轨制的语法理论。紧紧抓住有定性范畴,我们就有可能在一些看起来毫不相干的语法现象中找出它们的内在联系,建立一种有说服力的语法结构规则。这个问题可参看徐通锵 1997b 的讨论。

汉语和印欧语的有定性范畴的差异也决定了它们基本句式的不同。印欧语的基本句式是“主动—被动”,由定式动词决定。汉语的基本句式不是“主动—被动”,而是“施动—使动”或“自动—使动”。施动、使动是古汉语的一种基本语义关系,字组结构中字义关系已充分显示这种语义关系的重要性和生命力,只要与句首的有定性结构成分相联系,它们就能为造出一个符合交际需要的句子奠定必要的基础。施动和使动的句法差异主要表现在施事上。“施动”只有一个施事,“使动”则有两个施事,是第一个施事使第二个施事去实现某一种行为动作,这第二“施事”就是我们前面称之为“使事”的那个结构成分。“施动”或“自动”相当于印欧系语言的主动句,比较容易理解,例如上面描写宝玉活动的那个句子。“使动”式在它的历史发展过程中已发生重大的变化,现在难以直接观察到，但“施动—使动”这种基本句式的结构原理和结构格局仍旧支配着现代汉语句法结构的运转，因而仍需弄清楚现实的语言现象与使动式的历史变异的关系。使动式的历史变异主要表现在两个方面，一是通过动字，二是通过使事。通过动字而使使动式发生变异的办法就是在动字后再加一个动字，形成现在一般所说的“动补”式。它与基本句式的关系是看第二个动字的语义指向；前面已经说到这一点，这里略。通过使事的变异，主要是改变使事的位置，把它挪到动字之前，而在其前面再加一个“使”类动字，形成现在一般所说的连谓式。现代汉语的“连谓式”为什么在语篇中占有50％左右的比重，原因就在于它的深层结构本来就是汉语的一种基本句式，它的历史变异使我们割裂了古今句式之间的联系。我们平常说“动补”式、“连谓”式是汉语语法的特点，这是完全正确的，只是对原因的解释不确切。它们“特”在什么地方？就是“特”在使动式上。抓住了一种语言的基本句式，就容易抓住一种语言的语法结构的基本脉络。这方面的具体论述可参看徐通锵1998a。

引用书目

布龙菲尔德　1933　《语言论》，商务印书馆，1980。

陆俭明、郭　锐　1998　《汉语语法研究所面临的挑战》，《世界汉语教学》第4期。

陆志韦　1956　《汉语的并立四字格》，《语言研究》第1期。

吕叔湘　1963　《语文常谈》，三联书店1980年重印。

——　1987　《说“胜”和“败”》，《中国语文》第1期。

容　晶　1997　《汉语语序的语义基础》（博士学位论文），未刊，与本文引用的相关内容后来以《汉语语序研究的理论思考及其考察》为题发表于 2000 年第 3 期的《语言文字应用》。

石毓智 1992 《肯定和否定的对称和不对称》,台湾学生书局。

斯米尔尼茨基,A.И. 1952 《关于词的问题》,译文见陆志韦等著的《汉语构词法》,科学出版社,1957。

王 力 1965 《古汉语自动词和使动词的配对》,《王力文集》第 16 卷,山东教育出版社,1990。

徐通锵 1997a 《语言论——语义型语言的结构原理和研究方法》,东北师范大学出版社。

—— 1997b 《有定性范畴和语言的语法研究》,《语言研究》第 1 期。

—— 1998a 《自动和使动》,《世界汉语教学》第 1 期。

—— 1998b 《说“字”》,《语文研究》第 3 期。

叶蜚声、徐通锵 1997 《语言学纲要》(第三版),北京大学出版社。

赵元任 1975 《汉语词的概念及其结构和节奏》,《中国现代语言学的开拓和发展——赵元任语言学论文选》,清华大学出版社,1992。

朱德熙 1983 《自指和转指》,《方言》第 1 期。

汉语的特点和语言共性的研究*

【提要】共性隐含于特性之中，只有通过不同语言的比较才能揭示隐含于特性背后的共性。根据语言表层现象的描写而总结出来的任何理论都有它特定的适用范围，不能看成为语言共性的化身。语言是现实的编码体系，是一种非线性结构。结构层次愈深，与现实的联系愈密切，它所隐含的共性因素就愈丰富，反之，就愈贫乏。印欧语以一致关系为标志的主谓结构处于语言的表层，难以据此处理深层结构的语义。汉语是语义型语言，它的结构规律隐含有丰富的语言共性的内涵。中西语言学的结合应以语言共性的研究为基础，和印欧语相比，对汉语特点的研究是通向语言共性的捷径。用现成的印欧语理论来分析汉语实际上是舍捷径而走弯路。

《马氏文通》以后中国语言学的理论和方法基本上来自西方，自觉或不自觉地认为这些理论反映了语言的共性特点，同样适用于汉语的研究。习惯成自然，很多人对这一点似乎已深信不疑，认为着眼于语言的"共性"，以西方的语言理论为基础，就可以赶上西方语言学的水平，实现与国际接轨的目标；如果过分强调汉语的特点和中国语言学的特点，就会使中国语言学的发展脱离国际发展

---

* 原载于《语文研究》1999 年第 4 期。

的轨道，与西方语言学的差距会越来越大（参看徐烈炯，1998；陆俭明、郭锐，1998）。这似乎把复杂的问题简单化了，因为共性寄寓于个性之中，只有对不同语言的差异进行深入的比较，弄清楚隐含于个性之中的普遍结构原理，人们才有可能弄清楚语言的共性。根据语言表层现象的描写而总结出来的任何理论或概念都没有可能成为语言共性的化身。这一问题的研究涉及对语言结构的性质的认识，需要突破目前流行的"语言是一种线性结构"的理论框框，揭示语言的非线性结构的性质。不同语言如何将非线性结构的各个层次综合为一个严密的系统，各有不同的特点；比较这些特点的差异及其成因，对弄清楚语言的共性、实现与国外语言学接轨的目标，无疑是有帮助的。

一 真理的相对性和语言理论的适用范围

真理是人们对所研究对象的一种规律性认识，它的形成与一定的时间、条件和特定对象的性质、特点相联系，因而有一定的适用范围；超越了这种范围，真理就会变成谬误。列宁（1920,217）在《共产主义运动中的'左派'幼稚病》中曾说过这么一段话："……任何真理，如果把它说得'过火'，加以夸大，把它运用到实际所能应用的范围以外去，便可以弄到荒谬绝伦的地步，而且在这种情况下，甚至必然会变成荒谬绝伦的东西。"这段话富有深刻的哲学含义，无论是对社会科学，还是自然科学，都是适用的，说明真理都有一定的界限，是相对的，既有待于认识的不断深化，又只能应用于它所能应用的范围。这对语言的研究来说，是有重要的现实意义的，因为"过去，中国没有系统的语法论著，也就没有系统的语法理论，所有理论都是外来的。外国的理论在那儿翻新，咱们也就跟着转。这不是坏事，问题是不论什么理论都得结合汉语的实际，可是'结合'二字谈何容易，机械地搬用乃至削足适履的事情不是没有发生过"（吕叔湘，1986）。这个"跟着转"就涉及到西方语言学的理论和方法是不是有它自己特定的适用范围的问题；人们虽然可以在"结合"二字上做文章，但立足点还是"跟着转"，自觉或不自觉地将印欧语的理论看成为语言共性的化身。"跟着转"的研究途径与真理的相对性原理是有很大的距离的。

印欧语的语言理论是根据印欧语的结构特点总结出来的，在这一特定的范围内它自然是真理，可以有效地揭示印欧语的结构规律和演变规律。比方说，"双轨制"的语法理论，即名、动、形的词类划分与"主语—谓语"框架的结构关联，对于印欧语来说，无疑是真理，舍此就无法描写印欧语的结构。这就是这一理论的特定的适用范围。《马氏文通》以后我们也用这一理论来描写汉语的语法结构，这就超越了它所适用的范围，使真理走向谬误。我们历经百年，始终解决不好或解决不了名、动、形的词类划分和它们与句子成分的关系问题，就是汉语的结构对这种"共性"理论的一种顽强抗议，使它无法跨越真理相对性的界限而进入人们可以"跟着转"的"绝对"的领域。这个问题我们已经说过多遍（徐通锵，1997，1998，1999），不想多费唇舌。有人说，科学没有国界，语言学就是语言学，没有美国特点的生物学、英国特点的化学，自然也不应该有中国特点的语言学。这种说法似是而非。确实，世界上没有美国特点的生物学、英国特点的化学，因为美国的耗子与中国的耗子是一样的，英国的水与中国的水的物质构造也是一样的，都是

H_2O,是研究对象本身的特点制约了理论的表现形态。但是,美、英等国使用的英语与汉语却是不同的,结构上相互有原则的差异,这自然会不可避免地使两国的语言学呈现出不同的特点。特点与国界是两回事儿,一个国家的语言学,不管它具有多么突出的特点,它仍然是没有国界的,只要你愿意,谁都可以吸收它的研究成果。结构语言学的三大学派各有其自己的鲜明特点,但都没有影响它们超越国界而成为语言学的共同财富。特点的有无应该是衡量语言学是否趋于成熟的一个重要标志。

"跟着转"的认识论基础就是把印欧语的理论看成为语言共性的表现。"双轨制"的语法理论是我们"跟着转"的一个"纲",形成汉语研究中的"印欧语的眼光"。这种特定的观察视角自然会影响到各种具体问题的研究,使我们难以摆脱"跟着转"的格局。汉语语法研究中最新"跟着转"的一种理论就是学习西方的配价理论。"价"着眼于句中动词和名词的语义关系,最早见于吕叔湘1946的论著,当时称为"系"。它的理论形态当时尽管不是很完善,但却是中国语言学家自己的理论创造,比法国语言学家特斯尼埃尔(L. Tesniere)发表于1959年的配价理论要早十余年。遗憾的是,吕叔湘的这一理论没有引起人们的注意。20世纪70、80年代,中国语言学家学习西方语言学,发现了价(也称"向")的理论,于是"跟着转",用来分析汉语的语法结构。"价"是"双轨制"语法理论的一种派生物,考察句中定式动词能带几个"人物语",进而分析它们之间的语义关系。它与传统语法中的名词变格的理论实为异曲同工,揭示动词和名词之间的施事、受事、与事之类的语义关系(徐通锵,1997,558)。价的适用范围就是定式动词。我们用价的理论来分析汉语的结构,发现不仅动词有配价要求,而且名词和形容词也都有配价要求，于是有一价名词、二价名词、一价形容词、二价形容词等等的说法。汉语结构单位的配价要求远远超越了价理论的适用范围。这些差异说明，语言间既有共性，也有各自的特性，需要通过特性的研究去认识共性。价的实质是表示结构单位之间的语义关系，重点反映动作性的结构单位与名物性结构单位之间的语义关系。任何语言都有这种类型的语义关系，只是不同的语言需要受其特定的语法结构规则的制约，从而表现出不同的特点。印欧语必须受"双轨制"语法规则的制约，只能在名、动、形的词类划分与"主语—谓语"框架的结构关联中去考察这种关系。汉语的语法由于不存在这种关联，因而价的配置不受主谓框架的限制。这里碰到了尖锐的矛盾：承认价的理论和真理适用范围的无界性，就没有必要考察名词、形容词的价；如果坚持真理的相对性和汉语的特点，那就应该突破价理论的框框，以结构单位之间的语义关系为纲，梳理汉语语法结构的脉络，不必去计较名、动、形的词类划分和它们与句子结构成分的关系。现在采用的办法是矛盾的，既接受价的理论，又坚持名、动、形的词类划分和与此相联系的主谓结构框架，用"降级述谓结构"之类的概念来处理名词、形容词的价。差异的比较原是修正旧理论、建设新理论的突破口，但遗憾的是，我们往往在这里望而却步，继续把与语言事实相矛盾的理论视为语言共性的化身。

汉语事实与语言理论既然有矛盾，为什么价的理论还会对汉语的研究产生那么大的影响？这恐怕与汉语结构的特点有关。《马氏文通》以前，我们研究的重点基本上就是结构单位，以字为核心研究文字、音韵、训诂，也就是着眼于结构单位去把握汉语结构的格局；《马氏文通》以后发生了一次方向性的转折，重点研究结构单位之间的关系。但是,如何研究单位之间的关系?由于我们除了虚字的研究之外,就没有这方面的传统,只能参照印欧语的理论和方法来研究汉语的结构。百年来,几代语言学家都在如何使印欧语的理论适合汉语研究的道路上摸索前进。《马氏文通》的词本位(重点研究词法)和黎锦熙的句本位在方法论上偏重于模仿,20世纪30年代的文法革新问题讨论批判了印欧语语法理论在汉语研究中的局限,希图找到一条独立发展的道路。40年代的汉语语法研究取得了重要的进展,特点是从不同的角度研究单位之间的关系,例如吕叔湘的从外到内的"词句论"和从内到外的"表达论"(范畴,关系)、王力的句式论(如能愿式、使成式、处置式、递系式、被动式等)和高名凯的关系论(规定关系、引导关系、对注关系、并列关系、联络关系等)都是这方面的具体表现。它们与词本位、句本位理论的最重要的区别,就是将词类与主谓关系的句法结构脱钩,认为词类是概念的区分,与句子结构成分没有关系(王力),或者是一个词虽然可以有名词、动词或形容词的用法,但不能区分名、动、形的词类(高名凯)。这一点是很重要的,因为对于印欧语的"双轨制"语法理论来说,把词类与句法成分脱钩,等于是釜底抽薪,抽掉了它的灵魂;但是对汉语来说,这就摆脱了词类与句子结构成分的对应关系的束缚,使语法研究比较切合汉语的实际。50年代结构分析法传入我国之后,这些理论被否定,重新建立名、动、形的词类划分与句子结构成分之间的对应关系,再一次陷入了难以自拔的矛盾。80年代的词组本位理论想立足于单位考虑结构单位之间的关系,重新表现出使词类与句子成分脱钩的倾向,虽然不彻底,但却也是一次重要的转折(徐通锵,2000)。从《马氏文通》到朱德熙的词组本位,我们把握汉语结构格局的视角逐步向结构单位转移，而正是在这个时候我们引入价的理论，为立足于单位去考察单位间的语义关系提供了一个新的视角。这与传统强调结构单位的研究的精神在某种程度上是相通的，如果能与名、动、形的词类划分脱钩，它的发展前景可能会更宽阔一些。历经百年，绕了一个大圈，汉语研究的立脚点又呈现出向单位转移的倾向。这种转移比较符合汉人的语感，因而容易引起人们的共鸣。如果处理得好，它与赵元任(1975)、徐通锵的字本位理论有可能“殊途同归”，因为它们的基本精神都是立足于单位去把握汉语的结构脉络。

二　语言非线性结构的层次性与语言的共性

真理相对性的原理说明：每一种理论，只要它是客观规律的反映，就有一定的普遍性，与共性相联系，但又只适用于特定的对象，具有它的特殊性。汉语的价的表现形式与印欧语不完全一样，其适用的范围远远宽于印欧语，原因就在于它们各自受到了语言结构特点的制约。两种语言的价，哪一种更能体现语言的共性？是汉语，而不是印欧语。语言本质上是一种非线性结构，线性只是其中的局部情况；把语言看成为一种线性的结构，实际上是以偏概全，模糊了语言结构的性质。不同的语言现象在语言非线性结构中所处的层次有深浅之别。印欧语名、动、形的词类划分和它们与主谓框架的结构关联处于浅层，而结构单位之间的语义关系则处于深层，大体上相当于兰姆(S. M. Lamb, 1969)所说的词位句法(lexemic syntax)和义位句法(sememic syntax)。深层的价由于需要和浅层的“主语—谓语”结构相协调，因而它的适用范围受到了明显的限制，只局限于定式动词。汉语和印欧语的价的差异给我们提供了一些重要的启示，这就是：语言非线性结构的层次愈深，其所隐含的语言共性的因素就愈丰富；反之，层次愈浅，语言的特点就愈明显，其所隐含的语言共性因素就愈贫乏。

语言是现实的编码体系。世界上不同语言社团所面对的现实大体上是一样的，但是它们的语言各不相同。为什么对相同现实的编码会形成不同的语言？这大致决定于两方面的因素：第一，观察的视角不同，即所谓“每一语言里都包含着一种独特的世界观”（洪堡特，1936，70），或以此观点为基础而形成的所谓语言世界观的“主观性”和“片面性”（魏斯格贝尔，据兹维金采夫，1962，337），使不同语言社团具有不同的思维方式，从而对相同的现实进行不同的编码；第二，实现编码的语音工具是用固定数量的音节去关联反映现实的意义，还是用 n 个音节（n＝1，2，3……）？前者大体上与理据性的编码机制相联系，语言规则会较多地受到现实规则的制约，如汉语大致就是用一个音节去关联一个概念，多采用临摹性（iconicity，也有人译为像似性）原则将现实现象转化为语言的“码”；后者大致与约定性的编码机制相联系，如印欧系语言。这两方面的差异对语言编码产生了决定性的影响，使不同的语言向着不同的方向发展。相同的现实必然会使不同的语言具有共性，而语言社团的不同思维方式和编码机制又必然会使不同的语言具有不同的特点。编码是分层进行的，递次前进，语言的共性因素自然会随着结构层次的变化而发生不同程度的变化。

将现实转化为语言的“码”首先就是用音节或音节的组合把形形色色的现实现象概括、归类，形成音与义的关联，产生语言的基本结构单位，为而后各个层次的编码奠定必要的基础。基本结构单位的表现形式不同的语言不一定相同，例如汉语的基本结构单位是字，而印欧系语言则是词和句，但它们都具有现成的、离散的、在语言社团中具有心理现实性三个特点。这就是隐含于特性背后的语言共性的一种表现（徐通锵，1998，1999）。字或词的意义是概念性的，概括、反映的是某一类现实现象，个体性比较强，但内中已经隐含有语言世界观的“主观性”和“片面性”，从一种特殊的视角将现实现象转化为概念性的意义。如果说，这种意义反映的是现实现象的“类”，那么以此为基础而进入的下一个层次的编码就是“类”跟“类”之间的关系，在语言中的表现就是通过基本结构单位的组合而呈现出来的单位间的语义关系，前面讨论过的价应该属于这一个层次。从“类”到“类”的关系的反映偏重于客观性的概括，巩固人类认识活动的成果，而要运用这种成果来认识现实，那还需要有一些主观性的判断，对“类”加以陈述，揭示它的具体含义。这样，我们就进入了编码的下一个层次，可以称之为表述层。现在一般所说的“话题—说明”或“主题—述题”就属于这一个编码层。每一个结构层都有它自己的结构形式，如“话题—说明”大致与结构单位的语序相联系。一种语言如果需要把各个层次的现象都纳入一个统一的“纲”中去处理，或者，用一个统一的“纲”去把握不同层次的结构，那就需要有某种特定的形式标记，如形态变化之类，这就进入编码表层的形式语法。这种非线性的编码层次可以图示如下：

<table>
<tr><th></th><th>语言非线性结构的分层</th><th>和分层相对应的结构单位</th></tr>
<tr><td rowspan="4">语音层</td><td>形式语法层</td><td>主语—谓语</td></tr>
<tr><td>表述层</td><td>话题—说明</td></tr>
<tr><td>基本结构单位的语义关系层</td><td>字组（汉）或句法结构（印欧）</td></tr>
<tr><td>概念性语义层</td><td>语言基本结构单位</td></tr>
</table>

这是隐含于线性音流中的语言非线性结构的大致分层情况，虽然很粗疏，而且有些理想化，但有助于理解语言的特性、共性及其相互关系。要深入探究，每一个层次还可以细分，例如概念性语义层至少还可以将概念性语义按照空间、时间而再进行概括分层，分出名物、动作和存在于名物、动作中的性状层。各个层次相互间是一个连续统，没有一条截然分明的界限，可以相互渗透和过渡，所谓实词虚化或语法化就是这方面的一种具体表现。严格地说，这个图不是很准确，因为它仅仅是一个平面图。实际上，无论从纵向来看，还是从横向来看，语言都是一种非线性结构。横向各层的关系是：各个语义层及其相对应的结构单位都由语音覆盖和表达，呈现出音义的非线性结合；最基础的概念性语义层是音义关联的基点，形成语言的基本结构单位，其他各层的语音大致就是由这些单位的线性组合构成的语音序列和寄生于这种序列之上的音高、音强、节奏、节律之类的现象，使语音序列和相应的语义成分相结合而成为一个相对独立的结构单位。纵向语义各层的结构单位都是音义结合物，认为语素、词等是由音位的线性组合构成的"组成"说，或者认为语音的功能是实现各级语法单位的"实现"说，都是没有根据的，因为语素、词等本身就是音义结合的结构单位。彼此相邻的两个层次的结构单位相互依赖，下层为上层奠定基础，上层使下层能够进入严密的结构网络，使语言中的各种现象形成为一个相互依存的整体。各层与现实规则的关系大体是：结构的层次越深，受现实规则制约的力量就越大，而受表层规则的干扰就越小；相反，层次越浅，受现实规则制约的力量就越小，因而呈现出来的特点就会越明显。了解了这一总体的情况，我们就可以进一步讨论非线性的结构层次与语言共性的关系了。

从语言结构的性质来说，各种语言都是一种非线性的层次结构，但它们如何综合融化这些结构层，使其成为一种有组织的系统，那么应该说，每种语言都有自己的“高招”。印欧系语言基本上是把各个层次都纳入到表层的语法层去处理，由一致关系所维持的主谓结构统率一切，形成句法结构、词类划分和形态变化三位一体的结构，因而这一语言社团的线性的语言观比较突出，强调“法”（词法、句法）的形式分析，即使对一些非线性的语义现象也要用“主语—谓语”的线性结构视角去观察。例如词的名物、动作、性状的语义类分别给以形态的包装，纳入主谓的线性结构的框架；“话题—说明”的表述也隐现于主谓结构之中；反映结构单位语义关系的“价”也得通过这一框架去考察。至于一些实在难以纳入线性的主谓结构去研究的语言现象，那就只能凭直觉进行一些必要的研究，难以形成系统的理论，这恐怕就是印欧语研究传统的语义研究为什么比较薄弱的一个重要原因。总之，印欧语的研究传统重视线性的语法结构，并以此为基础去处理非线性的各层语义现象，使各层次所隐含的共性都要受到表层特性的干扰。所以，这个传统长于语法分析，短于语义研究。汉语研究传统的情况正好相反，理据性的编码机制使它始终突出语义，虽然也受语言世界观的“主观性”和“片面性”的制约，但不受主谓结构之类的表层形式规则的干扰，因而它能比较真实地反映语言的共性。如果说，印欧语的语句生成机制是以“大”制“小”，以主谓结构框架为纲去处理各层结构单位，那么汉语则是以“小”制“大”，以核心字为基础，通过向心和离心的形式，层层推进，形成以“话题—说明”为框架的语义句法。所以，汉语社团的非线性的语言观比较突出，即使是音节，我们的祖辈也早已进行了有成效的非线性的结构分析（徐通锵，1997，

127)。“法”(辞法、句法)的形式研究是这个传统的薄弱环节,除虚字外,基本上始自《马氏文通》。这就是说,汉语研究传统长于语义研究,短于对结构单位之间的关系进行线性的形式分析。两种语言研究传统的这些差异决定了它们的非线性的各个层次很难简单地对应,例如名、动、形的词类划分,对汉语来说,是语义的分类;而对印欧语来说,就是和主谓结构的句子成分有成系统的对应关系的语法分类。表层线性结构的干扰决定了现行词类理论的适用范围的相对性,无法无条件地应用于不同语言的研究。

语言研究的传统是在不断克服自己薄弱环节的道路上前进的。吸收外传统的理论和方法,也就是实现不同传统的结合,这是补正自己薄弱环节的一种重要途径。结合,这是以语言的共性为基础的;找不到真正的共性,“结合”就难以取得预期的成效,这恐怕也就是吕叔湘所说的“‘结合’二字谈何容易”的真正含义。《马氏文通》以后中国语言学在结合道路上的经验教训说明,除音韵和方言的研究以外,我们还没有找到结合的共性基础。西方语言学的语义研究传统比较薄弱,但如果要吸收汉语语义研究的丰富成果,也得找出相互之间的共性基础。由于汉语和外语之间横亘着汉字的“万里长城”,外国语言学家很难了解和利用汉语语义的研究成果。这就给中国语言学家提出了一个严厉的要求:比较汉语和印欧语的差异,总结汉语研究的成果,特别是语义的研究,揭示隐含于汉语特点中的普遍结构原理,建立相应的理论,为实现中西语言学的有效结合作出我们的贡献。有没有这种可能呢?回答应该是肯定的。我们不妨以概念性的字义为例研究它与义场、义素分析法的关系来讨论汉语特点中所隐含的共性以及它与中西语言学的结合的关系。

三 字义的结构和义场、义素的分析

义场、义素分析法是用来分析语义的一种重要理论和方法，它与格、价等理论不一样，已完全摆脱主谓结构之类的句法结构的束缚，就语义论语义。它所研究的对象处于非线性语义结构的最深层，隐含语言共性的因素自然也最丰富。研究这种共性现象的理论理应很有效，但遗憾的是，这种理论和方法流行了几十年，成效却不甚理想，大多只局限于颜色、亲属、军衔、度量衡、动物、植物、某些知识和技能的分析，无法广泛运用于动作、性状、名物方面的研究。究其原因，恐怕与难以确定义场的形式标准有关。例如"马"，它可以和"人"等一起构成动物义场，与植物相对；也可以和"牛""猪""狗""羊"等一起构成家畜的义场，与野生的动物相对；甚至"马"本身就可以作为一种义场，与"牛""羊"等义场相对，因为"马"有各种各样的品种，可以而且需要对之进行细致的描写。义场的大小不同，抽象出来的义素就不一样。语义的分析以哪一种范围的义场为准？缺乏一种客观的标准。其次，一个结构单位所表达的现象有多种多样的语义特征，以不同的特征为基础就可以建立不同的义场。再以"马"为例，如果取其"动物"的特征，它自然可以与"人""牛""羊"等建立一个义场；如果把马看成为一种交通工具，那么它就可以与火车、汽车、牛车、三轮车、轮船等构成一个义场。利奇(1983,55)对马与船进行对比分析就是这方面的一个例子。第三，找出来的义场或义素能为结构单位的语义关系的研究提供一些什么样的线索，也很不清楚。这些问题解决不了，义场、义素的理论和方法的有效性就不能不受到怀疑和责难。有没有可能解决这个问题？有！办法就在我们的眼皮底下，考察汉语字义的结构。义场、义素的理论虽然诞生于西方语言学，但其广泛而有成效的实践却源于汉语的字义研究。“因声求义”是汉语训诂的一种重要理论，以“声”为纲系联同“声”的字，组成字族，从中进行语义关系的研究。这种研究方法实际上就是一种义场、义素的分析法。先请看“堇”声的字族（据杨树达，1934）。“堇”的意义是“少也”，所以“堇”声之字多含寡少之义：“谨”为寡言；“廑”为“少劣之居”；“僅”为“才能也”、即“犹言纔能也”；“馑”是“蔬不熟曰馑”（饥馑皆言食物寡乏不足）；“殣”是“饿死为殣”、即“殣谓乏食而死者也”；“槿”为“朝华莫落者”、即谓开花的时间很短，等等。“勤”现在是“勤快”的意思，原来的含义也是“少”：“古之君人者，必时视民之所勤。民勤于力则功筑罕，民勤于财则贡赋少，民勤于食则百事废矣”（《穀梁传·庄公二十九年》），这里的“勤”即为“少”的意思。这些以“堇”为“声”的字谨、廑、僅、馑、殣、槿、勤等组成一个字族，“堇”与它们之间的关系犹如《释名》的序言所说，是“名之于物，各有义类”，“堇”所表示的“少”义就相当于一个义类，而这个义类实质上就是一个义场，其他的“言”“居”“食”“力”“时”等限制“少”的意义范围，大致与义素相当，表示具体的语义现象。书写汉语的形声字体系由于它适应汉语的理据性的编码原则和语义结构，因而富有生命力，从秦汉至今的二千多年来，一直没有什么变化，可以成为“因声求义”的向导，即：“声”表示义类或义场，使“类”或“场”具有明确的形式标准；“形”表示义素或语义特征，指明字义的具体的语义范畴。清儒的“因声求义”理论以及和此相联系的“右文说”为什么对汉语语义的研究会产生巨大的影响？原因就在于它有效地揭示出汉语语义结构的规律，是汉语社团自发地运用义场、义素及其相互关系的理论进行语义的研究。这是有普通语言学的意义的，遗憾的是我们以往没有以此为基础进行理论的探索和总结。

形声字提供的线索是义场、义素融于一体，就是一个字的字义既隐含有抽象的义类，又能指明具体的语言现象，是类象一体，是汉语社团的"援物比类""比类取象"的两点论的思维方式的一种具体表现。鉴于此，我们曾提出一个汉语字义的结构公式："1 个字义＝1 个义类×1 个义象"（徐通锵，1997，295—306），其中的"义类"相当于义场，"义象"相当于义素或语义特征。有些字义的结构要素不止两个，但也可以有层次地化解为"类""象"两层。例如（例据《尔雅·释山》）：

山大而高，崧。	崧＝［山］×（［大］×［高］）
山小而高，岑。	岑＝［山］×（［小］×［高］）
小而众，岿。	岿＝［山］×（［小］×［众多］）

诸如此类，用不着一一列举。随着语言的发展，单字编码格局解体，代之以二字组为主体的双字编码格局，但"类""象"一体或"场""素"一体的字义结构原理并没有因此而瓦解，只是改变了它的表现形式。在二字组中，同一个字既可以表示义类，也可以表示义象，区别的标志就在于它的位置：如处于二字组后字的位置，它表示义类；如处于前字的位置，它表示义象或义素、语义特征，继续保持"1 个字义＝1 个义类×1 个义象"的结构公式。如以"球"为例，可以组成两组字组（只以二字组为例，多字组可以分层化解为"二"，基本原则同二字组）：

一、棒球　冰球　地球　发球　环球　寰球　篮球　垒球　链球
　　马球　煤球　排球　皮球　气球　铅球　全球　手球　水球
　　松球　台球　天球　网球　星球　绣球　血球　眼球　月球

足球

二、球场　球胆　球果　球技　球茎　球菌　球路　球门　球迷

球面　球拍　球赛　球台　球体　球鞋　球心　球艺

这就是以“球”字为核心而组成的字组系族。“球”是系族的核心，称为核心字。它既可以表义类，也可以表义象；或者说，既可以表义场，也可以表义素或语义特征，关键就是它在字组中的前后位置。核心字处于后字的位置表义类或义场，如一组的“球”表示一种圆状的物体，含义宽泛而笼统，但如得到前字的限制，它就会向具体的方向转化。例如，“棒球”是运动场上用棍棒击打的一种小球，“皮球”是用橡胶制成的空心而有弹性的游戏用具，等等。这说明前字都是围绕着后字转的，表示“球”这个义类可能具有的语义特征，因而我们称它们为向心字组。核心字处于前字的位置表一种义象或义素、语义特征，借以对后字义类的语义范围进行恰当的限制。例如“球场”是用来进行球类运动的场地，“球面”是圆状物体的表面，等等。这说明它的功能是对义类的限制和修饰，我们称它们为离心字组。《现代汉语词典》和《倒序现代汉语词典》就是这两种性质的字组的汇编，是研究字义关系的两本重要的工具书。同一个字兼具两种不同的语义功能，把相关的结构单位系联在一起，这是汉语字义结构的一个非常重要的特点，也是观察义场、义素结构的一个窗口。

把形声字所提供的线索和汉语字组的字义关系纳入义场和义素的系统中去研究，人们可能会持异议的态度，以为是我们不恰当地抬高了汉语的研究水平，而矮化了现代语言学的义场、义素的理论。否！汉语字组的向心、离心的结构原则，看起来好像只是汉语特有的现象，但却隐含有语言共性的结构原理，只要是以字

组字,就必定会采取这种结构格式。先请比较下面两组英语词的结构:

A	B
White house	houseclean
hothouse	housemate
clubhouse	housewife
smokehouse	houseboat
……	……

A组的结构相当于向心字组,B组相当于离心字组,其中的house就相当于核心字。翻开英语词典,很多词都有这种类型的字组结构,只是数量不等而已,大体是愈常用的词,这种类型的结构数量就愈多。从英语的发展来看,这一类的结构有愈来愈膨胀的趋势。其他语言也不乏这一类例子。这说明,即使像印欧语那样的语言,一旦派生构词法不敷使用,也会毫不犹豫地采用语义组合的方法造词,其所依据的原则与汉语的语义构辞法相同。这种"相同"与语言的相互影响毫无关系,完全是受语言共性原则的支配而呈现出来的平行发展的现象。所以,汉语的核心字和以核心字为基础的字组结构原则虽是汉语的特点,但隐含有人类语言的普遍结构原理,有其丰富的共性内涵。汉语早于我们所知道的其他语言走上了这条共性的发展道路。

汉语字组的结构原则毫无疑问具有普通语言学的意义,我们以此为基础把汉语字义结构的原则与义场、义素的分析相比拟也就不会是没有根据的无稽之谈。区别是有的,主要是印欧语类似向心、离心那样的构词原则在系统中还没有成为主流,人们没有对此进行过系统的考察,因而没有注意像核心字这样的结构原理在语义研究中的地位,致使义场、义素的确立没有明确的形式标记,只能选择一组语义相关的词进行义素或语义特征的抽象。什么是“相关”？难以确定，因而研究的范围始终难以突破颜色、亲属等少数词群的框框，建立成系统的语义理论。汉语的字组结构，以核心字为准，这就使“相关”的确立有一个明确的标准，人们可以借此建立一个可控制的义场，对义场和义素的结构进行系统的分析。如仍以“球”为例，就可以根据它在字组中的位置建立起两种不同的字组系族，在“族”中考察义场、义素的结构。义素或语义特征的抽象原是西方语言学中义场、义素理论的一个难点，很难确定义场中各个词之间有哪些能成为最小公倍数的语义组成成分。汉语字组的结构，向心字组的前字可以说明后字所体现的义场有哪些语义特征，而离心字组的核心字（上例的第二组）可以清楚地表明它是后字所体现的各个义类共有的最小公倍数式的语义特征。

人们可能会提出疑问：先生，语义本来是最难研究的一个领域，您这样来理解义场、义素的理论，虽然简单而明确，但是不是过分简单化了？否！这只要比较一下印欧语的义场、义素的研究，我想这个问题可以迎刃而解。先请比较下列各例：

	A	B	C	
1.	man	woman	child	（男人，女人，孩子）
2.	bull	cow	calf	（公牛，母牛，牛犊）
3.	rooster	hen	chicken	（公鸡，母鸡，小鸡）
4.	drake	duck	duckling	（公鸭，母鸭，小鸭）
5.	stallion	mare	foal	（公马，母马，马驹）
6.	ram	ewe	lamb	（公羊，母羊，羊羔）

例子引自莱昂斯(J. Lyons, 1969, 470—472)。横行(1,2,3……)和纵行的各个词都各有共同的语义特征，例如1组指“人”，2组指“牛”……，A组所指为“公”或“雄性”，B组为“母”或“雌性”，而且

都是“成年”的，与C组的“不成年”对立。这种语义特征的分析和我们前面关于汉语字组结构的研究比较，有异有同。“异”的是“场”的范围有大小，这里列的是动物场，还可以增加一系列如猫、狗、狮、虎、象、狼……之类的词，难以控制；我们以核心字为基础进行研究，“场”的确立就有了明确的标准，所指的范围大为缩小，相当于这里横行各组的词。范围尽管有异，但基本精神相同，都想在一定范围中把相关的结构单位系联在一起，进行语义关系的研究。至于最小公倍数式的语义特征的抽取，这里的male(“公”)、female(“母”)之类的特征已经清楚地指明了汉语离心字组中的核心字所具有的性质。印欧语的“场”“素”缺乏统一的形式标志，因而难以抽取共同的语义特征，以至莱昂斯(1977,315—317)后来对此取否定的态度。再次，非线性结构中每一个层次的分析都不是孤立的，都需要考虑它与上下层之间的关系。义场、义素的理论偏重于概念性的语义分析，没有好好地考虑它们与结构单位的语义组配的联系；我们即使知道了“±HUMAN”“±MALE”“±ADULT”等义素，也很难把握这些语义特征与结构单位的组配联系。汉语以核心字为基础的字组结构本身就隐含着结构单位的语义组配规则，稍加整理，就可以弄清楚相互之间的限定、自动、使动等等的语义组配关系(徐通锵,1999)。汉语字组语义结构的分析可以解决印欧语研究中的义场、义素理论的一些难以解决的问题。

字组的结构蕴涵着语言共性的结构原理，这方面的研究现在虽然还刚刚开始，但已显示出很大的潜能，只要我们能对不同语言语义结构的异同进行认真的比较，定可以为改进和补正义场、义素理论的研究提供一些有启示性的线索。

四 和印欧语相比，汉语特点的研究是通向语言共性的捷径

从前面的比较分析中我们可以看到，语言的共性与非线性结构层次的关系比较密切，总的倾向是：层次愈浅，特点愈显；层次愈深，共性愈增。印欧系语言的各个语义层由于都要纳入表层的主谓结构中去分析，自然就不能不影响非线性的层次分析和语言共性的表达，使不同语言的各层非线性结构难以有整齐的一一对应关系。这无疑增长了中西语言学结合的困难。“结合”，这需要以语言的共性为基础；共性抓得准，结合就比较容易取得明显的成效。遗憾的是，《马氏文通》以来的汉语语法、语义、语音和语言理论的研究大致都以印欧语的理论为范本，也就是想以印欧语的理论为基础实现中西语言学的结合，不大考虑汉语本身的特点，这就没有准确地找到两类语言的共性基础。汉语名、动、形的词类划分以及它们与句子结构成分的关系，虽然历经百年的探索，而且经历了几次周期性的大争论，但始终找不到一种有效的解决办法，就是这方面的一个具体表现。习惯的力量是顽固的，我们的这一结论人们不一定能接受，但语言非线性结构的性质以及各结构层之间的相互关系可以告诉我们，汉语的各个结构层次由于不受由一致关系所维持的主谓结构的制约，语言共性受到表层因素的干扰比较少，因而独立性比较强，其表现形式就是人们常说的汉语的特点。这就是说，汉语的特点比印欧语更接近于语言的共性。我们可以顺着语义生成的途径，从非线性结构的深层开始，考察汉语的特点与语言共性的关系。

用语音工具将现实现象转化为语言的“码”，首先碰到的是音义关联以构成语言的基本结构单位。汉语是一个音节关联一个概念性的语义，形成音义的关联点，构成字，俗称单音节语。这无疑是汉语的特点，但又是以最简洁的形式体现着语言的共性，因为成为音义关联点的结构单位一定是各层语言要素（语音、语汇、语义、语法等）的交汇点，是语言非线性结构的基础；它所隐含的每一种结构要素本身也都是一种非线性结构，即使是它的语音也不例外。印欧系语言是多音节语，音节与语言的结构单位（不管是语素还是词、词组等）都没有强制性的联系，因而音义关联点的考察以及与这个“点”相联系的语音非线性结构的性质没有给以应有的关注，致使这个领域的研究长期滞后。生成音系学诞生以后，由于语言学家比较研究了印欧语和汉语、一些非洲语言的结构差异之后，情况才发生重大的变化，诞生了一系列揭示语音非线性结构性质的音系学，认识到这种音义关联与语言共性的内在联系。“据生成音系学的创始人 Halle 教授相告，他们在各种语言的韵律规则研究中发现了辅音在音节首与音节尾的不同功能，才发现汉语音韵学的音节层次结构说原来是普遍的语音模式。现在，这一模式已被普遍接受，其解释力令许多音系学家震动”（王洪君，1994，310），这一事实充分说明汉语特点中所隐含的语言共性特征。

由语言基本结构单位所体现的概念性语义层的结构，如前所述，汉语字义结构的“1 个字义＝1 个义类×1 个义象”的公式比起印欧语的义场、义素的理论更能有效地揭示语义结构的共性和它的结构特点。以此为基础的字义组合关系的分析，由于汉语不受主谓结构之类的形式规则的制约，因而能从其中提炼出来的语义组配关系自然会更简洁，共性的蕴涵更丰富。洪堡特根据汉语的特点，认为和语序相联系的字义组配关系只有限定和引导两种，“整个汉语的语法就是建立在这两条基本的结构规律之上”（徐志民，1994，475；姚小平，1999），所谓“价”大致就是引导关系中的某些语义表现。洪堡特的这两种语义组配关系的论断自然可以讨论，例如汉语语法中一种非常重要、而且成为汉语一种基本句式的使动关系就难以纳入限定或引导，但他所总结的这两种关系确实很重要，可以看成为不同语言的结构单位语义组配的共性基础。只要比较一下不同语言的语义组配关系，哪一种语言没有这两种语义关系？至于其他的关系大致可以以此为基础进行逐层的推衍，理出系统。

关键的问题是表述层的“话题—说明”结构和语法形式层的“主语—谓语”结构的关系。我们自觉或不自觉地把印欧语的语法理论看成为语言共性的化身，最主要的内容也在这里。这是跟表述有关的两个结构层次，但有深浅之别，即“主语—谓语”是表层结构，而“话题—说明”是比它深一层的结构；所有的语言都有“话题—说明”结构，但不是所有的语言都有“主语—谓语”结构（Charles Li 等，1976，38）。印欧系语言的“话题—说明”结构一般与“主语—谓语”结构基本一致，“在英语和大家熟悉的欧洲语言里，通常话题也是主语，说明也是谓语……但是这种一致在英语口语里有时达不到，正式英语里在一些特殊情况下也经常达不到，在有些非欧洲语言里更达不到”（霍凯特，1958，251）。这说明，“话题—说明”结构与“主语—谓语”结构分属于两个不同的层次，前者属于深层语义结构层，后者属于表层语法结构层，其关系相当于语义范畴和语法范畴，即语法结构虽然有其语义的基础，但有自己的独立性，可以和语义规则发生矛盾，因而呈现出“主语—谓语”结构与“话题—说明”结构既相联系又相区别的情况。印欧系语言以“主语—谓语”为标志的语法结构是印欧语特点的一个重要标志，是一种表层结构现象。既然是一种表层结构，它就很难成为人类语言共性的标志。现在，人们经常强调“主语—谓语”结构是一种universals(语言普遍特征)。这应该给以否定的回答。这里，我想不嫌罗嗦，引用两位有影响的语言学家的论述。菲尔墨(1968,20)在他的《“格”辨》一文中着重强调“主语”是一个表层结构的概念，不一定适合不同语言的研究：“我曾经提出过，有理由怀疑关于主语和谓语的传统区分法在深层结构中是否有效，这种区分法某些人认为是贯穿所有语言的所有句子之中的。我的观点似乎和特斯尼埃尔(L. Tesniere)的观点相同，他认为主语/谓语这种区分法是从形式逻辑输入到语言学理论中来的一种概念，语言现象并没有证实这种概念，而且更有甚者，这种区分法实际上掩盖了‘主语’和‘宾语’之间很多结构上的平行现象。可以接受某些学者提出的关于表层的‘谓语’和‘限定结构段’之间的区别。但是这并不意味着也就相信主语/谓语这种区分在深层结构句法关系中在句子的组成成分之间起什么作用。”J. Lyons(莱昂斯，1969,342)从另一个角度强调“主语”概念的特殊性，认为它与印欧语的特定的形态变化有关。他在比较了印欧语和爱斯基摩等ergative(作格)语言的差异之后指出，“主语”这一概念用于及物句时部分地取决于希腊语、拉丁语等印欧系语言的语法结构，其中包含两个条件：第一，及物句的施事名词与不及物句的主语有相同的格位屈折；第二，动词的数、人称等决定于不及物句的主语名词和及物句的施事名词，英语如用代词去分析，这两个条件都很清楚。上述的分析可以归结为一句话：“主语—谓语”是印欧系语言的特殊的表层结构，其中所隐含的语言共性因素远逊于“话题—说明”的结构。

上述非线性结构各个层次的比较说明，汉语的特点比起印欧语的结构来，更接近于语言的共性，实际上是通向语言共性的捷径。我们现在把印欧语的理论看成为语言共性的标志，真是弄错了研究的方向，舍捷径而走弯路（徐通锵，1991，272—274）。中西语言学的结合应该以语言的共性为基础，既然汉语的特点比印欧语更接近于语言的共性，我们自然应该以汉语特点的研究为基础去吸收印欧语理论中于我有用的理论和方法，把结合的立足点转到汉语上来。说到这里，人们可能会提出一个问题：既然汉语的特点更接近于语言的共性，为什么我们没有语言理论研究的传统，建立起相应的普通语言学理论来？这就不能不说到汉语研究传统的弱点，这就是就事论事，就汉语论汉语，缺乏不同语言的比较。理论产生于比较，即使是蕴涵着共性的语言现象，不经比较也无法显示出它的共性内涵。明末的陈第比较了当时的汉语与上古汉语的差异之后提出了“时有古今，地有南北，字有更革，音有转移，亦势所必至”“一郡之内，声有不同，系乎地者也；百年之中，语有递变，系乎时者也”的音变理论，为清儒的古音研究奠定了理论基础；历史比较语言学的理论和方法导源于印欧语内部差异的比较；美国描写语言学的诞生得益于印欧语和印第安的对比研究，等等。没有比较就不会有理论。理论实际上就是对语言差异的成因和其所隐含的普遍结构原理的阐释。传统的汉语研究没有不同语言的比较研究，自然也就不能诞生普通语言学的理论。汉语音韵的分析很深入，成就显著，但没有和其他语言进行比较研究，自然难以诞生能揭示语言共性的音韵理论。现代语言学的研究重点正逐步向语义的研究转移，我们今后能不能在汉语悠久而有成效的语义研究基础上提炼出具有普通语言学意义的语义理论来，关键也在于我们能不能进行有效的比较，对隐蔽于差异背后的语言共性作出有解释力的阐释。

汉语的特点更接近于语言的共性，因而中西语言学的结合应以汉语特点的研究为基础。至于什么是汉语的特点，那不必在概念上兜圈子，可以从汉语和印欧语（或其他任何语言）的差异的比较入手，找出差异的成因和其中所隐含的语言共性规律，进而建立相应的理论。

引用书目

兹维金采夫　1962　《普通语言学纲要》（伍铁平等译），商务印书馆，1981。

菲尔墨　1968　《“格”辨》，《语言学译丛》第二辑，中国社会科学出版社，1980。

洪堡特　1936　《论人类语言结构的差异及其对人类精神发展的影响》（姚小平译），商务印书馆，1997。

霍凯特　1958　《现代语言学教程》（索振羽、叶蜚声译），北京大学出版社，1986。

杰弗里·利奇　1983　《语义学》（李瑞华等译），上海外语教育出版社，1987。

列　宁　1920　《共产主义运动中的“左派”幼稚病》，《列宁选集》第4卷，人民出版社，1960。

陆俭明、郭　锐　1998　《汉语语法研究所面临的挑战》，《世界汉语教学》第4期。

吕叔湘　1946　《从主语宾语的分别谈国语句子的分析》，《汉语语法论文集》，科学出版社，1955。

——　1986　为龚千炎《中国语法学史稿》（语文出版社，1987）写的序言。

王洪君　1994　《汉语的特点和语言的普遍性》，《缀玉二集》，北京大学出版社。

徐烈炯　1998　《语言学就是语言学》，《语言文字应用》第1期。

徐通锵 1991 《语义句法刍议》,《徐通锵自选集》,河南教育出版社,1993。

—— 1997 《语言论》,东北师范大学出版社。

—— 1998 《说"字"》,《语文研究》第3期。

—— 1999 《"字"和汉语语义句法的生成机制》,《语言文字应用》第1期。

—— 2000 《〈马氏文通〉和中国语言学的发展道路》,纪念《马氏文通》一百周年论文集,山东教育出版社。

徐志民 1994 《评洪堡特的语言观》,《名家论学——郑子瑜先生受聘复旦大学顾问教授纪念文集》,复旦大学出版社,1988。

杨树达 1934 《释"谨"》,《积微居小学金石论丛》,中华书局,1983。

姚小平 1999 《〈汉文经纬〉与〈马氏文通〉》,《当代语言学》第2期。

赵元任 1975 《汉语词的概念及其结构和节奏》,《中国现代语言学的开拓和发展——赵元任语言学论文选》,清华大学出版社,1992。

Lamb, S. M.(兰姆) 1969 Lexicology and Semantics, *Linguistics Today*, New York, edited by Hill.

Li, Charles 等 1976 《主语和主题:一种新的语言类型学》,《国外语言学》1984年第2期。

Lyons, J.(莱昂斯) 1969 *Introduction to Theoretical Linguistics*, Cambridge University Press. 这里据1977年的重印本。

—— 1977 *Semantics*, Cambridge University Press.

编码机制的调整和汉语语汇系统的发展*

【提要】义场、义素分析法是逻辑学中上下位概念关系分析法的具体运用。汉语传统的语汇和语义研究虽然没有义场、义素这些概念，但这种分析法的精神渗透于字义的整理和分析中。《尔雅》以及早期以“声”为核心的字族的语义结构实际上就是这种分析法的反映，体现了汉语的一种编码机制。反映上下位概念关系的编码体系往往以外延最窄、内涵最丰富的下位概念作为编码造字的基础，因而语汇系统中字数多，异形异字，分工细致，而不大关注字族间所隐含的共同语义特性。随着社会的发展，为适应日益增长的交际需要，汉语社团的关注点从字义的纵向联系转向字族间横向共同语义特征的比较和抽象，并选择一个通用的字来表示；要表达新的概念，就将它与某一个相关的字组合，用组字的方法代替造字，从而使语汇单位的多音节性逐渐成为语汇系统的主流。编码机制的调整改变了汉语语汇系统的面貌。

汉语的语汇系统，自古至今，发生了重大的变化，其最重要的标志就是以单音节占优势的语汇系统让位于多音节，特别是其中的双音节。这是语汇的一种结构性变化。人们在追究这种变化的

---

* 原载于《语言研究》2001年第1期。

原因时大多都归因于音系的简化，认为同音字的大量增加影响了交际，于是用组合的办法发展字组，以避免同音的干扰。这可能是一个原因，但不会是最主要的原因，因为音系的简化与语汇系统的演变没有必然的联系。近代北方话的语汇演变可以为此提供一个有说服力的根据。“北方话的语音面貌在最近几百年里并没有多大变化，可是双音词的增加以近百年为最甚，而且大部分与经济、政治和文化生活有关的‘新名词’。”（吕叔湘，1963，21）语言是现实的编码体系，语汇演变所反映出来的结构性变化与语言的基础性编码机制的调整有密切的关系，因此我们需要联系语言社团的思维方式的变化来考察汉语语汇系统的演变，追溯演变的深层次原因。

一 上下位概念的关系和义场的研究

语言是现实的编码体系。从什么样的角度去观察现实，进而将现实转化为语言的“码”，这与一种语言的语汇系统的形成和特点有密切的关系。洪堡特（W. Humboldt，1836，70）曾有一个著名的论断，认为“每一语言里都包含着一种独特的世界观”；新洪堡特学派的魏斯格贝尔（L. Weisgerber）把这一论断又向前推进了一步，提出语言世界观的“主观性”和“片面性”，并认为这种“主观性”和“片面性”具有巨大的哲学的、语言学的、文化史的意义，甚至还具有美学的意义和法学的意义，因为“假如人类只有一种语言，那么，语言的主观性就会一成不变地固定认识客观现实的途径。语言一多就防止了这种危险：语言多，就等于实现人类语言能力的途径多，它们为人类提供了必要的、多种多样的观察世界的方法。这样一来,为数众多的语言就以其世界观的丰富多样同惟一的一种语言不可避免的片面性对立起来,这也就可以防止把某一种认识方法过高地评价为惟一可能的方法”(据兹维金采夫,1962,337)。这就要求我们对不同的语言进行具体的分析,不能“把某一种认识方法过高地评价为惟一可能的方法”。这一论断是有现实意义的,因为我们语言研究的理论和方法基本上来自印欧语的研究,往往用“印欧语的眼光”来观察汉语的结构,把印欧语的理论和方法“过高地评价为惟一可能的方法”。我们同意语言世界观的“主观性”和“片面性”的论断,因而强调语言特点的研究。不同语言的语汇系统具有不同的特点,这是语言世界观的“主观性”和“片面性”的一种反映。我们需要研究这种“主观性”和“片面性”。

语汇系统是由语言基本结构单位及其相互关系构成的。汉语的基本结构单位是字,印欧语是词和句。它们的表现形式虽然不同,但都具有现成性、离散性和在语言社团中具有心理现实性三个特点(徐通锵,1998,1999a,2000)。它们的差异构成语言世界观的“主观性”和“片面性”的基础。将现实转化为语言的“码”,最基本的就是概括地反映某一类现实现象、形成概念的那种结构单位,这在汉语中就是字,在印欧语中就是词。要弄清楚语汇系统所反映的语言世界观的“主观性”和“片面性”和以此为基础而形成的语汇系统的演变,就需要透过字义或词义关系的研究去考察语言基础性的编码机制对语汇系统的深刻影响。抓住这一点,我们才能比较有效地把握语汇系统的全局。

字或词,从数量上说,是很庞杂的。要研究一种语言的语汇系统,突出语言世界观的“主观性”和“片面性”,就需要有一种操作的框架,以便把数量上庞杂的结构单位条理化、系统化。这种框架,现在比较有效的恐怕要首推德国语言学家特里尔(J. Trier)于20世纪30年代提出来的义场理论,其主旨是将一批意义上有某种共同特征的词聚集在一起,建立一个语义场,从中分析词义之间的关系。比方说,父亲、母亲、祖父、祖母、儿子、女儿、孙子、孙女、叔叔、伯伯……是一组意义上有关系的字和字组,相互都是有某种血缘关系的亲属,因而可以把它们归属在一起,建立一个亲属语义场。同理,红、橙、黄、绿、蓝、靛、紫是光谱上呈现出来的几种颜色,表示这些颜色的结构单位也可以建立一个语义场。语言学家想通过这样的方法把语言的基本结构单位分为若干个语义场,进而比较"场"中各个结构单位的异同,从中抽象出最小的语义结构成分,称为义素或语义特征,并用这些特征来描写字义的结构。具体的手续以及它的价值和局限可参看徐通锵1999b。这种分析的方法实际上是逻辑学中概念分析法的一种改进和发展。逻辑学中的概念有上位和下位之别,上位概念的外延宽,内涵窄,而下位概念是外延窄,内涵宽。如以"动物"为上位概念,那"人"就是下位概念,"人"的外延比"动物"窄,而内涵丰富,因为人的很多特征,如会说话、用两条腿走路、会使用工具劳动等等,都不是其他动物所具有的。上、下位概念是相对的,例如"人"相对于"动物"是一个下位概念,但相对于男人、女人或中国人、外国人来说又是一个上位概念。上下位概念呈现在人们面前的是一种"下"包含于"上"的层级体系。语言学从上、下位概念的关系中发现它有助于语义和语汇的结构分析,于是就仿效这种分析方法建立起一种相当于上位概念的义场,而把那些属于下位概念的结构单位依次列入义场,使数量庞杂的字或词进入系统的轨道。考察和比较义场的结构,对了解语言世界观的"主观性"和"片面性"自然是很有帮助的。但现在的问题是，义场的研究止步不前，基本上停留于举例性的分析，如亲属、颜色、度量衡、军衔、动物、植物、某些知识和技能，研究的领域相当狭窄，还无法对整个语汇、语义(特别是其中动作性、性状性的语汇和语义)进行系统性的分析。究其原因，恐怕是由于上下位概念的逻辑关系比较适用于表名物的语汇分析，难以应用于动作和性状，因为名物有比较明确的界限，容易进行上下位概念关系的研究，而动作和性状大多呈连续、模糊的状态(例如什么叫"高"，这并没有一个明确的标准)，不容易进行上下位概念关系的讨论。是不是没有可能进行这种关系的讨论？否！总结汉语语汇研究的传统，可以发现这种关系与汉语的基础性编码机制相联系，如果我们能从中梳理出相应的理论和方法，无疑可以丰富和补正现行的义场理论。《尔雅》是我国最早的一部语言学典籍，对字语的含义都有明确的解释，我们可以从这种解释中发现上下位概念的逻辑关系在汉语的编码体系中占有特殊的地位，体现出我们祖先认识现实的独特的视角和汉语语汇系统的一些重要的特点。

二 《尔雅》反映上下位概念关系的编写原则和汉语以名物为中心的编码体系

我国在二千多年前就流行于世的《尔雅》是一部重要的语汇学典籍，我们可以从中了解很多关于语言编码方面的信息。《尔雅》19 篇，头两篇"释诂"和"释言"大多是解释古代文献中一般字语的含义，以今语释古言，以通语释方言；第三篇"释训"主要是解释叠音字；其余 16 篇是从不同的角度分类解释错综复杂的现实现象。仔细分析这种分类和编写的原则，大体上与上述义场的结构类似，根据上下位概念的关系分列每个字的归属，使语汇呈现出层级性的体系。例如开篇《释诂》第一条“初、哉、首、基、肇、祖、元、胎、俶、落、权舆，始也”，这“始”相当于义场，而前面各字则是某一种事物或某一种状态的“始”。如果说，这不算典型的上下位概念关系，那么后续的释亲、释宫、释器、释乐、释天、释地、释丘、释山、释水、释木、释虫、释鱼、释鸟、释兽、释畜等就具有上下位概念的层级体系的典型特征了。这里的每一篇都是根据某一标准把相关的字集聚在一起，建立起亲、宫、器、乐……的语义场；每一种“场”再根据字义的异同划分为若干个小场或子场，如释畜就下分马属、牛属、羊属、狗属、鸡属等类，“属”下再根据事物特征的差异细分为不同的概念，如马属，四骹皆白为“驓”，四蹢皆白为“首”，前足皆白为“騱”……牛属，黑唇为“犉”，黑眥为“牰”，黑耳为“犚”，黑腹为“牧”，黑脚为“犈”……。这种编著原则与特里尔的义场分析法的基本精神是相通的，欠缺的就是没有进行理论的分析，使用如“义场”这一类概念和对义场之间的关系进行横向的比较分析、抽象出相应的语义特征。它既代表我们的优良传统，重视一字一义的微观的研究，也反映出我们不太关注理论性、系统性分析的弱点。它与汉语编码机制的关系需要我们自己去总结、去梳理。

语言是现实的编码体系。现实的现象，就其大者言之，就是空间和时间。空间的体现者就是各类有形的、离散的名物，因为它们都占有一定的空间，并随名物的差异而表现出大小、多少、厚薄、高低、离合、聚散、左右、上下等等的特征；时间是无形的，它的表现形式寄生于名物的变化，人们需要从事物的变化中去把握时间的特征。《尔雅》所反映的汉语世界观的“主观性”和“片面性”，就其基本的趋向来说，就是着眼于空间、着眼于名物，对现实的事物进行细致的分类和确切的解释;即使是时间性的行为、动作、变化也往往要借助于名物而限制它的范围。行走的意义自然是属于"动"的,但初时也因空间的差异而有不同的区分:"室中谓之时,堂上谓之行,堂下谓之步,门外谓之趋,中庭谓之走,大路谓之奔",草行曰跋,水行曰涉,等等;即使是像"释诂"第一条义为"始也"的各个字也与此原则相联系:"始,女之初也","初者,裁衣之始;哉者,草木之始;基者,筑墙之始;肇者,开户之始;祖者,人之始;胎者,生之始也……"(据《尔雅义疏》),每一个字的解释不一定很准确(如"初"的"裁衣之始",现在一般都认为这仅仅是文字意义的解释,语言的意义要比它宽泛),但需要借助于名物才能解释时间性的意义(行为、动作、变化),这一点是没有疑义的。"名"在汉语的编码系统中占有特殊的地位。传统的研究把字语分为虚、实两类,其中的"实"基本上只指表"名"的字语,其他的字语(包括现在习惯上称之为动词和形容词的那些字语)都统统归入"虚"的范畴,也可以从一个侧面印证"名"在汉语编码系统中的特殊地位。这是汉语世界观观察现实的一种独特视角,或者说是它独特的"主观性"和"片面性"。我们这里所以要强调这一点,那是由于印欧语与此迥异,呈现出另一种"主观性"和"片面性"。梵语是一种印欧语,大约在公元前4世纪左右发生的一次大辩论可以为此提供一个重要的佐证。根据金克木(1981,240—244)的研究,巴尼尼语法和前于它一个世纪左右的《尼录多》都认为梵语只有名词和述词(动词),而两类词的关系,"《尼录多》举出了两派意见:一派是尼录多派即词源学家,他们认为一切名词都出于述词,即名出于动。另一派是语法学家,他们认为并非一切名词都出于述词,只有一部分名词出于述词","从双方论据看来,反对派以推理驳难而尼录多派就事实立论。可能是为了语法体系的完整和解说的方便,也可能有思想界斗争的一般趋势的影响,名出于动的理论终于胜利。语法学家便以'名生于述'为根本原则,而《波你尼经》(即巴尼尼语法)就是以 1943 个表示动词意义的词根作为梵语的构词基础,而以三千多条经文说明其变化。结果是这部语法形成一个庞大的构词系统。这就是波你尼的语法体系。不论他同时或以后有多少不同派别和结构的语法,直到近代,都还是没有背离这条根本原则,都承认词根,而词根都是表示动词意义的。从哲学观点说,这种思想就是认为宇宙间万事万物根本都是行为、动作,动是根本而静是表现"。汉语和印欧语,这是两种有原则差异的语言世界观:汉语着眼于空间,重静不重动,而印欧语则是着眼于时间,重动不重静。语汇系统的特点就是这种不同语言世界观的反映。

《尔雅》对现实现象的分类,孤立地看,每一类的独立性都很强,相互间似乎没有什么联系,但我们如果就各篇的字义解释进行横向的比较,就不难发现分类造字和释义原则的平行性,说明汉语社团是从一个统一的视角去观察现实并将现实现象转化为语言的"码"的。例如"释亲"篇分父党、母党、妻党、婚姻四类,每一类再根据其亲疏远近、长幼尊卑而作进一步的区分,并造字命名;"释宫"篇解释宫室的建筑,对各种结构部位、修饰方法等都进行造字解释;"释草""释虫""释木""释兽""释畜"等篇的分类造字的精神都与此一致,总的原则是:以名物为中心,依类进行层级性的区分和辨异,异形异字,细致区分,精确释义,而不关注事物之间所隐含的共同特性。这一原则贯彻始终,渗透于每一个字的释义之中。这种原则如用现在的话来说,就是在上下位概念的分类层级体系中以外延最窄、内涵最丰富的下位概念作为编码造字的基础,因而每个字的字义概括范围比较窄，或者说，是抽象性、概括性比较弱。以往人们往往将亲属关系的细致区分（试比较伯父、叔父、舅父、姨夫、姑夫之与英语的 uncle……）归因于封建社会的等级差异，而把畜、兽等依照年龄、部位、肤色特征等的差异而分别进行造字命名则归因于畜牧社会的分类需要，等等。这一类说法都是不准确的，原因是就事论事，有点儿想当然，没有将各篇的分类原则进行横向的比较，发现其中分类释义原则的平行性。《尔雅》反映的是汉语早期的编码原则，姑且不论当时的社会形态，就以语言事实而论，释宫中的建筑和亭台楼阁阙榭等等的名称与畜牧社会是无法平行、协调的。不同结构（如义场）之间呈现出来的平行性，这是系统性的一种重要标志，是语言社团以一种统一的视角去观察现实、进行编码的具体表现。以往的研究对这一点注意不够，只有张清常（1991，66）在这方面揭示出一些重要的规律。他认为《尔雅》的时代，“在颜色方面提供最有价值的材料乃是若干早已死亡的专词，它们是带颜色的物件，却没有把颜色的概念分析出来而成为一个专词，意义是某色某物。例如‘释草’赤苗叫什么，白苗叫什么；‘释木’赤棠叫什么，白棠叫什么；‘释兽’白虎叫什么，黑虎叫什么。最突出的是那里面的马，因毛色的差异及所在位置的不同，致使马有35种专名”。这一观察摆脱了孤立分析的局限，而在各篇分类释义原则的平行分析中发现了一些重要的语汇系统的结构原理，说明当时人们关注的是不同形色的物，而不是隐含于不同的物中的共同的性状。这可以从一个侧面说明汉语语汇系统以名物为中心的特点。

《尔雅》是汉语最早的一部语言学典籍，而后出现的重要的训诂性典籍有《方言》《释名》和《说文》，其反映出来的汉语编码的原则大体都与《尔雅》相同或相似。我们可以从这些典籍中悟察汉语世界观的特点，它以名物为中心进行编码，进而形成汉语的语汇系统，从一个侧面体现出汉语世界观的“主观性”和“片面性”。语汇是语言结构的基础，它的特点对语言社团思维方式的发展和语法结构的走向都将会产生重大的影响（徐通锵，2000）。

三 “因声求义”的研究途径和汉语上下位概念关系的编码机制

《尔雅》是根据上下位概念的关系来编纂、注释已编成的“码”，使之系统化。这样的典籍，其他的语言社团，如果它愿意，也是可以编纂出来的。因此，它只能给我们提供汉语社团基础性编码机制的线索，还不能成为立论的根据。一个语言社团是否将上下位概念的关系付诸语言编码的实践，关键是要看编码的机制是否体现了这种关系。因此，我们需要重点考察汉语基础性的编码机制和语汇系统的关系。在这方面，汉语的研究有其自己得天独厚的有利条件，这就是借助于汉字的构造去悟察编码的机制。汉字绝大部分都是形声字。形声字是文字，不是语言，但由于它从一个特殊的表义性角度如实地反映了汉语的结构原理，因而人们可以从中窥知语言结构的信息。形声字的构造，人们一般的看法都是：“形”表义，“声”表音。这种看法不准确。“形”固然表义，但“声”不仅表音，而且也表义。“形”义和“声”义有重要的区别，“形”义只表示某一类具体的现象，处于一种辅助的地位，而“声”义表示的是一种抽象、宽泛而带纲领性的意义，抓住了它，就等于抓住了语义结构的纲，纲举目张，人们可以据此把握一批字的意义。现据杨树达

(1934a)《释赠》一文的研究，考察“曾”声诸字的语义关系，进而说明相关的编码原理。现将该文的相关部分引述如下：

> 《说文》六篇下贝部云：“赠，玩好相送也。从贝，曾声。”按赠为玩好相送，许君不详其语源。考《诗·大雅·崧高》篇云：“以赠申伯。”毛传云：“赠，增也。”按以增训赠，说似迂远难通，而毛公云尔者，乃明赠字之语源耳。《说文》五篇下曾部云：“曾，益也。”赠从曾声，故有增益之义，然则许君于赠下虽无所记，立意固与毛公同。盖以物赠人，实以物增加于人也。岂惟赠字为然哉！凡与赠同义之字皆有增益之义矣。……曾有益义，故从曾声之字多含加益之义，不惟赠字为然也。

杨树达为此列举了9个例子(引文均系《说文》)：

1. “增，益也。从土，曾声。”
2. “層，重屋也。从尸，曾声。”重屋者，加屋于屋也。
3. “竲，北地高楼无屋者。从立，曾声。”竲与層义略同。
4. “甑，甗也。从瓦，曾声。”按甑加于斧之上以为用者也。
5. “鬸，鬵属。从鬲，曾声。”按此与甑盖一字也。
6. “熷，置鱼箐中炙也。从火，曾声。”按熷用与甑同。
7. “罾，鱼网也。从网，曾声。”《楚辞·九歌》云：“罾何为兮木上?”罾在木上，今制尚然。
8. 橧，《礼记·礼运篇》云：“夏则居橧巢。”以橧与巢并言，皆在上之物，故郑注云：“橧，聚薪柴居其上。”是也。
9. “矰，惟射矢也。从矢，曾声。”《周礼·夏官·司弓矢注》云：“结缴于矢谓之矰，矰，高也。”《史记·留侯世家注》云：“矰，一弦可以仰射高者。”按物加益则高，增益义之引伸也。

这就是以“曾”为声而形成的一组字。“曾”声表示“加益”之义，宽泛而笼统，可以泛指任何现象的“加益”，而辅之以“形”以后而形成的字义就比较具体，只强调某一种现象的“加益”，是从“声”的意义中衍生出来的，因而声、义之间存在一种理据性联系。这一组字可以称之为以“曾”为“声”的字族。字族中“声”义表示的是一种上位概念，而“声”与“形”相结合而构成的字义表示的则是一种下位概念；"声"义是纲，在字义结构中的地位相当于义场，"形"义是目，提示义场所隐含的语义特征。我们的前辈已对这种现象进行过很好的梳理和明确的论述。例如，清儒黄承吉在他的《字义起于右旁之声说》中说过："凡字之以某为声者皆起原于右旁之声义以制字。是为诸字所起之纲。其在左之偏旁部分，则即由纲之声义而分为某事某物之目，纲同而目异，目异而纲实同。"所以，形声字所透视出来的字义结构原理就是"义场×语义特征"，我们曾用"义类"和"义象"的概念进行过描写（徐通锵，1997，295—306）。人们可能会对此提出异议，认为这是文字结构的分析，不是语言的研究，难以揭示语言结构的原理。此话自然有道理，但过于绝对化。语言的研究固然不能拘泥于文字，但也不能脱离文字以及它所记载的书面语；即使是那些没有文字的语言，人们也只有用国际音标之类的记音工具将它如实地记录下来，使口语文字化、书面化之后才能进行结构的分析。汉字的构造是字义研究的向导，我们绝不能弃之不顾，更不能脱离以此为基础而形成的语义研究传统。当然，语音的"声"与字形所表示的"声"可能会有各种复杂的情况，这需要根据不同的情况进行具体的分析（请参看徐通锵 1997 及其所引用的资料）。

抓住"声"进行字义关系的研究是一种声训的途径，这既是富有中国特色的历史语言学，也是富有汉语特点的语汇学和语义学。杨树达以"声"为纲，撰写了一系列《说×》的文章，论述字族中字义之间的关系。《形声字声中有义略证》一文具有理论讨论的性质，论述了"𪢸声雚声字多含曲义""燕声妟声字多含白义""曾声字多含重义加义高义""赤声者声朱声叚声字多含赤义""取声奏声悤声字多含会聚之义"等 9 组以"声"为纲的字义关系，并由此得出结论，“吾国语言义逐声生”“字义既缘声而生，则凡同义或义近之字，析其声类，往往得相同或相近之义”，此“皆语言之根柢，欧洲人谓之 etymology”“盖语根既明，则由根以及干，由干以及枝叶，纲举而万目张，领挈而全裘振，于是训诂之学可以得一统宗，清朝一代极盛之小学可以得一结束”（杨树达，1934b）。这里的“曾”声义与前述《释赠》一文的解释略有差异，说明“声”义确实比较抽象、宽泛和一般，人们有一定的灵活解释的空间；只有辅之以“形”，字义才能向确切的方向转化。我们这里感兴趣的不完全是其中每一个字义的研究结论，而是从这种研究中可以窥知不同的字族以“声”为核心的字义平行衍生的途径和字义上下位概念的结构关系。如果说字族内部字义之间的关系是语汇、语义的纵向联系，那么不同字族（子系统）之间呈现出来的平行的结构状态就是一种横向的联系，这种纵横的联系使语汇、语义系统呈现出复杂而有条理的系统。以往的研究比较偏重于字义间的纵向联系，每一个字的意义都研究得很清楚，但是不大关注子系统间呈现出来的横向平行的结构，因而难以进行相应的理论建设。其实，子系统（字族）间横向平行的结构状态是语言系统性的一种重要标志，人们可以从中悟察语言的结构原理。我们从字族结构原则的平行性中得到的一个重要启示，就是可以悟察到上下位概念关系在汉语编码体系中占有非常重要的地位，是汉语的一种基础性的编码机制。

杨树达的声训论是清乾嘉以来“因声求义”这一研究途径的延续和发展。汉语的研究有悠久的传统，但如何抓住根本点展开研究，则经历了长期的探索，直至段玉裁、王念孙等人发现先秦古音在训诂中的重要价值、因而倡导“因声求义”的研究以来，才抓住了汉语结构的关键。这种理论突破了字形的束缚，以古音为纲，突出字中声、义之间的理据性联系和字族中字义之间的上下位概念的逻辑关系，使汉语的研究开创了一个新的局面，研究水平也迈上了一个新的台阶。为什么？因为它抓住了汉语基础性的编码机制，诚如王念孙在《广雅疏证》的序言中所说，“窃以诂训之旨，本于声音，故有声同字异，声近义同，虽或类聚群分，实亦同条共贯，譬如振裘必提其领，举网必挈其纲，故曰本立而道生，知天下之至啧而不可乱也”。这是从汉语的研究中总结出来的理论和研究途径，抓住了根本。鸦片战争以后，西学东渐，西方语言学的理论和方法传入我国，人们争相学习、仿效，并用印欧语的理论、方法来研究汉语，这就使很多领域的研究脱离、中断了自己的传统。人们普遍接受索绪尔的语言符号任意性的理论，因而漠视、忽视、甚至否定“因声求义”的研究途径；与此相联系，自然也就不会去关注字族中反映出来的字义间的上下位概念的逻辑关系。这对汉语的研究是有消极影响的，因为它毋视汉语的特点，放弃了基础性的编码机制与汉语结构的关系的研究。只有一些“遗老”仍旧孜孜不倦地沿着“因声求义”的途径研究汉语的结构，比较有影响的，除了上述杨树达的研究以外，还有沈兼士的“右文说”和王国维的声训论。今天看来，这些研究仍有很重要的价值，值得总结和继承，而且对改进义场理论的研究也不无意义（徐通锵，1999b）。

四　基础性编码机制的调整和字族单字编码格局的解体

以“声”为纲，通过“形”“声”组配的造字方法将不断地认识到的、有上下位概念关系的现实现象编制成语言的“码”，这是汉语基础性编码机制的忠实反映，因而在长期的历史发展过程中能以不变应万变，历经假借、拼音化、外语借字、计算机语言信息处理等等的冲击而屹立不动。这种造字体系，尽管有诸多复杂的情况需要人们进行具体的分析，但仍不失为汉语基础性的语汇、语义研究的一根重要的拐棍。这种以"声"为纲而辅之以"形"的造字原则，每一个字的字义清楚、明确，专门指称某一类特定的现实现象（请比较上述"曾"声各字的字义关系），满足了人们认知现实的需要，但是不可否认，它也隐含有一些严重的弱点。这主要表现为："声"的表义性功能负荷过重，往往要兼表若干个不同的意义（如"曾"声"多含重义加义高义"），这在语言中的反映就是出现大量的同音字，而在文字上的反映就是随着社会的发展和人们对现实现象的认识的加深，字族的造字范围不断扩大，同一类事物往往因其某些特征的差异而需要造不同的字，因而字数过多。这就是说，以"声"为纲的编码机制，"声"的功能负荷过重，而"形"的功能负荷却相对较轻，因为一个"形"只辅助表示"声"义的一个下位概念。不同的字形虽然可以在书面语中区别同音字，但无法减轻口语中字音的功能负荷，无法减轻人们的记忆负担。在社会生活比较简单的情况下，这种编码原则是能够满足人们的交际要求的。但是，随着社会的发展，它与日益增长的交际需要就发生了尖锐的矛盾，人们无法承担繁重的记忆。客观发展的需要迫使语言结构进行必要的调整。语言是一种自组织系统，它会根据交际的需要自发地对结构作出最经济、最有效的调整和改造。字族的结构对事物的表达来说虽有它的科学性，使上、下位概念的关系呈现出一条清楚的线索，但从另一方面来说，它的构造原则又有很多缺点，显得很不经济，因为"声"的封闭框框限制了人们的视角，难以对事物之间的关系进行横向的比较，发现其异同，作出更高层次的抽象和概括。不妨先看一些具体的事例。杨树达(1936)《释雌雄》一文列举了一系列含有"大"、"小"意义的字族，我们不妨以此为基础，结合王念孙的《广雅疏证》、梁启超的《饮冰室文集》所列举的几个例子，进行一些比较，然后考察这种编码原则与语言表达的关系：

"小"义字族

"此"声：

雌，鸟母也。(《说文》)雌之受名，盖以其小也。按此声字多含小义。

佌佌，小也。(《尔雅·释训》)

柴，小木散材。(《说文》)

赀，小罚以财自赎也。(《说文》)

娀，妇人小物也。(《说文》)

疵，病也。(《尔雅·释诂》)邢昺疏云："瑕疵小病也。"

呰，短也，凡物生而不长大谓之呰。(《方言》)

頾，口上须也。(《说文》)

"取"声"聚"声：

豵，豕牝也。(《广雅·释兽》)按取声、聚声及音近之字多含小义。

鲰，杂小鱼也。(《史记正义》对《史记·货殖传》"鲰千石"的注)

聚，小邑也。(《枚乘传》"禹无十户之聚"的注)

……

"大"义字族

"厷"声：

雄，鸟父也。(《说文》)按厷声字多含大义。

弘，大也。(《尔雅·释诂》

宏，大也。(《尔雅·释诂》)

闳，大也。(《文选》韦昭注)

"叚"声：

麚，牡鹿。(《说文》)

豭，牡豕也。(《说文》)

嘏，大也。(《尔雅·释诂》)

假，大也。(《尔雅·释诂》)

"鲵大者谓之鰕。"(《尔雅·释鱼》)

"牛绝有力，犌。"(《尔雅·释兽》)

"分"声：

颁，大头也。(《说文》)

坋，大防也。(《说文》)

贲，大也。(《书·大传》"天子贲庸"郑注)

墳，大也。(《尔雅·释诂》)

按分声字多含大义，分贲古音同。

"戋"声(据梁启超)

丝缕之小者为綫,竹简之小者为篯,木简之小者为牋,农器及货币之小者为錢,价值之小者为賤,竹木散材之小者为棧(见《说文》),车之小者亦为棧(见《周礼》注),钟之小者亦为棧(见《尔雅·释乐》),酒器之小者为盏,为琖,为醆,水之小者为淺,水所扬之细沫为濺,小巧之言为諓(见《盐铁论》及《越语》注),物不坚密为俴(见《管子·参患》篇),小饮为餞,轻踏为踐,薄削为剗,伤毁所余之小部为殘。

……

"般"声(据《广雅疏证》)

槃,大也,言所以自广大也。

幋,覆衣大巾也。

鞶,大带也。

磐,大石也。

"胖犹大也",与"般"通。

伴,大貌,与"般"声近义同。

"般"与"半"上古同为帮母,读音相同或相近,都有大义。

……

如果我们愿意,还可以补充其他字族的例子。比较上述不同的字族,我们可以清楚地看到,不同的"声"含有相同的意义(如此、取、聚、戋等"声"含"小"义,厷、叚、分、般(半)等"声"含"大"义),而相同的"声"则可以表示不同的意义,如"叚"声,既可以表"大"义,也可以表"红"义。例如:"玉小赤谓之瑕""马赤白杂毛谓之騢""鱼之赤者谓之鰕"(虾熟则色赤)"云气之赤者谓之霞""赤色谓之赮";又如:"取"声既表"小"义,又多表"会聚"之义:积谓之冣,会谓之聚,积土谓之埾,聚谋谓之諏(见杨树达 1934b,44,48);"戋"声的意义"应该分为两个系统,一系与残损一类意义有关,一系与浅小一类意义有关"(裘锡圭,1988,177),梁启超的归类过泛。这说明,"形"的功能负荷较轻,只表示某一类特定的现象,而"声"(语言中的反映形式就是"音")的功能负荷过重。这个"重"不仅是一个"声"需要指称字族中各个字所表示的不同现象,而且是同一个"声"可以组成若干个不同的字族，使交际中的人们碰到的是大量的同音字；汉语中的同音字特别多，这恐怕是一个深层次的原因。语言中的音节是有限的，而要表达的意义是无限的，不同的意义与相同或相近的语音相联系，用同一个“声”来组成不同的字族，在以“声”为纲的编码时代，这是无法难免的，同音字多仅仅是一种表层的表现形式。“声”“形”功能负荷的畸轻畸重迫使语言系统为适应交际的需要进行必要的自我调整，办法就是从不同的字族中抽象出共同的语义，使其尽可能地一般化、概括化，摆脱与指称范围比较狭窄的特定现象的联系，并选择一个常用字来表示。比方说，比较上述几个字族的语义的异同，“戔”“此”“取”“聚”声都有“小”义，这就有可能把“小”义从这些“声”中抽象出来，用一个简单而常用的字去表示（比方说“小”），而后根据指称和表达的需要，将它与表达某类事物的字相组合，以构成表达某一概念的字组。这样，表达新事物、新概念的时候，就不必事事造字，既符合语言结构经济、明晰的要求，又能保持语言表达手段的区别性，是语言表达方法的一大改进。“小”原来的意义是“物之微也”（《说文》），限指物件，现在扩大它的语义范围，泛指任何现象的“小”，使其件状化；如果要指称一种有“小”的特征的现象，就可以采用组字的办法，把“小”与另一个字相组合，使它的指称具体化。比方说“鲰”，可以用“小鱼”“杂鱼”“小杂鱼”等来表示。这是克服“声”的功能负荷过重、减轻人们因字音区分、庞杂字形的辨认而形成的记忆负担的最简单而有效的方法。汉语社团采用了这样的方法。这是汉语编码机制的一次重要调整，并由此改变了汉语语汇、语义系统的面貌。应该说，这种调整在汉语史上是一次“继往开来”的变化，使汉语的结构出现了一些方向性的转折。它的意义主要表现在以下几个方面：

首先，比较不同字族的语义异同，从中抽象出共同的意义，进而用组字的方法去指称、认知、表达现实现象，编码机制的这种调整是汉语社团思维方式的一种变化，或者说，是对语言世界观的“主观性”“片面性”作了一点调整。“失之毫厘，谬以千里”，这种调整牵一发动全身，使汉语语汇的组织发生了重大的变化。原来，汉语对现实的编码以名物为基础，动作的意义寄生于名物之中，而性状类的意义，除了一些联绵字之外，接近于“无”，前引张清常关于《尔雅》时代“没有把颜色的概念分析出来而成为一个专词”的情况就是这方面的一个明显例证；周法高(1962,13)发出上古汉语形容词为什么那么少的疑问，也与此有关。现在，“黑”“白”“大”“小”这一类性状性的意义从不同的字族中抽象出来了，语言中就产生了一类表性状性意义的字，改变了原来编码体系中空间(名物)、时间(动作)、性状的结构不平衡状态。同时，这一类意义抽象出来之后也就不能不使上下位概念的关系的表现形式发生重大的变化。原来，字族中的“声”是义场的标志，代表一种上位概念，而“声”“形”相组配的字代表一种下位概念，从不同的字族中抽象出共同的意义之后，就用这个字与其他相关的字相组合去表达某一个概念，这就使“声”“形”退出上下位概念关系的表达，而由字组中的字去承担，使以单字编码格局为主的语汇系统向复音化的双字编码格局转化。

其次，从不同的字族中抽象出共同的意义，并将它归属于某一个字，这就给字族的结构带来了决定性的影响，促使它解体。为什么？语言的编码方式由造字改为组字，“声”失去了造字基础的地位，从而在汉语社团的心理意识中逐渐淡出；不过“淡出”不是消失，只要表达有需要，语言社团也会毫不犹豫采用这种已经淡出、但仍旧潜存的造字方法，最突出的就是汉语中的化学名辞，如氨、氢、氧、镁、钠、钴……。编码方式的改变和"声"的核心地位的淡出使字族间出现了一系列平行的变化：字族中一些语义范围比较狭窄、偏僻的字逐渐退出交际的领域，因而字的总量逐渐减少，如上述的"曾"声字族常用的只留下曾、增、赠三字，"此"声字族只留下雌、柴、疵等字；由此，字义中的特殊性成分弱化、消失，而一般性的意义加强，如"雌"只突出它的性别性的意义，"柴"只突出它柴火、劈柴之类的意义，人们已很难意识到它们与原来"小"义的联系，而"疵"只保留在一些如"吹毛求疵""疵点""疵品"等的固定字组中，使用范围非常狭窄；由此，字中声义之间的理据性联系日渐淡化，"百姓日称而不知其所以之意"(《释名·序》)，而"形"义的地位则比原来突出，其代表性的著作就是《说文解字》。字族结构的解体模糊了汉语早期的编码机制，淡化了上下位概念的字义关系，影响了汉语的深入研究。乾嘉时期"因声求义"理论的提出所以会在汉语的研究中产生革命性的影响，其中的一个重要原因就是由于它复活了汉语的基础编码机制。

再次，编码机制的调整改变了编码的方式，组字代替造字，从而改进了语言的表达方式。造字，表现出来的形式是文字，但反映的是"1个字·1个音节·1个概念"的结构，每一个字的意义具体而明确；组字，这是把两个或几个表示一般性意义的字(如上述的"小"和"鱼")组合起来去表示一种特殊的现象，突破了"1个字·1个音节·1个概念"的限制，使表达手段多样化。组字，这实际上是语言的一种再编码，它以原编码方式为基础，在结构格局许可的范围内改进语言的结构，以适应日益增强的交际需要。形声的造字方法虽然可以增加书面语的表达手段，以不同的"形"来区别同音字，但是它的容量究竟有限，无法一物一字、一物多字，而字组就可以克服这种局限，既能增加口语的表达方法，减少同音字的干扰，而且还可以大大扩大表达的范围，因为两个意义相关的字一组合就可以表达人们想要表达的概念。这就解决了原来造字的方法无法解决的一个大难题。汉语语汇的发展终于找到了自己最佳的发展道路，单音节的造字让位于多音节（主要是双音节）的组字。

五 语汇单位的复音化和汉语字组的结构原则

语言现象需要适应交际的要求不断发生变化，但是它的结构原理却非常稳固，不会轻易退出历史舞台；它可以因语言的变化而改变自己的表现形式，使人难以辨认，但始终支配着语言的运转和演变，控制着演变的范围和方向（徐通锵，1990）。字族结构的解体给汉语演变带来的影响也是如此，上下位概念的关系、义场和语义特征的关系虽然与造字方法脱钩，但寄生于字组的结构，通过字义之间的关系表现出来。语言现象的易变性和结构原理的稳固性之间的矛盾运动始终控制着演变的走向。

前面说过，上下位概念是相对的，范围的大小呈现出一层层的级差：层次越高，分类越粗，呈现出外延大、内涵少的状态，而层次越低，分类就越细，呈现出外延小、内涵广的状态。语言编码以哪一层的概念为基础，归根结蒂，决定于交际的需要。字族时期的汉语编码，所依据的概念层次比较低，因而分类很细，只要汉语社团认为是一个类的事物，就给它造一个字，以至于马竟因毛色的差异和位置的不同而有 35 个专名之多。从不同的字族中抽象出某种共同的意义，说明汉语社团改变了编码的概念基础层，不仅关注事物的特点，而且关注不同现象之间的共性，并加以抽象，使之成为一种独立的概念，这与现代语言学从不同义场的比较中抽象出语义特征的性质和方法是一样的。从层级性的上下位概念的关系来说，它上升了一个概括的层级。这是编码机制的一次调整，不是否定原有的编码基础，因而因编码机制的调整而发生的变化也不能超越结构原理所能控制的范围和方向。组字代替造字，表达的方式变了，但结构原理未变，只是对上下位概念的关系有所调整而已。调整的方法主要有两个，一联合，二限定。

“联合”就是原来指称下位概念的两个字联合起来组成一个字组去表示它们所属的那个上位概念。例如“饥馑”，“饥”指粮荒，“馑”指菜荒，各有所指，同属一个上位概念“饥荒”或“荒年”，联合组成“饥馑”之后，其特指性的意义弱化，而泛指性的一般意义凸显出来，在语言编码的体系上它已成为表达概念的一个基本结构单位。这种同属一个上位概念而分指两个不同侧面的字早期可能还有语音上的联系，或双声，或叠韵，如“饥”与“馑”就是一种双声的关系。和“饥馑”的性质相同的例子比比皆是，例如：

语言　追逐　奔波　坎坷　估计　呼喊　琐碎　切磋　荼毒　咀嚼
拘谨　淫佚　祈求　倔强　委婉　零落　浩瀚　喧嚣　闪烁　蒙昧
蓬勃　习俗　对垛　偏僻　松散　……

这里所列的一对对字组，两个字在语义上有同义关系，在语音上有双声、叠韵关系。这是汉语语汇系统的一个重要特点，印欧系语言的词没有这一类的结构，因为两种语言的基础性的编码机制有着明显的差异。随着语言的发展，为适应交际的需要，两个字之间的双声、叠韵的限制被突破，只要同义就可以组成一个字组去表达一个概念，如朋友、城郭、英俊、豪杰……。根据程湘清(1982,112)的研究，这类联合性的字组，在《论语》中占 26.7%，《孟子》占 34.5%。这一类字组在现代汉语中仍占有很大的比重。

“限定”性字组的产生与发展和上下位概念关系的调整、字义概括性程度的提高，关系最为密切。以黑、白、赤、黄、青等表颜色的字为例，张清常发现《尔雅》“在颜色方面提供最有价值的材料乃是若干早已死亡的专词，它们是带颜色的物件，却没有把颜色的概念分析出来而成为一个专词，意义是某色某物”。张永言(1984,100—135)对此有具体的研究，列出每一个字的所指，例如表“黑”的物件的字有 98 个，“白”85，“赤”65，“黄”29，“青”25。从 98 个表“黑”的物件中抽象出一个统一的概念“黑”之后，表具体物件意义的字，或者使其意义专门化，淡化与“黑”的联系，或者将其淘汰，如交际需要，可以将“黑”冠之于表某种物件的字之前构成限定性的字组，去表达人们想要表达的概念。例如“墨”，原义是“书黑也”(《说文》)，现指“书写绘画的用品，是用煤烟或松烟等制成的黑色块状物，间或有用其他材料制成别种颜色的，也指用墨和水研出来的汁”(《现代汉语词典》)，已经不完全是“黑”的意义；“缁”原义是“帛黑色也”(《说文》)，现在虽然还在用，但使用范围有限，如“缁衣”之类的说法只用于较文的书面语；“霉”原义为“禾伤雨而生黑斑也”(《列子·黄帝》殷敬顺《释文》引《埤苍》)，意义过窄，已被淘汰，如要表达这种现象，可用“黑斑”之类的说法。这种隐含于各种具体事物之中的一般性、共同性意义抽象出来成为一个独立的概念之后，就加强了字的组合能力，可以与意义相关的字组合起来去表达某一种具体的概念。它给语汇系统带来的最直接的影响就是字数减少，不常用、意义偏窄的字多被淘汰，或只用于某一种特殊的场合，而从不同字族中抽象出来的、表一般性概念的字的使用频率和与其他字相组合去表达具体概念的能力则大为加强，大体情况是：愈常用的字，其组合能力就愈强，所能组成的字组也越多。比较上述“黑”与“墨”“缁”的使用频率就可见其一斑。这种表达一个概念的限定性字组，现在人们习惯上称之为偏正结构。根据程湘清的统计，《论语》中占 37.2%，《孟子》占 30%。这种现象说明，汉语编码机制的调整当时已进入相当成熟的阶段。

“联合”与“限定”是组成表达一个概念的字组的字义关系的两种基本形式，其他的大致都是以此为基础通过类推而派生出来的，这里没有必要一一加以讨论。字族中字的语义结构基础是“1 个义类×1 个语义特征”，从不同的字族中抽象出一个共同的意义，并将它归属于某一个字之后，这种结构原理有没有发生变化？没有，它只是改变了自己的表现形式。这个字在字组中的地位既可以代表义类，也可以代表语义特征，区别只在于它的位置。字组的主流是二字组，同一个字处前字的位置还是处后字的位置，其语义功能不一样：处后字的位置代表义类或义场，处前字的位置代表语义特征。如仍以“黑”为例子，情况就是：

1. 傍黑　黎黑　摸黑　漆黑　黢黑　碳黑　乌黑　黝黑　……
2. 黑板　黑帮　黑道　黑店　黑地　黑洞　黑豆　黑管　……

第一组“黑”的语义已经事物化，代表一种义类，前字限制后字的语义范围，而第二组的“黑”代表的是一种语义特征，限定后字的语义范围。“黑”在这些字组的结构中处于核心的地位，我们称为核心字；以此为基础而组成的字组的结构规则，根据核心字的前后位置的差异，可分向心（第一组）和离心（第二组）。《倒序现代汉语词典》和《现代汉语词典》就是对这两类字组的编集和注释，为汉语字组结构的研究准备好了扎实的材料基础。同一个字因在字组中所处位置的差异而具有两种不同的语义功能，这是汉语的字义结构的一个很重要的特点。它是字族结构中“声”“形”相互关系的结构原理的延续和发展。一个字的主要语义功能是什么？也可以从它在字组中某一位置的出现频率得到明确的启示。例如“黑”，它作为后字的字组很少，而作为前字的字组却很多，说明表限定性的意义以组成离心字组为它的语义功能的主流。正因为汉语的字具有这样的结构特点，所以我们建议以核心字为基础分析汉语字组的结构。这个问题我们已进行过多次讨论（徐通锵，1997，1999a），这里不赘。

汉语世界观的“主观性”“片面性”决定了汉语编码机制的特殊性，并由此产生了汉语语汇、语义的独特的发展道路。语言研究的任务主要是要弄清楚每种语言的特殊的发展规律。由于特殊中隐含着一般，个性中隐含着共性，而共性寄生于特性之中，因而我们如能真正弄清楚汉语特殊的发展规律，那肯定会有助于语言共性的研究。就本文所涉及的范围来说，字族的结构原理与字组的结构规律虽然是汉语特殊的结构，但它们和义场、义素的理论是一脉相通的，从中总结出来的理论和方法可以补正现行义场、义素理论的不足（徐通锵，1999b）。

引用书目

程湘清　1982　《先秦双音词研究》，《先秦汉语研究》，山东教育出版社。

兹维金采夫　1962　《普通语言学纲要》（伍铁平等译），商务印书馆，1981。

洪堡特　1836　《论人类语言结构的差异及其对人类精神发展的影响》（姚小

平译)，商务印书馆，1997。
金克木 1981 《梵语语法〈波你尼经〉概述》，《语言学论丛》第7辑，商务印书馆。
吕叔湘 1963 《现代汉语单双音节问题初探》，《中国语文》第1期。
裘锡圭 1988 《文字学概要》，商务印书馆。
徐通锵 1990 《结构的不平衡性和语言演变的原因》，《中国语文》第1期。
—— 1997 《语言论》，东北师范大学出版社。
—— 1998 《说"字"》，《语文研究》第3期。
—— 1999a 《"字"和汉语语义句法的生成机制》，《语言文字应用》第1期。
—— 1999b 《汉语的特点和语言共性的研究》，《语文研究》第4期。
—— 2000 《基础语言学教程》，北京大学出版社。
杨树达 1934a 《释赠》，《积微居小学金石论丛》，中华书局，1983。
—— 1934b 《形声字声中有义略证》，同上。
—— 1936 《释雌雄》，同上。
张清常 1991 《汉语的颜色词》(大纲)，《语言教学与研究》第3期。
张永言 1984 《上古汉语的五色之名》，《语言学论集》，语文出版社，1992。
周法高 1962 《中国古代语法·构词篇》(大陆的影印本)